高校思想政治工作研究文库

教育部思想政治工作司　组编

大数据时代
高校网络心理健康教育研究

季海菊 ◎著

人民出版社

目　录

| 第一章 |

概　述

　　随着社会的发展，生活节奏的加快，心理健康已成为社会衡量人才的基本标准之一。当下中国社会正处于转型期，即由传统型社会向现代型社会的快速转变，在这个过程中，心理发展尚未完全成熟的大学生，当他们面临学习压力、经济压力、就业压力以及青春期所固有的困惑和烦恼时，其心理健康状况是不容乐观的。因此，研究和借鉴国外开展心理健康教育的实践经验和成熟做法，探讨大数据时代网络心理健康教育的新情况新问题，努力提高大学生的心理健康意识，增强大学生网络心理健康教育的实效性，已成为高校网络心理健康教育工作的迫切需求。

一、研究背景

（一）国际背景

　　早在古希腊时期，心理健康就成为西方一些思想家、教育家关注的问题，由最初的个体关注到系统、科学地研究心理健康问题，经历了一个发展过程，现在国际上公认的时间为 20 世纪初，其标志是创立了一些研究机构，开展了一系列较有影响的重大活动。1930 年，国际上第一届心理卫生大会在美国召开，并正式成立国际心理卫生委员会，这标志着心理卫生研究在国际上有了正式的研究机构。① 1959—1960 年，世界卫生组织与联合国教科文组织共同举办国际心理健康年，呼吁全人类注重心理健康的培养和保持。尤其是 20 世纪中期以来，欧美、日本等国家的大学普遍设立心理健康教育机构。美国高校于 20 世纪 40 年代开始建立心理咨询机构；日本建立于 50 年代初。到了 20 世纪 70 年代，西方国家学校普遍引入了心理健康教育这一颇具生命力和实用价值的新兴学科，多数发达国家的大、中、小学都设有专职或者兼职的心理健康工作者，为学生提供心理咨询或者心理辅导服务，帮助他们认识心理发展上的不足，解决心理发展上的困难。从总体上来看，国外学校心理健康教育的发展过程，可以概括为三个阶段。

1. 19 世纪末至 20 世纪 40 年代：处于心理测量和心理诊断阶段

这一阶段，国外学校心理健康教育主要针对有智障者或发展障碍的学生进行心理测量，进行智力诊断、分类，然后根据心理测量与诊断的结果进行解释，对学校教师、学生家长提出建设性教育参考建议。

2. 20 世纪 50 年代至 60 年代末：处于心理咨询和心理辅导阶段

20 世纪 50 年代，国外学校心理健康教育工作者主要针对教师、家长、社区组织等介绍过来的"问题儿童"进行心理咨询，作出分析并提供辅导对策。进入 60 年代，学校心理健康教育工作者深入到学校教室等教育现场去观察学生，开展直接心理咨询和团体心理辅导，制定并实施面向学生家长的心理援助教育计划，甚至参与到班级、年级乃至学校教育改革进程中去。

---

① 张承芬、宋广文：《心理学导论》，人民出版社 2001 年版，第 279、294—295 页。

3. 20 世纪 70 年代至今：处于综合的心理健康教育活动阶段

这一阶段，国外学校心理健康教育进入全面发展阶段，不仅仅是针对学生，而且面向全体教师和家长，同时兼顾学校行政领导、社会教育工作者、社区服务工作者。从某种意义上说，西方发达国家的学校心理健康教育已经发展成为一种网络化系统工程，形成一种全社会关心学校心理健康教育的环境氛围。

由于西方各国情况不同，学校心理健康教育的开展也是有所区别、各有侧重的，但总体上还是相似性居多，比如：在心理预防和心理卫生方面，各国学校心理健康教育主要是预防学生在校学习期间可能出现的问题，促进他们心理健康发展；在心理咨询方面，各国学校心理健康教育主要是以学生为主要对象，帮助他们解决心理发展中的疑难问题和障碍；在诊断性评价方面，各国学校心理健康教育主要是分析学生的心理症状，筛选学生心理方面出现的问题，并提出相应对策；在行为矫正方面，各国学校心理健康教育主要是对学生的心理问题进行心理学、教育学干预，并具体地引导和帮助学生获得正常发展；在学习指导方面，各国学校心理健康教育主要是通过开展各种活动与技术学习使学生学会学习，完善学习素养；在职业指导方面，各国学校心理健康教育主要是对学生适应职业进行指导，帮助学生学会理智选择。

（二）国内背景

与国外相比，我国学校心理健康教育起步较晚，总体上发展不平衡，地区与地区之间有差距，大陆与香港、澳门和台湾地区之间也有差距。香港、澳门和台湾地区学校心理健康教育的发展概况如下。

1. 大陆地区

纵观我国大陆地区学校心理健康教育的发展概况，大体经历了以下四个发展阶段。

（1）20 世纪 30 年代：萌芽阶段

早在 20 世纪初，国学大师王国维先生在他的《论教育之宗旨》一文中指出，要实现培养完全之人物的教育宗旨，需要通过体育发展人的"身体之能力"，通过心育发展人的精神之能力。1933 年，著名学者沈履在他的《青年期心理》这本书里专门论述了青年心理问题，帮助青年了解自己的心理特点和发展规律。但是，从总体上来看，中国心理卫生运动的兴起和推广，很大程度上得益于近代中国大学对心理卫生的教学和宣传普及。其中，著名教育家吴南轩先生作出了巨大贡献，他率先在南京中央大学心理系开设心理卫生选修课，开创国内高校心理健康教育之先河。此外，他还在中央大学《旁观》杂志上开辟"心理卫生"专栏，这些可谓心理卫生运动的萌芽。① 1936 年 4 月 19 日，"中国心理卫生协会"在南京成立，吴南轩与艾伟、萧孝嵘等 5 人一同担任常务理事，该协会"以保护与促进国民之精神健康及防止国民之心理失常为唯一之目的，以研究心理卫生学术及推进心理卫生事业为唯一之工作"；其具体工作主要有编辑杂志、介绍书报、举办儿童幸福讨论会、推广心理医学教育、调查低能儿童、筹办精神健康咨询处等。自此，心理保健工作开始进入公众视野，进一步推动了心理卫生事业的发展。② 1937 年，商务印书馆出版了由丁祖荫、丁瓒翻译的美国勃洛克斯著的《青年心理学》，介绍外国学者的研究成果。其后，除当时的中央大学外，浙江大学、四川大学、暨南大学等也相继开设了心理卫生课程，开始培养专门人才。此后，由于战争爆发，全民投入了抗日救亡运动，心理卫生工作被迫停止。

（2）20 世纪 80 年代中后期至 90 年代初期：探索阶段

这一阶段，我国学校心理健康教育具有以下特点：

---

① 丁园园、姚本先：《中美学校心理健康教育比较研究》，《中小学心理健康教育》2004 年第 3 期。

② 王蕴瑾、陈巍：《破的由来事，先锋孰敢争——中国心理卫生运动的领路人吴南轩》，《心理技术与应用》2015 年第 1 期。

①由复苏开始进入探索。中华人民共和国成立后，我国老一辈心理学家潘菽、朱智贤以马克思主义为指导，探讨青年心理发展的动力问题，奠定了我国关于青年心理问题研究的理论基础。他们还亲自向大学生传授科学心理学知识。一些高校也程度不等地开展过心理咨询活动。但在十年动乱时期，心理学被当作资产阶级唯心主义的东西，高校心理健康教育工作全部处于废置状态。直到 20 世纪 70 年代末 80 年代初，我国的学校心理健康教育开始复苏并进入探索阶段，其标志是心理学专家们在 1979 年冬正式提出恢复"中国心理卫生协会"，并于 1985 年 4 月再次成立，由此中国的心理健康教育工作才在社会上普遍开展起来。如上海市精神卫生中心等研究机构和叶广俊、骆伯巍、徐建成、陈家麟、范慧琴、忻仁娥等一些学者开始进行学生心理健康状况的调查，对象涉及城乡不同类型学校的大中小学生，并发表了一系列有关报告，在教育界产生了广泛的影响[1]，使高校的教育工作者开始意识到大学生心理健康教育是一个值得关注的问题。随后呼吁重视学生心理健康的文章"集中式"地见诸报端。1986 年，南京师范大学教育科学学院班华教授第一次提出"心育"概念，引起教育界的广泛重视。其间，有对学校思想政治工作困境的反思，也有对国外心理咨询理论和经验的介绍。

②由自发研究到组建专门研究机构。在国内一些学者自发研究的基础上，我国高校最早的一批心理健康教育机构应运而生。1985 年，北京师范大学成立了我国大陆地区第一个心理测量与咨询服务中心，高校终于成立了专门的机构，并由专职人员负责心理健康教育工作。1985—1986 年清华大学、上海华东师范大学、上海交通大学、上海同济大学、浙江大学等高校都陆续成立心理咨询室，教师开始从心理健康发展的角度来指导大学生的健康成长。到 2008 年 5 月，全国有 37 所高校建立了心理咨询室并开展工作至今[2]。1986

---

[1]　叶一舵：《我国中小学开展心理健康教育的回顾与展望》，《中国教育学刊》1997 年第 2 期。

[2]　屈正良、夏金星：《高校心理健康教育机构现状的调查与思考》，《高等农业教育》2008 年第 5 期。

年12月15日至18日，中国心理卫生协会在北京召开首届青少年心理卫生学术交流会，这个会议对我国高校心理健康教育工作具有十分重要的意义。1988年6月，上海交通大学举办了"首届高校咨询教育理论和实践研讨会"，建立"中国高校心理咨询研究会筹委会"（后改名为"大学生心理咨询专业委员会"），并创办《高校心理咨询通讯》杂志。这一阶段大学生心理咨询发展迅速，加强了学校之间的交流和联系，更加注重心理学理论和实践的结合。1989年4月，中国高校卫生保健研究会在浙江大学召开"全国第二届高校卫生保健学术研讨会"，会议紧紧围绕着"高校学生的心理卫生和精神疾病的防治"这个主题展开，对高校教育工作者积极投身参与大学生心理保健工作起到了推动作用。

③由民间呼吁到国家政策层面开始重视。我国民间研究和相应机构的成立，引发国家有关部门的重视。在国家政策层面上，1988年12月，颁布了《中共中央关于改革和加强中小学德育工作的通知》，第一次将心理精神层面作为学生教育的对象并提出要求，可视为我国在政策上对心理健康教育的初步重视。在各个高校中，开始出现一些普及心理健康常识的讲座，一些高校教师通过个别辅导、谈心来解决学生存在的心理困扰；一些心理学老师或对心理学感兴趣的老师开始义务、兼职地对学生进行初步的心理咨询活动，成立各类非官方的学术探讨组织进行小范围的交流。

这一阶段的探索工作意义重大：第一，心理健康已经作为一种理念获得高校及国家教育主管单位的初步认可和接受，并相继出台了有关指导性的文件；第二，它使教育行政部门和教育者开始清楚地认识到，学生的心理健康是一个值得着重关注的问题，这为以后学校心理健康教育的开展积累了舆论准备，奠定了初步的思想基础，并提供了最初的直接动力；第三，它使国人特别是教育工作者开始意识到学生心理健康状况的严重性，并首次有了比较明确的关于学生心理健康状况数量化的概念与学校心理健康教育基础性的观念；第四，这一时期的工作为日后高校心理健康教育的发展积累了素材，奠定了基础，起到了积极的推动和启发作用。

（3）20 世纪 90 年代：发展阶段

这一阶段的高校心理健康教育的主要特点有以下几点。

①由独立探索开始进入交流、分享、发展。1990 年 11 月，中国心理卫生协会大学生心理咨询专业委员会在北京成立，让原本各自摸索、发展的心理健康教育工作有了一个全国性的平台和定期交流机制，高校的心理健康教育由独立探索的阶段，进入了交流、分享、发展的阶段，这标志着中国高校心理健康教育事业开始进入新的发展时期。① 此后于 1992 年 7 月、1993 年 8 月分别在清华大学、大连理工大学召开了第一届、第二届学术年会，之后成为定期性会议。这种全国性专业组织和定期学术交流会议制度的建立，使得我国专业心理咨询和心理健康教育正式成为我国高校教育的一个重要组成部分，得到教育界的普遍认同和确认。相关学术组织的成立，使得高校心理健康教育工作之间有了更为紧密的联系，工作开展更加有组织性，心理学理论基础与高校心理健康教育实践工作可以更好地结合在一起。虽然此时的工作缺乏相关政策依据，且未形成规模，但是为日后工作的开展做了良好的铺垫。可以说，正是由于社会舆论及学术界开始对心理咨询和心理健康教育予以大量的关注和讨论，给予了极大的舆论和理论基础支持，才使得高校心理健康教育从机构、队伍到具体工作得到了落实和开展。

②由部分学校重视到开始受到国家、政府主管单位的认可和重视。在这一阶段，心理健康教育工作也开始受到国家、政府主管单位的认可和重视。1992 年，原国家教委制定并且下发了《中小学生心理健康教育基本要求（试行）》，心理健康教育被列为八项主要教育内容之一；1993 年 2 月中共中央、国务院印发的《中国教育改革和发展纲要》，明确指出全面提高学生的身体心理素质；1994 年 5 月，国家教育委员会思想政治教育司在江西师范大学举办首届高校心理咨询教育培训班，这是第一次由政府教育部门出面办

① 樊富珉：《我国团体心理咨询的发展：回顾与展望》，《清华大学学报（哲学社会科学版）》2005 年第 6 期。

班，此类教育培训班的创办有力推进了高校心理健康教育工作的普及和开展；1994 年 8 月 31 日，《中共中央关于进一步加强和改进学校德育工作的若干意见》中指出，"通过多种方式对不同年龄层次的学生进行心理健康教育和指导"，也是在这份文件中"心理健康教育"一词被第一次明确提出；1995 年 11 月 23 日国家教委颁布《中国普通高等学校德育大纲（试行）》，明确把心理健康教育列为德育内容；1999 年 1 月 13 日国务院批转教育部制定的《面向 21 世纪教育振兴行动计划》，再次提出学校要实施心理健康教育；1999 年 6 月 13 日《中共中央　国务院关于深化教育改革全面推进素质教育的决定》再一次强调加强学生的心理健康教育；1999 年 8 月 13 日，教育部又发布《关于加强中小学心理健康教育的若干意见》，强调中小学心理健康教育是"培养跨世纪高质量人才的重要环节"，并对中小学开展心理健康教育的基本原则、主要任务、实施途径、师资队伍建设、组织领导以及需要注意的问题等提出了指导性意见。这一阶段，国家及教育主管部门出台一系列相关政策、指导性纲领文件，从政策上明确了心理健康教育在教育工作中的基本地位和重要作用。

③由部分学者的研究到理论研究成果取得了长足的进步和发展。这一时期，教育界、学术界关于高校心理健康教育的文章及专著数量快速增长，各地纷纷召开学术研讨会。20 世纪 90 年代以来，一些高校先后承接了一系列国家级、省级研究课题，从不同角度入手，探讨学生心理健康教育问题。据统计，仅"九五"期间，向全国教育科学规划领导小组申报的心理健康教育、学校心理辅导等方面的课题就达 70 多项，[①] 地方有关心理健康教育的各级各类立项课题更是不计其数。其中，1992 年由西南师范大学黄希庭主持的国家哲学社科"八五"重点课题"当代大学生心理特点与教育对策"、1993 年由马建青主持的国家哲学社科基金课题"心理咨询对加强思想政治教育的价值及两者相互影响的研究"、1994 年由清华大学樊富珉主持的国家

---

① 刘华山：《学校心理辅导》，安徽人民出版社 1998 年版，第 25 页。

教委优秀青年教师基金课题"高校心理咨询与跨世纪人才培养"等，影响较大。这些国家级重点课题的研究成果，为我国高校大学生心理健康教育工作提供了强有力的保障和坚实的理论基础。①

（4）20 世纪 90 年代末至今：提升阶段

经过 90 年代后期的快速发展，我国高校心理健康教育完成了框架性的建设，从国家政策到理论研究再到高校的具体实践都已步入正轨。进入 21 世纪，我国的高校心理健康教育工作进入了全面发展、总结提升的阶段，具体体现在以下四个层面的提升。

①国家层面的提升。2001 年 3 月，"青少年心理健康教育"被写进九届人大四次会议通过的《中华人民共和国国民经济和社会发展第十个五年计划纲要》，成为国家"十五"计划的组成部分，同时后续出台的政策文件不再是宽泛的、指导性的意见，而是具体的要求和措施。这表明在国家政策层面，心理健康教育不再局限于作为主管领导机构的工作范围，已经上升为国家战略。此后，2001 年 3 月教育部颁布的《关于加强普通高等学校大学生心理健康教育工作的意见》和 2002 年 4 月印发的《普通高等学校大学生心理健康教育工作实施纲要（试行）》，对大学生心理健康教育的重要性、主要任务和内容、工作原则、途径和方法、师资队伍以及组织领导和管理等作了原则性的规定，并提出了具体实施意见；2011 年 5 月，教育部办公厅印发《普通高等学校学生心理健康教育课程教学基本要求》，为大学生心理健康教育工作的开展制定了基本要求。② 2017 年 1 月，国家 22 部门颁布《关于加强心理健康服务的指导意见》，文件当中与高校相关的主要涉及以下三条：①高等院校要积极开设心理健康教育课程，开展心理健康教育活动；重视提升大学生的心理调适能力，保持良好的适应能力，重视自杀预防，开展

①　姚本先：《我国学校心理健康教育：现状、问题、展望》，《课程·教材·教法》2003 年第 2 期。

②　仰莹：《我国大学生心理健康教育 20 年回顾与展望》，《中国高教研究》2008 年第 7 期；夏雯雯：《我国大学生心理健康教育发展简史》，《高校讲坛》2012 年第 1 期。

心理危机干预。②教育系统要进一步完善学生心理健康服务体系，提高心理健康教育与咨询服务的专业化水平，每所高等院校均设立心理健康教育与咨询中心（室），按照师生比不少于 1：4000 配备从事心理辅导与咨询服务的专业教师。③各有关部门要积极设立心理健康服务岗位，完善人才激励机制，逐步将心理健康服务人才纳入专业技术岗位设置与管理体系，畅通职业发展渠道，根据行业特点分类制定人才激励和保障政策。2018 年 7 月教育部出台的《高等学校学生心理健康教育指导纲要》中明确指出，要"主动占领网络心理健康教育新阵地"，"广泛运用门户网站、微信、微博、手机客户端等媒介，宣传心理健康知识，倡导健康生活方式，提高心理保健能力"，要"科学分析经济社会快速发展、互联网新媒体应用快速推进、个人成长历程、家庭环境等因素对学生心理健康的深刻影响"，同时还进一步提出要健全心理危机预防和快速反应机制，建立学校、院系、班级、宿舍"四级"预警防控体系，完善心理危机干预工作预案，做好对心理危机学生的跟踪服务，注重做好特殊时期、不同季节的心理危机预防与干预工作。2020 年 9 月，国家卫生健康委员会发布了《探索抑郁症防治特色服务工作方案》，明确规定要加大重点人群干预力度。中学、高等院校均设置心理辅导（咨询）室和心理健康教育课程，配备心理健康教育教师。将心理健康教育作为中学、高等院校所有学生的必修课，每学期聘请专业人员进行授课，指导学生科学认识抑郁症，及时寻求专业帮助等，并明确提出到 2022年"学生对抑郁症防治知识知晓率达 85%"的工作目标。由此可见，国家陆续出台的关于高校心理健康教育的文件越来越细致、要求越来越严格、操作越来越规范，这些文件的出台，对于高校网络心理健康教育工作的深入开展具有极大的指导和促进作用。

②工作层面的提升。2005 年 6 月，教育部成立普通高等学校学生心理健康教育专家指导委员会，在不到 10 年的时间里，委员会的工作取得两个方面的显著成绩：一是编写教学教材和教师培训教材。委员会的专家梳理了大学生心理健康教育的知识和理论体系，组织编写了《高校大学生心理健

康教育读本》，作为高校心理健康教育教学开展的教材，补充和完善了大学生心理健康教育的基本材料库。同时，委员会也开展了一系列增强师资队伍专业性和提高职业素养的措施，组织编写了《基础心理学》《心理卫生学》《变态心理学》《心理评估》《咨询心理学》等 5 本用于大学生心理健康教育骨干教师培训的规范教材，筹建了"全国高校大学生心理健康教育教师培训中心"，以专家带领普通教育者的形式帮助基层心理健康教育教师提高专业涵养和职业素养，提升了整个队伍的工作能力。目前，大学生心理健康教育师资队伍逐步壮大，不仅基本所有高校都配备了心理教室、心理辅导室，且各高校还创新培训模式，为专职教师提供专业培训和督导，并不断加强兼职队伍力量，重视并充分发挥辅导员的重要作用。二是研制和开发了大学生心理健康的测评系统和教育方法。为增强大学生心理健康教育的科学性和有效性，委员会根据中国大学生的心理发展状况研制出了中国大学生心理健康测评系统，在近百所大学的推广使用中收到积极而广泛的效果，[①] 不仅在学生中能够有效检测出心理疾病的患病学生，而且能够测查出大学生心理健康的水平和发展趋势，为开展后续的教育工作提供了丰富的基础准备。专家带领普通教育者的教育方法也得到推广，大部分省市和地区又组建了由基层专家和富有实践经验的一线教师构成的学校心理健康教育研究与指导委员会，形成传帮带的一条专业辅导纽带，许多创新的教育方法又通过这条纽带推广到全国高校。委员会的专家为大学生心理健康教育带来了科学有效的教育工具、教育手段，也为全国高校心理健康教育教师拧成一股绳，共同发展心理健康教育事业连起了相互学习、相互交流、取长补短的桥梁，促进大学生心理健康教育事业蓬勃发展。

在这个阶段，全国还建设了一批高校心理健康教育与咨询示范中心。重点支持一批心理健康教育工作基础较好、具有特色和优势的高校心理健康教育与咨询中心进一步发展，部分省市设立心理健康教育与咨询示范中心，在

---

① 王淑军：《"心灵阳光"使 5 万大学生受益》，《人民日报》2006 年 8 月 6 日。

高校间形成示范、引领和辐射的效应，成为心理健康教育理论与实践结合、工作与成果领先的"样板间"，引领开展大学生心理健康教育前瞻性、规律性问题的研究与探索，带动大学生心理健康教育多学科、多部门、跨学校之间的协同创新，辐射推动省市内高校心理健康教育交流和提升。

③学科层面的提升。一是依托心理学科博士后站点建设，实现心理健康教育的学科发展。截至 2019 年，全国设立心理学科博士后流动站 11 个，为培养心理健康领域顶尖人才和研究心理健康相关前沿核心问题搭建了高品质的人才培养和科学研究的平台。二是大力发展心理健康教育二级学科点建设，增加硕士和博士人才培养。自 2009 年加速发展专业硕士学位以来，心理健康教育二级学科的硕士和博士专业建设也随之蓬勃发展，尤其加强了心理健康教育二级学科的高层次人才培养和学科综合实力的建设。截至 2022 年 1 月，全国共有 150 所高校和研究所开展了心理健康教育专业硕士研究生培养。三是在思想政治教育学科中增设心理健康教育人才培养和研究方向。2015 年开始，教育部高校辅导员培训和研修基地着手修订新的思想政治教育专业辅导员博士培养方案，心理健康教育相关专业增设其中。2015 年，在全国 75 个博士点院校、研究院中，开设心理健康与学校心理健康教育专业研究方向的已有 5 所。① 2016 年，全国有 7 所高校和基地招收发展与教育心理学和应用心理学专业方向的辅导员博士，开展思想政治教育与心理健康教育相结合的理论和实践探索，提升思想政治教育学与心理学相关学科相结合的建设。

与此同时，还大力加强了心理健康教育课程建设。这一时期的心理健康教育课程建设主要体现在两个方面：一是广泛开设大学生心理健康教育课程。大部分高校以开设大学生心理健康教育课程落实党和政府关于心理健康教育课程建设的要求和意见，仅上海市 2013 年的调查就表明大约有 94% 的

---

① 余双好、邢鹏飞：《思想政治教育学科博士点建设现状与特点分析》，《思想政治课研究》2014 年第 4 期。

高校已经开设心理健康教育课程，本科类院校平均开设 4.3 门心理健康教育课程，高职类院校平均开设 1.8 门。① 同时，许多高校根据课程独有的性质和教学目标规范了教学内容，并探索创新性的教学模式和教学方法，有的高校还实施严格的教学管理和教学评估。在落实各项政策和要求中，高校心理健康教育的软硬件设施和教学质量得到提升。二是探索创新性的课程教学和评价方法。如在课程教学方面，中国矿业大学探索实践了"1+5"的心理健康教育课程教学法，提高了课程的实践运用环节，让大学生在做中学，运用所学去锻炼自身的心理素质；② 韩丹等学者则在教学中探索运用团体咨询、绘画自我分析法、角色扮演方法等，将心理咨询的技术运用在大学生心理健康教育课程中，增强教学的针对性，既打破大学生对心理咨询的陌生感，也让大学生更加科学有效地了解自身的心理状态，并有针对性地进行改善。③课程建设的大力发展让更为广大的学生受益，不用费时去做心理咨询，在日常的学习中就能接受到心灵的滋养和成长；课程建设的大力发展也让教学质量大幅提升，提高心理素质的教学目标得到更为充分的实现，大学生心理素质获得明显提升。

④研究层面的提升。随着心理健康教育工作的不断推进，理论研究更加深化，取得了较为丰富的研究成果。如孙时进教授主持的教育部重点课题"团体辅导的理论、推广与应用"、姚本先教授主持的国家社科基金"思想道德建设视野中的大学生心理健康教育模式与机制创新研究"、教育部委托沈德立教授主持完成的"中国大学生心理健康相关评定量表"、林崇德教授

①　马前广：《高校心理健康教育课程建设现状及对策思考》，《思想理论教育》2013 年第 10 期。

②　段鑫星、赵玲等：《关于"大学生心理健康教育"课程建设与改革的思考》，《煤炭高等教育》2004 年第 6 期；潘柳燕、刘惠珍：《大学生心理健康教育课程体系与教学模式初探》，《高教论坛》2007 年第 5 期。

③　韩丹：《团体咨询在高职大学生心理健康教育课程中的应用》，《职业教育研究》2007 年第 4 期；蔡宝鸿：《绘画自我分析在大学生心理健康教育课程中的运用》，《考试周刊》2007 年第 29 期；桂莉娜：《角色扮演技术在大学生心理健康教育课程中的运用》，《科技信息：学术研究》2008 年第 15 期。

主持的教育部重大招标课题"高校心理健康教育工作标准研究"等，显示了课题研究的进一步深化。与此相对应，学校心理健康教育的成果不断丰富。据不完全统计，到2018年底，内地已经出版的有关心理健康教育的学术专著或教材约有930余种。[①] 其中，较有影响的有林崇德与吴武典主编的《心理健康教育》（22册，中国大百科全书出版社2007年版）和《心理健康教育师资培训教材》（12册，新蕾出版社2008年版）、吴增强主编的《现代学校心理辅导丛书》（4册，上海教育出版社、上海世纪出版集团2000年版）和《学校心理辅导活动指南》（6册，上海科技教育出版社1996年版）、沃建中主编的《中小学生心理导向丛书》（50册，科学出版社1997年版）、丛立新主编的《小学心理健康教育》和《中学心理健康教育》（人民教育出版社1999年版）、全人心理教育机构策划的《学校心理辅导丛书》（20册，[美] 海穆·基诺特等著，许丽玉、许丽美等译，世界图书出版公司2003年版）、叶一舵主编的《小学生心理健康》《小学生心理健康教师指导用书》（15册，福建教育出版社2012年版）和《中学生心理健康》《中学生心理健康教师指导用书》（8册，福建教育出版社2012年版）、葛明贵等编写的高等教育"十二五"精品规划教材《大学生心理健康教育》（教育科学出版社2015年版）等。同时，林崇德、黄希庭、莫雷、乐国安、张大均、郑日昌、刘华山、陈家麟、叶一舵、刘晓明、崔景贵、沈贵鹏、姚本先等人撰写的学术专著，也有较大的影响。这些专著和教材发行量大，影响范围广，对推动学校心理健康教育的普及起到了积极的作用。另外，这一时期学术期刊也发表了大量研究成果。2001年之前学术期刊发表的有关大学生心理健康教育总量不超过200篇，[②] 但继《普通高等学校大学生心理健康教育工作实施纲要》出台之后，截至2023年11月，据中国知网（CNKI）统

---

① 方鸿志、潘思雨：《改革开放40年来我国大学生心理健康教育的发展及趋势》，《当代教育科学》2019年第8期。

② 方鸿志、潘思雨：《改革开放40年来我国大学生心理健康教育的发展及趋势》，《当代教育科学》2019年第8期。

计，有关大学生心理健康教育的论文研究成果已达 16318 篇。此外，有博士论文 7 部、硕士论文 400 部。①

2. 港澳台地区

（1）香港地区

香港的高校心理健康教育发展包含社会福利服务阶段（20 世纪 70 年代）、香港教育署积极参与推行阶段（20 世纪 80 年代）、学校本位辅导阶段（20 世纪 90 年代至今）三个阶段。从总体上来看，香港高校心理健康教育的辅导队伍整齐，专业化程度高。香港各高校一般都配有数额不等的专职心理辅导员，且都必须经过高强度、专业培训，同时获得相关的硕士以上学位。为保障辅导员的专业化水平，香港各高校还专门邀请心理分析专家作督导，香港专业辅导协会经常通过多元化的方法为辅导人员提供不同形式的培训，使辅导人员自身的能力及素质能够得到提高与锻炼。②

在心理辅导模式方面，香港高校采取的主要有三种：一是学校本位辅导模式。由全校参与，全校教师共同识别学生发展的整体需求并制订计划，目标在于培养学生的良好行为，塑造健康自我形象，力求带领学生达到认知、情感、意志协调发展。二是诊断矫治模式。以心理医生的身份对学生的心理障碍或偏差行为给予科学的心理诊断及治疗，达到帮助学习适应困难或情绪、行为不良学生缓和心理冲突、实现心理平衡的目的。三是社区学校模式。将家庭及社会机构补充到学校心理辅导工作中来，形成学校、家庭、社区相互联系、及时沟通、相互支持的运作模式，共同影响和促进学生的身心健康发展。③

---

① 此数据统计截至 2023 年 11 月，作者以"大学生心理健康教育"为关键词在中国知网搜索结果。

② 任霞、冯爽、李征：《内地港台地区高校心理健康教育的比较及启示》，《思想政治教育研究》2010 年第 3 期。

③ 徐红丹：《港澳台地区学校心理学的发展及其对大陆地区的启示》，《亚太教育》2015 年第 11 期。

在各具特色、各有侧重的心理健康教育过程中，香港高校紧密围绕着全人发展和以学生为本的服务理念，即高校不仅要发展学生的学业，使其获得发展事业的技能，同时要培养学生德育、体育、情感、艺术、社交等方面的经验，充分发挥潜能，培养他们良好的人格，帮助他们建立良好的人际关系，以更好地适应环境、适应社会。[①]

（2）澳门地区

20 世纪 70 年代中期之前，澳门地区学校并无专业心理辅导，只在初中出现部分无专业老师的心理辅导。自 70 年代中期至 80 年代末，澳门经济进入黄金期，紧随其后家庭和社会问题也不断增多。澳门教育暨青年局不断调整适时改变，于 1992 年正式组建了现在的"教育辅导暨特殊教育中心"。20 世纪 90 年代后，心理辅导在澳门地区广泛发展，并逐渐迈入正规化。许多学校不仅将心理辅导工作纳入基本体系中，还成立心理辅导组，聘任心理辅导主任。

2008 年起，澳门推行小班化教学，不断提高各学段师生比，并通过课程进修、校本教研、派出学习等方式提升教师队伍的专业化水平，使澳门特区的老师可顾及每个学生的身心发展。如今，澳门的学校心理辅导主要以引导学生了解自我、培养人际交往能力、树立正确的人生态度、解决学生的心理问题为主要辅导目标。[②]

（3）台湾地区

台湾地区学校心理健康教育起步较早，自 1958 年起学校心理健康教育就进入试验期，通过试行心理辅导制度与实施方法，进行"中等学校辅导工作实验计划"，聘请联合国文教组织专家协助设计职业辅导计划，编印心理卫生丛书与职业辅导丛书等方式积极推广与实施。

---

① 王义波、张召：《中国香港高校心理辅导工作的借鉴与思考》，《航海教育研究》2008 年第 1 期。

② 徐红丹：《港澳台地区学校心理学的发展及其对大陆地区的启示》，《亚太教育》2015 年第 11 期。

　　台湾地区学校心理辅导工作以初级预防、二级预防、三级预防的模式展开。初级预防，是针对一般学生及适应困难学生进行的一般辅导；二级预防，是针对处于偏差行为边缘的学生进行较为专业的心理辅导与咨询；三级预防，是针对偏差行为及严重适应困难学生进行专业心理矫治咨询及身心复建。这样不仅充分体现出发展重于预防、预防重于治疗的教育理念，而且配合学校行政组织的弹性调整，激励了一般教师全面参与辅导学生的工作。

　　台湾地区学校心理健康教育工作，资金投入力度大，硬件设施完善，辅导中心规模大，设备齐全，藏书量多。咨询中心专职人员的聘用方式大约有两种：以助教职称聘任；以研究员角色聘任。台湾地区学校心理健康教育管理模式深受美国影响，关注自由、平等、个性，注重以学生为本，尊重学生的各种选择。①

（三）现实背景

　　随着大数据时代的到来，人类社会历经了一场深刻的变革。大数据融入日常生活当中，使得社会各方面都发生了改变。在大数据时代，信息和数据的更新日新月异，潜移默化中改变了人们的日常生活方式，也影响了高校大学生的思想观念。高校大学生普遍具有学习压力、人际关系问题、情感困扰以及就业压力等，而通过大数据的应用，可以进一步强化大学生心理健康教育，使得大学生能够拥有健康的心理状态。

　　与人类历史上所出现的其他社会相比，大数据时代呈现出新的特点。

1. 巨大的数据能量

　　大数据最主要特点是数据的数量巨大、价值密度低、种类复杂、更新速

---

　　① 任霞、冯爽、李征：《内地港台地区高校心理健康教育的比较及启示》，《思想政治教育研究》2010 年第 3 期。

度快。大数据时代，数据量空前巨大，数据的单位已从 G 和 T 发展到 P、E、Z、Y 等为计量单位，每个单位之间的运算关系是乘以 1024。据著名咨询公司 IDC 统计，2011 年全球被创建和复制的数据总量为 1.8ZB，远远超过人类有史以来所有印刷材料的数据总量（200PB）。2012 年迅雷下载的文件大小总量达到了 56 亿 G，可装满 560 万个容量为 1000G 的硬盘，这只是无数数据中的九牛一毛。全球企业 2010 年在硬盘上存储了超过 7EB 的新数据，消费者在 PC 机和笔记本电脑等设备上存储了超过 6EB 的新数据，而 1EB 数据就相当于美国国会图书馆中存储数据的 4000 多倍。2022 年底，我国已建成全球最大的光纤网络，全国 5G 基站超过 230 万个。网络社会正在以一种人类历史上前所未有的传播能力和覆盖范围，将地球人拉入网络的客观环境之中且自觉或不自觉地都变成了受众，并对其施加持久而深刻的影响。

2. 工具性的中性与非中性特征

作为科技革命的产物，大数据的技术工具身份使它和任何一项技术发明一样，具有工具的中性特征，无论是谁都可以使用且不会对不同的使用者产生不同的作用。但是，大数据一旦被政治行为所使用，它就不仅仅是技术工具，也可以成为一种政治工具，即追求政治权力和政治利益的工具，也就具有了"非中性"作用，这种因被使用而产生的"非中性"的作用正是大数据时代的一个显著特征。

3. 数据化的社会生活

大数据技术是一种信息技术，它通过数据储备和技术理念，以前所未有的方式洞见事物的发展趋势，影响人们的价值体系和知识体系，并通过改变社会交往方式，进而对人类的生产方式和生活方式产生影响。大数据已经进入中国社会生活的各个层面，不仅社会生活的各个层面受到数据化的影响甚至冲击，而且人类社会在总体上也发生了更加深刻的转型，使得人类活动更加丰富和复杂，为社会变迁注入了新的活力，带来了更多的可能。

　　上述大数据的特点，在被誉为"大数据时代的预言家"维克托·迈尔-舍恩伯格看来，最重要的特点还是思维方式的根本转变。他在《大数据时代：生活、工作与思维的大变革》一书中明确指出："大数据时代对我们的生活，以及与世界交流的方式都提出了挑战。最惊人的是，社会需要放弃它对因果关系的渴求，而仅需关注相互关系。也就是说只需要知道是什么，而不需要知道为什么。这就推翻了自古以来的惯例，而我们做决定和理解现实的最基本方式也将受到挑战。"① 也就是说，大数据从根本上颠覆了千百年人类思维惯例，对人类的认知和与世界交流的方式提出了全新的挑战。

　　首先，从学生个体层面来看，大数据影响和改变了他们的生活与思维方式。在大数据时代，作为"数字化生存"的最先体验者之一，高校学生获得了跟世界同步发展和充分展示个人才能的空间，他们的思想观念、知识获取、价值取向、人际交往和行为方式等无不深受大数据的影响，其生活与思维方式已经和正在悄然改变。与此同时，由于大数据时代信息的碎片化、非结构化，使数据环境中不可避免地会充斥一些对大学生心理健康产生冲击的负面信息。在这种情况下，由于受知识、经验、思维认识的局限，大学生看问题容易主观片面，批判力有余而鉴别力不足，心理易波动，急需正确有效地引导。

　　其次，从心理健康教育研究层面来看，迫切需要加强和推进研究范式的转型。大数据时代，许多学科和信息科技深度融合，是一个显著特点。用数据来研究大学生心理健康教育，不仅是学科融合发展的大势所趋，也是推进心理健康教育研究范式转型的迫切需要。从运用传统知识思考向运用大数据思维思考的转型来看，这种转型既是由传统研究范式向现代研究范式的转型，也是由经验型研究范式向科学型心理健康教育研究范式的转型，更是心

---

　　① ［英］维克托·迈尔-舍恩伯格、肯尼思·库克耶：《大数据时代：生活、工作与思维的大变革》，盛杨燕、周涛译，浙江人民出版社2013年版，第9页。

理健康教育的思考坐标转型。因此，心理健康教育工作者只有认识到这种转型的必要性，主动推进心理健康教育的研究范式转型，才能使大学生心理健康教育迅速跟上时代变化，充分发挥心理健康教育的教育效果，最终实现心理健康教育的良性发展。

最后，从心理健康教育工作层面来看，亟须改变缺乏有效性和实效性的状况。进入大数据时代，一切皆可量化，利用大数据分析大学生的心理根源，及时准确地掌握学生的心理状况，实现心理健康教育服务的精细化，不断增强大学生心理健康教育的针对性和实效性，已成为心理健康教育发展的一种趋势。这是由心理健康教育所面临的新情况新问题所决定的。从宏观层面来说，心理健康教育要适应新的环境，承担新的使命，就要进入大学生活动的一切领域，通过采集各类社交平台上和日常学习生活中与大学生心理相关的数据，利用大数据技术揭示大学生群体的心理特征，把握群体的行为规律，监控大学生群体的总体情绪波动状况，了解不同年级、不同群体大学生在心理健康教育和心理咨询等方面的需求，为构建主动式心理健康教育模式及开展大学生心理健康教育活动提供真实有效的数据支持。从微观层面来说，有针对性地开展个性化服务、实现心理健康教育的"私人定制"是个方向。而要实现"私人定制"，就必须依据大数据，建立大学生心理健康量化分析模型，揭示个体的心理状况，预测个体将要发生的行为或发展的方向，制定积极的干预或预防措施，有针对性地开展个性化服务。这种宏观层面的群体性分析与微观层面的个性化分析相结合的方式，有利于提升大学生心理健康教育的覆盖面和针对性，将极大地推动大学生心理健康教育的新发展。

二、概念界定

研究高校心理健康教育，首先应对心理健康、心理健康教育以及大学生心理健康教育的基本概念予以明确。

（一） 心理健康

1. 心理健康的界定

关于心理健康的界定，至今没有统一的界定。国外对心理健康教育研究较早，不同领域和不同学派对心理健康的含义有着各自不同的看法，综合有代表性的观点主要有以下几种。

国际组织和权威辞书对心理健康的定义。如联合国世界卫生组织的定义是："心理健康不仅指没有心理疾病或变态，不仅指个体社会适应良好，还指人格的完善和心理潜能的充分发挥，亦指在一定的客观条件下将个人心境发挥到最佳状态。"通常，心理健康的定义既指心理健康的状态，也指维持心理健康，预防心理障碍或行为问题。第三届国际卫生大会（1946）认为："所谓心理健康，是指在身体、智能及情感上与人的心理健康不相矛盾的范围内，将个人心境发展成最佳状态。"① 《简明不列颠百科全书》中指出："心理健康是指个体在本身及环境许可的范围内所达到的最佳功能状态，但不是指十全十美的绝对状态。"②

国外学者从各种角度对心理健康的定义做了研究。如美国医学家埃格里希认为："心理健康是一种持续的心理状态，当事者在该状态下能做出良好的适应，具有生命的活力，且能充分发挥其身心潜能。"③ 美国精神病学家查尔斯·门宁格认为，"心理健康是指人们对于环境及相互间具有高效率及快乐的适应情况，不仅要有效率，也不只是要有满足感，或是愉快的接受生活规范，而是需要三者兼备。心理健康的人应能保持平静的情绪，敏锐的智

---

① Diener E., "Subjective Well-being", *Psychological Bulletin*, 1984, 95: 542-575.
② 《简明不列颠百科全书》，中国大百科全书出版社 1986 年版，第 613 页。
③ 欧晓霞、曲振国：《大学生心理健康》，清华大学出版社 2006 年版，第 7 页。

能，具有适应社会环境的行为和愉快的气质。"① 美国人本主义心理学家马斯洛认为，心理健康的人要具有以下品质："对现实具有有效率的知觉；具有自发而不流俗的思想；既能悦纳本身，也能悦纳别人；在环境中能够保持独立，欣赏宁静；注意基本的哲学和道德理论；对于平常的事物，甚至每天例行的工作，能经常保持兴趣；能与少数人建立深厚的感情，具有助人为乐的精神；具有民主态度、创造性的观念和幽默感；能经受欢乐和创伤性体验。"人格心理学家奥尔波特认为：健康的人并不被潜意识所控制和支配，健康的个体是在理性的和有意识的水平上活动，指引这些活动的力量是完全能够意识到的，并且也是可以控制的。② 心理学家柯洛什尼克也认为：心理健康是"一个人情绪上的安宁或他的个人适应和社会适应"③。日本学者松田岩男指出："所谓心理健康，是指人对内部环境具有安定感，对外部环境能以社会认可的形式适应这样一种心理状态。"还有诸如波孟、板格森等学者也给出了不同表述的定义。

我国学者也从各种角度对心理健康的定义做了研究。谭和平（1998）认为：心理健康就是指个体的全部心理活动过程处于正常完满的状态。具体包括认知正常、情感协调、意志健全、个性完整和适应良好五个方面。④ 刘华山（2001）认为，心理健康指的是一种持续的心理状态。在这种状态下，个体具有生命的活力、积极的内心体验、良好的社会适应，能有效地发挥个人的身心潜力与积极的社会功能。⑤ 王书荃（2005）认为，心理健康指人的一种较稳定持久的心理机能状态。它是个体在与社会环境相互作用时，主要

① Strickland B. R., "Internal-external Control Expectancies: Fromcon-tingency to Creativity", American Psychologist, 1989, 44: 1-12.

② ［美］L. A. 珀文：《人格科学》，周榕等译，黄希庭审校，华东师范大学出版社 2001 年版，第 79—81 页。

③ Skinner E. A., "A Guide to Constructs of Control", *Journal of Personality and Social Psychology*, 1996, 3: 549-570.

④ 谭和平：《中学生心理健康量表编制研究》，《心理科学》1998 年第 5 期。

⑤ 刘华山：《心理健康概念与标准的再认识》，《心理科学》2001 年第 4 期。

表现为在人际交往中能否使自己的心态保持平衡，使情绪、需要、认知保持一种稳定状态，并表现出一个真实自我的相对稳定的人格特征。她认为如果用简单的一个词来定义心理健康，就是"和谐"。个体不仅自我感觉良好，与社会发展和谐，发挥最佳的心理效能，而且能进行自我保健，自觉减少行为问题和精神疾病。[①] 还有学者从综合的角度做过概括，认为心理健康至少应当包括三个方面：正常的心理状态；协调的人际关系；完善的社会适应能力。总之，对于心理健康的定义有多种表述，但在基本含义上是一致的。一般认为心理健康有狭义和广义之分，狭义的心理健康是指没有心理疾病和病态心理。广义的心理健康是指具有良好的心理品质和健全的人格。在理解心理健康的内涵时还应注意心理健康是相对的、具有等级差异的状态，而不是"十全十美"。心理健康是较长一段时间内持续的心理状态，异常心理或行为的偶尔出现，如能恢复正常，则不能认为是心理不健康的证据。心理健康通常可以用一系列具体标准来描述，但这种描述通常是一种全面的理想要求，不一定能全部做到对心理健康的理解趋向于多元模式，尤其是强调生物—心理—社会医学模式中多因素的交互作用。

综上所述，所谓心理健康，是指人的心理活动的内在关系协调，心理内容与客观世界保持统一，能促使人体内外环境平衡和促使个体与社会环境相适应的心境状态，并由此不断发展健全的人格，提高生活质量，保持旺盛的精力和愉快的情绪。

2. 心理健康的标准及其理解

由于确立心理健康标准的依据、把握的尺度以及所描述心理健康涉及品质有所不同，目前有关心理健康的标准也不尽相同。

（1）权威辞书的标准。《简明不列颠百科全书》认为心理健康的标准是：①认知过程正常、智力正常；②情绪稳定乐观，心情舒畅；③意志坚

---

① 王书荃：《学校心理健康教育概论》，华夏出版社2005年版，第2—3页。

强，做事有目的性；④人格健全，性格、能力、价值观等均正常；⑤养成健康习惯和行为，无不良行为；⑥精力充沛地适应社会，人际关系良好。

（2）国外学者论述的心理健康标准。如美国心理学家奥尔波特提出了心理健康的标准是：①力争自我的成长；②能客观地看待自己；③人生观的统一；④有与他人建立亲睦关系的能力；⑤人生所需的能力、知识和技能的获得；⑥具有同情心，对生命充满爱。美国学者坎布斯则认为心理健康的人应该有以下几种特征：积极的自我观念；恰当的认同别人；面对并接受现实；主观经验丰富。

（3）中国学者认同的心理健康标准主要是：①认知能力正常；②情绪反应适度；③意志品质健全；④自我意识客观；⑤个性结构完整；⑥人际关系协调；⑦社会适应良好；⑧人生态度积极；⑨行为表现规范；⑩活动效能吻合年龄。

综合国内外的有关研究，结合我国大学生心理发展的实际，大学生健康心理应满足如下十项标准。

第一，无躯体化的症状。健康的生理是健康心理的基础和表现，诸如头痛、焦虑、失眠、注意力不集中、强迫行为等生理异常现象是心理不健康的临床反应。心理健康标准的基本要素是指没有心因性躯体异常现象。

第二，正常的智力。智力是一个人的观察力、记忆力、想象力、思维能力和操作能力的总和。智力正常是一个人学习、生活和工作的最基本的心理条件，是人适应环境、谋求生存和发展的心理保证，是大学生心理健康的首要标准。一般而言，智商在130分以上，为超常；智商在90—110分，为正常；智商低于90分，为智力落后。智力落后的人比较难以适应社会生活，很难完成学习或工作任务。衡量一个人的智力发展水平还要与同龄人的智力水平相比较，应及早发现和预防智力的畸形发展。例如，对外部刺激反应过于敏感或迟钝、知觉出现幻觉、思维出现妄想等，是智力不正常的表现。

第三，良好的情绪。情绪对于心理健康就像体温对于生理健康一样，是用于衡量健康与否的一个显著标志。心理健康的人情绪稳定、乐观、能自由表达情感并有效处理情感问题，善于调节自己的喜怒哀乐，妥善应对紧张与压力。心理健康的人的积极情绪状态占优势，面对失败、疾病和死亡等因素他们也会产生焦虑、悲伤、忧愁等消极情绪，但是不会长久；同时，能够适度地表达和控制自己的情绪，喜不狂，忧不绝，胜不骄，败不馁，谦而不卑，自尊自重，他们能够控制、调节、转移消极情绪且避免消极情绪对自身的伤害。

第四，合理的行为。行为合理主要体现在两个方面：①心理活动特点符合年龄、性别和角色的特征。心理机能发育健全的人其心理特点应该与其所属年龄阶段的人的共同心理特征一致，与其性别及在不同环境中所扮演的角色相符合。如果一个人的心理行为经常偏离自己的年龄特征，一般都是心理不健康的表现。②言行符合社会行为规范。社会规范包括社会行为规范、社会道德规范和法律规范。心理健康的人应该自觉接受这些规范。这里的符合社会规范主要指的是心理健康的人在追求自己利益的时候不伤害他人的利益，具有道德感和社会责任感。

第五，恰当的自我意识。自我意识就是自己对自己的认识。恰当的自我意识是提倡一种积极的自我观念，是对自我的正确认知，它包括了解自我与接纳自我。一个心理健康的人能够体验到自己的存在价值，既能够了解自己，又能够接受自己，即能够正确地认识和分析自己，了解自己的能力、气质、性格特点等，能客观地评价并接纳自己的长处和短处、优点和缺点。另一方面，心理健康的人对于自己无法弥补的缺陷能安然处之，不怨天尤人，能够做到自信、自尊、自爱、自强。

第六，健全的意志。心理健康的人通常具有坚强的意志和毅力。具体表现为：①意志活动具有自觉性，即目的明确，主动性、独立性强；②意志活动具有顽强性，即在作出决定、执行决定的过程中，克服困难，战胜挫折，决不轻易放弃对既定目标的追求；③意志活动具有果敢性，即在复杂的情况下善于当机立断，迅速有效地执行决定，勇敢、及时地投入行动；④意志活动具有自制力，既能够控制与实现目标不一致的思想情绪和外界诱因，保证不偏离既定活动目标。

第七，完整的人格。人格是一种独特的心理特征，也是心理健康教育的总任务之一。人格健全主要表现为三个方面：一是具有独立性，即能认识自我，悦纳自我，不卑不亢，充满自信，能够保持和适度张扬个性；二是人格完整协调，表现为人格结构的各个要素没有明显缺陷、偏差和自相矛盾，现实自我和理想自我相统一，奋斗目标切合实际，不产生自我统一性的混乱，并能以积极进取的、体现时代进步的人生观、价值观作为人格的核心；三是积极向上，具有高度的社会义务感和责任感，希望通过对自己身心潜能和创造力的开发来体现自身的价值并贡献于社会。

第八，和谐的人际关系。人际关系和谐是心理健康的必备条件。和谐的人际关系既是心理健康不可缺少的心理条件，也是心理健康的重要标志。和谐的人际关系表现为：乐于和人交往，有知心朋友；在交往中保持独立，善于取人之长，补己之短，宽以待人，对人尊重、信任、友爱、理解、乐于相助；能与人友好相处，同心协力、合作共事。

第九，积极的社会适应力。心理健康的人，应该与社会保持良好的接触，认识社会、了解社会，使自己的思想、信念、目标和行动，跟上时代的发展步伐，与社会的进步和发展协调一致。在工作学习中，能对工作学习的环境适应，能承受、调节、控制工作学习中的压力，能从工作学习中获得满足感；能形成良好的工作学习习惯；积极应对生活突发事件。

第十，强烈的进取心。心理健康的人能意识到自身存在的价值，拥有积极的生活态度，他们热爱生活，自感幸福，积极向上。在工作和生活中尽可能地发挥自己的潜能，追求成功，努力使自己成为自己理想中的人。

上述心理健康的标准是相对的、动态的，不是静止不变的，它是随着社会的发展、时代的变化和个人的成长而不断变化的。总体上心理健康的标准应该包括社会适应标准和发展性标准。所谓社会适应标准，是指心理健康标准要与社会的发展相适应、相吻合。心理健康作为一种心理机能状态，就显性表现来看是个体与内外环境的良好适应状态，就隐性机制而言则是个体心理功能不断发挥与调节的适应过程。适应有消极适应和积极适应，心理健康意义上的适应，就是个体在与环境的互动中，能够通过自身调节系统作出积极而能动的反应，从而使主体与社会环境之间不断达到新的平衡的过程。这种过程既是一种现代能力的彰显，同时又是社会发展变化对人们能力发展的诉求。所谓发展性标准，是指心理健康标准要与时俱进，根据时代发展提出新的发展要求和标准。如大数据时代，针对人的心理健康出现的网络成瘾、自我封闭、认知能力较差、人际交往障碍、孤独、焦虑、空虚等现象，要及时修正原有的心理健康标准，以一种新的生活理念来规范人们的心理行为。随着现代社会的发展，人们对生活质量的追求不断提高，心理健康不仅作为一种现代观念而且作为一种现代能力日渐渗入人们的生活。对许多人来说，心理健康不仅意味着没有心理疾病，也不仅预示着心理咨询或心理治疗，而是作为一种新的发展理念渗透在生活态度和生活观念中。

（二）心理健康教育

1. 心理健康教育的定义

所谓心理健康教育，一般是指根据个体身体、智能以及情感发展的特点，有目的、有计划地运用有关心理学的方法和手段，对受教育者的心理施加影响，培养其良好的心理素质，促进其心境发展成最佳状态的教育活动。

自 20 世纪我国开展心理健康教育以来，其概念的使用不外乎两种：一是沿袭临床心理学以及医学的术语，例如心理辅导和心理咨询；二是秉承传统教育的术语，例如心理素质教育。这在一定程度上反映了心理健康教育的概念目前尚未达到一致的认可。

首先，就"心理辅导"和"心理咨询"概念来说，无论是内涵还是外延都不能替代"心理健康教育"这一概念。我国有学者将"心理辅导"定义为"教育者运用心理学、教育学、社会学、行为科学乃至精神医学等多种学科的理论和技术，通过集体辅导、个别辅导、教育教学中的心理辅导以及家庭心理辅导等多种形式，帮助学生自我认识，自我接纳，自我调节，从而充分开发自身潜能，促进其心理健康与人格和谐发展的一种教育活动"[①]；而"心理咨询"则是指"对心理失常的人，通过心理商谈的程序与方法，使其对自己与环境有一个正确的认识，以改变其态度和行为，并对社会生活有良好的适应"[②]。就内涵而言，心理健康教育的内涵也比心理辅导、心理咨询丰富。心理辅导是作为一种教育方法而存在，它是面向全体学生，经教师在和谐气氛、良好关系中使学生认识自己、调节自己，以达到发展与适应的目的。心理咨询则面对的是有轻度心理障碍的正常学生，其作用主要是补救性的，其方式、方法一般也是个别进行的，其咨询时间是阶段性的；而高校心理健康教育则是伴随学生的整个学生生涯的。在高校，心理健康教育不仅要面对少数有心理障碍的学生，更重要的是面对全体学生的心理健康教育，形式不仅有特定的心理辅导或一对一的心理咨询，而且还包括大量的各种课程、课外活动以及指导家庭、社区开展心理健康教育活动。就外延而言，心理健康教育的概念大于"心理辅导"和"心理咨询"。高校心理健康教育是大教育视野中的一种教育活动，它不仅包括心理健康课程教学、心理健康知识宣传等，还包括心理辅导和心理咨询与治疗。由此可见，高校心理辅导、高校心理咨询只是高校心理健康教育的一种具体方法，并非高校心理健康教育的全部。

其次，就"心理素质教育"来说，心理健康教育和素质教育是密不可分、相辅相成的。心理素质既是大学生的素质结构的重要组成部分，也是素质教育的基础和载体，其中心理素质具有关键性的意义。所谓心理素质，是指个体心理结构包括智力因素和非智力因素发展的水平、特点及其功能的良好程度。任何形式的思想品德教育、文化科学教育、劳动技能教育等，都必

---

① 吴增强：《现代学校心理辅导》，上海科学技术文献出版社 1998 年版，第 3 页。
② 朱智贤：《心理学大词典》，北京师范大学出版社 1989 年版，第 773 页。

须通过个体心理结构的筛选、认同和内化，才能成为其心理结构的内容并促进其心理发展。由此可见，个体心理结构既是素质教育的出发点，也是素质教育的归宿。而心理健康教育既是素质教育的重要组成部分，也是素质教育的重要途径，是素质教育总体结构中的奠基性工程。正是从这个意义上来说，心理健康教育不仅是时代发展对教育的必然要求，而且是实施素质教育的目标之一，没有健康的心理，一切形式的素质教育都是无从谈起的。

2. 网络心理健康教育

随着科技的发展和时代的进步，互联网技术发展迅猛，网络教育也应运而生，以其便捷、迅速、范围广等优势不断发展，并逐渐走进大学生心理健康教育的视野。

网络心理健康教育是高校心理健康教育的一种新形式，它的概念至少包含五个层面的内容：第一，网络心理健康教育的过程是通过网络来进行的，网络被视为心理健康教育的一种工具或媒介；第二，网络心理健康教育的"教室"是网络空间，网络是开展心理健康教育的一种环境；第三，网络心理健康教育是对心理健康教育资源的开发、利用和再生；第四，网络心理健康教育把网络作为心理健康教育的内容，关注、预防和矫正与网络有关的各种心理障碍与问题行为，如"互联网成瘾""网络孤独症"等；第五，网络心理健康教育着力于利用网络所提供的快捷便利条件形成心理健康教育的网络系统，即利用网络来矫正网络问题行为。[①]

在大数据时代，网络也是一个不同于现实社会的虚拟社会，它不仅为心理健康教育构筑了一个平台和环境，提供了丰富的信息资源，而且对传统制度化教育的各个要素也产生了深刻的影响，因此，网络心理健康教育与现实心理健康教育显示出差异性，它的主要新特点是：（1）教育主体非主体化、教育客体更具能动性，与现实心理健康教育相比较，教师权威由单极化向多

---

① 崔景贵：《网络心理教育的内涵、优势与问题》，《江西教育科研》2006 年第 4 期。

极化发展，学生的个体中心地位彰显，其主体意识得到前所未有的增强等；（2）教育内容多元化，教育的内容更为丰富、全面并具有直观性、可选择性和不可控制性，其形态从平面走向立体化、从静态变为动态、从现时空趋向超时空；（3）教育活动具有网络性以及教育方法具有现代性，网络作为心理健康教育的一种新的技术和手段，网络各种新技术的应用为心理健康教育提供了多种方式和途径；（4）网络作为一种新兴的技术，在某种程度上可以减轻人们的心理压力、增强人们的自信心（如通过宣泄、发挥个人创造性等），但它也会直接导致和诱发许多心理问题。所以，网络本身也应成为心理健康教育的一个重要对象和内容。了解和把握这些新特点，将有助于我们更好地把握网络心理健康教育实质，从而更好地开展网络心理健康教育。

在具体实施高校网络心理健康教育时，应遵循一定的心理健康教育的规律，主要是以下几个方面：第一，网络心理健康教育要与时俱进。大数据时代，心理健康教育也发生了变化，不了解这种变化，我们将成为盲目的行动者，心理健康教育就会跟不上时代前进的步伐。高校只有进一步强化大数据意识，积极挖掘应用大数据的内在潜力，充分发挥数据的价值，才能有效推动心理健康教育的转型、创新和发展，使其迅速跟上时代变化，从而提高高校网络心理健康教育的针对性和实效性。第二，要尊重学生的自主性。在进行网络心理健康教育的时候，一定要尊重学生，发挥他们的主观能动性，让网络心理健康教育真正地内化为学生的自觉吸收。第三，要遵循网络心理健康教育的客观性，从学生的实际情况出发，采取有针对性的方法进行网络心理健康教育。第四，坚持网络心理健康教育的实践性，应尽可能地让学生在实际的场景中开展活动，而不仅仅是进行理论知识的传授，不断地提高学生的心理综合素质。第五，网络心理健康教育应体现学生个体的差异性，尤其要注意学生个体差别，因材施教，注重学生兴趣爱好、年龄、现有心理素质等方面的差别，有的放矢，区别对待，以达到最好的教育效果。

三、研究现状

（一）国外研究现状

1. 关于心理健康及学校心理健康教育的研究

西方发达国家对心理健康及学校心理教育的研究起步较早。对心理教育的研究，与心理咨询在西方的兴起和发展有根源上的关系。心理咨询最初与美国教授 F. 帕森斯和他的合作者发起的职业指导运动有关，他在 1909 年出版的《职业选择》一书首次在世界范围内使用了职业指导的专业学术术语，为心理咨询的诞生奠定了思想基础。1942 年，美国"人本主义心理学之父"卡尔·罗杰斯的《咨询与心理治疗》一书的出版，标志着心理治疗时代的开始，并证明心理治疗不但有"医疗模式"，还有"教育模式"和"发展模式"。心理训练的兴起和发展及心理学知识的广泛传授，促进心理教育积累实践经验，用心理规律指导人们调控行为成为普遍的教育形式。许多发达国家的心理教育活动极为广泛和丰富，不同文化视域下的不同的心理学者对心理健康给予了不同的理解和描述。如有的学者认为心理健康是一种积极的状态，不仅是免于心理疾病而已。还有学者认为，心理健康是指人们对于环境及相互间具有最高效率、满足、接受的状态。显然，受文化和教育理念的影响，不同国家心理健康教育方面的研究在价值观念和取向上会略有不同。

美国在学校开展的心理健康教育，其教育内容陆续在英、法等发达国家中发展起来，并在实践中又形成了各自的特色。如美国的"科学家—实践者"模式，法国以定向、干预与整合作为该项工作发展的三个方向，英国强调"以问题解决为中心"的培养模式等。随着国际间的合作和交流越来越多，先进成果和先进经验在国际间资源共享，实现了共同发展的态势。学校心理健康教育的专业标准、心理健康教育工作者定义等逐渐达成共识、走向统一。

2. 关于学校心理健康教育功能的研究

与其他形式的教育相比，心理健康教育归纳起来大体有四种功能：（1）预防功能，即预防学生学习、人际、情感、学涯和职业规划等方面可能出现的问题，以更好帮助学生解决心理问题和人格障碍；（2）诊断评价功能，即通过心理普查等方式采集学生心理症状的数据和他人意见等信息，从中筛选有心理问题学生，并提出相应对策；（3）干预功能，即根据数据采集和分析的结果，开展心理学、教育学干预的功能；（4）指导功能，即对学生的学习素养、人际能力和职业生涯等提供指导。[①]

3. 关于学校道德教育的研究

西方国家没有思想政治教育的提法，但都非常重视道德教育，从柏拉图、苏格拉底、亚里士多德到约翰·杜威等都赞成教育的目的是使人智和善。对道德的解释包括道德的发展和判断等课题，科尔伯格和皮亚杰等心理学者均贡献了最有影响力的成果和理论。关于道德教育方面，国外的研究主要集中在价值澄清、道德认知发展、价值分析和提倡共同价值等教育倾向，主张通过提倡、榜样、期望、体验等途径将成人的价值传授给青少年。西方的心理健康教育较少承担意识形态的内容，主要关注公民特别是青少年的适应、调整、创新、感受幸福等作为个体发展所必须具备的能力，因此也较少有道德教育和心理健康教育的交叉研究及成果。

4. 关于大学生心理健康标准的研究

最有代表性的研究，主要体现在马斯洛（A. Maslow）和奥尔波特（G.

---

① 林崇德等：《学校心理学》，人民教育出版社 2000 年版，第 25 页。

Allport）分别提出的标准。

人本主义心理学家马斯洛等提出了心理健康的十条标准为：（1）充分的安全感；（2）充分了解自己，并对自己的能力做适当的估价；（3）生活的目标能切合实际；（4）能与现实环境保持接触；（5）能保持人格的完整与和谐；（6）具有从经验中学习的能力；（7）能保持良好的人际关系；（8）适当的情绪表达及控制；（9）在不违背集体要求的前提下，能做有限度的个性发挥；（10）在不违背社会规范的前提下，对个人的需要能做恰如其分的满足。[①]

人格心理学家奥尔波特对心理健康提出了七条标准：（1）自我意识广延；（2）良好的人际关系；（3）情绪上的安全性；（4）知觉客观；（5）具有各种技能，并专注于工作；（6）现实的自我形象；（7）内在统一的人生观。[②]

5. 关于大学生心理健康教育特性的研究

国外关于大学生心理健康教育特性的研究，集中体现在以下四个方面：

（1）正规化与专业化的工作机构和从业人员。国外大学生心理健康教育机构是隶属于高校直接管理的服务全校师生的服务性和义务性机构。机构的运作具有科学化测量的标准，形成诸如自杀反应机制等一系列制度化的工作模式。[③] 从业人员也有严格的资格准入标准。如美国心理健康教育在学历和资格认证方面都有严格的专业要求，"从事心理治疗工作的专业人员，必须得到临床心理学博士学位并通过所在州的资格考试方可独立从事心理治疗工作"[④]，甚至实习期的心理健康教育助理也有明确的培养和工作标准。[⑤]

---

① 林仲贤、武连江：《儿童心理健康与咨询》，中国林业出版社 2000 年版，第 245 页。
② 鑫星、赵玲：《大学生心理健康教育》，科学出版社 2005 年版，第 5—30 页。
③ "Higher Education Mental Health Alliance Releases Guide to Assist Colleges with Response to Suicide on Campus", *Education Letter*, 2014-12-03.
④ 钱铭怡：《借鉴国外经验有效开展心理健康教育》，《中国高等教育》2002 年第 8 期。
⑤ "Palo Alto University Wins National Award for Innovation in Professional Psychology Education", *Education Business Weekly*, 2011-04-06.

（2）宽泛化与多样化的服务内容和服务形式。国外大学生心理健康教育服务内容比较宽泛，涵盖个人和社会引起的精神抑郁等各种精神疾患，其服务形式比较多样，既有学生的心理咨询、心理治疗和行为矫治以及个人恋爱、日常生活等指导，也包括生涯指导、心理疾病预防和健全人格的发展等方面。

（3）分类化与科学化的教育对象和教育方法。国外大学生心理健康教育已开始区分不同群体和个体的特殊性，根据不同类型的大学生群体和个体有针对性地设计教育内容和方法，提升教育效果的品质。比如针对大一新生承受的环境变化和学业压力变化大、易产生焦虑情绪等问题，设计制定了涉及学业辅导、时间管理、社交支持、经济资助、心理干预等网络式的心理健康教育方案。① 在教育方法上运用各种科学手段加以监控，量化教育目标和效果，保证教育质量。比如运用大量调研、对比研究和系统测量等方法监督每一项教育方法的实施，甚至一些好的实践方法在得到科学测定和评估后推广成为国家心理保健项目的一部分。②

（4）综合化与本土化的教育资源和教育模式。国外大学生心理健康教育提倡各部门合作，对学生实施综合性心理健康教育，如20世纪80年代初美国、英国、日本等心理健康专家和学者互相交流讲学，推动了理论和实践的快速发展。

1982年成立国际学校心理学协会，国际心理健康教育专业标准逐步走向统一。同时，各国也十分关注不同国家和地区学生心理问题的差异，探索

---

① Wendy J. Pecka, "Students with Mental Health Issues in Higher Education: A Survey of Prevalence and Fall-to-sping Persistence Rates in a Community College Environment", Graduate School of the University of Missouri-St. Louis, 2011.

② George H. Wolkon, "University-based Continuing Education and Mental Health System Change", *American Psychological Association*, 1982 (8): 966-970; Melissa E. Derosier, "The Potential Role of Resilience Education for Preventing Mental Health Problems for College Students", *Psychiatric Annals*, 2013 (12): 538-544; "Argosy University, Denver Granted Specialized CACREP Accreditation for Clinical Mental Health Counseling and Counsel or Education & Supervision Programs", *Mental Health Business Week*, 2012-8-18.

适合本国学生需求的心理健康教育创新途径和方法。①

6. 关于大学生心理健康教育模式的研究

根据一些资料介绍，西方学校的心理健康教育主要有"四种模式"②。

（1）"发展性辅导"模式。辅导即是发展性的过程。该模式主张对学生生活各个阶段的所有领域，如职业的、教育的以及个人与社会的经验等提供帮助，促进个人成长。这个观念认为长期的成长重于短期的了解，偏向描述性的说明，而少做决定性的诊断。发展性辅导是通过学生自我对周围环境、对个人与环境的关系，对个人价值和社会价值等的了解，以培养更有效率的个人。该模式的优点在于：结合学校与社区的力量给予学生各种帮助；强调帮助学生获得最大的发展；特别重视个人要了解自己每时每刻所经历的发展过程。它的缺点在于：对全体教师、行政人员提出了较高的要求，全体教师需要通力合作，坚持不懈方能实现心理健康教育的工作任务。

（2）"辅导是有目的的行为科学"模式。心理健康教育融入学生学习、生活各个方面。该模式认为现代心理辅导并没有完全融入教育体系之中去，因而使真正有效的辅导工作无法发挥作用，辅导人员仅仅被看作是提供一些技术的"技师"，而不是与教师一样重要的教育人员。强调心理教育不仅以教师对学生的了解为出发点去指导和启发学生们进行学习，还应该融入学习生活中的各个方面中去。主张辅导工作必须存在于一种自由自在的气氛之中，这种气氛可以使学生不受教条、忽视、偏见等不利因素的控制，在这种气氛中，只要给学生正确的指导，他们就有能力确立自己的目标。

（3）"辅导即心理教育"模式。通过知识传授实施心理健康教育。该模式在20世纪70年代盛行于美国，倡导者莫舍和斯普林特福尔建议制定一种

---

① 邵艳等：《国外大学生心理健康教育的特点及模式》，《北京教育》2012年第3期。
② 张守臣：《心理教育论》，高等教育出版社2002年版，第56—57页。

包含一系列课程的计划，重点落在人类生命周期（自婴儿期、青少年到老年期）的各个不同阶段，通过让学生了解自己的发展来实施心理教育。这是一种精心设计并实施心理教育、直接促进学生心理健康发展的知识传授模式，强调教育性大于治疗性。该模式的优点在于通过所提供的课程，使学生了解心理健康教育方面的知识，同时加深对自我了解及获取他人的有关直接体验。其不足之处在于：通过课程形式构建一套受学生欢迎的心理健康教育活动相当困难，而且易出现理论与实践脱节的现象。

（4）"辅导是全员服务"模式。整合各方力量共同分担心理健康教育的任务。该模式认为在学校心理教育中，心理辅导是对学生进行全面发展教育的一部分，通过全校性的服务，帮助学生充分发展其潜能，解决其个人问题，协助其做好个人选择等。强调学校的教师都应该有机会担任辅导工作，并且不能使他们在学校辅导计划中沦为次要角色。心理教育应始终贯穿于科任教师的日常教学中，学生心理教育的责任由全校的人员来分担。同时这种模式认为学生心理健康不仅应该由学校的教师等人员负责，而且也应该是全社会、全员关注的问题。该模式的优点在于容易整合各方力量，其不足之处在于，不易发挥咨询人员的优势，对学校心理健康教育的管理水平提出了较高要求。

7. 关于大学生心理健康教育课程的研究

西方发达国家对大学生心理教育课程的研究比较成熟，以美国心理健康教育体系为例，在教学系统主要开设了三个方面的课程：一是通选性课程，二是应对性课程，三是激发性课程。通选性课程和应对性课程，主要是传递社会主流价值观和思想意识形态，帮助大学生建立社会主流意识形态和价值体系。应对性课程解决青年学生发展性心理问题和预防心理疾病，帮助学生建立健康和幸福的生活方式。而激发性课程，则主要是激发大学生潜力和创新精神，如麻省理工学院、芝加哥大学等高校都开设了与"创造性思维"相关的思维训练和创业辅导等课程。在治疗系统方面，美国政府通过不断更新精神健康法案（如 2003 年修订版），强调在学校设置心理卫生机构，旨在筛查和早期干预易发性心理卫生疾病，并及时转递专业精神卫生服务机构。截至 2010 年，仅弗吉尼亚州就全面在 15 个公立大学和 25 个私立大学设立了心理咨询中心，① 这一年全美每天发现超过 55 万的儿童和青年需要早期心理干预（美国教育统计中心数据），② 并且在保险领域为学生提供心理卫生方面的保障，③ 形成护士、咨询师、学校心理学家、学生保险咨询师共同构筑的学校心理干预和保障系统。在重点关注群体方面，美国的部分州设立有法令，要求大学建立由学校管理部门、心理卫生部门、法律部门协同运作的危机评估小组，对有暴力威胁或急需生命援助的学生提供相关评估结果和专业危机处理措施，保障学校和学生的共同利益。④ 国外大学生心理健康教育的研究在条件、视角、技术方面已然走向成熟，形成了一套适合自身发展的理论，并在实践中都取得非常瞩目的成绩。西方系统化的心理健康教育体制、先进的心理咨询理论、高素质专业化的社会工作人员、规范的从业标准等是值得我们借鉴和学习的。

8. 关于开展学生网络心理健康教育的研究

国外网络心理健康教育的研究起步也较早，国外学者往往将网络心理问题视为心理学中的常见心理疾病，对其采取心理临床治疗，而把大学生网络心理健康问题归为青年心理健康内容之一进行研究。在网络心理问题的研究

---

① John Monahan, "Interventions by Virginia's Colleges to Respond to Student Mental Health Crises", *Psychiatric Services*, 2011 (12)：1439-1442.

② Jill. L. H. Bohnenkamp, Sharon H. Stephan, "Supporting Student Mental Health：the Role of the School Nurse Incoordinated School Mental Health Care", *Psychology in the Schools*, 2015 (7)：714-727.

③ Monica Nunes, John R. Walker et al., "A National Survey of Student Extended Health Insurance Programs in Postsecondary Institutions in Canada：Limited Support for Students with Mental Health Problems", *Canadian Psychology*, 2014 (2)：101-109.

④ John Monahan, "Interventions by Virginia's Colleges to Respond to Student Mental Health Crises", *Psychiatric Services*, 2011 (12)：1439-1442.

过程中，主要研究网络心理学方面以及互联网对人们身心健康的影响。而在实际操作中，国外对大学生进行网络心理的教育被称为网络信息意识的培养和网络信息安全素养的提高，通过实施大学生的互联网行为标准，培养大学生网络安全意识，普及网络法律法规等方法，解决网络心理问题。① 具体来看，主要从以下三个方面展开研究。

首先是突出了网络心理学对行为的定义和重构研究。在国外高校，网络心理学对行为的定义和重构经历了一个不断修正的过程。从 20 世纪 80 年代开始，美国麻省理工学院社会学教授雪莉·特克尔（Sherry Turkle）陆续出版了《第二人生》《虚拟化身》《群体性孤独》，这三部学术著作被称为"计算机与人际关系三部曲"。此后，Elwork 和 Gutkin 提出了计算机时代的行为科学研究，一系列的研究进一步探索了相关的研究方法。研究也扩大到例如教育心理、信息加工、情绪管理和心理健康等领域。1985 年，《计算机与人类行为》杂志创立，并开始发表有关计算机、互联网和人类行为的研究论文。美国著名心理学家 P. 华莱士出版的《互联网心理学》标志着网络心理研究的兴起。② 在这部专著中，华莱士讨论了互联网心理学和互联网中各种心理诱发的行为。《互联网心理学》是涉及错综复杂的网络文化、研究人际互相作用的开拓性著作之一，它使非专业人士更清晰地了解网上相互作用的原动力以及网络在影响人际交往中的重要性。

其次是突出了网络心理学研究主题方面的重点问题和焦点问题的研究。概括起来，包括如下几个方面：第一，由于互联网发展不断深入日常生活，在青少年人群中发生率较高且可能存在独特发生机制的新型问题行为，如网络成瘾、网络欺凌等不断出现，吸引了众多研究人员、教育工作者和临床工作者的目光。第二，互联网背景下的教育与学习不仅可以拓展传统的教学互动，还可以开发新型的在线学习方法。利用网络教学有哪些独特的地方、如

---

① 张雪：《大学生网络心理研究综述》，《现代交际》2018 年第 13 期。

② ［美］帕特·华莱士：《互联网心理学》，谢影、苟建新译，中国轻工业出版社 2001 年版。

何最大限度地发挥网络教学的作用使学生受益等问题，激起了研究人员和教育者的兴趣。第三，利用互联网平台，积极拓展现有的心理服务社会的功能，包括如何利用网络平台使传统的心理咨询让更多人受益，如何结合网络技术和信息技术，最大限度地发挥心理健康教育的作用等问题，也均成为研究热点。

最后是突出了网络对人的身心健康的积极和消极影响研究。积极方面研究的代表有：美国学者 Shaw L. H.、Gant L. M. 在《互联网的防御》中指出："据研究发现，使用互联网可以明显减少人的孤独感并增加他们的社会支持。"美国学者 Burke M.、Marlow C.、Lento T. 的《社会网络活动和社会福利》认为，通过使用社交媒体增加个人的社会支持和社会资本，降低人的孤独感，而社会资本与人的心理幸福感中自主性和生活满意度等一些指标相关。由此可以看出，国外研究认为网络对于人身心健康的积极影响主要体现在降低人们的孤独感，增加其幸福感等。消极方面代表性的研究：巴基斯坦的 Kausar Suhail Zobiabagrees 在《互联网使用对巴基斯坦大学生的影响》中，总结了过度使用互联网造成的不利影响：将衍生更多的人际关系问题；将伴随着更大的心理问题；引发更多的行为问题；显示更多的教育问题；造成更多的网络滥用；使互联网的积极作用与所有负面因素负相关。美国学者 Christopher J. C. 在其著作《facebook 的自恋》中提到，过度使用社交网络也会降低人们的自尊心，导致孤独人格。英国的 Bevan J. L.、Gomez R.、Sparks L. 在《对 facebook 重要事件的讨论：生活压力与生活质量》中认为 facebook 占据人们日常生活的时间越多，人们就越感到焦虑，因为他们丢失了与现实生活中的人联系的时间，而把大量时间花在线上虚拟人际上。由此可见，国外研究认为网络对于人身心健康的消极影响主要表现为人际关系问题增加，性格变得孤僻等。

国外这些国家利用网络开展学生心理健康教育的实践，为我国开展大学生网络心理健康教育提供了宝贵的经验。

（二）国内研究现状

近几年来，国内学者结合中国实际情况，从心理健康教育的内容、途径、队伍建设、体系与模式建构以及课程、教材和教法等方面进行了研究，但对高校网络心理健康教育的研究却涉猎不多，综合已有的研究成果，主要集中在以下十个方面。

1. 关于高校网络心理健康教育的内涵研究

陶国富、王祥兴（2004）把大学生网络心理定义为大学生这一特定群体对网络的认知和对其情感体验所产生的一种心理反应，认为大学生网络心理主要由大学生网络伪装心理、大学生网络交往心理、大学生网恋心理、大学生网上性心理、大学生网络黑客心理、大学生网络语言心理构成。[①]

崔景贵（2006）认为，网络心理教育是一个开放的动态的概念，至少包含了五方面的内容：其一，网络心理教育是通过网络进行的心理教育过程，网络被视为心理教育的一种工具或媒体；其二，网络心理教育意味着把网络作为心理教育的一种环境，网络成为开展心理教育的超越时空界限的"大教室"；其三，网络心理教育是开发和利用网络知识与信息资源的过程，从这个意义上讲，网络成为心理教育的资源，网络心理教育就是对此资源的开发、利用与再生，促进网民心理潜能的发掘；其四，网络心理教育把网络作为心理教育的内容与对象，关注、预防与矫正和网络有关的各种心理问题；其五，网络心理教育即利用网络所提供的快捷便利，去形成心理教育的网络系统。因此，网络心理教育的内涵可以从五个方面去认识：网络作为心理教育的工具；网络作为心理教育的环境；网络作为心理教育的资源；网络

---

① 陶国富、王祥兴主编：《大学生网络心理》，立信会计出版社 2004 年版，第 94—95 页。

作为心理教育的内容；网络作为心理教育的系统。

陈美玲（2018）认为网络心理健康教育有两种内涵：一是网络环境下的心理健康教育；二是基于网络的心理健康教育。这是对网络心理健康教育广义与狭义、全面与局部的两种理解。随着互联网技术的普及与发展，网络心理健康教育在传统的心理健康教育基础上不仅有所创新，还将一种全新的自主、交互模式和理念赋予传统心理健康教育。新时期新媒体技术的发展，将网络心理健康教育理念进一步转换，将网络心理健康阵地途径进一步拓宽。[①]

庄园（2018）认为所谓大学生网络心理健康教育，并不能简单地理解为对网络过度使用者和网络成瘾者的咨询与治疗，它是指心理健康教育工作者运用网络技术及其相关功能，以多种方式帮助大学生求助者了解心理健康知识、分析心理困惑、解决心理问题，认识自我、接纳自我，从而促进大学生心理发展成长的过程。主要包括网络心理健康知识普及、网络心理咨询、网络心理测量、网络职业生涯辅导、网络心理危机干预等方面的内容。[②]

崔国红（2020）认为网络心理健康教育是指心理教育专家通过心理网站向大学生提供心理咨询服务，引导和组织大学生了解并掌握心理健康的知识和技能，帮助大学生扫除心理障碍、树立阳光心态、促进大学生健康发展。[③]

2. 关于开展高校网络心理健康教育必要性的研究

杨建民（2004）认为虚拟社会给心理健康教育的研究带来了种种机遇：第一，信息资源的共享与开放，拓展了人们的理论研究空间，为心理健康教育学科发展提供了沃土；第二，社会存在的非实体性，为主体的个性释放营

① 陈美玲：《探索新时期"互联网+心理健康教育"新路径》，《经济研究导刊》2018 年第 14 期。

② 庄园：《浅析网络环境下加强大学生心理健康教育的几点思考》，《教育现代化》2018 年第 25 期。

③ 崔国红：《网络时代高校大学生心理健康教育的模式构建》，《中国广播电视学刊》2020 年第 4 期。

造了较为理想的氛围；第三，主体个性自由空间的扩展所带来的社会行为的非人性化趋势，为我们进行心理健康个案研究提供了更为丰富的现实参照，对网络行为的研究，更有助于我们充分把握人的自然属性和社会属性的关系，发掘现实社会心理问题产生的内在根源。[1] 同时，网络对心理健康教育理念、内容、方式带来了挑战，网络导致受教育者产生复杂的心理问题，增加了教育者开展心理健康教育的难度。[2] 因此，虚拟社会带来的机遇和挑战是网络心理健康教育实践发展的外在推力。

首先，开展网络心理健康教育是时代发展的需要。黄玉莉（2006）认为当数字化信息遍布大学校园各个角落时，大学生的整个生存状态，从学习研究到休闲娱乐，从认知行为到情感心理，都发生了重大变化。对于他们来说，网络所具有的魅力和所引起的心理困惑（尤其是网络的困惑和现实的心理困扰交织在一起时）都是不可阻挡的。上网已成为大学生从事科研、获取知识、了解时事、交流感情、查询信息、休闲娱乐的重要途径，成为他们学习生活不可缺少的重要组成部分。在这种现状下，如果只依靠传统的心理健康教育模式，必将大大落伍于社会发展，脱节于时代要求。因此，必须开拓创新，对高校网络心理健康教育进行有益探索，开辟心理教育工作的新途径。[3] 马超群（2018）认为传统的大学生心理健康教育方式方法和内容已不能适应当前大学生心理发展的需要。因此，高校和大学生心理健康教育工作者要在传统心理健康教育模式的基础上，充分运用网络元素，发挥网络的优势，以大学生喜闻乐见的教育方式普及心理健康知识，进行心理交流，促使网络真正成为大学生心理健康教育的优质平台，帮助大学生自由全面发展。[4]

---

[1] 杨建民：《虚拟社会心理健康教育刍议》，《高校心理健康教育专业化研究——第八届全国高校心理健康教育与心理咨询学术交流会论文集》，2004 年。

[2] 田益民：《大学生网络心理健康教育研究综述》，《南方论刊》2007 年第 12 期。

[3] 黄玉莉：《高校网络心理健康教育模式的建构》，《宁波工程学院学报》2006 年第4 期。

[4] 马超群：《探析大学生网络心理健康教育及其对人才培养的需要》，《经济研究导刊》2018 年第 5 期。

其次，开展网络心理健康教育是解决网络心理问题的需要。丁玉祥（2003）认为，网络对青少年的心理情商的危害具体表现在以下几方面：一是角色错位，人际交往萎缩为"人—机"交往的偏执关系；二是人性异化，表现为人格结构失衡，形成"数字化"的人格障碍；三是自我迷失与冲突；四是道德失范，道德自律的弱化导致"隐形人"的虚拟行为；五是技术崇拜，网络资源的泛滥促成"信息人"的上网成瘾。① 田益民（2007）指出，网络导致的大学生心理问题主要有认知失衡、交往障碍、畸形性心理、自我角色混淆、网络综合症甚至网络成瘾症。② 因此，应当加强网络心理健康教育，以预防和矫正网络心理问题。

最后，开展网络心理健康教育是教育创新的必然要求。潘燕桃（2000）认为网络教育是近十年才兴起的、将计算机技术和网络技术为核心的现代教育技术应用在教学中的一种新型教育模式。③ 王献敏、梁淑英（2004）指出在网络时代，教育主体出现了"非主体化"趋势。教育主体不再是灌输思想的权威，而是制造、传播、监控网络信息的主体，兼有信息传播者和思想引导者的双重身份，教育者和教育对象是平等的，传统的"教"与"被教"关系已不再明显。不过大多数研究者从积极的角度认为这种教育关系和工作氛围更具人情味，更有亲和力，更易于取得良好的教育效果。④ 薛蓓、周延怀、樊姮毓（2016）则认为大数据技术作为一种新方法给高校心理健康教育工作带来诸多突破性发展，但在利用大数据的过程中也面临着诸多挑战。一方面，目前高校心理健康教育工作者普遍缺乏大数据意识，从事专业大数据分析的人才也匮乏，在利用大数据进行个人信息分析时，对学生个人隐私

---

① 丁玉祥：《基于网络环境下的心理健康教育的构想与实践研究》，《中小学电教》2003年第1期。

② 田益民：《大学生网络心理健康教育研究综述》，《南方论刊》2007年第12期。

③ 潘燕桃：《因特网与教育——论因特网对教育之利弊》，《中山大学学报（社会科学版）》2000年第5期。

④ 王献敏、梁淑英：《论网络环境下的高校心理健康教育》，《南昌高专学报》2004年第4期。

保护的界定较为模糊，个人隐私保护将面临更为严峻的挑战；另一方面，在高校内部，各类数据分布在不同的部门或系统，普遍存在"数据孤岛""碎片化"现象，信息收集较为困难，而在信息处理方面，随着数据量的突飞猛涨，如何有效地存储、处理不同来源、标准、结构的大数据，已成为信息领域的一大难题。[①] 王美琐（2016）提出当务之急应当在各高校内进一步强化大数据意识。所有的高校工作人员，这里面既包括教职工、管理人员，也包括从事心理健康方面的工作人员，都应当更新思想观念，深入了解云计算和大数据的相关知识，从心底里将大数据视为重要的、不可或缺的重要资源。不仅如此，时代在发展，形势在变化，云计算和大数据所带来的思维模式也在逐步地发生变化，各高校相关工作者还应当做到不断创新，紧跟时代的步伐。[②] 因此，对高校来说，有必要进行整体性的教育理念转换，以利于实施网络心理健康教育。

3. 关于高校网络心理健康教育的理论、目标、要求和原则的研究

关于网络心理健康教育的理论，许多学者从不同学科的角度进行了研究。如陶来恒（1998）从教育学的角度提出，在分析网络心理教育时可以借鉴相关思路，从三个层次上认识把握网络心理教育：首先，网络心理教育是一种网络教育思想，就是在网络教育的根本观念上要有明确的心理教育意识，可视为一种大网络心理教育观；其次，网络心理教育是一种网络教育原则，就整体网络教育而言，心理教育应作为一项重要的教育原则，贯彻于网络教育之中，由此实现网络心理教育向网络教育的渗透；最后，网络心理教育是一种专门的网络教育活动，大致包括准备性网络心理教育、过程性网络

---

① 薛蓓、周延怀、樊姮毓：《大数据视域下的高校心理健康教育工作研究》，《中国管理信息化》2016 年第 14 期。

② 王美琐：《云计算和大数据背景下大学生心理健康教育创新研究》，《百色学院学报》2016 年第 3 期。

心理教育和补救性网络心理教育相互联系、相互渗透的三个方面。① 李皓（2002）从心理学的视野去分析网络心理教育，认为其基本特征有：资源集约化，信息生动性，环境虚拟性，活动自主性，人机交互性和沟通间接性；网络心理教育中的心理学指导理论主要有：行为主义学习理论、建构主义理论、人本主义理论等。② 徐露凝、孙丽艳（2009）从政治学的角度提出用科学发展观指导大学生网络心理健康教育：坚持以人为本的发展观，让大学生网络心理健康教育惠及每个学生；坚持全面的发展观，促进大学生网络心理健康教育的全面发展；坚持协调的发展观，实现网络文化和大学生心理健康教育的良性循环。③

关于网络心理健康教育的目标。罗晓路（2018）认为应遵循思想政治教育和学生心理发展规律，引导大学生努力践行正确的世界观、人生观、价值观，全面提高全体学生的心理素质；强调普及心理健康知识，强化心理健康意识，识别心理异常现象；提升心理健康素质，增强社会适应能力，开发自我心理潜能；运用心理调节方法，掌握心理保健技能，提高心理健康水平。其重点是学习成才、人际交往、恋爱婚姻、自我认知与人格发展、情绪调适与压力管理、社会与生活适应以及就业创业与生涯规划等方面的内容。④

关于网络心理健康教育的要求。徐华丽（2018）提出在具体的实践过程中应从两方面内容出发：第一，互联网下的高校心理健康教育开展，需要充分结合现代技术，不断突破传统教育的局限性，注重于开发全新的网络信息软件。第二，互联网高校心理教育需要对学生做到有针对性的服务与分析，能够与学生的家庭和班级状况进行直接的联系，使得学生的心理健康信

---

① 陶来恒：《关于学校心理教育三个层次的思考》，《南京师大学报（社会科学版）》1998 年增刊。

② 李皓：《网络教育的心理学分析》，《教育与职业》2002 年第 11 期。

③ 徐露凝、孙丽艳：《科学发展观与大学生网络心理健康教育研究》，《辽宁教育行政学院学报》2009 年第 4 期。

④ 罗晓路：《大学生心理健康教育的现状与对策》，《教育研究》2018 年第 1 期。

息可以实现共享，便于学生的家长迅速了解自己孩子的状况，并配合学校的相关措施，提高心理健康教育的完善性。① 罗晓路（2018）认为从指导思想与主要任务看，应明确把目标定位在提高大学生的心理素质和心理健康水平上，由问题导向向积极心理促进转轨；从教育内容看，要进一步强调大学生的人文关怀和心理疏导，培养他们理性平和、积极向上的社会心态；从途径和方法看，需要提倡将心理健康教育贯穿于高校教育教学全过程，规范心理咨询中心或心理健康教育中心建设，充分利用校内外各种教育资源；从管理与实施看，需要从心理健康教育的管理、教师、教材、课时、职称、工作量等具体层面上进一步加以规定。特别是对认识上的问题，必须旗帜鲜明地强调高校心理健康教育的政治方向，坚持心理健康教育是高校思想政治工作的重要组成部分。②

关于网络心理健康教育的原则。张忠、陈家麟（2007）提出，网络心理健康教育要体现一般心理健康教育的特点，彰显自身的个性，实现与非网络心理健康教育的优势互补，就应遵循防治性和发展性相结合、科学性和趣味性相结合、交互性和主体间性相结合、"助人自助"与"互助共进"相结合以及互补性与协同性相结合的五大原则。③ 李飞、葛鲁嘉（2016）提出在应用大数据过程中应当考量三个基本原则：第一，大数据本身必须真实，分析与处理必须能够如实反映大数据的真实性，只有大数据的真实性得到了保障，其功能的实现才是理性而非感性的。第二，大数据对教育对象的数据跟踪和反映应当以不泄密为根本原则。作为心理健康教育的对象主体，如果个人的心理困扰或者心理信息被曝光，对其带来显性或隐性的伤害，则不符合心理健康教育的价值追求。第三，大数据所提供或者揭示出来的有关心理健康影响、干预等各因素的预警信息应该是适可而止的，如果有必要，数据应

---

① 徐华丽：《互联网发展对高校心理健康教育提出的新要求》，《湖北函授大学学报》2018 年第 14 期。

② 罗晓路：《大学生心理健康教育的现状与对策》，《教育研究》2018 年第 1 期。

③ 张忠、陈家麟：《试论网络心理健康教育的原则》，《青少年研究》2007 年第 4 期。

用者应当结合数据作出积极理性的预测，并告知心理健康教育对象预测不仅意味着对既有问题的"适应"，更意味着对现实"心事"的超越。①

4. 关于高校网络心理健康教育标准、内容、途径和模式的研究

关于网络心理健康标准的研究，李媛、杜洋、郭爽（2009）认为，大学生在网络环境中遇到的主要问题有：是否具有良好的现实感，能否及时并合理地调整信息超载所带来的认知困惑以及网络和现实自我的差距，能否在时间上进行自我管理等。② 还有一些学者从人格（自我意识）、认知、情感（情绪）、意志以及人际关系几方面对大学生网络心理健康标准进行界定，即统一的人格；合理的自我认知；稳定的社会性情感；良好的影响网络心理健康的因素，即平均每天上网时间、网龄、上网次数、从事的网络活动、网络的使用目的或动机等。

关于网络心理健康教育的内容。学界目前提出的教育内容大体上包括两个方面：一是关于心理健康教育的基础知识。黄玉莉（2006）认为，网络心理健康教育的一个重要内容是要在网上建立学生心理健康教育知识系统，开设心理学方面的课程，定期举办网上心理健康知识专题讲座，举办网上心理健康教育活动，并针对学生进行学业心理指导、人际关系指导、就业心理指导、人格辅导等。③ 二是将解决大学生网络心理健康问题作为教育的重要内容。郭加书、王鑫（2010）指出，由于不正确地使用网络和过度迷恋网络，在大学生中存在着诸如信息焦虑、情感冷漠和自我认同混乱等心理疾病和障碍，因此，应当有针对性地开展网络人际交往教育、网恋心理教育等以

---

① 李飞、葛鲁嘉：《大数据之于心理健康教育：功能边界与实施取向》，《思想理论教育》2016 年第 7 期。

② 李媛、杜洋、郭爽：《大学生网络心理健康教育的探讨》，《电子科技大学学报（社会科学版）》2009 年第 6 期。

③ 黄玉莉：《高校网络心理健康教育模式的建构》，《宁波工程学院学报》2006 年第 4 期。

预防和矫正网络心理问题。①

关于网络心理健康教育的实施途径。章巧眉（2003）提出要开辟网络心理知识学习园地，可以设计的内容包括心理书屋和心理百科、心理调适方法和技巧介绍、优秀心理影片介绍、心理健康知识讲座、心理服务有关网络介绍等。② 刘秀伦（2005）提出要开展网络心理健康调查，建立网络心理测验系统，建立网络心理健康档案。③ 陈育新、江立成（2006）提出要开展网络心理咨询，包括利用在线、BBS、E-mail、聊天室等进行心理咨询。④ 白瑄（2019）认为，不断拓展网络教育途径是当前创新教育改革的重要渠道，拓展网络心理健康教育途径更是未来教育创新的主阵地。网络心理健康教育模式实现了从融合应用向创新发展的转变，它在信息技术与学科有效整合的基础上，做到了"互联网+心理"教育大平台。互联网教育的最优化模式不在于教学，而在于服务，在资源整合适宜学生个体需求的同时，还能满足学生心理知识学习的时空需求，也能在安全的信息平台下实现问题探讨与心理咨询的目标。⑤

还有些学者开始探索网络心理健康教育的实践运作模式。如学者宋凤宁、黄勇、赖意森（2005）从网络心理健康教育对象的特殊性出发，提出了"教师—学生—家庭"有机结合与开发的网络心理健康教育模式。⑥ 廖桂芳（2008）提出在信息时代的社会大背景下，按照大学生心理发展的规律和特点，以"助人自助，互助成长"为宗旨，以学生为主体，以网络为载

① 郭加书、王鑫：《大学生网络心理健康教育与引导》，《北京工业职业技术学院学报》2010 年第 1 期。

② 章巧眉：《关于网络时代大学生心理健康教育的若干思考》，《浙江教育学院学报》2003 年第 5 期。

③ 刘秀伦：《大学生网络心理健康教育的途径探析》，《思想理论教育导刊》2005 年第 5 期。

④ 陈育新、江立成：《理工科大学生心理健康教育与网络》，《合肥学院学报（自然科学版）》2006 年第 1 期。

⑤ 白瑄：《拓展高校网络心理健康教育新途径》，《教育观察》2019 年第 32 期。

⑥ 宋凤宁、黄勇、赖意森：《网络心理健康教育模式的建构》，《学术论坛》2005 年第 3 期。

体，以环境建设为基础，构建"六位一体"的大学生心理互助网络模式。^①王婷（2017）提出以积极心理学理念为指导，构建网络心理健康教育积极模式，有利于实现大学生潜在能力与优秀品质的开发与培养，推动大学生以积极的心态与思维对待生活中存在的各种难题与阻碍，使网络心理健康教育成为发现性教育、互动性教育、预防性教育、人性化教育。^②

5. 关于大数据技术在高校网络心理健康教育中的运用研究

张小悦、方鸿志（2016）认为大数据时代，高校的数据与日俱增，在遵循教育发展客观规律的基础上，充分挖掘、利用这些数据背后的潜在价值将极大地促进高校对大学生的心理健康教育。高校须建立健全信息收集、处理机制，对学生档案大数据分类处理并及时更新。通过数据信息的关联性分析，发现变量数据之间的关系，可以及时掌握每个大学生的学习情况、情感变化、生活状态，依据学生的个体特征制定具有针对性的教育方案。^③ 李玲（2016）认为在信息化技术大力发展的今天，计算机、手机以及互联网已成为高校学生在校学习和生活的主要工具之一。利用大数据技术对这些工具所产生的数据进行科学存储、管理并进行有效的分析利用，对掌握学生心理健康状态，有针对性地加强心理健康教育具有重要意义。但目前，高校健康教育工作亦存在大数据需求和数据化意识偏低、数据存储需求和存储技术落后、数据分析需求和数据分析人才缺失等矛盾。为促进大数据背景下高校心理健康教育工作的改革，各高校应提高数据分析意识，创新数据应用理念，建立信息化系统，从而提高高校心理健康教育工作的科学性与系统性。^④ 徐

① 廖桂芳：《大学生心理互助网络模式建构研究》，《理论界》2008年第11期。
② 王婷：《大学生网络心理健康教育积极模式的探索与实践》，《赤峰学院学报（自然科学版）》2017年第10期。
③ 张小悦、方鸿志：《大数据背景下大学生心理健康教育创新研究》，《佳木斯大学社会科学学报》2016年第2期。
④ 李玲：《大数据背景下对高校心理健康教育工作的思考》，《开封教育学院学报》2016年第11期。

文明、梁芹生（2017）提出大数据要集中定位在三个方面：一是要整合资源技术。这类技术将学生个人资料和心理行为数据进行整合，为心理健康教育工作者提供辅导和教育的参考。二是为心理健康教育管理者和辅导员，及时提供有关心理健康教育素材和教育服务。三是为高校领导者提供德育教育决策的最终参考。大数据所提供的学生的心理和行为数据，能够满足学生管理者的决策需要。① 刘湘玲（2017）认为预测是大数据的核心价值，运用数据间的相关关系来预测学生心理未来的发展方向，能够有效帮助心理健康教育工作者实时了解大学生群体的实际情况。通过建立大数据分析平台，可收集、更新、完善与大学生心理有关的各种数据；通过建立大学生心理健康信息库和档案库，可观察、预测大学生的心理行为特征与规律，进而建立动态的大学生心理健康状况的预估手段或追踪机制与心理健康教育管理机制，这将有利于心理危机预警与干预工作的开展。数据收集是基础，数据分析是核心，因此，建立大学生心理健康教育工作大数据分析采集平台意义非同小可，但要注意数据收集与分析过程的保密，防止信息的泄露或被其他形式的不正当使用。②

6. 关于建立高校网络心理健康教育"线上""线下"融合机制的研究

张小悦、方鸿志（2016）提出要建立"线上""线下"双向互动的教育模式，认为"线上"教育不能脱离"线下"教育而独立存在，由于网络环境的开放性，网络信息纷繁复杂，大学生对于信息的筛选能力有限，"线上"教育需要在"线下"教育者的引导下开展，从而使大学生接受正面的教育信息。此外，受教育者也可以通过网络平台反馈教学意见和自身需要，

---

① 徐文明、梁芹生：《大数据技术在心理健康教育中的运用与研究》，《嘉应学院学报（哲学社会科学）》2017年第4期。
② 刘湘玲：《关于大数据与高校心理健康教育工作融合的思考》，《中国管理信息化》2017年第11期。

实现教育者与受教育者的双向互动。①

郑小方（2018）提出要建立"线上""线下"的融合机制。"线上"心理教育侧重于预防教育，包含三个层面：一是宣传教育；二是心理测评与心理档案；三是"轻咨询"。"线下"心理教育侧重于帮扶干预，主要包含三方面：一是深度心理咨询；二是心理危机干预；三是心理团队合作。②

陈燕、袁小祥（2018）认为教学中的在线互动是比现场互动更为自由、更为多样、更为有效的互动，不仅把一部分不善于面对面进行语言表达的学生带入到课堂讨论中来，而且能让学生更为直接有效地表达自己内心的真实感受，更能把课堂之外的知识、信息和资源引入到课堂中。③

邓占梅（2020）针对网络心理健康教育的发展现状和高校心理健康教育工作的进程，认为构建线上线下联动心理健康教育模式，有利于最大化整合学校心理健康教育资源，让心理健康教育更全面、更深入人心。线上线下联动心理健康教育模式，遵循防治性与发展性相结合、科学性与趣味性相结合的原则，鼓励学生"互助共进"，强调教师协同配合，全力打造线上线下两条教育路线。线上+线下联动心理健康教育模式，重视线上、线下心理健康教育工作的共性，提倡线上、线下两手抓，线上以线下为依托，线下以线上为引领。④

7. 关于构建大数据时代高校网络心理健康教育体系的研究

张晶（2018）提出要构建心理健康教育三级管理体系：初级也就是班级管理体系主要是负责心理问题防治的；中级也就是学院管理体系是负责心

---

① 张小悦、方鸿志：《大数据背景下大学生心理健康教育创新研究》，《佳木斯大学社会科学学报》2016年第2期。

② 郑小方：《"互联网+"大学生网络心理状态及教育研究》，《浙江万里学院学报》2018年第3期。

③ 陈燕、袁小祥：《"互联网+"对高校学生网络心理教育的促进性研究》，《船舶职业教育》2018年第2期。

④ 邓占梅：《高校网络心理健康教育路径探究》，《信阳农林学院学报》2020年第2期。

理问题调节的；高级也就是学校管理体系是负责整个学校的学生的心理品质培养与价值观的养成的。三级管理体系既层层管理，又层层推进，共同建立起一个完整的心理健康教育网络体系。① 陈丹妮、徐清华（2018）认为高校网络心理健康教育体系内容主要包括：建立网络心理健康教育档案；开设网络心理健康教育课程；建立心理健康教育的校园网站；积极开展网络心理咨询；培养高校网络心理健康教育队伍。② 蔡文文（2020）认为网络心理健康教育体系包括心理健康教育 App、心理健康教育网站、心理健康教育微信公众号等，全方位普及心理健康知识，包括学习、人格、情绪、自我评价、网络依赖、求职迷茫、人际困难、恋爱心理等常识与技巧，传递健康理念，营造关注自我心理健康的氛围。③

8. 关于思想政治教育、德育教育与高校网络心理健康教育整合的研究

李琳（2018）认为大学生思想政治教育与心理健康教育整合十分必要。从教育的内容和方法上看，思想政治教育的开展是心理健康教育实施的坚实后盾，能确保教育的针对性和实效性，以避免因大学生自身因素而导致的教育效率低下的现象发生，通过正确的引导，从而使得二者相互整合，并创新大学生自身素养教育的新篇章。在思想政治教育展开的过程中，单纯的思想政治教育只能从单方面引导大学生进行自身思政素养的培养，而与心理健康教育相融合，则可以弥补思政教育教学中对于大学生身心教育中心理教育不足的缺憾，为大学生的整体素养的提高提供新的提升要求。心理健康教育从某种意义上也属于思政教育的一个类别范畴，将二者进行有效的整合能从一定程度上拓展思政教育的领域和内容，使大学生能全方位对自身进行客观的

---

① 张晶：《大数据背景下浅谈民办高校中心理健康教育与学生管理的关系研究》，《信息记录材料》2018 年第 9 期。

② 陈丹妮、徐清华：《高校心理健康教育体系综述》，《教育现代化》2018 年第 9 期。

③ 蔡文文：《新媒体时代大学生心理健康教育探析》，《教育改革与发展》2020 年第 23 期。

认识，丰富教育的生活性和全面性，使学生养成心理思维正确的习惯，提升自身的整体素质和实际心理健康的需求。[①] 都芳、张梦婷等（2018）认为开展高校德育与网络心理健康教育协同共进机制研究是适应新时期大学生思想政治教育和心理健康教育的客观需要。在大学的校园里无一处不见网络的踪影，网络生活渗透入学生生活和学习的方方面面，使他们的生存方式发生了极大的改变，在这种情况下，如果还仅仅依靠传统的思想政治教育和心理健康教育来解决他们出现的心理健康问题，必将落伍于社会需求、时代发展。高校德育教育与网络心理健康教育协同共进机制研究正是适应时代发展客观需要，有利于实现大学生思想政治教育和心理健康教育更好结合，提升教育的针对性和实效性。[②]

9. 关于构建高校网络心理健康教育平台的研究

冯益斌（2016）提出根据学生的心理特点，构建丰富的高校网络心理健康教育平台，主要包括以下几个部分：第一，专题部分。设置的内容主要是当前学生比较关注的心理问题，高校可以聘请校内外心理健康教育丰富的专家学者进行专题讲授，并制作成视频发布到心理健康教育网络平台，使学生获得更加丰富的心理健康知识，并能够掌握解决心理问题的一些技巧，从而能够在产生一些心理问题时及时自主解决。第二，基础知识部分。主要涉及心理方面的一些基础知识，可以是一些实用的论文或者是一些案例故事，还可以是一些相关的课件以及网络上的资源，可以让学生自主选择自己比较感兴趣的内容进行学习，从而有针对性地获得知识。第三，网络心理测试系统。这部分内容主要是为了更加全面地了解到学生心理状况，并汇总学生测试的数据进行归档整理，测试的内容主要包括学生的学习适应情况、人格特

---

① 李琳：《大学生思想政治教育与心理健康教育整合研究》，《教育现代化》2018 年第 2 期。

② 都芳、张梦婷等：《高校德育教育与网络心理健康教育协同共进机制研究》，《科技风》2018 年第 1 期。

点、情绪变化以及人际关系等方面，从而能够更加全面地掌握学生的心理健康信息，采取有针对性的措施进行指导。第四，交流讨论区。学生可以根据关注的认定问题进行讨论，可以发表自己的真实看法，教师可以根据学生的看法，给予必要的指导，从而实现师生之间的交流互动。[1]

10. 关于高校网络心理健康教育课程和专业化建设的研究

白艳（2018）认为当下的心理健康教育课程设计须考虑三个方面的因素，即教学对象、学科建设和社会适应。就教学对象来说，课程设计需坚持以人为本的理念，设计课程环节时应考虑学生的身心特点，从学生角度出发进行针对性教育，提高教学的实效性；就学科建设来说，课程设计应该强调学科知识结构，突出学科建设重点，创新学科组织模式；就社会适应这个方面来说，课程设计应该贴近实际、贴近学生，全面贯彻党的教育方针，培养德智体美劳全面发展的社会主义建设者和接班人。[2] 郑航月（2018）认为专业化建设是未来高校心理职业教师发展的重要方向，这里的专业化指的是业务能力和业务态度以及工作环境等方面的专业化。高校在未来的心理教育教师队伍建设中要不断加强专业学习和培训，对于能力较强的心理教师提供良好的上升机制，鼓励高校心理教育教学能力整体向上发展。同时，在网络环境下实现心理健康教育的全新发展要更加注重利用网络资源，提高心理教育课程教师的职业能力，根据心理教师的专长和实际辅导能力为其打造合适的职业规划，比如建立心理健康咨询教师团队、心理问题解决教师团队等不同类型的工作团队。[3] 赵竞（2018）提出推动网络心理健康教育系统化实施，应着力加强四个方面的工作：一是推动心理健康教育网站的建立，使之成为吸引大学生目光和注意力的重要媒介，从中获取自己所需的心理健康方面的

---

① 冯益斌：《高校网络心理健康教育现状分析》，《教育教学论坛》2016年第36期。
② 白艳：《高校心理健康教育课程体系建构策略研究》，《现代交际》2018年第10期。
③ 郑航月：《构建网络环境下心理健康教育新途径》，《齐齐哈尔师范高等专科学校学报》2018年第1期。

知识;二是开展网络心理测试和网上活动,通过心理健康知识的宣传和普及丰富大学生对于心理健康知识的了解和掌握;三是推动网络心理咨询模式的开展,通过网络向进行心理问题咨询的人员提供综合信息服务,此种咨询模式不受时间以及空间的限制,优势明显;四是推动网络心理健康教育系列课程的开展,方便学生能够根据自身需求有选择地进行学习,推动自身知识体系的合理建构。①

(三)简要述评

从总体上来看,国外的大学生心理健康教育发展得已经相当成熟,有许多成功的经验值得我们学习与借鉴,但由于国情的不同,需要我们紧密结合实际情况加强本土化研究和应用。

我国高校的心理健康教育工作在曲折中发展、在发展中逐步取得成效,尤其是改革开放40多年来取得了较好的成绩。但同时也应当看到,因重视程度、经费投入、工作设施条件、师资配备等方面存在的差异性,不同地区、不同高校的大学生心理健康教育发展明显不均衡。即使同一省市不同高校间大学生心理健康教育工作也存在明显差异,其中重点学校对大学生心理健康教育的机构设置、师资培训、发展规划有较为明确的指导,心理健康教育的专业水平多优于普通学校;本科学校对大学生心理健康教育的重视程度也普遍优于专科学校,甚至有些学校尚未开设相关必修课程。就全国而言,大学生心理健康教育的整体水平不高,尚未形成全员育人格局。

随着科技的发展和时代的进步、互联网技术发展迅猛,我们进入到大数据时代——一个全新的信息时代。网络世界全新的人际互动模式跨越了传统心理教育的诸多障碍,开辟了一种高科技、高信息、高覆盖、高效率、超传统的崭新心理健康教育手段。网络化是大学生心理健康教育发展的一大趋

① 赵竞:《构建网络环境下大学生心理健康教育新模式》,《理论观察》2018年第3期。

势，这一发展对大学生心理健康教育来说可谓机遇与挑战并存。网络的灵活、便捷拓展了大学生心理健康教育时空，但也导致大学生心理问题日益增多和复杂化，进而增加了开展心理健康教育的难度；网络的个性化教学拓宽了大学生心理健康教育的途径，但同时也使部分大学生沉迷网络，产生认知及交往障碍；网络的匿名互动可以使大学生真实地表达自我，但因缺乏有效监控也会影响大学生"三观"的树立。这种机遇与挑战，向我们提出了研究的课题和应担负的时代使命，本书的研究即是一个尝试。

总之，在大数据时代，加强大学生网络心理健康教育，或是利用网络强化大学生心理健康教育，是弥补心理健康教育缺口、解决羁绊高校心理健康教育快速发展步伐的有效方式，是当前大学生心理健康教育的一个重要走向，需要我们加以更深入的研究。

第二章

大数据时代中外学校
心理健康教育的比较与启示

　　国外学校的心理健康教育开展得比较早，既有经验也有教训，从某种程度上说，国外曾经经历过的困难正是我们今天所面对的。在大数据时代，开展高校心理健康教育，尤其是网络心理健康教育，首先有必要考察国外学校心理健康教育的发展情况，从中学习和借鉴经验与教训，这对我国高校心理健康教育发展，解决我国学生面临的心理问题与困惑，促进学生健康全面发展，具有重要的理论和现实意义。

一、国外学校心理健康教育发展的特点

（一）国外学校心理健康教育发展简况

　　现代心理健康教育最早源于西方。一般认为，19 世纪 90 年代到 20 世纪初开启西方学校心理健康教育的先驱者主要有三位：法国的比纳（A. Binet）、美国的威特默（Lightner Witmer）和格塞尔（A. Gesell）。被尊称为"世界学校心理健康教育之父"的比纳，早在 1894 年就创立了儿童心

理研究社，制订了专门用于鉴别儿童智力发展水平的"比纳-西蒙智力量表"，首开了心理学应用于学校教育的先河。而被尊称为"美国学校心理健康教育之父"的威特默，1896 年在美国宾夕法尼亚大学开设了第一家心理诊所，向有学习困难的儿童提供直接心理服务，开创了美国心理学为教育服务的先河。1915 年，格塞尔被康涅狄克州聘为学校心理学家，在全州对儿童进行智力测验，以对有特殊需要的儿童进行分班，他被看作是第一个获得"学校心理健康教育家"或"学校心理学家"头衔的人。

在古希腊之后，历史上不同时期都有不少学者重视心理健康问题，但是，真正进行系统的心理健康教育研究，起源于美国的学校心理健康教育；同时，美国也是学校心理健康教育体系最为完善的国家。[①] 近代的心理健康运动是 20 世纪初由美国人比尔斯倡导的，他有个哥哥患癫痫症，因惧怕此病而整天忧心忡忡，最终导致心理失常。痊愈后他决心致力于心理疾病研究，于 1908 年成立了世界上第一个心理卫生组织——康州心理卫生协会，标志着心理卫生运动的开始以及心理健康研究的独立与专门化。1908 年，最负盛名的职业辅导运动的代表人物、有"心理辅导之父"的 F. Parson 在波士顿创办职业局，专门针对青少年开展职业辅导活动，标志着现代心理辅导的诞生。第二年，美国成立全国心理卫生委员会。1930 年，美国召开了第一届国际心理卫生大会，正式成立了国际心理卫生委员会。从 20 世纪 50 年代开始，艾里克森等人提出的"毕生发展观"，为美国学校心理健康教育注入了新鲜血液，"毕生发展观"是以"帮助学生实现最佳发展，并努力排除正常发展障碍"为目标的心理健康教育。国外学校心理健康教育也引起了国际组织的高度重视，世界卫生组织与联合国教科文组织在 1959 年至 1960 年间联手开展了国际心理健康年活动，大力呼吁全人类重视心理健康。

---

① 姚木先、朱丽娟、王道阳：《美国学校心理健康教育的内容、途径与督导》，《中小学健康教育》2009 年第 11 期。

此后，从 20 世纪 70 年代开始，心理健康教育作为一门颇有生命力及实用价值的学科，在发达国家开始受到广泛重视，发展迅猛，从事这一职业的队伍也不断壮大，成为一门最有生机的新兴职业，这一学科也取得了很大的成就。

为有效应对包括青少年心理健康问题在内的国民心理健康问题，国外一些发达国家纷纷通过立法和相关政策给予高度重视，逐步在国民心理健康问题上出台了一系列法规与政策。如 2007 年，新加坡首度提出国家心理健康政策与蓝图，其崇高的理想目标在于提升全体人口的心理幸福感与建立复原力。由于政府的高度重视和政策法规的保障，国外的学校心理健康教育得以顺利发展，并取得了显著成效。

（二）国外学校心理健康教育发展的特点

综观国外学校心理健康教育的发展现状，具有以下特点：

1. 政府的政策支持力度较大

从国外心理健康研究的历史来看，政府部门比较重视心理健康研究工作，特别是对学校心理健康教育十分重视。"二战"以后，美国通过立法和相关政策对青少年心理健康问题给予了高度关注。1946 年通过的《国民心理卫生法》，促使政府制定了一个心理咨询人员的培养计划，开始在国家层面提供心理卫生专业训练与相关研究的经费支持；1949 年成立了"国家心理卫生研究院"，以提供联邦政府相关政策之建议。从 20 世纪 60 年代开始，美国开展了著名的社区心理卫生运动，发起者包括政府部门、政治活动家、相关专业人员等。美国政府还先后通过提出《国家健康教育规划和资源法案》《健康资讯与健康促进法案》《健康人民：健康促进与疾病预防报告》《健康人民 1990：健康促进与疾病预防》《健康人民 2000：健康促进与疾病预防国家目标》《健康人民 2010》等健康教育与健康促进法规与政策，其健康促进政策具有连续性、科学性、法制性、可操作性、灵活性等特点①。此外，美国政府对心理健康研究的经费投入也是比较大的。自20世纪70年代以来，美国每年用于心理健康研究的经费达17亿美元之多。②具体如美国国会在2004年批准了8200万美元的联邦政府基金给公众健康和服务部，专门用于预防青年自杀，其中包括1500万美元的专项津贴，用以帮助大学生扩展心理健康项目③。在有关工作的经费来源上，除了政府资助，还有相关的保险、税收政策支持，如北美高校心理咨询经费来自两部分：一是学生健康保险，二是学生每年学费中的一部分。在美国加州，还有一种特殊的税，叫精神健康费，每位学生都需要缴纳，由加州高校系统委员会（基金会）负责管理，资助学校心理中心开展心理服务④。

国外一些发达国家也逐步在国民心理健康问题方面出台了相关法规与政策。如1983年，英国正式通过《心理卫生法》、1997年，又首先提出"现代化的心理卫生服务"的政策基本文件；2007年，新加坡首度提出国家心理健康政策与蓝图，其崇高的理想目标在于提升全体人口的心理幸福感与建立复原力。20世纪90年代，日本开始大规模地在学校里设置心理咨询室或心理辅导室，2000年开始在学校里设置心理健康教育课程。日本大学没有开设统一的心理健康教育课程，而普遍设立了心理咨询机构，开展心理咨询工作，特别是大学的管理部门对此非常重视，把这项工作看作是大学教育的有机组成部分，尤其是1995年通过的《心理卫生法》，心理卫生相关经费占其国内生产总值（GDP）的0.5%。⑤

---

① 罗鸣春、苏丹：《国外健康促进政策对我国心理健康服务体系建设的启示》，《西南大学学报（社会科学版）》2008年第5期。

② 俞国良：《现代心理健康教育：心理卫生问题对社会的影响及解决对策》，人民教育出版社2007年版，第10—11页。

③ 房东波：《美国大学生的自杀现象及其防范措施》，《世界教育信息》2006年第8期。

④ 李焰：《略论北美高校学生心理健康教育及其借鉴意义》，《思想教育研究》2006年第12期。

⑤ 李国强、李凤莲：《国外学校心理健康教育政策的特点及启示》，《湖南人文科技学院学报》2015年第1期。

20 世纪 80 年代以来，俄罗斯各类学校积极应用教育心理学的成果帮助有心理问题的学生。在俄教育机构中，从事心理学服务的专家已达 3.5 万人左右。根据俄罗斯教育部的规定，幼儿园、中小学、少年宫、高等院校可在教育部的领导下，自发设立心理辅导室、心理援助中心等，根据各自的实际情况确定服务方案。俄联邦政府规定心理辅导教师的职责是，通过心理测试和谈话了解本校学生的心理发展变化，用课堂教学、训练、游戏等方法使学生拥有健康的心理，预防心理偏差，对有心理偏差的学生进行调整和矫正，从心理学角度对学校的教学工作提出建议。为了帮助心理确有异常的青少年，俄联邦政府在 1998 年批准了一项决议，允许各级政府成立"心理、教育、医学、社会援助教学机构"，接收心理异常的年龄 3—18 岁的青少年。如学生能够康复，可以去普通学校继续上学，否则专家将在学生快成年时对其进行职业培训，帮助他们在毕业后就业。①

2. 重视各种资源的有效整合

在心理健康教育中，如何有效整合各种资源是一项非常重要的工作。我们在考察国外学校心理健康教育时，对它们整合各种资源的做法印象比较深刻的有三点：其一，研究力量的整合。有关资料显示，美国的心理学会有四十多个分支学科，最大的分支是和心理健康密切相关的临床心理学分会。在临床心理学分会中，美国整合了相关研究力量，无论是精神病院还是各种综合性医院、公共卫生部门、心理卫生诊所，以及学校、儿童指导机构等，都有临床心理学家的工作岗位。尤其是每所学校都设有专门从事心理健康教育的心理学工作者，心理健康教育已经从学校发展到社会和家庭中。其二，辅导资源的整合。辅导人员与学生人数的比例悬殊，是许多国家学校心理健康教育中普遍存在的问题。为改变学校辅导资源不足的情况，国外发达国家整合了学校、家庭、社区的辅导资源，形成学校、家庭、社区相结合的辅导网

---

① 蔺平：《国外学校心理健康教育概况》，《教育革新》2006 年第 1 期。

络，以发挥资源的整合优势，满足学生的需求。其三，组织资源的整合。在学校心理健康教育中，专业组织负有不可替代的作用，在这方面许多发达国家做得比较好，不仅充分发挥了有关专业组织的作用，而且专业团体制定的行业规范也及时弥补了政府政策的某些专业性不足。如 1997 年美国学校心理咨询协会（ASCA）颁布了《国家学校咨询标准》，规定了学校咨询的目标、工作对象、内容以及基本的咨询范畴等。2000 年美国学校心理咨询协会又颁布了《孩子是我们的未来：2000 年学校心理咨询》行动纲领，要求学校心理教育在未来社会中发挥更大的作用。

3. 心理干预形式多样化

心理干预，一般包括健康促进、预防性干预、心理咨询和心理治疗等形式。国外发达国家的心理干预形式也是多样的，如美国主要采用三种干预措施：一是个体干预；二是环境干预（又称生态干预）；三是整体干预。这三种干预各有所长，相辅相成。个体干预，主要是直接针对学生个体，通过课堂教学、辅导、心理门诊等形式，来确保学生的心理健康。环境干预（又称生态干预），主要是通过调整课程设置、对教师和学校员工进行干预、家长干预等，对个体所处的环境进行修正，给个体创造一个积极的学习和生活环境。整体干预，则主要是将心理健康、教育辅助和社会援助等干预整合起来，对学生的学习和生活进行多方面的、综合的干预，为学生提供全方位的服务。相比较以上三种干预，在处理那些有复杂问题的学生时，整体干预比单纯的心理健康干预更能收到良好的效果。但由于在资金来源、跨部门的协调、跨专业的合作等方面还存在许多问题，因此，整体干预模式主要在那些高危人群聚集的学校或社区实施。

4. 发展性与积极性并存的价值取向

首先，在价值取向方面，正向发展性倾斜。以往国外学校主要是以矫正性的心理健康教育为主，注重对少数在生活、学习、人际交往等方面存在困难和问题的学生进行补救性工作，这种价值取向忽视了对绝大多数正常学生的帮助。现在国外对于学生心理健康教育一般采用具有积极性、发展性等鼓励性的价值取向，虽然矫治性工作仍是大学生心理健康教育不可缺少的一部分，但强调提高大学生的心理健康水平、发掘大学生心理潜能的发展性工作日益受到重视。其次，在心理健康咨询的重点方面，正由障碍咨询为主向发展咨询为主转化。目前，国外发达国家的许多大学都设有心理健康服务机构，积极主动地为解决大学生的心理困扰、预防心理疾病做了大量有效的工作。最后，大学生心理健康教育的对象、内容、目标也相应发生了积极变化，正由单一性、被动性向覆盖面广、针对性强转化。如美国的心理健康教育工作不仅仅针对学生、教师和民众，同时兼顾学校行政领导、社会教育工作者、社区服务工作者，在对这些人员进行心理健康教育的时候，更多地关注对象对于工作、学习及生活的乐观态度和解决实际问题的能力，强调人在解决问题中的重要性以及人生发展的积极性。

5. 综合性与多样性相结合的服务范围

国外学校心理健康教育开展得比较早，心理健康教育的内容、方式、方法等具有多样性、系统性和综合性的特点。心理健康教育工作者主要扮演六种角色：心理健康的保健者、学习生活的辅导者、职业选择的指导者、思想品德的引导者、心理潜能的发掘者和心理发展的促进者，具体服务包括职业和学业选择指导、学习咨询、学生的社会问题和情绪问题咨询、对学校的课程设置等进行干预、对家长和教师提供咨询服务、对问题学生进行行为治疗和具体的学业指导，还包括开展服务机构自身的发展工作，如组织发展测量研究和专业研究等。① 托马斯·奥克兰（Thomas Oland）将美国诸多服务内

---

① 黄洁等：《国内外大学生心理健康教育现状比较研究》，《中国林业教育》1999 年第 6 期。

容概括为六大类，即个别评估、直接干预、间接干预、研究评估、监督与管理、预防。① 日本大学生心理咨询的内容可分为学习发展咨询、生活咨询、心理问题咨询、精神健康咨询等。② 法国教育部则提出工作发展的三个方向：走向、干预与整合。③

6. 规范化与标准化的队伍建设要求

经过多年努力，国外主要发达国家的心理健康教育工作者在数量和质量上都有了充分保证。如，美国心理健康教育工作者可分为学校心理学家和心理辅导人员两类。2000 年的调查显示，学校心理学家与学生人数之比一般为 1∶2000 到 1∶1500；心理辅导员与学生人数之比一般为 1∶400 到 1∶200。西方发达国家在心理健康教育队伍建设方面，对从业人员、培训内容、资格认定等都有具体的严格要求，值得我们借鉴。

（1）在从业人员要求方面，具有明确的资历限制。如在美国，从事学校心理教育须具备大学文凭和教师合格证书，要有五年以上的教学经验并系统学过心理学课程。担任中学心理教育工作一般必须具备硕士学位，小学心理工作者须大学毕业后再接受一年左右的专门训练。各个社区中的心理工作者也都受过专门训练。在美国的大学里，教授与心理健康有关课程的教师一般为咨询心理学专业或临床心理学专业的毕业生。这些教师一方面在大学里从事教学和科研工作，另一方面则同时在大学或其他场所（如医院临床心理科、私人心理诊所或其他企业等）从事心理咨询或心理治疗工作。在英国，临床心理学博士生必须在心理学或相关领域从事 1—2 年的工作才有资格申请参加临床心理学博士的毕业考试。笔试后，还要进行考察申请者人格

① 余支琴：《美国学校心理健康教育对我国的启示》，《黑龙江高教研究》2005 年第 7 期。

② 马建青：《国外大学生心理咨询的特点及对我们的启示》，《上海高教研究》1994 年第 4 期。

③ 姚本先等：《欧美国家学校心理健康教育的现状、趋势及启示》，《教育发展研究》2004 年第 8 期。

特征的面试，以判断其是否适合做心理治疗工作。在德国、丹麦、新西兰、澳大利亚等国家，学校心理教育工作者一般要经过 7—12 年的培训，他们首先要获得教育学学位，再进入大学学习心理学的特定理论与技术，获得心理学文凭，然后才能从事心理健康的实际服务工作。

（2）在培训内容要求方面，具有严格规范的培养内容。美国心理辅导专业课程内容比较广泛，除心理学、教育学、社会学、政治学等基础知识课外，学生在掌握上述课程的基础上，还要学习辅导与指导原理、辅导与指导方法、心理及行为测验法、辅导关系、变态心理学以及鉴定、测验和评估等专业知识和技能。英国的培养工作主要由三个部分构成：一是专业训练前的准备，主要是掌握有效的工作策略；二是专业训练与现场工作，即在大学内学习一年，学习与学校心理健康领域有关的道德与法律知识，掌握专门的技术技能承担小课题的研究，完成督导下的实践工作；三是高级专业训练，即使受训者能及时巩固、更新知识，发展新技术，并将其应用于实践中。自 20 世纪 80 年代以来，法国也设置了专门的培训计划，包括受训者的专业学习和应用学习两个部分。专业学习包括心理学基础学习，内容涉及差异心理学、发展心理学、社会心理学、研究方法等；应用学习包括教育心理学、临床心理学等。日本为了解决中小学生的精神健康问题，文部省决定从 1996 年开展以新保育教谕为指导对象的保健室咨询活动进修事业，这项事业大大提高了日本基础教育领域心理健康教育工作者的质量。

（3）在资格认定要求方面，严格实行资格认定制度。如在美国，资格申请者首先要进入美国学校心理学家协会（NASP）或美国心理学会（APA）认可的学校心理学专业学习，之后由美国学校心理学家协会或美国心理学会进行鉴定，如专业鉴定合格，则为其签发鉴定书。美国心理学会坚持学校心理健康教育工作者应获得博士学位，并要通过资格认证考试才能获得其认可的资格；而美国学校心理学家协会的资格认定相对宽一些。法国对心理健康教育工作者也有较高的资格要求。法国规定必须进入大学核心心理学专业学习两年，至少三年教师训练和五年小学或学前工作经历者才有资格从事心理健康教育工作。在英国，由心理学会（ABC，现 ABCP）审查认证受训者的资格水平。英国心理学会规定工作者的最低资格条件是：研究生以上学历，拥有教师资格证书，两年以上的儿童青少年教学经验，至少两年的研究生学位后的教育心理学训练（目前一般是一年全日制硕士课程和一年指导下的实践）等。

7. 多管齐下的教育手段

国外学校心理健康的教育手段重视多管齐下，概括起来大体上有如下几个方面：

（1）研究与活动有机结合，逐渐从重视对心理异常个体的心理咨询和心理治疗，转变到对全体人群心理健康的促进和提高上来。如美国的心理健康教育关注心理健康教育的评价问题，以及个人面对生活压力和挫折的"反弹能力"，用积极心理学的视角重视情绪和健康人格的研究与实践。不仅如此，美国的一些学校还注意针对研究中发现的学校适应、学习不良、情绪紊乱、自我困扰、人际关系失调等问题，设计并开展了心理健康、社会心理问题的一系列活动。这些活动的目的是进行预防、早期干预和治疗，通过这些活动把学校、社区、家庭三者有机结合起来，充分利用各种有效教育资源来提高学生的心理素质。

（2）发挥心理咨询和心理辅导的作用。国外发达国家的学校，一般都设有心理咨询或学生心理辅导室。在美国，即使条件较差的农村学校在所属的学区内，也有心理咨询或心理辅导室这样的机构为学生服务。新生入学时需要进行心理测量，建立规范的心理档案，安排的心理辅导活动系统而全面，如各种心理讲座、系列心理测量、学习心理咨询、人际交往心理咨询、性别心理咨询等。学习心理辅导的职能明确，主要包括鉴别评估、心理干预与治疗、心理教育规划、随访病例等。

（3）运用现代教育技术，形成了学校、家庭、社区有机结合的教育网络。目前，国外一些国家的电脑技术应用很普遍，在心理健康教育方面的应用表现为：一是专家把许多不同的成功的矫正方案输入电脑中，建立起专家系统，辅导员或家长只要输入有关个案，电脑就进行相关的分析，然后提供一份治疗方案，供辅导员及家长参考；二是利用电脑进行辅助治疗，可以使学生在游戏中下载文档到电脑，更新学习方法，或使某种行为得到矫正；三是利用电脑建立辅导档案，随时进行跟踪辅导，并有目的地与学生进行固定的信息交流；四是许多大学的咨询或治疗中心都在该大学的网址中开设了专门的网页，大学生可以通过网络了解咨询或治疗中心的服务内容、时间、人员组成、联系方法、收费情况和一些心理健康的基础知识等内容。

（4）开设多种心理学课程，并作为学生必修课程的一部分。就目前心理学排名较前的国外著名高校来看，如美国斯坦福大学、密西根大学、明尼苏达大学、依利诺大学、耶鲁大学、哈佛大学、哥伦比亚大学、加利福尼亚大学伯克利分校等，各个学校都结合本学校以及该专业的发展特点，并根据社会需要以及人才培养的规格与要求，为学生提供了大量的可供选择的心理学课程，以满足学生的不同兴趣与需要，学生的选择具有较大的灵活性与自主性。尽管各个学校的心理学系（专业）的课程设置的门数与课程名称、课程内容等有一定的差异，但基本上都涉及五个不同层面的模块式课程：通识课程、基础导论课程、专业导论课程、专业扩展选修课程以及研究性课程。①

8. 多元化与个性化互补的实施途径

国外发达国家实施心理干预是多元化与个性化互补的。从多元化的视角来看，既有传统的游戏谈话法、行为疗法、生物反馈技术等，又有家长干预和环境干预等的重要形式。所谓家长干预即通过为家长们提供咨询、培训、保健等服务，间接地促进大学生发展。环境干预并不直接针对大学生本人，

---

① 车宏生、姚梅林：《关于心理学专业本科课程设置的思考》，《高等理科教育》2004 年第 6 期。

而是着重于对影响大学生心理健康的环境因素进行干预，通过改变大学生周围人的观念来改善其所处的心理环境，以预防和缓解各种心理问题。① 从个性化的视角来看，国外学校比较注重有针对性地实施心理健康教育。如美国麻省理工学院的心理咨询专家专门在学生宿舍设点接待学生，力图打破心理问题的神秘感，同时避免延误有心理问题的学生治疗时间。哈佛大学在学生宿舍驻派的心理健康教师又叫"健康家庭教师"，帮助学生及时解决心理问题。哥伦比亚大学、康奈尔大学和纽约大学也在学生宿舍派驻了心理健康顾问。②

二、中外学校心理健康教育发展的比较

（一）教育理念与目标比较

以学生为中心，强调整体性健康，这是国外学校心理健康教育理念。如美国的一些高校把身体的健康、生活态度的健康以及所处环境的健康等方面都纳入心理健康概念，即所认同的心理健康理念是身体、精神、心理、生活态度以及环境等各方面的整体健康。哈佛大学健康服务中心的使命和任务是，"治疗每一位有病的人，关爱每一位个体学生，教育与服务整个社区以关注健康及与健康有关的事务"。心理健康教育工作的任务是，通过各种健康教育活动和同学之间的相互帮助来促进整个社区内所有的人都健康、舒适地生活。同时，国外高校还秉承"无条件积极关注"的理念，强调以当事人和来访者为中心，给予大学生人性化的真诚关怀，维护和保障当事人的心理权益，甚至主张改变大学生活来适应人的心理需要。

---

① J. Robert, et al., "Integrated Services for Children and Families: Opportunities for Psychological Practice", American Psychological Association, 1997: 93.

② 房东波：《美国大学生的自杀现象及其防范措施》，《世界教育信息》2006 年第 8 期。

注重个体素质的全面发展，培养德才兼备的"全人"，这是国内学校所认同的心理健康教育理念。国内高校强调引导大学生树立"物竞天择，适者生存"的意识，认为心理健康教育过程就是培养和提高大学生适应能力的过程，即适应大学生活，适应学校的人才培养模式，适应未来职业发展趋势与需求，适应社会现实生活挑战，提高大学生自身的全面适应能力。虽然心理健康教育不排斥对人性的关注，但目标主要着眼于维护高校的稳定与和谐，着眼于实现高等教育的培养目标和满足社会对专业人才的需要。

（二）机构设置与管理比较

1. 机构设置方面

独立机构是国外学校心理健康教育机构设置的普遍做法。这种独立机构分为两类：一是隶属于学生生活健康服务中心。如美国哈佛大学、斯坦福大学等都设有独立的健康教育服务中心，有的大学在独立机构下面还下设医疗服务中心、心理健康服务中心、健康交流中心、学习咨询处等，为大学生提供心理健康和生活健康服务。二是隶属于心理健康类学术组织。如美国心理学会（APA）下属的学校心理学分会（DPS）和学校心理学家学会（NASP）是美国两个最重要的国家级专业学术团队，一个以提高儿童、青少年和成人在学校、家庭与社会中作为学习者和有工作能力的国民的地位为其所有活动的终极目标，另一个目标是促进所有青少年、儿童的学习和心理健康水平。

非独立机构，是国内学校心理健康教育机构设置的普遍做法。这种非独立机构作为学生事务工作或学生系统的一部分，隶属于校学生工作处下，归入高校的行政管理中，其主要任务是：开展心理健康教育，为大学生提供心理咨询服务。我国也建有"中国心理卫生协会"等相关协会组织，这类组织的人员主要是心理卫生学、心理学、医学、社会学、教育学界等科学工作者，他们的任务主要是：开展心理卫生教育、科学研究、学术交流；宣传普及心理卫生知识；维护和提高人民心理健康水平和社会适应能力；促进心理卫生科学技术的繁荣和发展。

2. 队伍组成方面

国外学校心理健康教育队伍人员是由学校社会工作者、辅导教师、护士、心理咨询师和精神病医师等组成，他们共同对学生的心理健康负责，其中起主要作用的是学校社会工作者，起着联系其他服务人员、协调各职能部门和相关人员的作用。一些发达国家明确规定：凡学龄儿童人数在 5000 名或 5000 名以上的市镇，要建立一个学校心理学服务机构；机构人员配备一般为：1 名主任学校心理学家，2 名助理学校心理学家，2 名临床心理学家，1 名社会工作者。

国内高校心理健康教育工作人员是由学生工作者、专业的心理咨询教师和医务人员组成，但人员配比上以学生工作者居多，以兼职为主，缺少必要的心理学教育基础且经验不足。

3. 人员管理方面

由相关行业协会管理和监督，是国外学校对心理健康教育工作人员普遍采取的做法。如国外高校的心理健康服务队伍中有主任、督导、校园活动负责人、行政人员等，同时还分不同领域（如情感咨询、学习咨询、人际关系咨询或生活适应问题咨询等）配备了咨询师和咨询师助理。为加强对工作队伍的人员管理和监督，普遍实行了督导制度，即由专业的心理咨询资深人士组成督导小组，定期在高校现场督导，组织专业研讨，其目的：一方面，是为了确保心理咨询人员道德操守的纯洁性，维持其高水准的专业化行为；另一方面，也是为了不断促进咨询师专业知识和工作能力的提升以及职业生涯的发展。

在中国，高校心理健康教育工作队伍主要是由心理学专业的教师、辅导员或行政管理人员组成，但人员中兼职居多，经验相对不足。由于心理健康教育起步较晚，在人员从业资格认证、专业水平、人员结构以及人员配备比例等方面还存在诸多不足和问题，不能完全适应心理健康教育的需要，亟须改进和提高。

（三）教育内容比较

强调整体性、发展性的教育理念，是国外学校心理健康教育的主要内容。在这样一种教育理念的指导下，其内容更具多样性与综合性，几乎涉及大学生的生活、学习、工作各个方面，如日本大学生心理健康教育的内容可分为四类：（1）学习发展方面，包括学习方法、升学、择业、考研等；（2）学习生活方面，包括海外活动安排、勤工俭学、家庭、恋爱等；（3）心理问题方面，包括性格、情绪、人际关系、异性交往、人生、宗教等；（4）精神健康方面，对患有精神疾患的学生开展的咨询和治疗服务。在课程设置方面，国外一般把健康心理学、变态心理学、成人岁月的发展、人类性行为、衰老和死亡等纳入选修课程，这些课程不仅促使学生关注自我心理发展，而且能增加学生对人类心理变化发展特点的科学认识。从开展活动方面来说，国外普遍注重在活动中体现生活心理、自我心理中的积极性心理教育，如美国高校心理健康机构常以研讨会形式鼓励学生开展对各种生活问题的讨论，主题包括饮酒、吸毒与健康生活，亲密关系与个人成长等，与学生的日常生活紧密联系。

在中国，高校心理健康教育的内容主要包括：心理健康、自我意识、学习心理、个性心理、人际交往心理、恋爱与性心理、择业心理，随着社会的发展，又融入了网络心理、心理咨询与心理治疗等方面的内容。国内的高校心理健康教育的内容针对性强，重视大学生学习生活中的适应问题，偏向于人际心理领域中消极性心理的预防教育。如针对广大学生的教育以大型活动为主，如每年的"5·25心理健康活动月"，通过大型团体游戏、专家讲座、心理电影、现场咨询和团体辅导小组等活动形式集中开展心理健康教育。针对大学新生的心理健康教育，教育内容包括学习适应问题、情感问题、宿舍人际交往、克服自卑、情绪调节、"网络依赖症"、"网络孤独症"等；针对毕业生，教育内容包括求职心理辅导，如职业规划、求职减压等。此外，国内高校也设置心理健康课程。早在20世纪80年代，部分高校就开设了大学生心理或青年心理的选修课程，随后在思想道德修养的公共选修课中也添加了大学生心理部分，内容多为人生观、价值观教育。

（四）教育方式比较

国外学校心理健康教育的方式多样且将各种方式灵活地结合，采用比较多的主要是三种方式：一是工作坊的方式，如北美高校的心理健康教育，在开学季心理咨询中心会提供70—80个工作坊，以解决新生入学的适应问题；二是网络咨询的方式，由于一些发达国家有严格的保密制度，学校无权强制要求学生做心理测试，心理健康教育部门会在校园网上放一系列心理测试，学生可以自我测试，匿名提交测试结果，心理咨询中心会通过电子邮件反馈一些相关建议；三是多种教育的形式，如美国大学生心理健康教育方式则是生动且全面的，它不仅依靠学校规定的课程进行心理健康教育，还针对不同民族、不同心理状态的学生群体开展了涉及学生生活各方面的多种教育形式，例如设立同辈辅导站和健康图书馆等。

在中国，高校心理健康教育主要是四种方式：一是课堂灌输，利用心理学知识，面向全体学生开展心理健康教育；二是团体培训，通过网络、心理学课程、讲座等方式开展；三是课外活动，通过开展一些诸如参观实践和社会生活实践类的课外活动来丰富教育手段；四是心理咨询，一些高校在实际操作过程中还是以传统的一对一的心理咨询为主开展工作。

（五）队伍建设比较

在国外，一些发达国家对心理教师的要求相当严格，在队伍建设方面呈现三个显著特点：一是严格的资格认定和职业训练。如美国在大学生心理健康教育师资队伍建设上，呈现出高学历化、职业化和专业化的特点，既有高校教育工作者的资格认证标准，还有心理健康工作人员的专业认证体系。二是既是心理教师又是社会服务者。国外发达国家的心理健康教师在学校一般担负着5个方面的角色：（1）咨商：与学校教师或管理者和家长讨论心理干预计划和提供信息；（2）咨询员：向需要帮助的学生或教师个人与团体提供心理学服务，帮助他们解决问题，计划未来；（3）评估员：提供综合的心理、教育评价或按需要做其他评价；（4）干预、修复者：与有关人员合作，为处于危机中的受助对象提供心理学上的帮助；（5）工程师：协调整个教育服务系统的发展。三是国家对于心理教师的重视程度高。在国外，心理教师是被广泛认同并崇敬的，他们的待遇比一般教师的要高。

在中国，高校心理健康教育师资队伍的建设，经历了从兼职到专职，从业余到专业，最终走向专兼结合的发展道路。目前，我国高校心理健康教育在师资队伍方面存在的问题主要是：一是人员不足。高校普遍无法按照联合国教科文组织的标准配备专业教师，大多为8000—10000名学生配备1—2名教师，使得针对个体的心理健康教育无法顺利开展。二是缺乏专业性。学校心理教育工作者缺乏职业心理学准备，因而心理教育服务效率较低、职业声望不高。三是技术化程度不高。在发达国家普遍使用的心理学技术和工具，未能在我国普及，在测量方面，缺乏科学化量表以及测量工具和手段，缺乏心理咨询所必需的技术设备。四是信息缺乏。由于缺乏必要的相互联系和信息交流，难于获取国外学校心理教育的最新信息，直接影响了心理教育的研究和经验交流。

三、国外学校心理健康教育发展的启示

总结国外学校心理健康教育的相关经验，对我国开展大数据时代高校心理健康教育尤其是网络心理健康教育有哪些重要启示呢？概括起来，有如下六个方面。

（一）坚持政府的督导作用，加大评估检查的力度

国外学校心理健康教育开展得卓有成效，除了起步早、措施得力之外，与政府的高度重视和督导作用是分不开的。借鉴国外的经验，我们必须充分发挥政府对心理健康教育的主导作用，明确政府对高校心理健康教育的重视程度直接影响到心理健康教育的效率和工作水平。我们要通过制度建设和行政手段来不断强化心理健康教育工作，加大评估检查的力度，也只有这样才能最大限度地调动起高校加强大学生心理健康教育的热情，更好地推进大学生心理健康教育工作。当前，尤其要借助政府的重视和推动，采取切实有效的措施，加大评估检查的力度，进一步做好高校网络心理健康教育工作。

（二）注重网络心理健康教育师资队伍的培养，构建专业化、规范化的培训体系

与国外发达国家学校相比，目前我国高校心理健康教育队伍存在严重的人员不足，与专业化、规范化的要求还有相当大的距离。为此，一是要加大师资队伍建设。有关部门应及时制定高校心理咨询的完善发展规划，确定高校心理咨询教师的培训内容和考核办法。二是要加强对心理健康教育队伍的培训，形成专职教师为主导，心理学、思想政治教育教师为辅助的队伍结

构。从事高校心理咨询的专职人员可以是经过专门培训的有丰富经验的思想政治教师，也可以是经过专门培训的心理学专业教师，不同的学科背景有着不同的优势与不足。但前提是一定要经过长期的培训，取得心理咨询的资格证书，达到上岗的标准。三是要按照国家政策的相应规定，建立健全高校心理咨询服务机构的管理体制。由于资金短缺、政策支持力度不足等多种原因，目前我国高校心理咨询师与学生的配备比例普遍达不到。借鉴国外高校心理咨询工作的先进发展经验要求，我们不仅要在高校心理咨询师的数量上面有所突破，还要在高校心理咨询服务机构的管理体制上面有所创新。只有明确心理咨询机构是教育的一个重要组成部分，才能从根本上确立其地位，才能完善心理咨询管理体制，完善心理咨询考核评聘制度，不断增加专职心理咨询师的数量，建立健全心理咨询督导制度，同时提高心理咨询师的工作积极性。

（三）完善网络心理健康教育的内容，创新高校网络心理健康教育新模式

目前，国内高校心理健康教育主要为新生入校时开展心理健康教育讲座，设置心理健康教育课程，依托"5·25心理健康活动月"开展一系列的活动，如大型团体活动、专家讲座、观看心理电影、现场指导和团体指导等集中开展的活动。以上的形式和途径往往无法满足众多学生的心理发展需求，也没有明确的目标体系和系统内容，容易形成形式化和局部化。借鉴国外的经验，高校网络心理健康教育应着力做好以下几个方面：一是要理念和内容更新，以适应心理健康教育需要。要实现由"让学生适应学校"到"让学校适应学生"的转变，由以"问题学生为中心"到"服务学生为中心"的转变。要立足于教育本身，以全体学生为服务、教育对象，对学生遇到的生活、学习、情感、就业等方面的问题，以及对部分心理需要矫治的学生予以诊断和治疗，增强学生的自我调控意识、适应社会的能力，不断地

认识自己、发展自己，以培养良好的心理品质。二是要开展多种学生感兴趣的选修课程，并在课程规划中引入讨论、案例分析、看电影等灵活的形式，吸引学生的兴趣和对自身问题的关注。三是要采取全面性教育与针对性教育相结合的方式，网络心理健康教育不应仅局限于发现有心理障碍和心理疾病的学生，更应该帮助学生正视生活与学习中遇到的问题和自己性格中的缺陷，帮助学生采取正确的方式处理问题。四是要根据学生所处的学习阶段，结合本校本地的实际情况，探讨多种教育途径，如低年级注重人际关系教育，创造良好的学习生活环境；高年级注重情感、就业等方面的教育，突出品格培养，重在疏导。同时，还要在校内发动全员参与，建立不同层面的心理健康教育格局：校机关单位、辅导员注重从心理健康的角度辅导学生；心理健康教育专兼职人员注重从心理问题的咨询、判断、干预角度教育学生；心理医生从治疗的角度救治学生，而这一点恰恰是目前各高校所欠缺的。五是要借鉴国外高校的心理咨询中心同学校相关部门联手开发服务特定学生群体的特色项目的做法，开发和挖掘长期的、稳定的、有特点的特色项目来服务特定的学生群体。如在"线下"的活动中，可与学生处联手开发帮扶家庭经济困难学生的励志项目；与就业指导科联手开发增强学生就业心理资本，提升就业能力的求职辅导项目；与教务处联手开发增强学生学习动机，端正学习态度，提高学习成绩的学业帮扶项目；与学生处公寓办联手开发化解宿舍矛盾，促进舍友关系的集体住宿项目；与国际处联手开发帮助外籍学生了解中国文化，适应中国生活的留学生项目或是帮助拟出境交流的中国学生尽快适应国外生活，指导学生在留学期间掌握相应的自助、求助方法；等等。

（四）开拓网络心理健康教育的新途径，建立多层次的网络心理健康教育合作体系

国外学校心理健康教育不拘泥于某一种教育途径，而是比较注重多种途

径并举推进教育的开展。如美国高校提倡学校和社会联合的"集体的合作"，表现为：一是学校和社会人员的合作，在家庭、社会和学生中激发起强大的支持力量，如美国新泽西州的"学校青少年计划"、加利福尼亚州的"健康始于主动性"、纽约州的"灯塔计划"等。二是专家的集体合作，如在纽约地区，几乎每所学校都有一个由学校心理学家、学校社会工作者、教育评估专家、学生辅导员和语言矫正师组成的"以学校为基地的辅助组"，为普通学生和特殊学生进行日常心理辅导、心理诊断、咨询、评估和干预等。中国高校也需要建构起校园、宿舍、医疗机构、学术研究机构、专业心理健康教育机构一体化的心理健康教育网络，动员各方力量、整合学校可利用的一切资源来促进学生的健康成长。三是不同机构的合作。国外心理健康问题的研究经验已经表明，不同的心理健康机构的合作对心理健康教育的有效开展显得越来越重要。美国的学校心理健康计划（School Mental Health Project）提出，提高学校心理健康教育的效果，不仅仅是扩展咨询服务或者建立更多的有心理辅导和教育的学校，重要的是建立一个综合性、全方位的机构，使学校真正成为一个能为孩子提供心理支持的地方，从而使他们的智力和健康达到最大程度地实现。① 另外，随着信息化、现代化的发展，网络已经无处不在，充分利用互联网的优势，将学校、家庭和社区紧密结合起来，共同建设心理健康工作的网络是十分必要和紧迫的。计算机和互联网的普及对人们生活的巨大影响，迫切需要心理健康教育资源进一步整合，提高信息化水平。美国密歇根州综合的学校健康教育模式是一个很有益的探索。该模式首先由州创设，继而得到州教育部门、社区健康中心、警察部门、家庭组织以及二百多个专业机构和志愿组织的支持和帮助。密歇根模式为未成年人提供从幼儿园到高中的心理健康教育课程，传授知识和基于知识所建立起来的各种应对技能。这个模式实施后，取得了良好的效果，参加该项目的

---

① 俞国良：《未成年人心理健康教育的探索》，《北京师范大学学报（社会科学版）》2005 年第 1 期。

孩子抵御不良诱惑的能力增强，问题行为减少。我国目前心理健康教育的状况还属于分而治之的局面，需要借鉴国外的一些成功做法，建立多部门联动、多方力量支持的工作机制。

（五）引进现代化的教育手段，推进心理健康教育的本土化

在互联网和信息技术迅速发展的背景下，网络丰富了信息交流的方式，成为人们交流的重要途径，尤其是学生心理健康信息的存储、对比以及对学生心理健康教育课程辅导都可以通过计算机来完成；除此之外，还可以使心理健康教育的案例信息能够迅速地在心理健康教育领域传递，在相互合作的过程中实现资源共同享有。目前，这种现代化的教育手段——网络心理咨询，作为一种新兴的高校心理咨询方式，为高校心理咨询工作提供了新的条件，拓展了心理咨询的途径，突破了时间和空间的限制，满足了不同学生的心理需求，具有传统心理咨询方式无可比拟的优势。开展"高校网络心理咨询已经成为高校心理咨询发展的大势所趋"。[1] 大数据时代，互联网的便捷，使我国的网络心理健康教育能够更好、更快地吸收和借鉴国外高校好的做法，但是，网络心理健康教育与本国的国情也是密切相关的。大学生心理的发展离不开环境和民族文化等深层次背景的影响，结合我国民族心理、历史文化传统的具体情况，大学生心理健康教育也要体现国家和民族的心理特征，推陈出新，树立自己的风格与特色，加强中国化或本土化进程。在引进、吸收与借鉴国外的先进经验时，切忌照搬照抄，而要实事求是，在立足国情的基础上，注重实际教育效果，将国外先进的理论与我国教育及大学生心理发展的特点相结合，从而形成具有中国特色的大学生心理健康教育模式。近年来，我国大学生心理教育工作者在实践中，逐渐形成了"心理—

---

[1] 汪明松：《浅析高校开展网络心理咨询存在的问题与对策》，《四川文化产业职业学院（四川省干部函授学院）学报》2013 年第 4 期。

道德教育模式"①、"协同心理教育模式"②、"整合心理教育模式"③ 等适合我国实际情况的大学生心理健康教育模式，在本土化建设方面取得了有目共睹、值得肯定的成就和进步，为建立中国特色的网络心理健康教育体系做了可贵的探讨。

（六）重视工作研究，拓展多角度、国际化的研究视野

国外学校心理健康教育研究发展快速，呈现出研究量表多样化、研究内容多样化、研究范式实证化等特点，有力推动了心理健康教育工作的发展。立足我国的文化特点与高校心理健康教育的实际，当前需要加强三个方面的研究。

首先，本土文化研究。中国是一个多民族国家，中国人存在的心理问题与世界其他国家人是不一样的，其形成原因、表现形式及解除方法都会存有差异。因此，我们在借鉴世界发达国家成功经验的同时，应立足本土，着力研究：一是认真研究我们的历史文化及民众心理特点；二是深入研究西方心理咨询理论和方法，加以扬弃，使之适合中国文化环境，符合大学生的心理特点与高校心理健康教育工作实际；三是发掘我国传统文化宝贵资源，结合现代理论与本土实践，创造出具有本土特色的高校心理咨询理论与方法。④

其次，服务对象研究。做好高校网络心理健康教育工作，要加强服务对象研究。一是要把当代大学生放在中国社会大背景下进行研究，关注其成长的社会环境、家庭环境，以及心理行为问题的形成原因、发展特点、年级分布等；二是重视特殊群体学生（如学业困难学生、经济困难学生、人际交

---

① 班华：《心育再议》，《教育研究》2001 年第 12 期。
② 郑和钧：《学校心育系统协同构建的理论与实践》，湖南师范大学出版社 2000 年版，第 23 页。
③ 陈旭、张大均：《心理健康教育的整合模式探析》，《教育研究》2002 年第 1 期。
④ 孔德生：《我国心理咨询本土化的探索与实践》，《学术交流》2007 年第 12 期。

往困难学生、就业困难学生等）的心理压力及其防御特点；三是研究新生入校后、期末考试前、就业求职中等关键阶段学生心理特点与心理需求，以期适时有针对性地提供服务。

最后，方法探索研究。网络心理健康教育与心理健康教育既有相同地方，但也有不同的地方，需要在方式方法方面进行研究。实践中，一些高校在开展网络心理健康教育方面积累了经验，需要我们认真研究、总结提炼。同时，我们还应开发更多科学的中国式心理量表、中国大学生心理健康量表，以供临床咨询与研究之用，使心理健康教育工作方法更加科学、专业、有效。

第三章

大数据时代网络对大学生
心理健康的影响分析

大数据时代，网络对大学生心理健康既有积极影响的一面，也有消极影响的一面，需要高校心理健康教育工作者进行正确的分析和研究。这种分析研究，不仅要正视大学生心理健康的客观现状，也要实事求是地对问题存在的原因进行深入分析，从而为有的放矢地做好大数据时代高校网络心理健康教育提供依据和支撑。

一、高校网络心理健康教育的时代背景

大数据的出现，开启了重大的时代转型。信息技术领域所发生的技术革命，不仅加速推进全社会新兴技术的不断变革，而且"已经撼动了世界的方方面面，从商业、科技到医疗、政府、教育、经济、人文以及社会的其他各个领域。"① 高校历来是思想性最为活跃的前沿阵地，无论是在教学、管

---

① ［英］维克托·迈尔-舍恩伯格、肯尼思·库克耶:《大数据时代:生活、工作与思维的大变革》，盛杨燕、周涛译，浙江人民出版社2013年版，第15页。

理方面，还是心理健康教育层面都深受大数据时代的影响。处在这样一个变革时代，对高校心理健康教育工作者来说，如何把大数据技术融入网络心理健康教育过程之中，借以提升高校网络心理健康教育的针对性与实效性，已成为亟须深入探讨的一项战略性课题。

大数据是当代最耀眼、最引人瞩目的一个新词，但也"并非一个确切的概念"。① 正因为如此，时至今日，大数据还没有一个非常明确的定义。维基百科给出了一个定性的描述：大数据是指无法使用传统和常用的软件技术和工具在一定时间内完成获取、管理和处理的数据集。在学术研究中，学者们相对引用比较多的定义，是英国学者维克托·迈尔-舍恩伯格和肯尼思·库克耶在《大数据时代：生活、工作与思维的大变革》中提出的："大数据是一种对海量数据进行系统性分析的技术，通过大数据分析，为企业和机构提供科学的信息咨询，帮助企业和组织做出更加有效的决策。""大数据不仅是一种技术，而且是一种价值观和方法论。""大数据时代将要释放出的巨大价值使得我们选择大数据的理念和方法不再是一种权衡，而是通往未来的必然改变。"②

近几年来，随着计算机和信息技术的迅猛发展和普及应用，大数据的产生已呈爆炸性增长态势，所涉及的数量十分巨大，已经从 TB 级别跃升到 PB 级别。据有关资料显示：百度目前的总数据量已超过 1000PB，每天需要处理的网页数据达到 10PB—100PB；淘宝累计的交易数据量高达 100PB；Twitter 每天发布超过 2 亿条消息，新浪微博每天发帖量达到 8000 万条；中国移动一个省的电话通联记录数据每月可达 0.5PB—1PB；一个省会城市公安局道路车辆监控数据三年可达 200 亿条，总量 120TB。早在 2009 年，据世界权威 IT 信息咨询分析公司 IDC 研究报告预测：全世界数据量到 2020 年将为 35ZB（1ZB=

---

① ［英］维克托·迈尔-舍恩伯格、肯尼思·库克耶：《大数据时代：生活、工作与思维的大变革》，盛杨燕、周涛译，浙江人民出版社 2013 年版，第 8 页。

② ［英］维克托·迈尔-舍恩伯格、肯尼思·库克耶：《大数据时代：生活、工作与思维的大变革》，盛杨燕、周涛译，浙江人民出版社 2013 年版，第 94 页。

1000EB＝1000000PB），较过去 10 年增长 44 倍，年均增长 40%。[①]

进入 21 世纪以来，大数据的运用和处理需求日益迫切和重要，得到了全球各国政府和学术界、工业界的高度关注和重视。目前，一些发达国家政府都从国家科技战略层面，提出了大数据技术的研发计划，以推动全社会对大数据技术的探索研究和应用。

美国尤其高度重视大数据的研究和应用，并把大数据收集和使用的工作提升到体现国家意志的战略高度。早在 2010 年 12 月，美国总统办公室下属的科学技术顾问委员会（PCAST）和信息技术顾问委员会（PITAC）向奥巴马和国会提交了一份《规划数字化未来》的战略报告，建议联邦政府的每一个机构和部门，都需要制定一个"大数据"的战略。2012 年 3 月，美国总统奥巴马签署并发布了一个"大数据研究发展创新计划"（Big Data R&D Initiative），由美国国家自然基金会（NSF）、卫生健康总署（NIH）、能源部（DOE）、国防部（DOD）等 6 大部门联合，投资 2 亿美元启动大数据技术研发，这是美国政府继 1993 年宣布"信息高速公路"计划后的又一次重大科技发展部署。[②]

2012 年 7 月，联合国发布关于大数据政务的白皮书《大数据促发展：挑战与机遇》，建议成员国建立"脉搏实验室"（Pulse Labs），挖掘大数据的潜在价值，指导经济运行，更好地为人民服务。由此，全球的大数据研究和发展进入了前所未有的高潮，尤其是伴随着"数据科学"概念的出现，数据处理技术将成为一个与计算科学并列的新的科学领域。

大数据在中国起步较晚，但研究和发展较快。2012 年中国计算机学会（CCF）发起组织了 CCF 大数据专家委员会，撰写发布了《2013 年中国大数据技术与产业发展白皮书》。2013 年以来，国家自然科学基金、"973 计划""核高基""863"等重大研究计划都已经把大数据研究列为重大的研究课题。"十

---

① 左军：《基于大数据的网络用户行为分析》，《软件工程师》2014 年第 10 期。
② 付永红：《大数据时代技术发展与创新架构研究》，《中国科技博览》2014 年第 38 期。

二五"以来，我国大数据产业从无到有，全国各地发展大数据积极性较高，行业应用得到快速推广，市场规模增速明显。尤其是 2016 年，国家继续加大了对大数据应用的推动力度，批复了京津冀等 7 个国家级大数据综合试验区和10 个大数据国家工程实验室；同时，针对医疗、交通等行业，有关部门均出台了关于大数据发展的指导意见，继续推动大数据在各垂直领域的应用进程。据国家互联网信息办公室编制形成的《数字中国发展报告（2022 年）》记载，2022 年我国数据产量达 8.1ZB，大数据产业规模达 1.57 万亿元。

　　大数据是互联网智慧和意识产生的基础，但互联网的迅猛发展与普遍接入，又使得大数据的获取、聚集、存储、传输、处理、分析等变得越来越便捷，深入到社会的各个领域。在大数据时代，大数据在其他领域不断创造新价值的同时，其通过网络对高校大学生心理健康教育的社会环境、文化环境和技术环境的影响也日益加剧。从社会环境方面来说，大学生获取信息便捷，方式多样化，但网络上的多元化思想易于使他们发生心理和价值观方面的变化。从文化环境方面来说，多样化的文化特征，对大学生的思想观念也产生了一定影响，甚至对高校主流文化形成了巨大冲击。从技术环境方面来说，大学生心理健康教育的技术手段不能适应大数据技术发展，找不到与大数据技术的结合点，难以"让数据'发声'"[1]，为大学生心理健康教育提供有用的数据。可以说，在大数据时代，网络对大学生心理健康的影响已成为一种必然。

二、大数据时代网络对大学生心理健康的积极影响

　　大数据与互联网的发展相辅相成。一方面，大数据的发展为互联网的发

---

　　[1]　［英］维克托·迈尔-舍恩伯格、肯尼思·库克耶：《大数据时代：生活、工作与思维的大变革》，盛杨燕、周涛译，浙江人民出版社 2013 年版，第 28 页。

展提供了更多的支撑、服务与应用；另一方面，互联网的发展为大数据的发展提供了更多的数据、信息与资源。但同时，互联网的开放性、实时性可能会导致大学生的思维模式和心理状态发生改变，对此已引起众多心理学家的关注并逐渐成为青年心理学新的研究课题。从积极影响方面来说，主要反映在以下几个方面。

（一）网络对大学生心理认知的影响

所谓认知，是全部认识过程的总称，包括注意、知觉、表象、记忆、思维、言语及其发展过程、人工智能等领域。它既是感觉输入的转换、归纳、阐述、储存和使用的过程，也是人们在某一特定的时刻思考事务和感受事务的过程。大数据时代，网络对大学生心理认知的积极影响主要体现在以下五个方面。

1. 网络信息的广泛性，扩大了大学生心理认知的来源渠道

在没有网络之前，大学生们的心理认知主要来源于课堂和书本知识，信息量之小、传播面之窄是客观存在的。而网络的发展，集报纸、广播、电视的特点于一体，不仅能够迅速地把信息传播出去，而且它的信息容量之大，可以满足人们日益增长的求知欲。随着网络信息传播的日益增强，大学生获取最新的资讯越来越广泛，视野越来越开阔，心理认知能力也得到了极大提升。

2. 网络的便捷性，丰富了大学生对学习和生活的心理认知

在大数据的支撑、服务与应用下，网络渗透人们的日常生活中，对社会的整体面貌和人们的心理认知都产生了潜移默化的影响。对大学生而言，最重要的是反映在两个方面：首先是网络改变了旧有的学习习惯，成为大学生日常学习的重要工具。现在大学生们的日常学习中，获取新知识、新讯息，查找论文写作的参考文献，都离不开网络。尤其是学科网站的建立，为大学

生提供广阔的学习空间，有针对性的教学方向，以及大量、高质的参考信息，为课外异步学习提供了可能。其次，网络拓宽了旧有的人际关系，成为大学生社会交流的重要方式。QQ、电子邮件、微博、微信等互联网的产物，尤其是微信极大地改变了现代人的交流方式，对人们的社会生活产生了巨大的影响。在校园生活中，这种不受时间、地域限制的交流方式，不仅成为师生之间收发作业、学术交流的新方式，而且也是学生之间联络友情、沟通心灵的重要方式。

3. 网络的虚拟性，营造了大学生重建心理认知的空间

网络以其特有的虚拟空间及其匿名性，使得人们在这个空间里能够淡薄戒备感、比较坦诚地吐露心声。这种纯属向他人显示自身的真实、重要、隐私细节和内心想法的过程，既是一个自我心理认知的过程，也是一个网络心理健康教育适时实施心理咨询服务的过程。在这个过程中，一方面网络心理咨询服务发挥了应有的作用；另一方面大学生通过暴露自我、张扬自我、宣泄自我，也使心情舒畅、压力缓解，这无疑是有益于心理健康的。

4. 网络的平等性，促进了大学生对民主意识和道德法制的心理认知

与现实社会中人际关系所不同的是，平等性是网络人际关系的主要特征。在网络上，没有等级和特权，人与人之间的关系是平等的，没有高低、贵贱之分。这种平等的网络环境和畅所欲言的场所，比较有利于培养大学生们的民主意识。随着他们心理认知判断能力的逐步提高，也会促进自身民主与法律意识的提高。

5. 网络的开放性，增强了大学生对开放精神的心理认知

开放性是互联网固有的特性。互联网所体现的"开放、平等、分享"精神，对大学生们产生了潜移默化的影响。一方面，网络的开放性，使大学生在这个广泛的空间里能够积累社会知识，发展和形成自己的个性，顺利参

与社会生活；另一方面，网络的开放性能够使大学生学习到国外的一些先进文化，在交流与互动的过程中促进开放精神的树立。

（二）网络对大学生情感的影响

所谓情感是指人们对自己与对象世界所结成的价值关系的感受和评价，是人的需要的满足而产生的内心体验，通常表现为喜悦或悲哀、欢乐或忧愁、喜欢或厌恶、热爱或憎恨、满意或不满意等。[①] 网络对大学生情感的影响如何？一项调查显示：在通过网络给予他人帮助方面，解闷、安慰、获得鼓励的比例最高，达到了58.0%；其次是通过网络获取资料信息，达到了21.5%；再次是获取计算机知识，这个比例占到了10.6%，学习辅导占到了7.2%，其他占到了2.7%。[②] 调查数据说明，网络对大学生的情感是具有影响的，不仅为他们情感体验提供了极大的帮助，使之通过网络可以获取安慰、鼓励，而且也给他们的情感提供了释放和宣泄的空间。年轻人处在情感体验高峰期，他们有情感表露的需求，需要有一个去社会抑制的环境来释放潜意识中积聚的张力，而网络正好具有这种去抑制性。网络的去抑制性是指在网络的虚拟环境中，因为社会规范和个体的内心准则在虚拟空间被大大削弱，个体对自我行为的克制不复存在，其行为在网上表现出一种解除抑制的特点，较大程度上区别于现实生活中的行为方式。个体深藏在潜意识中不为正常社会意识所容许的各种需要和愿望，可以通过网络的去抑制性得到满足。[③] 由此可见，网络对于大学生情绪情感的完善、发展、丰富有着积极的意义，网络匿名性的特点可以帮助大学生释放心中的不良情绪，缓解心理压力，维护心理健康。

---

① 周兴生：《青年网络伦理》，光明日报出版社2011年版，第104页。
② 周兴生：《青年网络伦理》，光明日报出版社2011年版，第104页。
③ 朱旖妮、崔丽娟：《青少年网络聊天的心理学成因探析》，《当代教育科学》2006年第4期。

（三）网络对大学生人格的影响

心理学认为，人格是个体的文化心理结构，是个体赖以立身处世的一套心理、行为方式，是心灵面向外部世界而力求协调内外关系的一套防卫与适应机制，它既包括外在行为及其表现，也包含内在的心灵与精神状态，是个人在社会生活中呈现的整体状况与方式，是人的心理与行为特质的总和。大学生作为一个特殊的青年群体，其人格发展备受关注。大学生健全人格的发展既是大学生自身全面发展的需要，也是社会和谐发展的需要。

在现代社会，大学生人格发展受到网络一定影响已是不争的事实。比如网络具有的隐蔽性特点，在人机对话的网络交往中，他们可以毫无顾忌地畅所欲言、展现自我，这种在强化自我意识方面所体现的作用，将有助于大学生健全人格的塑造。网络所具有的平等特点，既表现在网络技术设计上的平等，更体现在网络内容和上网者地位的平等。在这种平等交往的过程中，不仅有助于他们自我意识的不断完善，也会促进大学生人格的健康发展。

（四）网络对大学生人际关系的影响

首先，网络人际交往扩大了大学生人际交往的范围。传统的人际交往方式，生活圈子狭小，接触面比较窄，人一辈子交往的朋友十分有限。网络人际交往，完全颠覆了传统的人际交往方式，它能在短时间内实现"面对面"的交流，达到一种"人—机—人"的状态，不仅如此，通过网络聊天工具可以不分国家、不分种族地结交网友，真正实现了咫尺天涯。在广泛的人际交往中，信息的交流，关系的建立，使大学生们不仅增长了知识和见闻，也增强了适应社会生活的能力。

其次，网络人际交往为大学生搭建了强大的交流平台。美国心理学家米尔格伦曾经提出了一个理论：最多通过六个人你就能认识任何一个陌生人，而这个理论在网络上得到了更好的体现,通过网络可以更加方便地认识更多人。网络作为人际交往的平台,大学生通过这个平台可以认识更多的人,通过共同话题的探讨,使得人与人之间的关系也会越来越近。

最后,网络人际交往促进了大学生角色扮演和角色重建。在现实生活中,人们的角色扮演往往是有限的,不是所有人都有机会或有才能在舞台上表演话剧的,而网络人际交往为他们提供了扮演各种角色的机会。按照社会心理学理论,扮演多重角色的个体,比那些仅有少量限定角色的个体具有更强的适应生活压力和变化的能力。大量研究结果也显示,扮演多重角色比那些仅有少量限定角色的个体会获得较多的益处,角色的丰富性能增进交往人的生理健康和对生活的满意度。在网络上,大学生通过扮演角色的同时学习、把握自己在现实社会中的各种角色行为,从而提高自己在现实生活中的人际交往能力,有助于建立良好的人际关系。

(五) 网络对大学生心理健康教育工作的影响

第一,降低了工作成本,为大学生心理健康教育工作提供了准确数据。以往,心理健康教育工作者了解和掌握学生的心理健康情况,局限于搜集到的样本,尤其是对量化统计分析的资料难以准确性把握,工作成本也比较高。在大数据时代,数据挖掘技术使过去大量难以量化统计分析的资料得以数据化。心理健康教育工作者可以通过网络得到关于心理健康教育的总体数据,不再局限于搜集到的样本。正因为如此,有学者指出:"网民在网上产生的海量数据,记录着他们的思想、行为乃至情感,这是信息时代现实社会与网络空间深度融合的产物,蕴含着丰富的内涵和很多规律性信息。"①

第二,搭建了良好的教育平台,为大学生心理健康教育工作丰富了智力资源。与传统的心理健康教育相比,网络心理健康教育具有优势:网络信息

---

① 漆海霞:《大数据与国际关系研究创新》,《中国社会科学》2018 年第 6 期。

来源广泛，信息更新快，有助于选择优质数据资源。同时，高校还可以充分利用网络，来开展各具特色的网络心理健康教育活动，发挥媒体的信息传播、组织发动、动态反映、情况公布、通报表彰的作用，以此推动网络心理健康教育活动的宣传、组织作用，提高活动影响，提升活动效果。

第三，提供了高效率的方式方法，为大学生心理健康教育工作开拓了便捷途径。与传统心理健康教育相比，在网络环境下开展心理健康教育优势明显：一是提高了咨询的效果。处在虚拟的网络环境中，师生之间、同学之间都不知道对方的身份，这更有利于大学生在开展心理咨询中敞开心扉，放下包袱，直言咨询，显然这种环境有利于释放大学生的压力，提高咨询的效果。二是提高了工作效率。在网络中进行心理健康教育，不但可以实现"一对一"的咨询服务，还可以进行"一对多"的团体服务，改变了过去需要电话预约、寻找咨询场地、环境支持等做法，也减少了组织工作的烦琐。三是加强了及时性和针对性。网络咨询方式可以通过多种途径进行，既可以在网络媒体的心理空间进行，也可以通过博客、论坛、电子邮件、微信进行，使心理健康教育的及时性和针对性得以实现。

第四，拓展了教育空间，为大学生进行自我心理健康教育提供了条件。网络空间是一个开放的、自由活动的空间，可以自由获取信息，也可以交互进行信息交换。在这种环境中，大学生可根据自己的情况，及时地通过网络搜索相关答案，自由地寻求来自网络的帮助。因此网络的存在，使得大学生心理健康教育的自主性增强，自我教育成为网络心理健康教育的显著特点。

三、大数据时代网络对大学生
心理健康的消极影响

大数据时代，网络给大学生心理健康带来积极影响的同时，网络环境无疑对当代大学生的生活方式、思想观念，特别是心理状态都有较大的影响和冲击，其消极心理影响主要表现在以下几个方面：

（一）网络对大学生心理认知容易造成偏差

首先是由于心理认知造成的偏差，容易扭曲大学生的世界观、人生观和价值观。当今社会，是一个价值多元的社会，网络上信息繁杂，人们往往对善恶、美丑、荣辱、合法非法分辨不清，让涉世不深的大学生感到困惑。在这种情况下，对那些分辨能力不强的大学生来说，极易出现价值取向和道德认知的紊乱，导致其人生观、价值观和道德观偏离正确的轨道，对心理健康水平造成损害。

其次是由于认知造成的偏差，导致大学生道德选择上的失衡。当前，国家有关方面虽然加强了网络监管，但网络上非理性情绪的发泄、网络暴力语言的攻击、西方意识形态的侵入和渗透等现象时有发生，容易造成主流道德观的弱化。由于大学生的思想观念不成熟、变化快，易受他人煽动，对人际关系认识不足，易相信他人，他们的网络认知极易受到影响。在如此网络环境中，高校大学生易出现道德认知模糊、道德选择困难和道德退化等道德选择失衡的表现。

最后是由于认知造成的偏差，导致大学生情感维系薄弱。大数据时代，信息的广泛传播，使大学生们能随时随地关注到当前社会乃至世界的热点问题，认知能力与社会化能力也都有了一定提高。然而，数据爆炸也带来了信息的良莠不齐，不少歪曲信息通过新媒体蔓延，有些甚至有悖于国家主流价值观与意识形态。大学生的价值观尚未最终形成，无法客观地辨别是非，往往会受到负面信息的影响。2019 年 10 月 31 日，在第三届互联网大数据与社会治理南京智库峰会上，由中央网信办违法和不良信息举报中心指导、腾讯公司政务舆情部发布的《2019 年网络谣言特征观察与趋势研判》显示，2019 年我国网络谣言高发领域仍是"老三样"——医疗健康、食品安全、社会科学，但呈现出视觉化传播新趋势。报告显示，这些网络谣言中，杜撰捏造的占 42%、错误解读的占 36%、旧谣新传的占 12%、假借权威的占 10%。根据对网民心态的分析，"万一是真的"、迷信黑科技、满足虚荣和贩卖焦虑成为造谣、信谣、传谣的三种典型心态。报告还指出，我国网络谣言新趋势还包括境外不实信息传入境内并引发广泛传播风险、人工智能滥用可能导致虚假新闻等。① 可以说，长期接触这些虚假、不良信息，很容易使大学生的认知尤其是善恶、是非、美丑观念偏离正确轨道，使思维陷入非合理、非逻辑状态，造成认知的扭曲。另外，尽管互联网拉近了人们沟通的距离，却大大降低了人与人之间面对面的情感交流，文本信息代替言语，符号代替表情，线上交流大大超过了线下交流。还有个别年轻人沉溺在虚拟世界中，变得越来越"宅"，无法与人进行正常的交流。情感的维系变得薄弱，同时也增强了彼此间的不信任感，一些大学生因情感缺失发生心理问题的现象也明显增多。

（二）网络使大学生现实人际交往能力下降

网络既有助于大学生拓宽人际交往面，但同时也带来现实人际交往能力的严重下降。一项调查显示：大学生进行网络社交时，有 23.65% 的大学生不愿意公开自己的任何真实信息，在网络中保持着很强的戒备心理；43.98% 的大学生会填写无关紧要的信息，21.99% 的大学生会如实填写自己的大部分信息，仅有 10.38% 的大学生完全公开自己的信息。② 数据表明大学生在进行网络社交过程中大多做了充分的保密工作，他们采取各种方式掩盖自己的真实身份与他人交流。现实世界与虚拟网络世界是不可以混淆的，一旦把网络虚拟角色体现在现实生活当中，就容易导致人与人之间最基本的

---

① 孙寅：《〈2019 年网络谣言特征观察与趋势研判〉发布 医疗健康、食品安全、社会科学仍是网络谣言高发领域》，《中国食品》2019 年第 22 期。
② 胡江、徐金诚、薛信宇：《网络平台对大学生人际交往影响的实证分析》，《西部素质教育》2019 年第 1 期。

诚信缺失。正如心理学家拜克所指出的，人们若沉迷于网络，减少与外界用语言交流的人际接触机会，加之与家庭长期缺乏沟通，势必导致家庭价值观、人际交往观念的改变，并渐趋淡薄。① 通过网络对大学生的交往交际圈看，当代大学生大多数只关心与同龄人之间的交往而忽视与长辈师长之间的交往，导致很多同学很难在网友和自己的亲人朋友之间做好平衡，无形之中对现实社会渐渐冷漠，与家人之间的距离也越来越远。总的来说，网络社交的出现丰富了我们的生活，但正因如此我们对现实交往的重视度越来越低，可能连身边最亲的朋友都会被忽略，网络世界的虚拟性和不确定性带来了人际关系的信任度问题。

（三）网络引发大学生人格迷失

网络对大学生心理健康的消极影响，还表现在人格发展的错位。有研究者把大学生网络人格迷失的表现形式归纳为以下几种：（1）信息选择的迷失。网络上无穷的信息及内容的平面性、直观性，使大学生在网上不知所从，无所选择，导致思维能力退化、生活迷茫。（2）话语的迷失。网络话语模式与线下话语模式有很大的不同，在相互隐蔽的网络交往中，大学生上网者极尽言论自由，无所不说，但却不知所云，有的甚至将现实生活中的怨气在网上发泄，或通过网络发表狂妄话语，把网络中的人和事变为他的出气筒。（3）交往的迷失。在网络中即使找到倾心交流的聊伴，但相见不相识的情景也使大学生怅然若失。而且，一味钟情于网络，使得现实交往变得更冷漠。（4）行为的迷失。大学生上网者常常泡在网中，忙忙碌碌，却又不知所为，无所事事，产生行为的迷失。因此，常常上网的大学生时时感到茫然、悲观、意志消沉，甚至滋生厌世情绪。②

---

① 陈杨：《浅析关于高校心理咨询的几个理论问题》，《辽宁教育研究》2004 年第 4 期。
② 吴训慈：《浅析大学生网络人格障碍的原因及对策》，《社会心理科学》2005 年第 2 期。

（四）网络的过度使用会带来大学生的心理障碍

近年来，一些研究表明，网络的过度使用，会使大学生产生种种心理障碍和行为失范。综合一些研究者的共识，认为其影响主要表现在三个方面。

1. 网络成瘾

目前网络所具有的各种特点比较契合大学生的一些需求，因此不少大学生热衷于到网络世界中去寻求现实中无法满足的东西。起初，他们并没有认识到网络世界潜在的危害，凭借自己的喜好在网络世界里任意游荡，一段时间后便发现，离开网络自己就无所适从，只有回到虚拟的网络世界里才能找回迷失的自我，以至于他们不愿意与人交流，多数网络成瘾的大学生同家人及社会的交流减少、社交圈子缩小、抑郁和孤独感日益增加，这种孤独感刺激他们逃避现实，躲入虚拟的网络世界寻求解脱。

2. 网络依赖

许多大学生长时间沉溺于网络游戏、上网聊天、网络技术（安装各种软件、下载使用件、制作网页），醉心于网上信息、网上猎奇，对网络的过度依赖和依恋，导致个人生理受损，正常的学习、工作、生活及社会交往受到严重影响。综合一些学者的研究，"网络依赖"主要有六种类型：（1）网络色情迷恋——迷恋网上的所有的色情音乐、图片以及影像；（2）网络交际迷恋——利用各种聊天软件以及网站开设聊天室长时间聊天；（3）网络游戏迷恋——沉醉于网络设计的各种游戏中；（4）网络恋情迷恋——沉醉在网络所创造的虚幻的罗曼蒂克的网恋中；（5）网络信息收集成瘾——强迫性从网上收集无关紧要的或者不迫切需要的信息，堆积和传播这些信息；（6）网络制作迷恋——下载使用各种软件，追求网页制作的完美性和以编制各种程序为嗜好。大学生对网络的过度依赖，将发展成为身体上的依赖，最终对大学生身体和心理都会带来严重的伤害。

3. 网络犯罪

由于网络认知的偏差、网络道德的迷失和人格发展的错位，在一些大学生中也时有网络犯罪的现象发生。如破译他人网络密码，窃取、篡改他人网络信息，散发、编制病毒，当黑客；或利用公司、企业、网站账户，从中谋取非法利益；为发泄自己的不满情绪，揭发他人隐私、毁人形象，在网上散布虚假信息；通过网络聊色情话题、剪贴黄色影片的镜头传播黄色信息；等等。这些犯罪行为在给他人、组织、社会造成极大损失的同时，也给自身带来严重的身心伤害。

（五）网络对教育者的权威地位提出新挑战

1. 教育者的调控难度加大

传统信息载体如图书、报纸、板报、影视、广播等可控性强，学生通过它们掌握的信息量也是有限的。因此，学生的发展基本上处在"掌控"之中。而网络的出现大大丰富了大学生获取信息的自主权，"打破了过去依靠一支笔、一张嘴、一本书，通过讲个案、听大课来开展心理健康工作方法的传统格局"[1]，教育者对大学生言传身教和潜移默化的影响正在弱化，权威性受到质疑。另外，网络的虚拟性和非接触性不如当面咨询直接、具体、亲切、可操作。"缺乏表情、形体语言的交流，会丧失掉许多有价值的信息"[2]，难以准确把握教育对象的心理特征和真实心态，一定程度上也加大

① 钟国防：《网络时代高校心理健康教育的研究及其对策》，《高等农业教育》2004年第2期。

② 樊富珉：《大学生心理健康教育与心理咨询研究》，北京航空航天大学出版社2001年版，第292页。

了教育者的调控难度。

2. 教育者的素质受到挑战

网络对教育者的素质提出了新挑战，它要求网络心理健康教育者必须掌握网络技术，熟知相应的网络文化，与时俱进地跟上现代信息技术上的飞速发展的潮流。否则，将无法在网络环境中与大学生进行自由沟通和交流，更无法了解大学生出现的心理问题，网络心理健康教育也就无法进行，至少效果将大打折扣。现实情况是不少高校的心理健康教育工作者在这方面还有待提高。

3. 教育者的影响力弱化

大数据时代，各种知识信息通过百度、搜狗等搜索引擎都可以迅速地获取，学生只需要借助于鼠标和键盘，通过网上报告厅、超星学术视频、网易视频公开课等渠道可以轻松地共享网上的精品课程，还可以按照自己的接受能力选择适合自己的学习进度和学习方式。新媒体技术的出现和广泛运用，在一定程度上弱化了学生对于教育者的依赖，教育者强势智者形象的魅力和感染力受到了一定程度的影响和抑制，从事大学生网络心理健康的教育者如果仍然采取传统的自上而下的灌输式、说教式的教学方法，必然会引起学生的反感和抵触。在这种情况下，如何掌握平等的交流艺术，定位好自己的角色，将是所有教育者需要共同面对的问题。

四、大数据时代网络对大学生
心理健康影响的原因分析

（一）从大学生心理特点来分析

大数据时代大学生有哪些心理特点呢？一是他们既思维活跃、接受新事物能力强,又容易情绪波动。大学生对新事物有着很强的敏感度和接受力,热衷于求新求变,擅长于学习新知识,也乐于接受新信息,既不安于现状,也不因循守旧,但面对外界环境和社会条件的急剧变化,思维活跃也往往会出现异常,导致在情绪方面表现为稳定性与波动性并存、外显性与内隐性并存的特点。二是他们既意识独立、自信心比较强,又个性张扬、缺乏合作精神。许多大学生普遍习惯了唯我独尊的生活,大都喜欢通过标新立异来彰显个性,喜欢以与众不同的方式展示自我,有强烈的被关注欲和自我表现欲。但同时他们有着比较直接的思维和情感,行事较盲目冲动,经常忽略相关的规矩和要求,缺乏团队意识、集体观念和协作能力,也不擅长取人之长去补己之短。三是他们求知欲比较强,但在处理知识与信息方面,又表现为从众的心理。这种从众心理有时不仅仅会影响到大学生个人的心理认知水平,甚至可能引发事端,干扰他人的正常生活。

大数据时代大学生心理特点的两面性既富有鲜明的时代烙印,又影响大学生的心理健康,这种心理特点需要加以引导,使之有益于他们的心理健康成长。

(二)从大学生上网的心理动机来分析

一般认为,行为是由动机引发,动机是由需要激发。从大学生上网的心理动机来看,概括起来主要是:

1. 猎奇心理

年轻人一般都有"猎奇"心理,虽然"猎奇"也是一种求知,但通过这种方式得到的"知识"往往却并不都是积极的、健康的。如果把网络"猎奇"作为一种爱好,热衷于猎奇各种凶杀、淫秽的东西,从中得到感官满足,那就是有害的了。

2. 发泄欲求

大学生处于青春期，情感丰富，当他们在现实生活中有话不能说或不方便说、有感情无法抒发表达时，就会在内心形成一种压抑感，进而产生一种发泄的欲求，而网络即成为他们发泄的场所，他们通过诉诸网络从中获得安慰、支持，宣泄平时压抑的情绪，从而迷恋上网络。

3. 解脱心理

年轻人在学习、生活中遇到这样或那样一些困难或挫折是很正常的事情，但部分大学生在困惑或受挫面前，不是努力在现实中寻求解决，而是把虚拟空间作为逃避现实、寻求自我解脱的渠道和环境，这是一种人格上的不成熟。

4. 自我表现与自我肯定的心理

现在的大学生都有很强的表现欲望，渴望得到他人的尊重和认同，但在现实生活中，许多大学生由于受到各个方面条件的限制，没有机会或不敢在公开场合表现自我，发表自己的意见、观点及自己的真实想法，而网络就为他们提供了这样一个自我表现的平台。

（三）从影响大学生心理健康的因素来分析

影响大学生心理健康的因素是多种多样的，既有外界环境因素，也有个体自身的生理心理因素等。

1. 外界环境因素

首先是社会环境因素。当代大学生处在中西文化交汇、多种价值观冲突的年代，面对不同于以往的文化背景和多种价值选择，他们常感到茫然和疑虑；同时，由于求新求异的心理使不少大学生盲目追求西方文化，而这些又与社会主义核心价值观格格不入，常使他们在成长道路上处于茫然的境地。此外，随着传播媒介手段的日趋丰富，一些格调低下、观念错误的书籍、报刊也充斥市场，这些也对求知欲强但辨别力弱、崇尚科学但欠辩证思维的大学生带来一定的负面影响，在不同程度上妨碍了他们的健康成长。此外，面对激烈竞争的人才市场，部分学生感到难以适应，由此引发一些与择业有关的心理和社会问题，并不同程度地干扰和影响了高校的教学秩序以及在校学生的正常学习。

其次是学校环境因素。学校的环境要素包括教育条件、学习条件、生活条件以及师生关系、同学关系等。这些条件和关系，如果处理不当，就会影响大学生的身心健康发展。如学校学风不盛、学习负担过重、教育方法不当、师生感情对立、同学关系不和谐等，都会造成学生的心理压抑，精神紧张，如不及时调适，就会导致心理障碍。

最后是家庭环境因素。国内外大量研究表明，不良的家庭环境因素，容易造成家庭成员的心理行为异常。这些因素有：家庭成员不全，父或母死亡、父母离异或分居、父母再婚等；家庭关系紧张，如父母关系、婆媳关系、亲子关系不和谐，家庭气氛淡漠，矛盾冲突频繁等；家庭教育方式不当，如专制粗暴、溺爱娇惯、放任自流；以及家庭变迁，出现重大生活事件等。其中，父母对待子女的态度是最关键的。由于父母在早年的生活中是最有意义的社会支持者，父母的爱护和关心对子女整个一生在生活和心理健康方面都具有十分重要的意义。

2. 个体因素

（1）从认知结构缺陷或各认知因素之间关系不协调方面来分析。人类个体的认知因素涉及的范围极其广泛，主要包括感知、注意、记忆、想象、思维和言语等。大学生处于身心发展阶段，他们认知因素自身的发展水平怎样、结构是否完善、各因素之间的关系是否协调，对身心发展具有基础作用和重要影响。一些大学生心理出现这样或那样的问题，尽管每一个个体表现形式不一样，但都是认知结构缺陷或各认知因素之间关系不协调的反映。因此，如不尽快减轻或消除认知失调、维持认知平衡，就可能产生心理偏差或心理障碍，甚至还会损坏人格的完整性和协调性。

（2）从情绪方面来分析。情绪稳定，是一个人机体生存和社会适应的内在动力，是维持自身健康的重要因素。一些大学生情绪不稳定、自我控制能力弱，经常出现心境压抑、焦虑、精力涣散、身体衰弱无力的状况，究其原因是由波动而消极的负性情绪所导致的。因此，培养稳定而积极的正性情绪，排除不良的情绪，有益于人们的身心健康。

（3）从人格因素方面来分析。人格因素又称个性因素，个性因素是心理活动的核心。研究表明，对大学生而言，很多心理问题、精神障碍或问题行为都源自人格存在缺陷，即不健全的人格是造成其产生心理问题的重要内因。

（4）从个体生理因素来分析。从躯体疾病或生理机能障碍方面来说，严重躯体疾病生理机能障碍也是造成大学生心理障碍或精神失常的原因之一。例如内分泌机能障碍中，最突出的如甲状腺机能紊乱、机能亢进时，往往出现敏感、暴躁、易怒、情绪冲动、自制力减弱等心理异常现象；肾上腺素分泌过多会引起躁狂症，而肾上腺素分泌过少会引起抑郁症。

总之，上述影响大学生心理健康的因素是相互制约、相互作用着的，对个体的身心健康往往是综合起作用的。因此，我们在观察、分析和诊断大学生心理问题时，应充分考虑到各种影响因素的交互作用，以全面准确地作出诊断，进而采取有效的措施进行调适、辅导或治疗。

（四）从高校心理健康教育工作来分析

当前，高校心理健康教育工作总体上是在逐步加强的，但面对大数据时代所出现的新情况新问题，尤其是在针对教育对象的特点、解决教育对象的实际问题、实现自身教育的目的等方面，也存在着种种不适应性。

1. 缺乏实效性: 高校心理健康教育工作不能有效开展的根本原因

虽然目前心理健康咨询中心以及心理健康教研室在很多高校都建立起来了, 但相比于学校的其他工作, 学校对心理健康教育的重视更多地体现在文件和口头上, 专业队伍建设、经费投入和设施配套等具体"硬件"没有得到真正落实。尤其是一些高校的心理健康教育工作呈"软着陆"状态, 基本上归属于辅导员或学工干部的工作职责范围, 不懂心理咨询方面的知识, 习惯从德育的角度, 用一些大道理去说教和施压。这样不仅无法解决实际问题, 甚至还会加重大学生的心理问题。

2. 存在局限性: 高校心理健康教育工作不能有效开展的弱化原因

大学生日常的心理素质和心理调节技能训练, 是高校心理健康教育工作的一项常规工作。但在一些高校却被忽略了, 往往把心理健康教育的适用范围局限于心理疾病治疗, 局限于对那些已出现明显人格缺陷和心理病状的学生实施心理救助, 并在此倾注了主要的时间、精力和财力, 这是对心理健康教育内容的一种缩小和功能上的一种弱化。心理健康教育应包括心理测试(智商、个性、职业、心理健康等方面的测试)、心理咨询(环境适应、人际关系、就业等发展性问题; 抑郁症、强迫症、神经衰弱等障碍性问题)、人际沟通和压力释放等心理素质和技能训练等内容。高校心理健康教育工作中的一个着力点, 就是要帮助大学生排除心理困扰, 掌握情绪调节的方法、提高自身心理素质, 防患于未然。

3. 专业素质不高: 高校心理健康教育工作不能有效开展的制约原因

我国开展心理健康教育的历史不长, 尤其是网络心理健康教育开展的时间比较短，目前高校从事心理健康教育和心理咨询的专业人员很大一部分为非心理专业的学科背景，甚至不少专业人员身兼数职，心理健康教育只是"副业"。这些专业人员既不具备深厚的心理专业基础，也不具备应有的专业进修培训和丰富的人生阅历，自我成长完善的程度不够。先天与后天的不足导致这些专职人员专业素质参差不齐，严重制约了高校心理健康教育工作的有效开展。

4. 方式方法不当：高校心理健康教育工作不能有效开展的直接原因

方式方法的灵活运用，直接关系到高校心理健康教育工作的有效开展。但在实际操作中，各高校由于对教育重点的认识不同，所采取的方式方法也不同，如将关注个别问题学生作为重点的高校，主要采取心理治疗的教育方式；将普及心理健康知识作为重点的高校，通常以课堂讲授为主、讲座教育为辅的教育形式；将心理健康教育纳入思想政治教育的高校，通常借助各种校园活动和社会活动帮助学生提高对心理健康的重视和自身心理素质的完善。各高校由于缺乏对心理健康教育的全面理解而往往偏颇于其中某种方式方法，且比较单一、枯燥，缺乏综合灵活的运用，因而直接影响了心理健康教育的有效开展。

5. 课程体系不完备：高校心理健康教育工作不能有效开展的关键原因

2001年教育部颁发了《关于加强高等学校大学生心理健康教育的意见》，各高校随即基本上都开设了心理健康课程，但是并没形成完整的体系，主要表现在：心理健康课程并未以必修课形式纳入教学课程体系；所开设的心理健康课程主要为自我意识、学习心理、人际交往、情绪、人格及恋爱等一些板块，缺乏对学生个性化需求的关注，尚未做到真正与学生的学习生活实际有机结合；普遍单一地采用教师课堂讲授的方式，学生缺少足够的参与体验，也难以培养起解决自身心理困扰问题的能力；比较注重课堂心理健康教育，对网络心理健康教育尚不专业，尤其是网络心理健康课程体系尚未形成。2021 年教育部办公厅发布《关于加强学生心理健康管理工作的通知》，对切实加强专业支撑和科学管理等提出具体要求，着力提升学生心理健康素养。由此可见，建立健全完备的课程体系，已成为高校心理健康教育工作有效开展的关键因素。

| 第四章 |

大数据时代高校网络心理健康
教育的理论支撑与指导要求

大数据时代开展高校网络心理健康教育，需要有理论支撑，既要有指导性理论，也要有基础性理论，并遵循理论指导的要求去积极实践。唯如此，才能真正有效开展高校网络心理健康教育，为我国高校人才的全面培养以及育人目标的达成切实助力。

一、网络心理健康教育的指导理论

在大数据时代，网络心理健康教育必须坚持以马克思主义为指导，马克思主义是世界观和方法论的体系，它影响着个人的整个心理面貌，是高校网络心理健康教育的重要理论支撑。

（一）马克思主义关于社会存在与社会意识关系的原理

关于社会存在与社会意识关系的原理，马克思早在 1859 年《政治经济学批判》一书的序言中就已经做了非常深刻而精辟的阐述。马克思写道：

"我所得到的，并且一经得到就用于指导我的研究工作的总的结果，可以简要地表述如下：人们在自己生活的社会生产中发生一定的、必然的、不以他们的意志为转移的关系，即同他们的物质生产力的一定发展阶段相适合的生产关系。这些生产关系的总和构成社会的经济结构，即有法律的和政治的上层建筑竖立其上并有一定的社会意识形式与之相适应的现实基础。物质生活的生产方式制约着整个社会生活、政治生活和精神生活的过程。不是人们的意识决定人们的存在，相反，是人们的社会存在决定人们的意识。社会的物质生产力发展到一定阶段，便同它们一直在其中运动的现存生产关系或财产关系（这只是生产关系的法律用语）发生矛盾。于是这些关系便由生产力的发展形式变成生产力的桎梏。那时社会革命的时代就到来了。随着经济基础的变更，全部庞大的上层建筑也或慢或快地发生变革。"① 马克思把社会历史中的物质性的即经济基础方面的因素视为决定性的因素，并从生产力与生产关系、经济基础与上层建筑的矛盾运动，阐明社会历史发展规律。

上述马克思主义观点说明：第一，社会存在是社会生活的物质方面；社会意识是人们对一切社会生活过程和条件的主观反映，是社会生活的精神方面。其中社会存在决定社会意识，有什么样的社会存在，就有什么样的社会意识与其相适应。第二，人的社会心理也是属于社会意识的一部分。所谓社会心理是一种初级的、低层次的社会意识，指的是人们在社会活动中表现出来的社会情感、风俗、习惯、行为方式和价值取向。第三，社会意识与社会心理之间是辩证统一关系。社会意识形式以社会心理为基础，没有一定的社会心理，也就无从概括提炼出社会意识形式。同时，社会意识形式对社会心理起指导和影响作用。比如，高校网络心理健康教育中，马克思主义的荣辱观对于大学生形成社会主义的荣辱情感、良好的社会风气等就起着指导作用。

① 《马克思恩格斯选集》第2卷，人民出版社2012年版，第2—3页。

（二）马克思主义关于人的本质理论

马克思主义认为，人的本质是一个多层面的统一。马克思非常注重用社会的观点、实践的观点来理解人的本质，他作出了人的本质是"一切社会关系的总和"的科学论断①，这一论断实现了对人的本质的理解上的个性与共性、个体与社会的统一。马克思主义还认为，劳动、实践是人区别于动物的类本质或一般本质，这是因为劳动创造了人本身，形成了人的各种属人的本性；同时，劳动、实践实现和完善着人的本质。

20世纪后半叶以来，伴随以信息技术为核心的高新技术群的迅速发展，人类社会开始进入网络时代，人的本质也具有一些新的特征。第一，人的主体性得到延伸。在网络虚拟空间中，每个人都可以根据自己的价值取向，自由地选择实践活动的目标和内容，每个人都能够以独立的主体身份，都能平等地享有充分的主体性地位。另一方面，更为重要的是，在这自由的空间里，主体可以充分发挥自己的才智，人的创造性和超越性的类本质被淋漓尽致地展现出来。第二，人的本质表现为现实社会关系和网络社会关系的统一。网络时代，人们生长在虚拟社会和现实社会的互动中，人不仅是现实社会关系中的人，而且由于人们通过互联网进行广泛的政治、经济、文化活动，每一个人都成为互联网中的网员。这样，网络就成为人与人之间普遍联系的媒介与载体，就成为社会关系的物化形式。人的社会关系的本质就在一定程度上以网络的物化形式表现出来。人也就成为社会互联网中的网络人。同时，网络社会中的交往彻底地打破了传统的血缘、业缘、地缘空间，大量陌生的、不同地域、不同行业、不同种族、肤色、语言的人，实现了随时随地、自由自在的交往，从而丰富和扩展了人们之间的社会关系。② 第三，人

---

① 《马克思恩格斯选集》第1卷，人民出版社1995年版，第56页。
② 潘可礼：《虚拟社会与人的全面发展》，《理论前沿》2007年第7期。

的内在本质突出地表现在追求知识、信息的需要。网络时代是高科技的时代，是知识和信息的时代。科技更新越来越快，知识膨胀速度和信息陈旧速度越来越快。这就使人们对知识、信息的需求越来越大，需求愿望越来越强烈，越来越紧迫。而且人们迫切希望凭借互联网等手段，以最快的速度，以最短的时间，获得自己所需要的最大的信息量与最大的知识量。①

（三）马克思主义关于人的全面发展理论

马克思主义认为：人的全面发展，就是"人以一种全面的方式，也就是说，作为一个完整的人，占有自己的全面的本质"。② 人的全面发展，是要使"每个人""任何人"即"全体社会成员"都普遍地得到发展。马克思主义关于人的全面发展的理论，揭示了人的本质问题，即人性问题，这正是心理学研究中的基础性问题。人的本质规定了人的全面发展的特定内涵，那就是劳动能力、社会关系和个体素质诸方面的自由而又充分的发展，也是高校网络心理健康教育首先必须解决的问题。人的本质理论揭示了网络心理健康教育的生理基础、社会基础和实践基础，而人的全面发展理论则指明了网络心理健康教育的终极目标，即培育个性和谐丰富、全面自由发展的新人。

（四）中国化时代化马克思主义关于人的全面发展理论

党和国家几代领导人都高度重视人的全面发展问题，有过许多理论论述和实践探索。

毛泽东从政治、教育角度论述了有关人的全面发展理论。毛泽东指出：

---

① 王文明：《知识经济条件下人的本质的特殊表现》，《科技论坛》2000 年第 8 期。
② 《马克思恩格斯全集》第 42 卷，人民出版社 1979 年版，第 123 页。

"我们所主张的全面发展，是要使学生得到比较完全的和比较广博的知识，发展健全的身体，发展共产主义的道德。"① 1957 年，毛泽东明确提出了我国的教育方针："应该使受教育者在德育、智育、体育几方面都得到发展，成为有社会主义觉悟的有文化的劳动者。"② 毛泽东提出的这个教育方针，就是要实现人的全面发展。他强调教育的宗旨是为社会服务，必须把教育和生产劳动相结合。他指出，无论是以共产主义情操、风格和集体主义为主要内容的德育，还是智育，都同从事劳动有关，"所以教育与劳动结合原则是不可移易的。"③ 毛泽东关于人的全面发展思想，将马克思主义人的全面发展理论同中国的具体国情联系起来，适应了当时的历史发展需求，对中国传统教育观实现了继承性批判，同时也为中国的教育方法和方式提出了新的思路。

邓小平在继承毛泽东关于人的全面发展思想的基础上，根据当时所处的时代条件，主要从改革开放和社会主义现代化建设角度来探究人的全面发展问题。1978 年改革开放以后，人的问题越来越明显地被提到日程上来，邓小平提出要在全国范围内形成一股尊重知识、尊重人才的氛围；要把德育、智育、体育建设更加细化到各个生产部门、各个高校。这样"对于提高整个职工队伍的政治质量和科学文化素养，对于满足不同工种、职业的特殊要求，对于在青少年中以至在整个社会上造成的人人向上、奋发有为、不甘落后的革命风气，都将发挥巨大的促进作用"。④ 他指出："社会主义的任务很多，但根本一条就是发展生产力，在发展生产力的基础上体现出优于资本主义，为实现共产主义创造物质基础。"⑤ 同时，他还突出了人在生产力建设之中的主体地位，强调社会主义精神文明建设就是要培育有理想、有道德、有知识、有纪律的"四有"新人。而这其中他更加突出重视德育和智育建设，强调只有在树立了远大的理想的基础上，才会在各种新形势的困难面前屹立不倒，

---

① 《毛泽东文集》第七卷，人民出版社 1999 年版，第 399 页。
② 《毛泽东文集》第七卷，人民出版社 1999 年版，第 226 页。
③ 《毛泽东文集》第七卷，人民出版社 1999 年版，第 399 页。
④ 《邓小平文选》第二卷，人民出版社 1994 年版，第 107 页。
⑤ 《邓小平文选》第三卷，人民出版社 1993 年版，第 137 页。

保持永远前进的方向，并且为社会主义事业不断献身。总之，在邓小平看来，在建设中国特色社会主义的道路上，我们必须从根本上推进和实现人的全面发展，把培养"四有"新人作为人的全面发展的一个首要任务抓紧抓好。

在市场经济的新形势下，江泽民继承和发展了毛泽东和邓小平关于人的全面发展的思想。江泽民指出，"人的全面发展程度也是逐步提高、永无止境的历史过程"。① "我们建设有中国特色社会主义的各项事业，我们进行的一切工作，既要着眼于人民现实的物质文化生活需要，同时又要着眼于促进人民素质的提高，也就是要努力促进人的全面发展。"② 江泽民对教育和劳动二者结合对人的全面发展的作用给予了充分的重视，他强调，人民应该更多地参与社会实践，为此必须做到"两个坚持"：一是坚持理论与社会实践相结合；二是坚持从群众中来，到群众中去。只有这样，才能检验增强理论指导实践的能力，才能密切党群关系，从而促进各项工作的开展。在新的历史条件下，江泽民对邓小平"四有"新人的内涵作出了进一步解释。他把文化建设的核心浓缩为"努力促进人的全面发展"，并指出实现这一思想和精神的方法就是人的全面发展，不断提高全民族人民的科学文化素质、思想道德水平，最终实现每个人平等的发展机会和权力，不断充实自身的精神世界，丰富文化生活，为我国经济发展和社会进步提供精神动力和智力支持。

在社会主义中国进入新世纪新阶段以后，胡锦涛结合时代特点，提出了坚持以人为本、促进经济社会和人的全面发展的思想。胡锦涛指出，要"始终把实现好、维护好、发展好最广大人民的根本利益作为党和国家一切工作的出发点和落脚点，尊重人民主体地位，发挥人民首创精神，保障人民各项权益，走共同富裕道路，促进人的全面发展，做到发展为了人民、发展依靠人民、发展成果由人民共享"。③ 他认为，推进人的全面发展要靠提高全民族的整体素质，社会发展与人的全面发展之间是相互影响、相互促进的

---

① 《江泽民文选》第三卷，人民出版社 2006 年版，第 295 页。
② 《江泽民文选》第三卷，人民出版社 2006 年版，第 294 页。
③ 《胡锦涛文选》，人民出版社 2016 年版，第 624 页。

辩证关系。只有提高全民族的素质，才能推进人的全面发展。人的全面发展将激发人们为社会主义现代化事业努力工作的热情。而社会的全面发展和小康社会的建设又将推进人的全面发展步入更高的层次。胡锦涛强调，要全面贯彻党的教育方针，坚持育人为本，德育为先，实施素质教育，提高教育现代化水平，培养德智体美全面发展的社会主义建设者和接班人。他对人的全面发展思想赋予了新意，强调要把德智体美全面发展作为教育的工作目标。在德智体的基础上又增加了"美"，对人的全面发展的内容表述更加全面。他指明了人的全面发展的目标是成为社会主义建设者和接班人。他强调"教育公平"和"均衡发展"，旨在提高全民族的素质，认为"坚持育人为本、德育为先、实施素质教育"是推进人的全面发展的重要途径。

党的十八大以来，习近平总书记对新时代人的全面发展提出了一系列新论断。2016 年 12 月 7 日至 8 日，习近平总书记在全国高校思想政治工作会议上指出："思想政治工作从根本上说是做人的工作，必须围绕学生、关照学生、服务学生，不断提高学生思想水平、政治觉悟、道德品质、文化素养，让学生成为德才兼备、全面发展的人才。""要坚持把立德树人作为中心环节，把思想政治工作贯穿教育教学全过程，实现全程育人、全方位育人，努力开创我国高等教育事业发展新局面。"① 2017 年 10 月 18 日，习近平总书记在中国共产党第十九次全国代表大会上的报告中提出："要全面贯彻党的教育方针，落实立德树人根本任务，发展素质教育，推进教育公平，培养德智体美全面发展的社会主义建设者和接班人。"② 2018 年 5 月 2 日，习近平总书记在北京大学师生座谈会上提出："人无德不立，育人的根本在于立德。这是人才培养的辩证法。办学就要尊重这个规律，否则就办不好学。要把立德树人的成效作为检验学校一切工作的根本标准，真正做到以文化人、以德育人，不断提高学生思想水平、政治觉悟、道德品质、文化素养，做到明大

① 《习近平谈治国理政》第二卷，外文出版社 2017 年版，第 377、376 页。
② 《习近平著作选读》第二卷，人民出版社 2023 年版，第 37 页。

德、守公德、严私德。要把立德树人内化到大学建设和管理各领域、各方面、各环节,做到以树人为核心,以立德为根本。"① 2018 年 9 月 10 日,习近平总书记在全国教育大会上的讲话中强调,要在加强品德修养上下功夫,教育引导学生培育和践行社会主义核心价值观,踏踏实实修好品德,成为有大爱大德大情怀的人。"要把立德树人融入思想道德教育、文化知识教育、社会实践教育各环节,贯穿基础教育、职业教育、高等教育各领域,学科体系、教学体系、教材体系、管理体系要围绕这个目标来设计,教师要围绕这个目标来教,学生要围绕这个目标来学。凡是不利于实现这个目标的做法都要坚决改过来。"② 2019 年 3 月 18 日,习近平总书记在学校思想政治理论课教师座谈会上的讲话中指出:"青少年是祖国的未来、民族的希望。我们党立志于中华民族千秋伟业,必须培养一代又一代拥护中国共产党领导和我国社会主义制度、立志为中国特色社会主义事业奋斗终身的有用人才。在这个根本问题上,必须旗帜鲜明、毫不含糊。这就要求我们把下一代教育好、培养好,从学校抓起、从娃娃抓起。在大中小学循序渐进、螺旋上升地开设思想政治理论课非常必要,是培养一代又一代社会主义建设者和接班人的重要保障。""新时代贯彻党的教育方针,要坚持马克思主义指导地位,贯彻新时代中国特色社会主义思想,坚持社会主义办学方向,落实立德树人的根本任务,坚持教育为人民服务、为中国共产党治国理政服务、为巩固和发展中国特色社会主义制度服务、为改革开放和社会主义现代化建设服务,扎根中国大地办教育,同生产劳动和社会实践相结合,加快推进教育现代化、建设教育强国、办好人民满意的教育,努力培养担当民族复兴大任的时代新人,培养德智体美劳全面发展的社会主义建设者和接班人。"③ 2020 年 9 月 22 日,习近平总书记在教育文化卫生体育领域专家代表座谈会上进一步指出:"'十四五'时期,我们要从党和国家事业发展全局的高度,全面

---

① 习近平:《在北京大学师生座谈会上的讲话》,人民出版社 2018 年版,第 7 页。
② 《习近平著作选读》第二卷,人民出版社 2023 年版,第 203 页。
③ 习近平:《思政课是落实立德树人根本任务的关键课程》,《求是》2020 年第 17 期。

贯彻党的教育方针，坚持优先发展教育事业，坚守为党育人、为国育才，努力办好人民满意的教育，在加快推进教育现代化的新征程中培养担当民族复兴大任的时代新人。要坚持社会主义办学方向，把立德树人作为教育的根本任务，发挥教育在培育和践行社会主义核心价值观中的重要作用，深化学校思想政治理论课改革创新，加强和改进学校体育美育，广泛开展劳动教育，发展素质教育，推进教育公平，促进学生德智体美劳全面发展，培养学生爱国情怀、社会责任感、创新精神、实践能力。"① 2021 年 12 月 8 日，习近平总书记在中央经济工作会议上指出："在我国社会主义制度下，既要不断解放和发展社会生产力，不断创造和积累社会财富，又要防止两极分化，切实推动人的全面发展、全体人民共同富裕取得更为明显的实质性进展。"② 2022 年 10 月，习近平总书记在党的二十大报告中指出，"中国式现代化是物质文明和精神文明相协调的现代化""我们不断厚植现代化的物质基础，不断夯实人民幸福生活的物质条件，同时大力发展社会主义先进文化，加强理想信念教育，传承中华文明，促进物的全面丰富和人的全面发展"。

综上所述，习近平总书记关于人的全面发展的一系列新论断，与马克思关于人的全面发展学说的本质是相通的，是对无产阶级作为解放主体这一马克思主义解放思想的再次确认和创造性发展，为推动人的全面发展提供了科学理论指导，也为我们扎实有效地开展大数据时代高校网络心理健康教育提供了强大的思想武器。

二、网络心理健康教育的基础理论

大数据时代，网络心理健康教育的基础理论应包括：心理学的相关理

---

① 《习近平谈治国理政》第四卷，外文出版社 2022 年版，第 339—340 页。
② 习近平：《正确认识和把握我国发展重大理论和实践问题》，《求是》2022 年第 10 期。

论、网络心理学理论、网络社会学理论、思想政治教育学理论和网络思想政治教育理论。

（一）心理学的相关理论

1. 心理学的知情意行理论

何谓知情意行？"知"指的是认知、观念，认知包括感知觉、意识和注意、记忆、思维；"情"指的是情绪和情感；"意"指的是意志；"行"指的是行为。四者之间互相渗透、互相影响、互相促进、互相转化。"知"是基础。没有"知"，就没有正确的思想指导，就会出现行动上的盲目性，情感上的冲动性，意志上的动摇性。"情"是动力。没有"情"，"知"就很难发展到坚定的信念，"意"和"行"便缺乏内在力量。"意"是支柱、杠杆。没有"意"，"知"容易动摇，"情"难以控制，"行"也就不能坚持。"行"是关键。没有"行"，"知、情、意"无法得到检验；反过来，有了"行"又可以加深、提高"知"，增强"情"，锻炼"意"。

知情意行理论是对心理学研究基本对象的确立，即心理学将人的心理过程各要素纳入其研究视野。心理学把人的心理过程按其性质与功能的不同，分为认识过程、情绪情感过程和意志过程，认为这三大过程的构成要素、特点、功能和运行机制之间存在内在联系，并通过人的行为表现出来。这一理论科学揭示了心理学研究的基本对象——人的心理过程的形成发展运行的规律，它应该成为大学生网络心理健康教育与咨询的心理学理论。

知情意行理论的运用，需要注意其全面性与侧重性。在西方世界，各流派在运用时往往是片面地强调某一个侧面而忽视其他方面，如精神分析学派只注重潜意识的研究和运用自由联想、梦的分析治疗；行为主义学派只注重人的行为研究，忽视认知情感和运用行为疗法治疗；人本主义学派只注重人类本质的完整性和个体内部的主动机制及人际关系状况，采取患者中心的治疗方法。虽然这些流派主张的心理治疗理论在一定范围内都具有合理性，其心理治疗实践也不乏成功的范例，但都具有片面性，存在不可克服的内在矛盾和缺陷。因此，我们在借鉴西方心理学理论与方法时，一定要以辩证唯物主义做指导，注意知情意行理论运用的全面性与侧重性。进行大学生网络心理健康教育与咨询，既要注重心理要素的全面性，又要根据不同对象的实际、不同教育目标和内容要求，从心理要素不同端口切入，注重侧重性。

2. 人本主义心理学理论

人本主义心理学兴起于 20 世纪五六十年代的美国。代表人物是美国著名社会心理学家马斯洛和人本主义心理学家罗杰斯。其主要内容是马斯洛的自我实现论和罗杰斯人格的自我实现理论、以人为中心的心理疗以及以学生为中心的教育观。

马斯洛以"需要层次"理论而著称。他认为人类价值体系存在两类不同的需要：一类是沿生物谱系上升方向逐渐变弱的本能或冲动，称为低级需要或生理需要；一类是随生物进化而逐渐显现的潜能或需要，称为高级需要。人的需要由低到高包括生理需要、安全需要、爱与归属的需要、尊重与名望的需要、审美的需要、认知与理解的需要、自我实现的需要等七种。只有在低级的需要得到满足之后，较高级的需要才能得到满足，而最高层次即创造自由的需要得到了满足，就使人达到了自我实现的境界，也就是充分发挥了人的潜能。[1]

马斯洛总结出了自我实现者心理的主要特征：他们能够接受自己与他人；具有自主性、创造性；超然独立的特性与离群独处的需要；高峰体验强度大且出现次数多。按照马斯洛的说法，高峰体验既是自我实现者重要的人格特征，又是达到自我实现的一条重要途径。[2] 关于人的自我实现的途径，

---

① Nevis, E. C., "Cultural Assumptions and Productivity: The United States and China", *Sloan Management Review*, 1983, 24 (3): 17–29.

② [美] Jerry M. Burger：《人格心理学》，陈会昌等译，中国轻工业出版社 2004 年版，第 220 页。

马斯洛认为关键在于改善人的"自知"或自我意识，使人认识到自我的内在潜能或价值。

罗杰斯人格的自我实现理论则认为：人性发展的基本倾向是建设性的，他把这种方向叫作"造型倾向"。罗杰斯认为，任何生命都是一种主动的过程，不论刺激来自体内或体外，不论环境有利或不利，生命机体的行为总是沿着保持、扩展或繁衍自身的方向演进。这是生命过程的本性，是在一切时刻都起作用的倾向。这种倾向就是生物有机体的自我实现过程。这一过程可能受到阻挠、歪曲，但它不可能毁灭，除非生物体自身被毁灭。

罗杰斯认为人具有对美好生活的追求的本性。罗杰斯所说的"美好生活"有三个特征：（1）对经验采取日益开放的态度；（2）更加重视现实的生活；（3）对自身机体不断增进的信赖。罗杰斯认为，人的许多变态行为和疾病的产生，主要是因为不适当的环境使人的潜能不能发展或向歪曲的方向发展。在这些不适当的环境因素中，最重要的是人际关系。因此，治疗成功的关键是为病人提供一种良好的人际关系。罗杰斯提出了良好人际关系的三项原理：倾听、真诚、给予或接受爱。

罗杰斯理论中的"自我"概念[1]与精神分析学中的"自我"含义是不同的。它不是指某种心理发展的动力，而是指对自己心理现象的知觉、理解和评价，是个人意识到的自我。怎样形成健康的自我概念呢？罗杰斯认为这与儿时能否得到积极的关注有关。关怀、爱抚、同情、认可、尊重、喜爱一类的态度会使儿童感到温暖和满足，儿童天真和真实的自我就能得到表现，健康的自我概念容易形成；反之亦然。自我的协调一致是心理健康发展的关键，自我不协调会导致焦虑、自卑或对人敌视、恐惧等顺应不良的状态。心理治疗的宗旨就是要把不协调的自我转变为协调的自我。怎样才能达到这一目标呢？罗杰斯认为关键是治疗过程中的气氛。治疗者对患者的态度应做到

---

[1] 江光荣：《人性的迷失与复归：罗杰斯的人本心理学》，《学前教育研究》2000 年第 1 期。

三点：真诚相待；无条件地积极关怀；设身处地地理解患者。

人本主义心理学家不同意精神分析学只研究不正常的人——神经症患者和精神病人，而忽视对健康人积极心理品质的研究；也反对行为主义心理学把人当作"一只较大的白鼠或一架较精的计算机"的机械论观点，主张心理学和心理治疗的研究应以人为中心。因此，人本主义治疗又称以人为中心的治疗。它充分相信人的潜能和主观能动性，强调改善医患关系，空前增强了对来访者的尊重。但它过分夸大人的主观能动性，从自然的人、抽象的人中探求人的共性，忽视了人的社会性，必然难以超越"乌托邦"的桎梏。

3. 积极心理学理论

积极心理学是研究人类的力量和美德等积极方面的一个心理学思潮，它要求心理学家用一种更加开放和欣赏性的眼光去看待人的能力、动机和潜能等，是对传统主流心理学的一种修正。以 Seligman 和 Csikzentmihalyi 2000 年1 月发表的论文《积极心理学导论》为标志，积极心理学在美国兴起。该理论强调"积极"是贯穿心理教育过程的灵魂和主线，突出三个方面：（1）主张对那些集中关注于心理问题的病理式研究进行变革；（2）倡导心理学要关注人性的积极方面，促进人的心理发展；（3）强调用积极理性的方式对人的心理问题作出适当解释，并从中获得积极意义。

积极心理学所研究的是那些发生在生活正常轨道上的事件，[1] 其基本内容包括以下三方面：

（1）积极的情感体验。积极情感体验即人们体验到的积极情绪如高兴、感兴趣、机敏等的惯常程度。幸福是人们共同关注的话题，积极心理学就是以研究人的主观幸福感为中心，激发研究人对过去、现在和将来的感受。人的一生中肯定会遇到不少坎坷，遭受许多挫折，有的人会被压力击垮，从此

---

① 闻黎杰：《积极心理学对教育实践的启示》，《教育探索》2008 年第 7 期。

一蹶不振。然而人生所追求的是幸福，是在坎坷中寻找前进的动力，既然我们的体验可以主观选择，我们何不选择乐观的生活，汲取不幸中的经验，收获积极的幸福体验。

（2）积极的人格。积极心理学对人格的研究主要集中于三方面：一是提倡研究积极人格特质。积极心理学认为以往的人格特质研究过分关注问题消极面，对良好的人格积极面却一无所知，积极心理学倡导关注人内心深处的积极面，这样才能使问题得到真正的消除和抑制，才能使人实现自我完善。二是强调人格形成过程中各因素的交互作用。积极心理学认可人的生理机制对人格的影响，但是认为生理机制的影响并不能决定人的人格特质，其与外在环境和个人行为息息相关。也就是说，内在因素、外部行为、社会文化环境三者是交互作用的。三是强调人的能力及潜力在人格形成过程中的作用。人格的形成受生理机制、外部行为和社会文化三者交互作用，即人格的形成是个体主动建构的过程。要想使人的人格变得积极，可以通过改变外部行为和社会文化环境，而人在人格构建的过程中又具有主动性，因而我们又可以发动积极的主动的行为能力，对主观体验、行为方式和外部环境施加影响，从而建构积极的人格。

（3）积极的社会制度。积极的社会制度包括许多方面，其中国家、工作单位、学校、家庭等是研究的主要对象。许多学科都对社会制度进行过研究，主要集中于给人类带来不利的社会制度。积极心理学对于积极社会制度的研究主要在于通过自己的努力，呼吁社会对积极科学的重视，从而建立积极的社会科学制度。

（二）网络心理学理论

网络心理学通常是指以心理学经典理论为基础，以实证研究为手段，研究互联网相关情景下人的心理、行为及其规律性的一门应用心理学学科。

网络心理学对行为的界定和重构经历了一个不断修正的过程。1984 年，

Sherry Turkle 出版 *The Second Self*：*Computers and the Human Spirit*，可以算是首次系统提出对计算机技术和人类关系进行探讨的学术著作。此后，Elwork 和 Gutkin 提出计算机时代的行为科学研究，[①] 一系列研究进一步探讨了相关的研究方法，研究领域也有所扩展，从教育心理、信息加工到情绪管理和心理健康领域，均有涉及。1985 年，*Computers in Human Behavior* 杂志创立，开始发表计算机、网络与人类行为相关的研究论文，这标志着学术界对网络心理学的重视和认可。

1997 年，世界上第一个在线心理实验室在美国普渡大学建立，此后，基于网络的在线调查和应用迅速发展。同时，民众也开始寻求对人类行为进行专业可信的心理学解读。[②]

作为一个全新的应用性学科，网络心理学的研究任务是以传统心理学的理论为基石，用心理学这一传统学科的独特视角和观点来研究、分析网络这一新生事物及所派生的一系列问题，指导网络用户正确认知网络、利用网络信息资源并进行有效的网络管理。具体来说，网络心理学的研究领域主要有：互联网使用对人的认知、情感、意志、行为、人格、一般能力、记忆能力、学习能力、社会适应性等心理特征的一般影响；互联网人格的形成机制与影响因素；互联网使用者的网上网下双重人格问题；互联网对青少年人格形成的影响；互联网使用成瘾（或称网络成瘾、网瘾）的早期干预、治疗，及网络成瘾者的愈后的社会再适应问题；色情、暴力、反社会、反政府等不良网络信息对网络使用者的影响等。其中最热门的题材，即网瘾形成及戒断方法、互联网对人格形成改变和重建的影响。网络心理学的理论主要有认知发展理论、行为主义心理发展理论、精神分析理论、ABC 情绪理论、人格理论等。

---

① A. Elwork and T. B. Y. Gutkin, "The Behavioral Sciences in the Computer Age", *Computers in Human Behavior*, vol. 1, no. 1, 1985, pp. 3-18.

② 赵向阳、朱滢：《互联网——心理学研究的新工具》，《心理科学进展》2001 年第 3 期。

（三）网络社会学理论

网络社会学是研究网络行动者在网络时空中的沟通和互动规律以及网上行为和网下行为相互关系的一门科学。

20 世纪二三十年代英国人类学家拉德克利夫－布朗（Radcliffe-Brown）首次使用社会网络（Social Networks）概念，社会网络指一组行动者及连接他们的各种关系（如友谊、沟通和建议等关系）的集合。① 研究者们还对社会网络下过多种定义：社会网络是为达到特定目的，人与人之间进行信息交流和资源利用的关系网，是一个由某些个体或组织间社会关系构成的动态系统；社会网络就是一群人在某种组织中通过关系相互联结形成的关系网，人们之间在各种不同的领域中形成各种关系，并且借助这些关系在特定的领域中获得信息或者相关的服务。

20 世纪 90 年代以来，随着互联网逐步深入民众生活，学术界对网络社会的研究开始侧重互联网对整个社会的影响和改变层面。由此，网络社会研究开始从技术视角逐步转向社会视角。早期的相关研究有未来学家阿尔温·托夫勒（Alvin Toffler）在《权力的转移》中明确提出的权力转移研究。托夫勒认为，随着信息技术的发展，权力将逐渐由传统社会中掌握金钱和实际政治权力的精英向大众转移。② 此后，网络社会（network society）作为一个概念逐渐被学术界接受并展开研究，形成了网络社会学学科。

事实上，网络社会首先在于它是现实的社会，属于一种世界普遍交往的社会结构；同时它又是随着信息技术发展将互联网作为人类交往实践活动的技术网络。因此，随着人类社会结构的变迁，人类社会交往的关系网络与信

---

① 赵蓉英、王静：《社会网络分析（SNA）研究热点与前沿的可视化分析》，《情报、信息与共享》2011 年第 1 期。

② ［美］阿尔温·托夫勒：《权力的转移》，刘江、陈方明、张毅军、赵子建等译，中共中央党校出版社 1991 年版，第 131—143 页。

息技术网络逐步交错互构，形成新的网络社会共同体。这个网络社会共同体是社会成员在互联网背景下进行的社会交往系统。曼纽尔·卡斯特（Manuel Castell）曾在《网络社会的崛起》一书中，描述了网络社会的出现对整个人类社会从经济、社会活动到政治行为的全方位的影响，认为网络社会代表了人类经验的性质上的变化。"互联网彻底转变了人类生活的基本向度：空间与时间。地域性解体脱离了文化、历史、地理的意义，并重新整合进功能性的网络或意向拼贴之中，导致流动空间取代了地方空间。"① Volkmer L. 则进一步分析了网络社会产生对全球政治的影响，认为网络社会形成了全球范围内的新政治空间。②

需要指出的是，时下的网络社会学研究与社会网络理论研究有联系、有重合，但严格意义上是有所区别、不能等同的。社会网络理论研究，主要侧重整个社会网络的复杂性和系统性，包括人与人之间的关系和连接，以及在此基础上产生的种种宏观表现和动态规律，这与网络社会本身所具有的强连接性、协同性、复杂性等特征高度重合。③ 而网络社会学是研究网络社会行为及其社会行为体系的一门学科，更聚焦在大数据技术发展所带来的新的社会形态的研究，其研究的对象大体包括：网络社会如何构成及其有什么样的特点；网络特定文化现象；网民及其特点；网络社区；网络社会行为互动模式；网络社会群体和网络社会组织；网络社会秩序的维系方式；网络社会对现实社会有怎样的影响，现实社会和网络社会又有怎样的联系；网络社会的持续发展给现实社会的未来发展带来什么样的影响等④。可见，网络社会学的有关理论对网络心理健康教育有着重要的借鉴作用。

---

① ［美］曼纽尔·卡斯特：《网络社会的崛起》，夏铸九等译，社会科学文献出版社 2003 年版，第 465 页。

② Volkmer L., "The Global Network Society and the Global Public Sphere", *Development 48*, 2003（1）：9-16.

③ 何哲：《网络社会的基本特性及其公共治理策略》，《甘肃行政学院学报》2014 年第 3 期。

④ 郭玉锦、王欢：《网络社会学》，中国人民大学出版社 2005 年版，第 34 页。

（四）思想政治教育学理论

思想政治教育，是指社会或社会群体用一定的思想观念、政治观点、道德规范对其成员施加有目的、有计划、有组织的影响，使他们形成符合一定社会、一定阶级所需要的思想品德的社会实践活动。思想政治教育学是以思想政治教育为研究客体的综合性应用科学，它以人的思想行为形成变化的规律，以及实施思想政治教育的规律作为自己的研究对象。其中人的思想、观点和立场的转变以及人生观、世界观的形成规律是研究的重点。思想政治教育学的直接理论依据主要有：

关于社会历史发展总趋势和无产阶级历史使命的理论；关于社会存在与社会意识辩证关系的理论；关于政治与经济辩证关系的理论；关于正确处理人民内部矛盾的学说；关于人的本质的学说；关于个人全面发展的学说；关于社会主义意识的理论；关于群众观点和群众路线的理论；关于社会主义精神文明建设的理论；等等。思想政治教育学的研究对象主要是：（1）研究人的生理、心理因素，研究需要—动机—行为的发展过程，揭示人的自身思想、行为的发展规律。（2）研究普遍联系、错综复杂的社会因素与教育对象的人生观、世界观的形成发展的关系，揭示、探索如何调节社会环境对教育对象的交叉立体作用，以及教育对象在受环境影响时的能动作用。（3）研究思想政治教育的管理体系和领导职能，研究思想政治教育工作者的素质，研究思想政治教育如何渗透到业务领域中去，以及促成社会、学校、家庭相互配合形成教育合力的问题。

（五）网络思想政治教育理论

何谓网络思想政治教育？网络思想政治教育是指思想政治教育主体根据传播学原理和思想宣传的理论，"抓住网络本质，针对网络影响，利用网络有目的、有计划、有组织地对大学生施加思想观念、政治观点、道德规范和信息素养教育方面的影响，使他们形成符合一定社会发展所需要的思想政治品德和信息素养的网上双向互动的虚拟实践活动。"① 与传统思想政治教育所不同的是，网络思想政治教育是思想政治教育与互联网有机融合的一种新形态，是在网络化的社会环境下开展思想政治教育的新产物，从根本上来说"网络思想政治教育"是"思想政治教育"的现代转型。② 网络思想政治教育具有融合性、互动性、超时空性、虚拟性和隐匿性等主要特点，它的对象是一个特殊的群体，他们生长在虚拟社会和现实社会的互动中，他们的思想行为的发展变化受到虚拟社会和现实社会的双重影响，这就决定了他们的思想行为发展变化规律与传统思想政治教育的对象存在着根本的差异。网络思想政治教育的一个最根本的任务，是要探究虚拟社会影响人的政治观、世界观、价值观和人生观形成的作用机制。

大数据时代，高校网络思想政治教育涵盖了许多内容，其中包括正确地引导大学生网络思维，以及跟网络思想政治教育有关的线下问题解答等内容。高校当中的网络思想政治教育大致包括网络上的道德教育、素质教育、思想教育以及政治教育与心理教育等，这几个方面相辅相成，共同促进高校学生在道德、政治、心理等方面积极健康成长。③ 高校网络思想政治教育应借助网络信息传递快、互动性强、信息量大等优势，充分发挥沟通互动、覆盖渗透、预测预防、咨询选择等功能作用，形成一个利于思想政治教育发展的新工具，使其成为在思想政治教育方面更富针对性、互动性、时代性的新途径。

① 韦吉峰：《网络思想政治教育研究》，新华出版社 2005 年版，第 23 页。
② 魏忠明：《论"网络思想政治教育"的角色定位》，《重庆第二师范学院学报》2013 年第 1 期。
③ 张筱荣：《网络思想政治教育研究的主要成果及问题分析》，《齐齐哈尔大学学报（哲学社会科学版）》2016 年第 10 期。

三、高校网络心理健康教育
理论支撑的实践要求

（一）坚持以科学理论做指导，加强对网络心理健康教育的导向作用

马克思主义作为时代精神的精华，是科学的世界观和方法论体系，指导着我们一切工作的指南。同时，马克思主义作为个人行为的最高调节器，也制约着个人的整个心理面貌。为促进大学生的全面发展，高校网络心理健康教育应坚持以马克思主义人的全面发展思想为指导。这是因为：

1. 事关高校网络心理健康教育的发展方向

马克思主义关于人的全面发展思想强调了人的心智发展的两个规律：（1）未来社会是人类对心灵自由、心理与现实融合无限追求的社会，共产主义社会不仅是物质上的极大满足，更重要的是个性特征、心理品质、精神追求上的富足，物质只是为心理和精神追求提供营养的基础；（2）实践劳动是人的心智发展的源泉，劳动和实践的性质、特征决定了人的心智发展方向。[①]

马克思主义人的全面发展思想对人的心智发展规律的揭示，为高校网络心理健康教育的发展指明了方向：第一，网络心理健康教育应以未来共产主义社会人的心理和精神追求为方向。马克思在《共产党宣言》中指出："代替那存在着阶级和阶级对立的资产阶级旧社会的，将是这样一个联合体，在

---

① 史文姣、梁玉敏：《浅谈大学生心理健康问题的教育路径探析》，《中文科技期刊数据库（全文版）社会科学》2019 年第 4 期。

那里，每个人的自由发展是一切人的自由发展的条件。"① 这里所提出的"自由人联合体"，是以自由、平等、全面发展为基本价值取向的未来理想社会，其中所说的"全面发展"，是指"人的个性、能力和知识的协调发展，是人的自然素质、社会素质和精神素质的共同提高，是人的经济权利、政治权利和其他社会权利的充分满足和实现"②。"自由人联合体"是对未来共产主义的描绘，是"人类命运共同体"发展的终极方向。对当代人来说，坚定的理想信念是促进人的全面发展的基石，对马克思主义的信仰是坚定的理想信念，对社会主义和共产主义的信心也同样是坚定的理想信念。理想信念不仅是个人世界观、价值观、人生观的集中反映，关乎个人的成长发展，更关乎着国家的未来。网络心理健康教育应坚持将理想信念教育贯穿始终，以未来共产主义社会人的心理和精神追求为方向，引导青年将个人未来与祖国、与人民紧密联系在一起，以健康的心态真正成为担当民族复兴大任、实现中国梦的时代新人。第二，大学生心理健康教育必须以提高实践劳动中的心理素质为发展方向。人的全面发展思想阐明了人的心智发展是以实践劳动为源泉，也以实践劳动为检验标准；劳动和实践的性质、特征决定了人的心智发展方向；人的心理活动是否健康、积极和向上，也是在实践劳动的依托下才得以展现。因而人的全面发展思想指引大学生心理健康教育工作必须以实践劳动中的心理和行为水平为检验标准，这就要求我们必须以提高大学生在实践劳动中的心理素质作为大学生网络心理健康教育发展的方向。

2. 保障大学生的个性得以充分发展

现代心理学通常把个性理解为一个人的整个心理面貌，即具有一定倾向性的各种心理特征的总和。③ 它包括个性倾向性和个性心理特征。个性倾向

---

① 《马克思恩格斯选集》第 4 卷，人民出版社 2012 年版，第 647 页。
② 王公龙：《共产党人的必修课：〈共产党宣言〉十问》，上海人民出版社 2018 年版，第 137 页。
③ 喻国华：《普通心理学》，中国科技出版社 1995 年版，第 287 页。

性是人进行活动的基本动力，是个性结构中最活跃的因素，主要包括需要、动机、兴趣、理想、信念和世界观。个性心理特征是一个人身上经常地、稳定地表现出来的心理特点，包括能力、气质和性格。

人是社会的人，也是个体的人，是在一定社会关系中的个体。人的个性和人类共同体不能孤立存在，他们之间有着相互渗透、相互依存、相互融合的一致性。马克思认为："人的个体生活和类生活不是各不相同的，尽管个人生活的存在方式是——必然是——类生活的较为特殊的或者较为普遍的方式，而类生活是较为特殊的或者较为普遍的个体生活。"① 每一个人的生活只有与人类共同体生活内在联系时才是真正的个人生活，也只有与个人生活相联系的人类共同体生活才是真正的人类共同体生活。孤立的个人生活，不与其他个性相沟通，不与人类共同体生活相统一，不可能是完满的个性，不可能有真正的幸福。在大数据时代，为保障大学生个性的自由得以充分发展，高校网络心理健康教育应引导大学生融入自然、人群和社会中，让学生在自然环境和社会环境中体悟人与人的心灵沟通，在社会活动中不断塑造出个体独特的性格、品质情感等，从而充分地展示自己的才能，成为有个性的、大写的人。

3. 确定高校网络心理健康教育内容和途径的要求

心理学认为人的心理活动是"人所特有的一种活动"②，心理活动来源于劳动实践。对于实践，马克思指出："个人怎样表现自己的生命，他们自己就是怎样。"③ 实践存在于人的社会生活中，实践是人们实现自己的真正基础，人们也只有通过实践才能成为自己真正想成为的样子。在马克思看来，人们的实践活动主要有两种，分别是物质生产实践和物质交往实践。其中，物质生产实践也就是劳动，这种活动是满足人们各方面需求的基础，而

---

① 《马克思恩格斯文集》第 1 卷，人民出版社 2009 年版，第 188 页。
② 曹日昌：《普通心理学》，人民教育出版社 1963 年版，第 308 页。
③ 《马克思恩格斯选集》第 1 卷，人民出版社 2012 年版，第 147 页。

物质交往实践则是创造"现实的人"的一股重要力量，人们物质交往的实践范围越广，人们获得进一步发展的可能性也就越大。在这一过程中，物质生产实践和物质交往实践统一起来，共同推动着人由低级到高级，由简单到复杂发展。在《1844 年经济学哲学手稿》中，马克思论述了人的全面发展与劳动实践的关系，认为劳动实践是全面发展的基础，劳动实践中必然产生心理体验，无论焦虑、忧愁，抑或愉快、欣喜，都存在人与人或人与物的情感交流和情绪互动。可见，人的全面发展离不开物质生产实践即劳动实践，人们正是在劳动实践中体验到了喜怒哀乐，获得了心理调节能力，因而也正是不同性质、不同特征的劳动实践赋予了人丰富多彩的心理活动，劳动实践过程中所经历的困苦磨难和跌宕起伏赋予了人坚毅的心理品质。

马克思主义的人的全面发展思想为高校网络心理健康教育指明了最基本的教育内容和途径，即通过劳动实践实现心理素质的提升。高校网络心理健康教育应引导和组织学生广泛参与公益性质、拓展性质、团队性质等不同类型的社会实践活动，让大学生在公益劳动中扩展视野，体验民情，感悟无私奉献所带来的人与人之间亲密、互助、互爱的正性情感，增强与人交往的信赖感和奉献精神的教育内容。通过参与这些社会实践活动，不仅可以激发大学生结合现实中的问题和社会要求，对做人处世的道理进行深入的思考，而且对他们自身的个性品质能够进行有效的调节。这样做既符合人的全面发展的要求，又反映了现代社会对人才个体心理素质提升的要求。

（二）更新观念，树立网络心理健康教育的积极理念

作为一种全新的理念，积极心理学倡导心理学研究的积极取向，关注人类积极的心理品质，强调人的价值与人文关怀，以一种全新的姿态诠释心理学。[1]

---

[1]　苗元江、余嘉元：《积极心理学：理念与行动》，《南京师大学报（社会科学版）》2003 年第 2 期。

在大数据时代，将积极心理学的理论和方法引入高校网络心理健康教育工作中，面向全体学生开展积极、有效、具有发展性的心理健康教育，具有较强的现实意义。

首先，要对高校网络心理健康教育的目标进行整合。以往开展心理健康教育，往往关注的是学生的焦虑、抑郁、孤独等负面状态，致力于解决学生的心理问题。以积极心理学指导网络心理健康教育，就是要对各要素和目标进行整合，由以往的咨询和治疗教育转变为"预防为主、发掘潜力"的教育，以培养大学生积极心理素质代替诊治心理问题，从根本上确立培养学生健全的心理素质与个性品质这一预防和发展性的目标。

其次，要构建积极心理健康服务模式。积极心理学强调积极情绪情感体验的重要作用，可通过网上开设幸福公开课、幸福心理学等课程或讲座，发起关于希望、幸福、快乐的讨论，引导学生从乐观的视角看待问题，形成乐观的积极品质；改变对于幸福的认知，引导学生学会发现幸福、分享幸福、感受幸福；帮助学生建立合理的目标，引导学生构建乐观积极向上的生活态度。

最后，要优化网络心理健康教育的方式方法。高校网络心理健康教育应改变以往以个别咨询为主的消极应对方式，探讨和运用各种有益于塑造和培养学生积极品质的教育方式方法，从而达到对心理问题积极预防的目标。如通过举办"线下"丰富的校园文化活动、社会实践活动、文体竞赛活动，不断激发和强化学生的人际沟通能力、组织协调能力、应急处理能力等；通过多方联动共同参与的方式，鼓励大学生加入各种兴趣小组和社团，发挥朋辈教育的优势，形成自助与互助的良好氛围；营造温馨包容的家庭氛围，构建积极的亲子关系等，充分发挥家庭、学校、社会等在个体的积极情绪体验和积极人格形成中的重要作用。

（三）以生为本，致力于提高大学生的心理素质和开发潜能

人本主义心理学关于心理健康的理论，对我国高校网络心理健康教育具

有借鉴和启迪作用。除了马斯洛的"自我实现者"① 外，罗杰斯的"机能健全者"②、阿尔波特的"机能成熟者"③、弗兰克尔的"自我超脱者"④ 等从不同角度丰富了我们关于心理健康的认识，从而为我们确定心理健康的标准提供了依据。罗杰斯的"受辅者中心疗法"是人本主义心理治疗的代表性方法。这种方法改变了心理治疗中对医患关系的传统看法，充分肯定了受辅者的主体地位和能力，为学校网络心理健康教育的开展提供了方法论指导。另外，人本主义心理学的教育改革思想主张学校教育应该培养能够适应变化和知道如何学习心理教育的、富有创造性和自主性的人，这种教育改革不仅使学校教育教学焕然一新，也为网络心理健康教育的有效性提供了保障。

人本主义心理学理论，对高校网络心理健康教育有以下三点重要启示：

第一，高校网络心理健康教育的目标，应当致力于提高大学生的心理素质。以往的心理健康教育仅仅满足于大学生不出问题，没有心理障碍即可。借鉴人本主义心理学理论，今后高校网络心理健康教育应转变心理适应教育，更多地利用网络的优势组织形式多样的心理活动，提升大学生的自我调控能力，增强防御心理危机的能力，不断提升大学生的心理素质和心理健康

---

① 马斯洛经过调查提出，"自我实现者"具有 15 种特征：能对现实采取客观态度；能承认自然、他人和自己；自发和单纯；以问题为中心，能献身于事业；有独处和独立的需要；自主而不依赖环境；能欣赏生活，有持续的新鲜感；比一般人有较经常的高峰体验；关心社会、他人，有强烈的同情心；能发展起与他人的亲密关系，但深交有选择；能区别手段和目的，不会为了目的而不择手段；民主、虚心向人学习；富有哲学幽默；富有创造性；重大问题上不信奉权威，能坚持自己的观点，顶住压力。

② 罗杰斯认为"机能健全者"有如下 5 个特征：对经验的开放性；协调的自我；机体估价过程；无条件的自我关注；与他人和睦相处。

③ 阿尔波特归纳出"机能成熟者"6 种心理特征：自我扩展的能力；与他人关系融洽；情绪上存在安全感和自我认可；具有现实的知觉；良好的自我意识；有一致的人生哲学。

④ 弗兰克尔认为"自我超脱者"的心理特征，从大的方面看，主要包括：他们在选择自己行动方向上是自由的；他们对自己的生活负责；他们不是被自己之外的力量所决定的；他们缔造了适合自己的有意义的生活；他们有意识地控制自己的生活；他们能够表现出创造、体验和态度的价值；他们超越了对自我的关心。除了这些主要的特点之外，自我超脱者还具有下列具体特征：他们是定向于未来的；他们能专注于工作；他们可给予爱也能接受爱。

水平。

第二，以生为本，尊重学生的主体地位。罗杰斯在《学会自由》一文中对"自由"作了详细的解释，他说自由是指使人敢于涉猎未知的不确定的领域，自己有勇气作出抉择这样一种品质；自由的一种对自己抉择的道路所负的责任；自由是个人对自己的一个显示过程的认识，而不是一个静态的终极物。因此，在网络心理健康教育过程中，我们应给予学生无条件的积极关注，要为学生个体的发展提供空间，在一定范围内给予学生选择的自由和权利，让学生学会自由，在自由选择中培养责任感，促成健康人格的形成。

第三，高校网络心理健康教育的重心，应侧重人的潜能开发。马斯洛认为他在所有"自我实现者"身上无一例外地发现了"创造性"的特征。这种创造性可体现在人格健全者的一切活动中，而不是非得著书立说、发明创造或进行科学研究活动。这样就消除了"创造性"原有的神秘色彩，为普通人的创造性培养提供了理论依据。借鉴这个理论，高校网络心理健康教育工作应把侧重点放在学生创造力的培养、心理潜能的开发、健康自我形象的确立、情绪管理与压力处理等方面，促进个体的自我实现或完满人格的形成，培养大学生成为具有创造性人格的人。

（四）从实际出发，科学认识和解决网络心理问题

首先，要对大学生的思想心理状况有全面的了解。大数据时代的大学生生长在虚拟社会和现实社会的互动中，他们的心理行为的发展变化受到虚拟社会和现实社会的双重影响，容易出现这样或那样的思想心理问题。在科学认识虚拟社会和现实社会现状的基础上，我们必须从虚拟社会和现实社会的实际出发，遵循大学生心理形成发展的规律，并用之来指导网络心理健康教育实践，切实解决好大学生的网络心理问题，

其次，要充分运用网络心理学对网络心理健康教育的借鉴作用。网络心理学是一个正在形成的学科，它的研究领域已从网络使用对人的心理特征的

一般影响、网络人格的形成机制与影响因素等方面，拓展到研究网瘾形成及戒断方法、互联网对人格形成改变和重建的影响，譬如使用者网上和网下的双重人格问题。从其研究领域看，网络心理学的诸多研究领域与网络心理健康教育的研究领域是交叉重叠的。因此，我们完全可以借鉴网络心理学的研究理论方法来进行网络心理健康教育的研究，甚至在大学生网络心理健康教育中可以直接运用网络心理学的相关研究。

最后，要"线上""线下"并举实施好大众化的心理健康教育。要着重做好两个方面：一是从为学生着想的角度来施教，无论"线上"还是"线下"都要想到角色转换，设身处地地为学生着想。二是针对不同的学生对象施教。包括先进的、落后的，行为表现正常的、不正常的，经济状况富裕的、困难的，自我实现能力强的、弱的，独生子女、非独生子女，农村的、非农村的，家庭结构健全的、不健全的，个人童年幸福的、不幸福的，有创伤经历的和无创伤经历的等。这些信息对于有针对性地做好学生心理健康教育工作是至关重要的。学校心理健康教育要针对学生的个人情况把重点放在培养学生自我管理的能力，健康的生活模式，成熟的处理情绪的能力，人际关系与沟通，增强学生学习、思考的能力，适应大学的学习模式，为成功就业做好准备，培养学生积极正面的价值观等方面。当前，需要网络心理健康教育工作者迅速占领网络阵地，运用网络技术及相关功能，以多种方式如开设网上心理健康教育课程、在线辅导和咨询的整体配合，为网络问题行为者实施"在线"治疗等，帮助解决大学生网络心理健康问题；同时，网络心理健康问题的解决，还要实施好学校与社会联动、"线上"与"线下"相结合。

（五）整合资源，营造高校网络心理健康教育的积极组织系统

1. 创新高校网络心理健康教育的管理模式

从目前的实际出发，高校网络心理健康教育的管理应着眼于构建整体统

筹和整合资源促发展的模式。高校网络心理健康教育是一项复杂的系统工程，要改变简单地以挂靠某个职能部门的方式开展工作，应单独建制领导和管理岗位以保证资源的优化和整合，并切实为责任任务落实提供专业的管理和技术保障。此外，还应与其高校各职能部门、社会公共服务部门统筹协调，从管理层面统筹协调心理健康教育机构与高校职能部门的管理，统筹协调校内心理健康教育与社会公共服务的管理，以突破管理瓶颈给大学生心理健康教育发展带来的困扰和障碍。

2. 建构学生社会支持系统

2021 年 7 月 7 日，教育部办公厅专门发文要求各学校建构学生社会支持系统，"积极争取专业机构协作支持。持续强化教育部门和各级学校与精神卫生医疗机构协同合作。各高校要主动争取与精神卫生医疗机构建立定点合作关系。县级教育部门要加强与卫生健康部门的协同联动，建立精神卫生医疗机构对学校心理健康教育及心理危机干预的支持协作机制，为所在区域中小学提供医疗帮助。"[①] 在高校网络心理健康教育过程中，应十分强调社会支持系统的重要性，帮助学生建构社会支持系统，并提高学生运用各种社会资源和技能的能力。这是因为对个体来说，积极情绪与社会支持两者之间的关系是相互影响、相互促进的。心理学研究表明：人是社会性动物，需要归属于某一群体。当我们有所归属，感到被一种亲密关系所支持时，会更加健康和快乐。研究者对不同性质情感的考察发现，朋友、邻里、同事、配偶、父母的支持以及个体的团体参与程度能增加个体的正向情感；缺乏朋友、配偶和父母支持、遇到烦恼时不懂得利用社会支持的个体，会产生较多的负向情感。[②] 当个体处于应激事件条件下时，若善于充分利用社会支持资源，能加强目标达成、解决问题的有效性，良好的应对预示着未来积极正向

[①] 教育部办公厅：《关于加强学生心理健康管理工作的通知》（教思政厅函〔2021〕10 号）。

[②] 辛自强、池丽萍：《快乐感与社会支持的关系》，《心理学报》2001 年第 5 期。

情绪的产生；积极情绪的产生又有利于个体建构、优化自身的社会支持资源，这是一个循环过程，对个体的成长发展、心理健康的维护是极其有益的。

3. 建构学生—学校—家庭—社会互动机制

网络心理健康教育作为一项系统工程，需要学校、家庭、社会的共同参与。因为学校、家庭、社会每一个层面都会对学生个体的积极情绪的产生、积极品质的塑造产生影响，一个方面出现问题就会对学生个体造成不同程度的负面影响。为了切实发挥好网络心理健康教育培养人、塑造人的功能，必须树立一种全新的教育理念，打破学校和社会的界限，以学生为主体、学校为龙头、家庭为基础、社会为平台，把学生、学校、家庭、社会四个方面力量有机组合起来，建构学生—学校—家庭—社会互动机制，全方位营造一种能促使大学生的积极本性得以生长、积极潜能得以发挥的良好环境。在具体操作方面，要按照教育部的要求，"学校及时了解学生是否存在早期心理创伤、家庭重大变故、亲子关系紧张等情况，积极寻求学生家庭成员及相关人员的有效支持。在家庭访问等家校联系中帮助家长更加了解孩子所处年龄段的心理特点和规律，在家长学校、社区家长课堂中将青少年发展心理学知识列为必修内容，防止因家庭矛盾或教育方式不当造成孩子心理问题。充分利用广播、电视、网络媒体等平台和渠道，传播心理健康知识，积极营造有利于学生健康成长成才的社会环境"。[①]

4. 加强技术的社会支撑体系建设

当前，加强高校网络心理健康教育技术的社会支撑体系建设，需要做的工作包括以下三方面。

---

① 教育部办公厅：《关于加强学生心理健康管理工作的通知》（教思政厅函〔2021〕10号）。

一是提升咨询师任职资格、严格专业范围。具体包括：（1）提高起点学历要求、缩小专业范围。专业范围应严格限制在心理学、教育学和医学等范围内。同时，要"支持辅导员攻读心理学相关专业第二专业硕士学位，适当增加思想政治工作骨干在职攻读博士学位专项计划心理学相关专业名额，为一线思想政治工作队伍提升心理健康教育专业化水平创造更好保障。"①（2）增加接受督导训练的认证环节。应在心理咨询师申请初次认证或晋级认证前的审查中，适当增加对申请者在接受督导训练方面的要求。（3）规范对培训机构和课程的资质认证。应加强政府的监管作用、专业组织的学术监督作用、专家群体的智库作用，及时强化对各类培训机构和培训课程资质的认证，清理和整顿不具备资质的培训机构和不符合职业要求的培训课程与项目。

二是规范继续教育。要适时规范开展网络心理健康教育专业人员的继续教育活动，并尽快制定相关制度。在对心理健康教育咨询人员的继续教育中，要重点加强实践和技能培训，并针对不同层次和类型的学校、不同学科背景、处在不同成长阶段的人员，实行分类、分层开展继续教育，使他们得以知识更新、素质提升。

三是加强高校网络心理健康教育的学术研究。我们应当理性分析当前的研究困境与问题，积极引导高校网络心理健康教育研究根本变革，尤其要加强行动研究，开展多学科整合研究，重视心理健康教育基本问题的研究，重建心理健康教育的研究范式，推动网络心理健康教育研究走向规范、走向成熟、走向科学，使学术研究成果在促进网络心理健康教育视域发展中发挥积极作用。

---

① 教育部办公厅：《关于加强学生心理健康管理工作的通知》（教思政厅函〔2021〕10 号）。

| 第五章 |

大数据时代高校网络
心理健康教育的内容与方法

　　网络心理健康教育的内容是心理健康教育理论研究的重要组成部分，也是实施高校网络心理健康教育的一个重要环节。大数据时代，高校网络心理教育各项工作的开展，离不开其内容体系的建构，从此意义上说，网络心理教育的内容是核心和灵魂。高校网络心理教育的内容，既要反映网络社会发展的现实要求，又要适应教育对象的特殊需要，是实现网络心理教育目标与任务的重要保证。

一、大数据时代高校网络心理
健康教育的目标与原则

（一）目标与标准

1. 总体目标与具体目标

　　大数据时代，高校网络心理健康教育的总体目标应以网络作为信息载体，树立以大学生为本、为学生服务的思想，充分发挥网络教学资源的优势，占领大学生思想政治教育网络阵地，进一步提高学生心理健康工作针对性和有效性，着力提升学生心理健康素养。在网络中，利用大学生广泛接受的方式，将有利于大学生心理健康发展的信息通过网络方式传递给大学生，消除消极心理对大学生的负面影响，从而引导大学生能够以自尊为本、以自爱为荣、以自强为律、以自信为勇、以自主为舵，以良好的心理品质走向社会，迎接挑战。

在网络心理健康教育总目标下，可根据大学生的不同状况设计具体目标，总体上可分为三个不同层次的目标：

（1）矫正性目标。矫正性目标，主要对象是少数有心理障碍的学生。针对少数学生在学习和生活中的不良心理和行为，为其提供科学的网络心理咨询和心理辅导，帮助其克服心理和行为障碍，增进心理健康水平，提高心理素质。虽然教育对象只是少数有心理障碍的学生，但这是网络心理健康教育的重要目标。

（2）适应性目标。适应性目标，是面向大多数学生提出的教育目标。现实生活中或网络空间里，虽然很多学生没有明显的心理障碍，但都存在一定程度的心理困扰，对这部分学生的网络心理健康教育的内容主要是培养其各种能力，包括对学习、生活、环境的适应能力，增强自我调控、面对挫折的能力，建立和谐人际关系的能力等。

（3）发展性目标。发展性目标，是网络心理健康教育面向全体学生的目标。从全体学生的发展层面出发，促使学生在适应的基础上获得最优化、最有效的发展，培养创新意识，提高创新能力；开发潜能，发挥优势能力；增强自我心理教育能力，解决在发展中所面临的各种心理问题；不断优化心理品质，提高心理素质，最终达到自我实现。这一目标代表着网络心理健康教育的较高境界。

2. 具体标准

基于上述网络心理健康教育的总目标和具体目标，应制定相应的网络心理健康的标准，除了具有正常的智力、积极的情绪情感、和谐的人际关系、良好的人格品质、坚强的意志和成熟的心理行为等心理健康的一般标准外，还应有一些网络特征的特殊标准，综合近年来学者们研究的共识，其具体标准如下：

（1）具有正确的网络使用观念和意识。具有正确的网络心理健康意识或观念，是网络心理健康的重要标准，它至少应包括以下方面：上网目的正确，能够合理安排时间，注意上网的安全，且具有健康、良好的网络使用习惯；对网络信息有辨认真伪的能力，并能正确对待和处理网络与现实生活的关系；具有自我控制的能力，能够掌握并能运用治疗和预防的方法排除网络心理障碍；具有良好的网络道德和网络法制观念，遵守网络文明的相关要求与公约。

（2）"网上""网下"人格和谐统一。面对网络虚拟性、想象性、多样性、随意性等特点，能保持人的个性的整体性、独特性和稳定性；在情感、态度、知觉和行为等方面，能保持"网上""网下"人格的和谐统一，并在虚拟空间与现实世界之间能够做到以现实世界为主。

（3）"网上""网下"保持良好情绪。良好的情绪表现为：心境愉悦、乐观和平静的，且能正确而恰当地表达情绪；能遵守网络道德，恰当运用网络调节情绪、宣泄情绪。

（4）能自我管控上网时间。能正确处理网络与现实生活的关系，不影响自己正常生活、学习和工作；现实生活中受挫后不只依靠网络缓解压力或焦虑，能主动寻求社会支持，勇敢地面对现实生活。

（5）人机关系处理得当。所谓人机关系，即人在使用物品时，物品就与人产生了一种相互关系，这种相互关系称为人机关系。在网络上，能以平静的心态面对人机关系，正确处理"网上"交往时遇见的不友善的言行；现实生活中，人际交往正常、人际关系协调，能与人面对面地直接交流和沟通。

（6）"离线"时身体没有明显不适。不健康的网络行为方式往往导致网络成瘾等网络身心障碍，"离线"时产生诸多的身心不适应，因此，网络心理健康的标准之一是要求大学生"离线"时身体没有明显的不适应。

（二）要求与原则

1. 具体要求

在运用上述标准判断大学生网络心理健康状况时，需要注意以下三点要求：

（1）要坚持发展的观点。由于人的心理是一个复杂的整合系统，人的心理发展也是持续的，尤其大数据时代人的心理发展更是处在动态变化中，所以判断大学生网络心理健康应持发展的观点，关注其心理状态持续的时间。

（2）要避免认知的偏见。判断大学生网络心理健康状况，应当依据可以观察并加以检验的客观事实以及所表述的主观感受、体验综合来进行判断；同时还要运用多个标准，全面、综合考察大学生的网络心理和行为共同评估，从整体上去衡量。

（3）要注意因人而异。评价和判断大学生的网络心理健康状况，最终的目的是为了使大学生的心理潜能获得充分发挥，促进学生全面发展。因此，应根据学生年龄、性别、原有的心理发展水平等的不同而灵活运用，做到因人而异、区别对待。

2. 基本原则

在明确网络心理健康教育的目的和标准的基础上，为更好地开展高校网络心理健康教育，除遵循大学生网络心理健康教育的基本原则外，还应突出以下原则：

（1）主体性原则。所谓主体性原则，主要是指在网络心理健康教育过程中，要把学生作为认识和发展的主体，充分调动学生参与网络环境下心理健康教育活动的积极性、主动性，发挥其能动性。学生是自我心理素质发展的主体，各种心理健康教育形式必须作用于主体才能产生效果；把学生作为主体，充分尊重每个学生的人格和发展潜能，增强他们利用网络进行自我教育的能力。要让大学生以主体的身份积极参加各种心理健康教育活动，不断深化对自我的认识，增强承受挫折、适应环境的能力，提高大数据时代大学生整体的网络心理健康水平，实现网络心理健康教育的目标。

（2）互动性原则。所谓互动性原则，是指教育者在通过网络开展心理健康教育活动时，不仅要提供各种心理健康、心理测试、心理训练等信息资源，而且要充分利用网络自身的优势，加强人际之间的互动，对学生的求助作出及时的反馈。此外，在帮助学生解决问题时，更要倡导人性化的服务，要让学生感受到网络背后的人性关怀。

（3）互助性原则。所谓互助性原则，是指除了遵循助人自助原则外，还应引导学生之间通过网络进行各种经验交流、吐露心声以及帮助对方出谋划策，以达到互相帮助、共同成长的目的。由于学生群体间身份相同、年龄相仿，有些甚至还有过共同的经历，他们更容易敞开自己的心灵、听取对方的意见，这对于学生的心理发展可能会产生意想不到的效果。互助性原则不仅培养了学生乐于助人的品质，而且让学生在关注自我的同时，也更加关心同龄人的成长。

（4）互补性原则。所谓互补性原则，是指基于大数据环境的网络心理健康教育既要充分发挥网络新技术的优势，也要吸取传统心理健康教育的长处，将"网上"与"网下"二者有机地结合起来，实现二者的优势互补，提高高校网络心理健康教育工作的实效性。

二、大数据时代高校网络心理健康教育的基本内容

根据上述网络心理健康教育的目标和原则，大数据时代高校网络心理健康教育的基本内容应包括以下八个方面。

（一）网络认知教育

开展这项教育，重点突出三个方面内容：

1. 提高网络认知能力

当前大学生对网络的认知偏重于技术的掌握和运用，而对于网络对自身素质、道德和生活等方面的影响缺乏深刻的认识和思考。因此，加强网络意识教育，引导大学生树立正确的网络观，提高网络认知能力，是当前网络心理健康教育的一项重要内容。提高大学生网络认知能力，一是要正确认识网络的性质和功能，了解网络传播信息的原理，明白网络传播信息的开放性，懂得如何做好信息的发布者和传播者；二是要科学地认识、对待网络，做好虚拟世界与现实社会之间的情景转换，"线上""线下"都能保持理性明锐的头脑；三是要大力普及网络知识，提高对网络信息的选择、接受和处理能力，自觉树立网络心理健康观念。

2. 培养对网络信息的鉴别能力

正确的信息鉴别能力的培养，应着力培养大学生创新精神和批判意识，辨别信息的正误、是非、真假。教育的重点在于引导大学生提高政治上的观察力和网络信息鉴别力，帮助他们学会辨别哪些网络信息是虚假有害的，哪些网络信息是可以学习和利用的，哪些网络信息对社会的发展是有益的，通过有选择地借鉴、有鉴别地吸取，自觉抵制不良网络信息的诱惑。

3. 提升网络认知的思维能力

首先，应制定具体的教学内容、明确教学目标，引导大学生在网络环境中进行深入的学习。培养大学生面对网络信息时，要学会分辨和评价信息，养成一种思考、判断、分辨，最终得出是非选择的思维方式。面对负面性信息，要做到止于手中，自己不传播。其次，开展大学生网络环境下的元认知学习的教育。元认知就是对认知的认知。随着网络技术的普及，高校网络心理健康教育课程应把"提出问题—作出计划—监控实施—反思评价—及时补救"五个环节融入大学生网络学习的过程中，以此加强大学生对网络学习内容的深度理解和发散思维。

（二）网络道德教育

所谓网络道德教育，就是以互联网为载体，充分利用互联网的功能优势而开展的一种有特色的道德教育。在网络技术迅速发展、日益普及的今天，面对互联网上"黄、黑、毒"的泛滥和利用计算机与网络进行信息犯罪的猖獗，越来越多的人呼吁要确立网络上的伦理道德，规范网上行为，以维护网络秩序。在网络平台上实施道德教育，要根据不同学生群体的心理特点、思想状况、环境背景，给出相应的网络道德教育内容，使其更加科学合理。具体应突出以下教育内容：

1. 网络道德认知

所谓网络道德认知，就是大学生对网络参与中的道德现象、行为规范、行为后果的理解和认识。网络道德认知是分层的，根据人们对网络道德行为、现象、后果的认识程度可分为感性道德认识和理性道德认识。感性道德认识是一种表面、粗浅的认识，理性道德认识是较为深刻的认识。网络道德认知教育的重点，就是要促成大学生的感性道德认识上升到理性道德认识，通过自我网络道德实践，在自我头脑中形成正确的"判断"，对自我网络行为进行切合实际的评价，以健康的心理指导自己的网络参与实践。

2. 网络道德责任

所谓网络道德责任，是指在意志自由的前提下，大学生产生的并对其自主选择的网络行为负责的一种道德行为。进行网络道德责任教育，首先要树立大学生的网络道德责任理念，使他们以健康的心理在网络参与中实现自我价值的同时勿忘社会价值的实现，使之对自己、对社会具有双重道德责任感。其次要提高大学生网络道德行为约束，既要自我约束，也包括他人对自己的约束。要做到自己对自己的约束，就需要加强自我慎独意识，只有自觉具有慎独意识，在使用网络时才能做到严格约束自己的言行举止，增强网络道德自律意识，做个有道德的网民。

3. 网络道德诚信

大数据时代，涉及网络的道德问题相伴而生，诚信是必须坚持的道德尺度之一，加强大学生网络道德诚信教育尤为必要。首先，要把培养大学生具有网络诚信意识作为网络心理健康教育的重点内容，提升自身的网络道德境界，形成高尚的网络诚信人格。其次，要教育大学生自觉遵守网络规则，不欺骗是人类道德的最低要求之一，同样也是网络道德规范的基本要求。最后，要制定网络诚信教育内容与课程，将诚信教育内容渗透于不同科目之中，使大学生愉快地接受这些教育形式和内容，以提高自身的道德水平。

（三）网络意志教育

意志品质的培养是大数据时代高校网络心理健康教育的重要内容。这项"网上"教育内容要突出三点：（1）良好意志品质的培养。引导大学生树立科学的世界观和健康的人生观，加强意志的自觉性和坚韧性。（2）顽强意志品质的树立。重点是使大学生学习知识的自觉性高、判断问题果断性强、执行计划坚持不懈、面对诱惑自制力强等。（3）意志品质的"网上"心理咨询与指导。如对于黏液质的学生应加强果断性和灵活性的锻炼；对于胆汁质的学生应加强他们的自制力的培养，有意识地培养他们的忍耐、沉着、克制的心理品质，改造鲁莽冒失的性格特征。此外，还应在"网下"丰富多彩的实践活动中培养大学生的坚强意志，引导大学生积极参加各种实践活动，增强克服困难的毅力，把意志品质的锻炼落实到持久不断的意志行为中去。

（四）网络情感教育

情感是个体心理活动的重要组成部分，个体在行为活动中都会或多或少地伴有一定的情感因素。当前，大学生网络情感教育的内容要突出以下五个方面：

1. 道德敬畏感

敬畏感往往使人产生一种约束、限制和规范自身行为的神圣力量，并且积淀成一种心理习俗，起着整合社会的作用。在网络情感教育中，培养大学生具有敬畏感，他们才能对客体和自我保持清晰的认识进而深化对两者差距的认识，也才能有主体对道德最终的自我超越、自我净化和自我提升。

2. 感恩情感

感恩，是一种处世哲学，也是做人最基本的修养。在网络情感教育中，培养大学生学会感恩才能在网络上少些仇恨、多些宽容和希望，才会富有爱心；只有学会感恩，才会尊重他人、社会、自然、知识，找到做人的支点，在自己与他人、社会相互尊重以及对自然和谐共处中追求生命的意义，展现、发展自己独立人格。

3. 荣辱情感

荣辱观是指人们对荣与辱的评价标准的价值确认。"由义为荣，背义为辱"①。"荣"指荣誉或光荣，是人们对高尚的道德行为所作的客观评价和

_____

① （宋）陆九渊：《与郭邦逸》。

主观感受。客观评价指社会或集体对这种行为的肯定、赞扬和褒奖，主观感受指个人或集体对这种客观评价所产生的尊严感和自豪感。"辱"指耻辱，是社会、集体或他人对违背公共利益的不道德行为的否定和贬斥，以及个人因自己行为的过失而在内心形成的羞愧体验。在网络情感教育中，对大学生进行荣辱感的培养极为重要，不仅有助于他们进一步分清是非善恶，催发他们求真、求善、求美的激情，而且能够更进一步强化大学生的自尊感，促使公平正义感、道德责任感、爱国主义情感等道德情感的生成。

4. 移情能力

移情能力，是一种替代性的情绪反应能力，它能够分享别人的情感，对他人的处境感同身受，在心理学中属于个体能够以他人为中心、识别和接纳他人的观点并能够亲身体验他人情绪的一种心理过程。在网络情感教育中，培养大学生具有移情能力，使他们学会识别和感受他人的情绪情感状态，自觉地在更高级的意义上接受他人的情绪情感，将自己置身于他人的处境，设身处地地为他人着想，以减少网络和校园暴力事件的发生，这既是时代的呼唤，更是高校网络心理健康教育的职责所在。

5. 高尚情操

情操是什么，是指以某一类事物为中心的一种复杂的情感倾向，在心理学中将这种复杂的情感称为高级情感，通常体现为道德感、理智感、审美感等。在网络情感教育中，培养大学生具有高尚情操，是大学生在网络活动中保持强大意志力的保障，有助于他们热爱生活、热爱科学、充满活力，富有革命的乐观精神，遇到困难不气馁、碰到挫折不灰心。

（五）网络人格教育

对大学生进行网络人格教育，重点要抓好三个方面的教育内容：

1. 自我意识

自我意识也称自我，指的是个体对自己的各种身心状态的认识、体验和愿望。自我意识具有意识性、社会性、能动性、同一性等特点，它对人格的形成、发展起着调节、监控和矫正的作用。在网络人格教育中，要帮助大学生加强"三点认知"：一是自我理性认知，正确地自我知觉、自我评价、自我体验、自我监督和自我调节控制，从而进行积极的自我肯定，做到自强自立，使自己向着理想人格发展。二是社会角色认知，使自己在社会中的角色能够适应社会发展的要求，并且能够维护自己的尊严与地位，从而发展成为一种较高层次的人格模式。三是社会行为认知，既要正确认识自己在社会中的各种行为是否符合社会道德规范、社会行为规范及法律，又要能够不断适应快节奏的社会变化，全力以赴进行自我人格塑造，以实现真正的全面发展。

2. 人文素养

所谓"人文素养"，即"人文科学的研究能力、知识水平和人文科学体现出来的以人为对象、以人为中心的精神——人的内在品质"[1]。目前学界对"人文素养"定义的认识还不统一，综合各种观点，大体上认为"人文素养"是一个人在思维、情感和行为方面对人类文化、人类价值观、道德规范以及社会关系的理解、尊重和参与。它涵盖了广泛的知识领域，包括历史、文学、艺术、哲学、宗教等，以及在社会互动中的道德判断、情感表达和人际交往。在网络人格教育中，提高大学生的人文素养不仅是当代大学生素质教育不可缺少的重要组成部分，也是大学生健全人格培育的必然要求。提高人文素质是多方面的，当前应立足于提高人文素质的人格培育，将人类

---

[1] 管小青、朱世德：《关于中职德育核心维度之人文素养培育》，《职业教育研究》2012年第4期。

优秀的文化成果通过传授、熏陶，使其内化为大学生人格、气质、修养的个体精神风貌，使他们远离平庸、浮躁、功利等价值观念影响，不断提升自己的人文素养和人格修养。

3. 行为养成

所谓"行为养成"，就是从行为训练入手，全面提高人的"知、情、意、行"，最终形成良好的行为习惯。在网络人格教育中，引导大学生塑造健康正确的人格，不仅需要经常自我反省和生活感悟，还应该在生活中一点一滴地养成良好的生活行为习惯。尤其在网络生活中，不能完全将"网上"与"网下"割裂开来，而应当将"网上"与"网下"人格融合，将网络行为融入社会，加强"网上"与"网下"的交流与沟通，在一定程度上使网上塑造的虚拟形象与现实社会中的真实身份表现出潜在的契合。

（六）网络审美教育

审美教育是网络心理健康教育的一项重要内容。进行这项教育，重点要抓好三个方面的教育内容：

1. 美的认知能力

美，是一种存在，是一种感觉，也是一种体验。美，像空气一样，存在于我们的生活，离我们很近却又很远，我们捉摸不到它的形态，但它却与我们的生活息息相关，美就是这样的东西，它来自于自然，体现在我们的心灵当中。大数据时代网络为人们提供了更多美的事物和美的场景，也衍生了不同的审美观念、审美体验、审美趣味。对大学生进行网络审美教育，就是要引导他们立足现实生活，提升美的认知能力，进一步认知网络虚拟世界的美；同时，也要引导他们走出网络虚拟世界，进一步认知现实生活中的美，使他们在两者的比较中对美有更深入、更全面、更理性的认知。

2. 美的发现能力

美感是直觉与理性的统一，没有两者的共同参与是发现不了美的。在大数据时代，网络世界的美具有多样性和丰富性：既有大众化的"审美化产品"，也有小众的"审美化产品"；既有主流的、为人们喜闻乐见的"审美化产品"，也有边缘的、默默无闻的"审美化产品"；既有存在于现实生活的美，也有隐藏于网络世界的美。在网络审美教育中，高校应以网络心理健康教育为契机，提高大学生的信息辨别能力、分析能力和使用能力，进而提高学生发现网络世界之美的能力。

3. 美的审视能力

所谓美的审视能力，是一种认识美、发现美和创造美的能力。英国哲学家赫伯特·里德曾说："感觉是一种肉体的天赋，是与生俱来的，不是后天习得的。"他又说："美的起点是智慧，美是人对神圣事物的感觉上的理解。"可见，感觉是人人都具备的，但在美的事物面前，人们所获得的审美享受是有深有浅，有全有缺，有正确有谬误。出现这种现象与他们的审美能力的高低有很大关系。如今，网络已经成为人们日常生活的一部分，大量美的事物和美的场景在海量信息中或隐或显，亟须提升人们对网络承载美的审视能力。对大学生进行网络审美教育，要将知识教育、行为习惯教育和情感教育统一起来，通过把抽象思维教育与形象思维教育有机融合，提高网络审美意识和能力，帮助他们不为一些网络不良信息所迷惑，进一步提升网络审美的想象力、感受力、理解力和对美的创造力。

（七）网络人际交往教育

网络人际交往教育，也是网络心理健康教育中的一项重要内容。进行这项教育，在教育内容方面应提出以下几点。

1. 更新交往观念

网络人际交往，拓宽了大学生的交往范围，有利于大学生消除交往中的隔阂，满足了大学生宣泄情感的需要，也极大地提高了个体主体意识和参与意识；但网络交往的便捷性、随意性、高频次促使交往对象的多元化和复杂化，引发了大学生在人际交往过程中出现道德冷漠、信任危机、社会责任感淡化、现实孤独感增加等情感弱化问题。为此，在大学生网络人际交往教育中，要更新三个方面意识：（1）诚实守信意识。在网络世界人际交往过程中，迫切需要大学生建立一种普遍的人际信任关系，促进网络空间人际关系的良性运行。（2）原则性与包容性兼容的意识。坚持做到在大是大非问题上不丧失立场，在非原则性问题上宽容大度，这是人际交往中的重要原则，也是网络人际交往的心理品格。（3）应变意识。在网络人际交往中，要改变以往传统的、单一的、刻板的交往观，确立适应网络空间发展要求的应变意识。

2. 积极心理干预

积极心理干预，是一种以积极心理学的科学理论为指导的心理治疗方法，也称幸福干预或快乐干预，重在通过唤起个体的积极品质，增进积极情感，发挥性格优势，充分挖掘个体固有的、潜在的、具有建设性的力量，弱化个体对自身已有的抑郁、焦虑和压力认知的消极偏差，减轻消极症状，增强个体抵御力和适应力。[①] 化解网络人际交往中的关系危机，是开展网络人际交往教育不应回避的内容。对此，在大学生网络人际交往教育的内容中，要突出三点：一是要积极加强大学生交往道德的引导，规范其网络伦理行为，注重自己的个人形象，尊重他人的人格，履行道德规范；二是要积极加

---

① 周雅、翔平、冉俐雯：《消极偏差还是积极缺乏：抑郁的积极心理学解释》，《心理科学进展》2010 年第 4 期。

强对大学生心理健康水平的监测，破解大学生因人际交往而产生的认识和情感障碍，适时进行心理危机干预和行为偏差矫正；三是要用积极情绪体验消解求助者焦虑、抑郁情绪，帮助大学生从找到运用积极特质、感知和欣赏积极体验、训练和养成积极思维、建立和维持积极关系等，回归现实生活，增强集体感与社会归属感，以达到完善健全人格的目标。

3. 强化安全引导

网络世界是复杂多变的，各种信息泥沙俱下，一些阅历较浅、分析能力和判断能力比较弱的大学生往往容易辨别不清，交友不慎、上当受骗的事情也时有发生，有些人很容易成为网络人际交往的牺牲品。因此，在网络人际交往教育中，要把增强自我安全和防范意识纳入教育内容，强化大学生网络人际交往的安全观引导。首先，要加强网络监管，利用法律合理治理网络环境，呼吁网络安全，为大学生网络交往提供安全和谐的网络环境。其次，要引导大学生谨慎交友、明辨是非，增强自我安全和防范意识，学会自我防范、自我救治、自我生存。最后，要以社团活动为平台，鼓励在人际交往方面存在障碍的学生积极参与到校园活动中来，淡化虚拟的网络交往，更多地进行现实生活中的人际交往。

（八）网络法制教育

伴随着信息技术革命的飞速发展，大数据给我们的生活带来了翻天覆地的变化。对于正在求学阶段的大学生来说，这种生活方式是一柄双刃剑，好的方面在于可以非常便捷地获得海量信息，推动法制教育教学的革新，但网络也存在一些有害的信息与一些犯罪行为，网络中的犯罪体现出隐形化的特征，而且其社会危害性不亚于传统的犯罪形态。鉴于此，网络法制教育的内容应突出以下三点：

1. 加强网络法制意识

网络空间不是法外之地，网络安全更是事关国家安全和国家发展，也直接关系到每一个网民的切身利益。由于网络社会本身的地域性、虚拟性等特点，许多大学生对网络违法和网络不当行为并没有充分的认识，对网络违法行为缺乏必要的关注，导致网络法制意识比较淡薄。因此，在大学生网络法制教育中，高校应积极借助各方面的平台，引导大学生在共享多元化信息世界的乐趣的同时，努力强化网络法律意识和自律意识，自觉遵守有关信息法律和制度，规范自己的网络行为，做遵纪守法的网民。

2. 增加网络法制内容

在"线下"的网络心理健康教育中，通过调整法律知识在"思想道德修养与法律基础"课程中的比例，增加包括网络法制教育的课时量、举办课外网络法律知识竞赛、定期举办网络法律知识讲座等方式开辟第二课堂，帮助大学生为日益增多的网络生活行为储备必需的法律知识。

3. 探索网络法制教育

首先，在教育内容上，可在网站中融入与大学生日常生活相关的经典法律案例、法学名家访谈、法律法规索引、法律小故事、法律大事件、法制电影电视、与法律相关的网络小游戏等板块，发挥网络技术的优点，最大程度调动学生感观，通过视觉、听觉多途径的冲击使学生的心灵得到法律知识的洗礼，增强学生学习法律知识的趣味性。其次，在教育模式上，要拓宽教学渠道，采取"自适应"的教育方式，通过网络，师生之间、学生与学生之间、学生与法律专家之间能够同步互动，增强教学效果。最后，在硬件建设上，要积极完善高校网络法制教育软硬件设施的配备，诸如教师配备、网页设计人员、网站维护人员等的配备，系统建构网络法制教育教学课程体系。

三、大数据时代高校网络心理
健康教育的方法变革

大数据时代，随着高校网络心理健康教育内容的更新，实施网络心理健康教育的方法也应当加以变革。网络心理健康教育方法的变革，不仅能够提高教育的效果，还能有效地加快网络教育系统化和理论化的进程，实现学生综合素质的提升，促进学生的心理健康发展。从当前的实际出发，实施网络心理健康教育的方法变革可采取以下几种方法。

（一）心理疏导教育法

心理疏导教育法就是指对学生的心理问题，采取分导、利导、开导、劝导的方法进行疏导，以帮助人们提高思想认识，促进心理健康发展。

1. 分导

分导是高校网络心理健康教育中，教育主体针对某些情绪强烈、冲击性大的群体意识和行为而采取的教育方式。其分导方法主要有三种：（1）分散而导。针对大学生群体共同存在的网络心理问题，教育主体采取分散的办法，逐个进行教育引导，通过解决每个成员的心理问题来解决共同存在的心理问题。它通过将大学生分开分散、化整为零、逐个引导等手段，化解不良群体意识和行为对正常秩序造成的冲击，减少群体成员之间的不良支持和感染，从而集中教育力量突破重点，达到取得整体教育效果的目的。（2）分步而导。针对某个大学生的心理问题，按照轻重缓急，有步骤加以引导的方式。大学生网络心理问题往往是错综复杂、纵横交织的原因形成的，教育主体要分析大学生心理问题形成的主要矛盾与次要矛盾，矛盾的主要方面与次要方面，分步骤循序渐进地逐步解决。（3）分头而导。教育主体动员各种教育力量或教育人员针对大学生突出而严重的心理问题，分别进行"网上"和"网下"的教育引导。实践证明，采取分导方法，有针对性地进行引导是非常有效的，它可以形成教育合力，集中解决有一定难度的心理问题。

2. 利导

利导，即在高校网络心理健康教育中，教育主体抓住有利的教育时机和网络事件，因势利导，顺势展开深层次、宽辐射引导的方式。这种择机而发的疏导手段，能取得水到渠成的教育功效。其方法有二：（1）把握规律。教育主体要掌握网络心理健康教育的发展规律和发展趋势，引导和推动大学生向健康心理的方向发展。唯物辩证法认为，事物发展的根本动力是既统一又对立的内部矛盾，它规定着事物发展的方向。如果事物发展之势已成，要它停止下来不发展是不可能的，只能顺其发展规律，积极加以引导，使事物朝着健康的方向转化。（2）择机而发。任何事物的发展都有一个过程，过程中的每一阶段对事物发展的作用是不一样的。人的思想的发展也是这样。教育主体要利用网络心理健康教育的有利时机，择机而发，促使消极因素转化为积极因素，才能对大学生进行有效的因势利导。

3. 开导

开导，即启发劝导，教人明白道理，引导人认识、理解某些事情，心理上帮助人走出困境。这种疏导手段，是高校网络心理健康教育中一种行之有效的手段，具有引导大学生转变狭隘认识和行为的功效。高校心理健康教育工作者在运用开导手段时，需要注意的是帮助大学生以系统的、全局观点看待和思考问题，而不是以片面的、局部的观点来看待和思考问题；从长远的、发展的眼光来认识人们思想活动的多变性、差异性，而不是以眼前的、静止的眼光来认识这些差异性。只有这样，才能引导大学生拓宽认识视野，转变狭隘认识和行为。

4. 劝导

劝导也是高校网络心理健康教育中最常用的一种手段，它以事实和道理作论据，通过摆事实、讲道理，引导大学生在网络上分清是否、辨别正误，把思想认识回归到现实生活中的正确轨道上来。

（二）自我教育法

网络给大学生的自主发展提供了最大限度的可能，同时也对自我教育提出了最高的要求，心理健康教育工作者除了在网上开展直接的教育活动，还有一项重要的工作，就是引导大学生掌握自我教育的方法，进行有效的自我教育。[①]

自我教育法是指教育对象在自我意识的支配下，把自我作为教育对象本身进行知行转化的方法。网络自我教育可采用多种方法进行尝试，比较成熟的有以下几种：

第一，搭建自我认识、自我体验、自我调控"三位一体"的网络自我教育方式。所谓自我认识，即是对自己的生理、心理、品德、社会生活等方面特征的综合认识，它是自我意识的基础成分，也是自我教育的前提条件。所谓自我体验，即是在自我认识基础上产生的以情感为主体的心理体验。所谓自我调控，即是在自我认识与自我体验基础上的自我调节与自我控制过程，是对自己的思想和行为的调节与控制，其直接表现形式就是发动和制止。在高校网络心理健康教育中，运用自我认识的方式，能够自觉地对自己的思想与行为有一个全面的把握，在此基础上，自我评价自己的优劣得失，构成自我认识的基本内容；运用自我体验的方式，是一种积极主动的过程，在这个过程中形成积极愉快的自我体验、克服消极的自我体验是其中的关键；而运用自我调控的方式，其核心部分即表现为自我调控，其过程表现为

---

① 韦凡荣：《网络条件下高校德育方法的变革》，《经济与社会发展》2005 年第 8 期。

自我教育计划的确定、自我教育的运作、自我教育的评估、进一步的反馈调节等。上述自我认识、自我体验、自我调控三者之间，是相辅相成的统一整体，在自我教育过程中，自我认识是先导，自我体验起发动和维系作用，自我调控则是一种践行机制。

第二，推行利用网络群体进行互动交流的自我教育方式。"网上"自我教育与"网下"自我教育，在网络心理健康教育内容方面有共同性，但在具体方法上是有区别的。"网上"自我教育法要充分利用 QQ 群、视频聊天室、网络主播专题互动、微博、微信等网络方式，构建一个可大可小、可平面可立体、刚柔并济、老传统结合新方式、长期模式与短期方式相结合的心理健康教育自我教育网络。"网下"自我教育法，要努力搭建师生间、同学间相互信任的情感纽带，在坦诚交流和心灵沟通中良性互动，创造群体自我教育的良好效益，以网络交往的平等性创造人人都是心理健康教育主人的民主氛围。

第三，构建"学生→网络→学生"人机交互立体的方式进行自我教育。在网络心理健康教育中，运用自我教育法应突破单纯的以"自我"为中心的方式，包括敲击键盘、滑动鼠标、触摸显示屏等方式的活动，即从"学生→学生"的平面模式转变为"学生→网络→学生"的立体模式。网络心理健康教育中的自我教育法不再是纯粹的"人←→人"的自我学习或灌输，而应是以"人←→机"交互模式为平台的网络互动，即借助电脑、手机等网络信息化设备等心理健康教育载体，加强 IT 技术、专业知识等的学习。

（三）网络心理教学法

网络心理教学法，是一种新的教学方式，它主要通过网络教学和传授心理健康专业知识。在具体实施时，主要涵盖两部分：一个是利用多媒体教学手段生动丰富心理健康教育课程的教学效果；一个是构建交互式多媒体教学信息系统，提供给学生在远程接受专业知识的交互性学习方式，具体应用教育技术辅助于心理健康教育中。特别是交互式多媒体教学信息系统，拥有通过网络化的计算机提供文本、图片、音频、动画、视频，甚至虚拟现实等多种表现的复合信息，提供学生全方位而逼真的信息，信息传递效率远超过以往的方式。在交互式多媒体网络系统中，学习者的自主性得到极大程度的发挥，他们可根据自己的爱好、要求、认知方式，选取各种样式的信息剪辑学习材料，有针对性地利用不同的材料，并从中获取知识。这种教学方式，打开了学生自主探索的大门，鼓励学生有目的地积极地建构知识。因此，这是值得运用推广的网络心理健康教育教学模式。

（四）信息隐匿法

信息隐匿法，是指教育者通过将网络心理健康教育信息渗透到互联网上其他信息之中，使教育对象在耳濡目染和潜移默化中自觉或不自觉地接受心理健康教育信息，从而达到网络心理健康教育目的的一种方法。实施这种方法，可通过以下主要途径：一是把网络心理健康教育信息渗透到教育对象的业务信息中；二是把网络心理健康教育信息渗透到与教育对象个人利益相关的信息中；三是把网络心理健康教育信息渗透到教育对象的文化娱乐信息中。在实施中要尽可能注意针对性，做到有的放矢，如此才能保证网络心理健康教育收到实效。

（五）网络心理咨询法

所谓网络心理咨询法，是指心理咨询师在"线上"根据求助者倾诉自己所面临的心理困惑、情感矛盾、精神抑郁和人际焦灼等困境，提出解决问题的可能条件和方法，帮助求助者发挥自主功能，以恢复与社会环境的协调或更好地适应社会的过程。一般来说，主要通过以下"四个途径"实施：（1）在线心理咨询。通过在线咨询服务，设立诸如"网上心理医生"等栏目，请具有专业资质的心理专家为大学生提供针对性的心理服务。（2）利用聊天室开展心理咨询。如开设校园网上聊天室，学生可将问题贴在留言板上，这种操作方式比较方便、简洁，节省人力资源，能有效地发挥心理专业教育工作者的作用。（3）通过 E-mail 发送心理咨询。学生可利用心理咨询师提供的 E-mail 与老师互动，一问一答。这样的心理咨询隐秘性强，教育对象和教育内容不受限制，如同性恋、三角恋、性错乱等特点的性问题和隐私问题。（4）利用 BBS、微信等进行心理咨询。校园网上的 BBS 论坛作为青年人互通的空间，可以利用起来进行同辈辅导，充分体现青年人在心理健康教育中"自我教育""自我帮助"的本质特征。随着手机的普及，微信给人们的生活带来了新的变化，已成为人们日常交流、学习的重要工具，也成为对大学生进行网络心理健康教育的重要途径。微信在大学生网络心理健康教育与咨询模式中的应用，可以弥补传统心理健康教育与咨询模式的不足，使网络心理健康教育的实效性进一步增强。

（六）"网上""网下"结合法

网络心理健康教育，主要是利用互联网对大学生进行心理健康教育，在教育对象下网后，还要采用传统的心理健康教育方法，对其进行跟踪教育，实现"网上"与"网下"的结合，从而达到网络心理健康教育的目的。这是因为对于一些重大的热点和难点问题，在"网上"往往难以说清说透，需要有针对性地通过"网下"作报告、讨论、座谈、个别谈心等面对面的教育和引导，对教育对象晓之以理、动之以情，从而促使其提高认识、解决问题，达到教育目的。教育对象在"网上"反映出的涉及个人学习、工作和生活中的实际问题和困难，也要靠在"网下"的实际工作中认真解决。

总之，网络心理健康教育是一个系统工程，"网上"教育、"网下"教育是这个工程的不可分割的两个组成部分，只有上下联动、全时关注、全程覆盖，才能真正提高网络心理健康教育的影响力和实效性。

| 第六章 |

大数据时代高校网络心理
健康教育的课程建设

开设课堂或网络心理健康教育课程，在大学生群体中广泛地、系统地宣传心理健康知识，是提升其心理健康水平的必然要求。当前，直面高校心理健康教育课程建设存在的困境，分析其根源并寻找出路，开发好"线下"和"线上"心理健康教育的课程，是大数据时代高校网络心理健康教育面临的首要任务和重大课题。

一、高校网络心理健康教育
课程建设的发展背景

（一）心理健康教育课程在高校课程教育体系中的地位与作用

当前，无论是课堂开设的心理健康教育课程还是网络开设的心理健康教育课程，均已被纳入高校课程教育体系当中，但是作为统称的心理健康教育课程在其中应当处于什么样的位置，这是一个需要研究和探讨的问题。

1. 心理健康教育课程建设：高校素质教育的基础

心理健康教育是提高大学生心理素质、促进其身心健康和谐发展的教育，是高校人才培养体系的重要组成部分，也是高校思想政治工作的重要内容。① 心理素质、身体素质、科学文化素质，是人的素质结构三大组成要素，它们之间相互联系、相互依存。在这三项素质中，身体素质是心理素质的基础，但心理素质的高低在一定程度上也决定了身体健康的好坏；心理素质是文化素质的基础，无论是知识的掌握、能力的发挥、审美能力的提高还是劳动技能的锻炼，都离不开心理素质。由此可见，其中任何一项素质的变化都会影响其他素质的改变，进而会影响到整体素质的发展。苏联教育学家苏霍姆林斯基曾经说过"没有心理上的修养，体力的、道德的、审美的修养是不可能想象的。"②

高校心理健康教育课程实质上是心理素质教育课程。我国的心理健康教育虽然起步发展得比较晚，但其重要性是不言而喻的，其与身体和文化素质处于相等地位，理应被纳入课程教育体系当中，并且从某种程度上说，心理健康教育课程作为培养心理素质的课程，是其他课程的基础。通过心理健康教育课程学习，可以使个体拥有健康的心理状态和良好的心理素质，为其顺利接受德、智、体、美、劳等其他素质教育提供良好的心理准备。目前，在开设课堂心理健康教育课程的同时，开设网络心理健康教育课程已成为高校心理健康教育的迫切需要。因为现在在大学中开展的心理辅导、心理咨询、专题讲座和几个穿插在思想道德与法治中的心理健康课，是不足以完成心理健康教育的使命的，而开设网络心理健康教育课程就能在很大程度上扩大教育面，更好地促进大学生的心理健康成长，从而为顺利完成大学学业打下一个良好的心理基础。

---

① 中共教育部党组：《高等学校学生心理健康教育指导纲要》（教党〔2018〕41 号）。
② 陈学雷：《高校思想政治教育中要加强心理教育》，《教育探索》2005 年第 7 期。

2. 心理健康教育课程建设：促进大学生全面发展的客观要求

加强心理健康教育课程建设，需要我们从促进大学生全面发展、推进素质教育的高度来认识。当代大学生不仅要有良好的思想道德素质、文化素质与专业素质，还要具备良好的心理素质。而对于大学生个人来说，为适应社会，还应该具有良好的心理品质和健全的人格。由此就提出了大学生心理素质教育的客观要求。

心理健康教育课程建设为高校推行心理素质教育提供了主要途径。在心理健康教育教学实践中，其重要的方面就是：面向全体学生开展长期、系统的以培养学生良好心理素质为目标的心理健康教育，传授心理健康知识，帮助大学生树立心理健康意识，养成健全的人格，增强心理调适能力和社会生活的适应能力，开发学生的内在潜能，最终促进学生全面、健康、和谐的发展。

3. 心理健康教育课程建设：高校课程教育的第二课堂

大数据时代，高校心理健康教育课程已突破课堂教学，随着互联网的普及，网络已成为第二课堂。在这个过程中，网络心理健康教育课程的开发是个创举，它突破了心理健康教育课程的时空局限性，将学校已开设的心理健康教育选修课、专题讲座和报告会等制作成微课，放入专题网站，使大学生可以借助网络系统地学习到最新最适用的心理健康课程。这样做，不仅使网站能吸引、留住和教化学生，凸显网站对大学生心理健康的引导、教育、防治功能，还使大学生能够通过浏览学校心理健康教育网站了解相关的心理健康理论和知识，并能借助网站进行自我教育、自我防范、自我检测、自我调适和自我矫正，达到在自愿自觉的状态下通过宽松愉悦的网上行为实现心理健康教育课程教学的目的。

4. 心理健康教育课程建设：高校心理健康教育工作的有效渠道

这些年来，许多高校也在通过其他途径宣传心理健康知识，但都存在这样或那样一些明显不足，比如：心理辅导和心理咨询主要针对个别有心理问题的学生，受益面很狭窄；仅靠举办几次心理讲座，对学生心理素质的提高很有限；思想道德与法治课加入心理健康内容，也还是远远不够；即便采取团体辅导的形式，参加的学生人数也很有限。正因为如此，国家教育部党组明确提出："健全心理健康教育课程体系，结合实际，把心理健康教育课程纳入学校整体教学计划，规范课程设置，对新生开设心理健康教育公共必修课，大力倡导面向全体学生开设心理健康教育选修和辅修课程，实现大学生心理健康教育全覆盖。公共必修课程原则上应设置 2 个学分、32—36 个学时。"① 2021 年 7 月，教育部办公厅通知中进一步明确："高校要面向本专科生开设心理健康公共必修课，原则上应设置 2 个学分（32—36 学时），有条件的高校可开设更具针对性的心理健康选修课。"② 与其他途径的心理健康教育相比，心理健康教育课程具有以下特点：一是受众面广。开设课程的形式进行教学，其授课对象是全体学生，大部分学生的一些共性的心理困惑和心理问题可以通过课程学习来解决。二是成本投入少。对于一小部分有严重心理问题的学生，可以筛选到心理咨询与心理辅导部门进行咨询与辅导，这在一定程度上能减少心理健康教育的成本，以最少的投入获得最大的效益。三是教育影响深。课程教育不仅能对学生存在的心理问题起到筛选、预防的功效，对学生心理健康意识的树立、心理品质的培养和心理潜能的开发也起到重要的作用。以上这些都是其他途径所不能达到的，所以心理健康教育课程建设，是高校心理健康教育工作的一个有效的途径。

（二）高校心理健康教育课程的建设现状

从 20 世纪 80 年代中期高校心理健康教育课程诞生以来，我国大学生心

---

① 中共教育部党组：《高等学校学生心理健康教育指导纲要》（教党〔2018〕41 号）。
② 教育部办公厅：《关于加强学生心理健康管理工作的通知》（教思政厅函〔2021〕10 号）。

理健康教育课程建设大体经历了三个发展阶段。

1. 第一阶段：选修课初创阶段（1985—2000 年）

1985 年，中国心理卫生协会成立，它成立之前开展的一系列科普活动以及随后出版、印刷的一些读物，对促进高校心理健康教育工作发挥了重要作用。1995 年，教育部颁布的《中国普通高等学校德育大纲（试行）》中明确提出："大学生心理健康教育工作是高等学校德育工作的重要组成部分。"要"加强心理健康和心理素质方面的咨询与指导"。① 这表明从国家层面开始重视心理健康教育。与此同时，一些高校开展了心理咨询工作，也提出了把心理健康教育作为大学生选修课的要求。

2. 第二阶段：选修课发展阶段（2001—2010 年）

2001 年，教育部出台了《关于加强普通高等学校大学生心理健康教育工作的意见》（教社政〔2001〕1 号），提出"各高等学校应创造条件，开设大学生心理健康教育的选修课程或专题讲座、报告等"；特别是 2005 年，教育部、卫生部、共青团中央联合下发的《关于进一步加强和改进大学生心理健康教育的意见》（教社政〔2005〕1 号），再次提出要"充分发挥课堂教学在大学生心理健康教育中的重要作用。高校要普及大学生心理健康教育……要结合实际，有针对性地开设相关选修课程"。在这些专项文件精神的鼓舞下，各级教育行政部门日益重视大学生心理健康教育课程教学，并开始引导和支持高校开设选修课，开设选修课的学校越来越多，开课的班级数也不断增加。

3. 第三阶段：必修课起步阶段（2011 年至今）

2011 年，教育部出台了《普通高等学校学生心理健康教育课程教学基

---

① 国家教育委员会：《关于颁布试行〈中国普通高等学校德育大纲〉的通知》，1995 年 11 月 23 日。

本要求》，明确提出各高校要开设心理健康教育必修课，可采取两种开课方式："1. 开设一门'大学生心理健康教育'公共必修课程，覆盖全体学生。2. 在第一学期开设一门'大学生心理健康教育'公共必修课程，在其他学期开设相关的公共选修课程，形成系列课程体系。"2018 年，教育部党组明确要求高校开展网络心理健康教育，提出要"开发建设《大学生心理健康》等在线课程，丰富教育教学形式。创新心理健康教育教学手段，有效改进教学方法，通过线下线上、案例教学、体验活动、行为训练、心理情景剧等多种形式，激发大学生学习兴趣，提高课堂教学效果，不断提升教学质量。"① 2021 年，教育部办公厅又专门发文，强调要"发挥课堂教学主渠道作用，帮助学生掌握心理健康知识和技能，树立自助互助求助意识，学会理性面对挫折和困难。高校要面向本专科生开设心理健康公共必修课，原则上应设置2 个学分（32—36 学时），有条件的高校可开设更具针对性的心理健康选修课"。② 所有这些具体而明确的要求，都大大地推进了大学生心理健康教育课程朝必修课方向的发展。这一阶段心理健康教育课程建设的特点是，政府导向，采用必修课模式，大面积开课。

30 多年来，大学生心理健康教育课程建设经历了一个从无到有、从小到大的发展过程，发生了一系列的变化，具体表现在以下几方面：

第一，课程范围上的变化：从无到有，从小到大。心理健康教育课程，从一个学校开设、多个学校开设到目前多数高校开设；从部分学校开设的选修课到如今教育部明确要求作为每个大学生的必修课。从教育对象来说，最初主要是本科院校开课，逐渐发展到高职院校，现在一部分学校在研究生中也开设了"研究生心理健康"选修课。从课程平台来说，从"线下"进行正常的课堂教学到开发网络课程进行"线上"心理健康课程教学。此外，不少学校还从一门心理健康教育课逐渐发展出以"大学生心理健康"课为

---

① 中共教育部党组：《高等学校学生心理健康教育指导纲要》（教党〔2018〕41 号）。
② 教育部办公厅：《关于加强学生心理健康管理工作的通知》（教思政厅函〔2021〕10 号）。

核心的一组心理健康教育专题课程。

第二，课程组织上的变化：从自发开设到政府推动。心理健康教育课程，从高校自发开设到各地研究会、教育行政部门有组织地号召开设，一直到 2011 年教育部发文要求开设必修课，使课程建设成为教育部思政司的重要工作之一。从自下而上到自上而下的转变，标志着大学生心理健康教育课程由民间诉求变成了政府号召，由民间行为变成了政府行为。这一根本性的变化意义重大。大学生心理健康教育课程作为由政府要求开设的全国大学生的必修课，这在国际上是绝无仅有的，受到了国外专家同行的高度评价。

第三，师资规模上的变化：从少到多，渐成队伍。心理健康教育教师队伍，起初只是一两个人主讲，随着教学班级的增加，任课教师队伍不断扩大，到现在许多高校都建立了心理健康教育教研中心，专门组织实施课程教学和研究，专兼职教师达到了十几人甚至几十人的规模。

第四，教学形式上的变化："线上""线下"并举，教学形式丰富多彩。心理健康教育课程教学形式，从以课堂教学为主，发展到网络课程的开设，使得"线上""线下"教学并举，教学过程中的师生互动性越来越强。从没有国家精品课程到有精品课程，再获得国家级精品资源共享课，标志着心理健康教育课程建设已达到较高的水平。

第五，教材建设上的变化：从无到有，种类齐全。1992 年，我国出版了第一本大学生心理健康教育课程教材《大学生心理卫生》，作为国内许多高校的教材和教师参考用书。2000 年前后，一些高校开始陆续编写校本教材或地区教材。值得一提的是，教育部思政司曾经组织过两本带有部编性质的用书，第一本是教育部思政司组织编写的《大学生心理健康教育读本》（申继亮主编，高等教育出版社 2007 年版），另一本是教育部思政司组织教育部高校心理健康教育专家指导委员会委员编写的《大学生心理健康》（沈德立主编，高等教育出版社 2013 年版），后者是基于教育部《普通高等学校学生心理健康教育课程教学基本要求》而编写的全国示范教材。也就是说，教材既有自行组织的，也有官方组织编写的，既有校本教材，也有省编教材、部编教材。教材从一部到上百部，从本专科合一的统一教材到出现《高职学生心理健康》《研究生心理健康》教材，对象特色更加明显。近年来，在教材内容上更强调正向的发展性主题，编写形式也更加活泼、丰富。

第六，教学理念上的变化：从强调预防和矫正心理障碍为主，到更关注学生心理的积极健康发展。教学理念转变带来的直接变化是教学内容等方面的变化，即从偏重解决大学生的心理障碍性问题逐渐调整为关注大学生成长过程中的烦恼、困惑、不适应，更侧重于一般性心理问题的分析、成长性心理问题的解答和如何更好地促进学生的心理发展，从强调心理健康内容的系统性转向结合当代大学生的心理行为的实际，凸显针对性，从关注理论性转变为强调应用性和方法的可操作性。

概括起来，大学生心理健康教育课程从选修课到必修课，走过了一条自下而上再自上而下的发展道路。大学生心理健康教育课程教学越来越得到重视，受众面越来越广，也培养了一支从事大学生心理健康教育课程教学的师资队伍。正是因为大学生心理健康教育课程对大学生健康成长所产生的积极影响，对推进高校心理健康教育工作所发挥的主渠道作用，对加强和改进高校思想政治教育所具有的重要意义，这门课才会在开创 30 多年后被教育部列为所有大学生的必修课。

二、高校心理健康教育课程
建设中的问题与分析

当前，高校心理健康教育课程建设的发展状况总体上是好的，但在发展过程中也存在需要关注的问题，尤其是网络心理健康教育课程建设存在诸多问题，需要认真研究分析，寻找解决的办法。

（一）主要问题

1. 课程教材内容不完善，缺乏针对性

目前我国大学生心理健康教育课程存在固化现象，一般采用固定教材的形式，教材选择的内容一般包括：生活的适应、自我意识、人格理论、情绪理论、生命教育等内容。[①] 课程内容编制从横向上看，基本脱胎于普通心理学教材，没有围绕着大学生这一群体的心理健康问题而重新组织；同时，课程内容中选取的心理案例、拓展阅读等资料的时效性差，难以与学生的实际生活产生关联，不能引起学生的共鸣。从纵向上看，心理健康课程只在大一学期开设，其他年级段基本没有系统的心理健康教育教学活动。但心理健康教育是个连续的过程，不同年级段的学生在其学习生涯中必然会有不同的心理问题。心理健康课程此时明显缺位。此外，教材质量差异也较大。各高校使用教材情况比较复杂，有些高校使用省编或部编教材，有些高校使用自编教材，还有不少学校上课没有教材。一般来说，部编、省编的教材质量较好，自编教材则五花八门，相当一部分自编教材质量堪忧，如理念比较陈旧，内容不够严谨，错别字较多，印刷粗糙，价格偏高，拼凑痕迹比较明显等现象。高质量的教材是保证教学质量的重要依托，目前一些学校在这个环节上把关不够严。

从总体上来看，目前心理健康教育课程教材存在六大问题：（1）教材内容比较滞后，叙事方式与语言风格过于刻板，缺乏针对性。（2）过于强调认知任务，理论色彩过浓且实用性不强。（3）不符合大学生的实际心理需要，忽视不同年级学生心理状况的差异性。（4）很多教材采取学科课程的编排模式，操作性差，不易被大学生所接受。（5）有的教材只偏重大学

---

① 葛明贵：《大学生心理健康教育》，教育科学出版社 2014 年版，第 5 页。

生心理健康的某一方面，而忽视了其他方面素质的发展。（6）网络课程教材还处于开发阶段，目前还没有比较成熟的网络心理健康教育课程教材。

2. 实践课程引入不够，课程实施严重滞后

高校心理健康教育课程应该是心理知识的传授、心理活动的体验、心理调适技能的训练等为一体的综合性课程。但在实际教育教学中，实践课程引入不够，传统的课堂讲授模式仍是心理健康的主要教学方式。在学时上，课堂教学和实践课的课时分配不均匀，通常表现为实践课时不足、实践活动匮乏等。这种课程实施滞后还表现在，教学活动由教师发起和推动，而学生只是活动的回应者，只需按照教师的期望回答出教师预期的理想答案，这难以满足学生的心理需要，真正发挥学生的主体性和能动性，也难以培养学生的创新精神和实践能力。

3. 网络心理健康教育课程亟待开发

按照教育部党组关于"开发建设《大学生心理健康》等在线课程，丰富教育教学形式"① 的要求，目前高校网络心理健康教育课程开发还比较滞后，主要存在三种情况：

（1）思想上对网络课程开发不够重视。随着近年来网络科技的迅速发展以及普及，网络科技逐渐融入社会各领域当中，给人们的生活带来很大影响，大学生也出现这样或那样一些新的心理健康问题。对此，仅仅沿用传统的心理健康教育方式，不重视网络心理健康教育课程的开发，就会影响高校网络心理健康教育工作的进展。有一些高校虽然也意识到网络心理健康教育的必要性，但网站多是一些心理学概念、心理现象或心理疾病等心理健康教育知识的静态宣传页面，鲜少开设有心理健康教育的网络课程；另一方面网站的互动性功能较弱，学生难以及时地通过网络联系到专业的心理咨询人员

---

① 中共教育部党组：《高等学校学生心理健康教育指导纲要》（教党〔2018〕41号）。

释疑解惑，这也影响到高校网络心理健康教育工作的进展。

（2）内容上对课程教学重点不够突出。在一些高校，开设的网络心理健康教育课程主要是关于心理疾病预防的内容，比如：网站上大都是关于心理压力以及心理障碍等调适与指导的内容，很少有关于心理发展性的内容，出现这种情况的原因是高校对心理健康教育的理解较为片面，把心理咨询与治疗当成是心理健康教育的主要内容。而大学生的心理健康问题一般分为两种类型：一种是心理障碍性问题；另一种是心理发展性问题。在所有学生中出现心理障碍性问题是不多的，而大多数学生的心理问题主要集中于发展性问题上。因此，高校网络心理健康教育课程的开发，更应该侧重于发展性心理健康指导，从而以培养学生的心理素质为主要的教育目标，进而发挥网络心理健康教育的功能，促使学生身心全面健康成长。

（3）监督上对网络信息筛查不够到位。随着网络科技的发展，网络已经成为人们获取信息的主要来源，但是由于很多信息是由个人所提供，而且没有专业的机构对这些信息进行筛选，导致很多信息都出现失真的情况，对大学生容易造成心理影响，不利于他们的健康成长。目前，大多数心理健康教育网站只注重资源建设，对网络信息筛查不够到位，不利于网络心理健康教育课程的开发和建设。

4. 缺乏专业化网络心理健康教育课程教师

心理健康教育是一项专业性与实践性较强的工作，它不仅需要心理指导教师具有专业的知识以及技能，尤其是在开展网络心理健康教育课程教学时，还需要教师具有熟练的网络操作技能。然而，就现状来看，虽然很多高校已经开展网络心理健康指导，但是心理健康指导教师并非专业的人员，而是思想政治教师、医务人员或者是其他专业的教师所兼任。这些教师既不具备较高专业心理学知识，心理指导的技能也不是很丰富，导致网络心理健康教育课程教学的实际效果并不理想，从而影响教学目标的实现。此外，授课教师队伍的低龄化、低职称化、低专业化、低专职化也是一个比较突出的问题，需要高度重视，并采取有效措施来弥补。

5. 网络心理健康教育课程缺乏科学的评估方法

评估作为一种反馈机制，将能促进高校心理健康教育课程的设计更趋向合理，实施更加有效。而当前对于大学生心理健康教育课程体系建设的评估，尤其是网络心理健康教育课程的评估，几乎可以说处于空白地带。目前，在评估方面存在的问题主要表现为：其一，无评估。有的高校由于不懂得怎样评估，或者也没有什么部门要求进行评估，所以"只做不估"。其二，简单化甚至单一化的评估。评估的方式、手段及内容均趋于简单化，评估指标单一。有的学校只以是否开设心理健康教育活动课为评估标准；有的学校只以是否建设心理咨询室或开展心理咨询活动为评估标准；有的只对师资队伍建设、心理健康教育效果等少数几个指标进行评估。其三，错位的或片面的评估。有的学校把评估当作评比，有的只对学生心理问题的发生率或检出率进行评估。由此，一方面造成了高校对大学生心理健康教育课程建设重视不起来；另一方面，也造成了大学生心理健康教育课程建设无法得到规范化和系统化。

需要指出的是，对于网络心理健康教育课程这样一门特殊的课程，它的评估方法与一般学科课程有着质的区别。传统学科课程的评价更注重的是知识的掌握程度，很多时候是以书面考试的形式进行；而网络心理健康教育课程并非从单方面知识的掌握来评价，它更加强调动态性和情境性评价。目前，对网络心理健康教育课程的评价没有统一的标准，评价的有效性也没有翔实的研究证据支持，这方面还有待于进一步的研究和探讨。

（二）原因分析

1. 认识上有误区与偏差

其一，认为心理健康教育只是一种观念上的东西，不需要开设专门的课程，即便开设课程也是作为学校应付有关检查和评估而设置的浮动项目。其二，认为心理健康教育包含在高校德育工作之中，没有必要再开设相关课程，在实际操作中不按照比例要求配备专职心理健康教育人员，或者以思想政治教育替代心理健康教育。其三，心理健康教育课程建设的隶属关系比较混乱，有的隶属于思想政治教育部门，有的隶属于学工部，还有的隶属于其他部门，导致缺乏系统化运作，对课程的建设和发展造成了严重的阻碍。

2. 教学方法具有局限性

从目前高校心理健康教育课程建设的实施现状来看，存在局限性：

一是授课方式单一。不少高校过于强调开设必修的心理学科课程，采用单一的讲授方式向大学生灌输心理名词、定义、概念，要求学生记忆心理学知识和原理，有的还要进行考试。二是互动、交流沟通较少。一些教师授课往往看着课件，按照教材照本宣科，教师与学生之间的互动、交流沟通较少，较少与学生探讨相关问题，其结果不仅不利于维护和促进大学生的心理健康，反而变相地加大了大学生的学习负担，增加了大学生的心理压力。三是"线上""线下"结合不够紧密。在网络迅速发展的新形势下，大学生接受心理健康教育的形式应当是多样的，这就需要心理健康教育教师改变"线上""线下"结合不够紧密的现状，不仅要充分发挥"线下"课堂教学的作用，同时要开设好网络心理健康教育课程；不仅要利用好"线上"课堂，同时要充分地利用在线讨论方式，更积极地引导学生、启发学生，促使网络心理健康教育更加顺利地进行。四是设计创新的教学方式不够。在新的形势下，高校心理健康教育教师应充分利用高校的各种教学资源，设计创新的教学方式，比如说可以从预防性的心理健康教育改革为创新性的心理健康教育，从而推动传统网络教学模式改革创新的力度。这就需要高校加大对心理健康教育指导教师培训的力度，并要构建网络交流平台，促使高校心理健康教育教师与其他教师之间的沟通交流，从而更好地促使心理健康教育教师的整体水平得到提升。另外，高校还可以完善各项激励措施，引进专业的心理健康教育教师，从而充实心理健康教育的师资队伍。

3. 理论研究滞后

从总体上来看，目前高校心理健康教育理论研究滞后于实际运用和需要，突出表现在：微观研究多，宏观研究少；事后性议论多，前瞻性研究少；浅层分析多，深入剖析少；经验性研究多，理论性研究少；障碍性研究多，发展性研究少。这些也都必然影响了大学生心理健康教育工作的开展。

就网络心理健康教育课程理论研究方面来说，滞后状态较为严重，一系列理论问题尚未明晰，如网络心理健康教育课程的地位问题、与其他心理健康教育途径的关系问题、内涵与性质问题、内容建构问题、教学设计问题、教学评价问题、教材建设问题、师资管理问题，等等。这些问题理论研究的滞后与薄弱，显然已影响到了网络心理健康教育课程的实践和网络心理健康教育工作的深层次发展。

4. 缺乏系统、有效的课程管理

其一，课程管理的随意性和非系统性较大。心理健康教育课程具有很强的专业性，教学期待较高、教学效果具有长期性和隐形性。目前教育行政部门对这门课程缺乏有效的指导与调控，课程建设的具体管理部门不确定，存在随意性；而教师队伍本身也参差不齐，对该课程的管理意识和经验相对薄弱。其二，缺乏相应的规章制度和保障措施。据调研，高校心理健康教育课程普遍存在着教学时数偏少、教学内容多的问题。一般高校心理健康教育课程最多不超过 32 学时，甚至部分高校都是 18 个学时。但教学内容包括心理学知识概论、大学生心理特点与心理保健、新生心理适应、情绪与情感、意志品质、恋爱婚姻、择业就业、心理咨询与心理治疗常识等内容，18 个学时远远完成不了。更有甚者，有的学校虽有心理健康教育课程安排，但在具体落实课时时，往往忽略或放在可有可无的位置，这是心理健康教育课程实施中最大的困难之一。其三，网络心理健康教育简单化。不少高校将网络心理健康教育简单地理解为解决网络成瘾学生的心理问题，忽视对网络心理健康教育课程的统筹规划，从而使网络心理健康教育流于形式。

三、高校心理健康教育的课程属性与实施原则

（一）课程属性

心理健康教育课作为一门新型的课程，对其属性的认识是不尽相同的。从已公开发表的论文中，目前主要有以下几个观点：（1）心理健康课的基本特征是计划性、目的性、经验性，外显特征有形式的活动性、结构的开放性、训练的系统性、学生的主体性。[1]（2）心理健康教育课是新兴的一门综合性、交叉、应用学科。[2]（3）心理健康教育课的特征是教学对象的全体性、教学方法的自主性、教学过程的活动性、教学目标的发展性。它是依据心育的目标对受教育者进行系统的心理发展知识传授和自我心理修养教育的一门学科课程。[3] 以上这些观点只是部分地、外在地认识了心理健康教育课程的部分特征，仅仅根据这些特征，还不足以将心理健康教育课程与其他课程区别开来。心理健康教育课程有其内在的特质，鉴于此，无论是"线上"还是"线下"的心理健康教育课程，都应是以促进学生的心理健康与发展为宗旨，以体验性、校本化实施为特征，以学生的心理自助为手段的发展性生活课程。其属性具体表现在：

---

① 严蔷薇、胡青：《试论心理教育活动课的课程地位和性质》，《江西教育科研》2004 年第 12 期。

② 姚贵平、黄晓玲：《论中学心理健康教育课的建构》，《教学与管理》2002 年第 3 期。

③ 班华：《心育论》，安徽教育出版社 1994 年版，第 83 页。

1. 高校心理健康教育课程是一种学生本位课程

人本主义学家罗杰斯认为心理健康教学过程应该以学生为本位，改变教师传统教学者和训练者的角色定位；认为教师只是学生学习的"促进者"，强调师生之间真实、接受、理解的人际关系，只有这样才能帮助学生了解他们想要什么，帮助他们发现所学东西的意义，从而安排适宜的学习活动和材料，维持着某种滋育学习过程的心理氛围。① 为体现"以学生为本位"的要求：一是要在认知上明确心理健康教育课程不是以学科本位和社会本位为主的课程，而是一门需要以学生本位为主、注重学生个性发展的课程；二是要改变传统教学中的师生关系，确立心理健康教育教学中的师生关系是一种平等的、互相信任、和谐的师生关系；三是要根据学生的现实需求、生活经验和社会状况制定心理健康教育课程内容，使学生真正认识到该课程的学习对其自身心理健康的重要意义；四是要为学生理解和建构心理知识搭建"脚手架"，通过创设一定的情境、开展小组合作活动，促进学生原有经验发生转化并形成新的理解。

基于上述认识，高校心理健康教育课程包括网络心理健康教育课程是一种"学生本位课程"。学生是心理健康教育课程的中心，课程的实施过程就是学生主动探索和积极创造的过程。据此，无论是心理健康教育课程还是网络心理健康教育课程的建设，既不能照搬国外的做法，也不能沿用传统学科课程的运作方式，而必须充分凸显学生的主动性，使课程真正成为学生自主建构心理的实践活动过程。

2. 高校心理健康教育课程是一种生成性课程

所谓生成性课程，是指以真正的对话情境为依托，在教师、学生、教

---

① 江光荣：《人性的迷失与复归——罗杰斯的人本主义心理学》，湖北教育出版社 2000 年版，第 256—258 页。

材、环境等多种因素的持续相互作用过程中动态生长的建构性课程。关于生成性课程，国内外有学者专门做过论述，如著名的后现代主义课程学者多尔（W. Doll，Jr）就认为课程是在师生对话中生成的，"适应复杂多变的 21 世纪的需要，应构建一种具有开放性、整合性、变革性的新课程体系。课程不再是特定知识体系的载体，而成为一种师生共同探索新知的发展过程；课程发展的过程具有开放性和灵活性，不再是完全预定的，不可更改的。"澳大利亚学者布莫（Boomer）等人倡导的"协商课程"（Negotiation Curriculum）实质上也是一种生成课程，其课程内容方案的制定以及实施都是由师生通过协商合作而共同完成的，同时课程所蕴含的价值、意义、精神也通过师生的相互理解而得以生成。我国当前进行的新课程改革也从多层面内在地反映了生成课程的精髓，比如研究型课程实际上就是一种生成性课程。

我们说高校网络心理健康教育课程是一种生成性课程，是因为这门课程的服务对象是绝大多数正常的学生，课程实施的目的是帮助学生解决各种成长过程中遇到的问题，充分开发学生的潜能，促进学生心理的建构过程成为其自我不断生成的过程，自我的生成过程又不断促进其心理建构。因此，网络心理健康教育课程不应该是事先设定好的静止物或一件成品，而是"一个不断前进的过程"，课程的实施更应是一个生成的过程，是教师与学生借助网络而进行协作的过程，它具有不确定性和建构性。

3. 高校心理健康教育课程是以发展性为目标的课程

发展性教学理论[1]是 20 世纪六七十年代产生于苏联的一种教学理论。该理论强调教学要促进学生的"一般发展"，认为"一般发展"是教学的目的，只有当教学任务落在"一般发展"的"最近发展区"，才能促进学生的一般发展。"一般发展"指的是从心理学角度出发的、完整的、人的深刻全

---

[1] 钟启泉：《现代教学论发展》，教育科学出版社 1992 年版，第 25 页。

面发展，是既包括智力因素，也包括非智力因素的整个身心的全面和谐发展。①

高校心理健康教育课程之所以是以发展性为目标的课程，是因为其理念包含：其一，可持续发展的理念，即帮助学生解决成长中遇到的各种发展性问题，促进学生在原有基础上得到可持续发展。其二，全体发展的理念，即以全体学生的心理健康水平和心理素质的提高为基本立足点和最终目标，要让每一个学生都发展。其三，全面发展的理念，即促进学生的全面发展。其四，潜能开发的理念，即坚信每一个学生有发展的潜力，最大限度地开发每一个学生的潜能。基于上述理念，高校网络心理健康教育课程的本质应是立足于学生心理的"最近发展区"，通过各种途径创造出学生新的心理发展基础，促进学生心理发展不断达到最佳水平。

4. 高校心理健康教育课程是一种回归"生活世界"的课程

"生活世界"这一概念最早由胡塞尔在其晚年著作《欧洲科学危机和超越现象学》中提出来。胡塞尔提出这一概念，目的在于同"科学世界""理念世界"相区分，并提醒人们不可忘却现实中实在的人们自身的生活。他认为，生活世界是"作为唯一实在的，通过知觉实际地被给予的、被经验到并能被经验到的世界，即我们的日常生活世界"②。

胡塞尔所提出的这一概念，应当合理地成为现代课程建设的基本思想内核。回归"生活世界"的现代课程，从本质意义上说，就是强调自然、社会和人在课程体系中的有机统一，使自然、社会和人成为课程的基本来源，这也是如同哲学一样所不能忽视的"理所当然的事"③。心理健康教育的目

---

① 梁志：《中国学前教育百科全书：教育理论卷》，沈阳出版社 1995 年版，第 106 页。

② ［德］埃德蒙德·胡塞尔：《欧洲科学危机和超越现象学》，张庆熊译，上海译文出版社 1988 年版，第 28 页。

③ ［美］赫伯特·施皮格伯格：《现象学运动》，王炳文、张金言译，商务印书馆 2011 年版，第 210 页。

的旨在通过教育回归"生活世界",向生活回归、向社会回归、向人自身回归,实现适应生活、融入社会、改善自身的能力。对网络心理健康教育课程建设而言,它不应当追求文本的知识性、学术性和结构性,而更注重心理生活场景的设计和情境的渲染,比如:与学习有关的包括学习动机、学习策略、学习能力、考试心理的教育与辅导;与生活有关的包括自我意识、情绪、人际交往、休闲及性心理等方面的教育与辅导;与职业生涯有关的包括生涯规划、生涯决策能力、开发自我潜能等方面的辅导;与生活化活动有关的包括选择适合学生心理特点的典型材料,使学生在生活化的活动情境中通过自主认知、体验、反省来提升心理品质;等等。

5. 高校心理健康教育课程是一种体验式的课程

"体验式"学习理论,是国外最早提出来的,其中杜威的经验自然主义、大卫·科博的体验式学习圈和罗杰斯的人本主义教学理念都成为"体验式"学习理论的核心基础。

20世纪初,美国著名哲学家、教育家杜威摒弃了实验室的研究方法,以真实的学校生活为研究对象,提出主张:"教育是让学生在情境中探索自己的问题,改造和重构经验,最终自己得出结论,从而获得发展,形成一套'观察—经验—判断'的学习过程。"① 1984年,美国著名教育学家大卫·科博在汲取了杜威等人研究的经验学习模式基础上,正式提出了"体验式"学习理论,并建立了一个"体验式"学习模型即"体验式学习圈",主张通过"体验"获得的学习成果才是真正有效的学习,最终形成理论,并应用在实践中。因此,"体验式"学习理论是一种在"体验"中学习的新型双向式学习模式,有利于避免传统教学理念的弊端。

2018年7月中共教育部党组印发的《高等学校学生心理健康教育指导

---

① Beard. M., Wilson, J. P., *Experiential Leamingr*: *A Best Practice Handbook for Educators and Trainers*, Kogan Page Publishers, 2006: 32.

纲要》要求不断创新心理健康教育教学手段，有效改进教学方法，通过线下线上、案例教学、体验活动、行为训练、心理情景剧等多种形式，激发大学生学习兴趣，提高课堂教学效果，不断提升教学质量。相比传统的课程教学模式，"体验式"课程教学的优势在于：能够使学生在课程教学过程中有足够的体验感，亲身感受实践；能亲身体验情景或活动，在体验与感悟的基础上，提升对教学课程的认同感；能在体验集知识性、互动性、实践性、趣味性于一体的课程教学过程中，增强学习兴趣，培养学习能力；能通过丰富多样的课程教学活动体验，提升课程教学的效果。

综上所述，高校心理健康教育课程是一门相对独立的课程，有自己的特殊属性，它为学生获得良好的思想道德品质、专业知识和技能、潜能的开发提供了良好的心理基础，是一门心理素质教育课程。通过"线上"和"线下"心理健康教育课程，教给学生一些提高心理素质、塑造心理品质、维护心理健康的知识和方法，这不仅是必要的，而且也是必需的；同时，对学生进行必要的心理辅导和心理训练，让学生在活动中获得经验和体验，这不仅是可行的，而且也是有效的。

（二）实施原则

在大数据时代，高校网络心理健康教育课程建设应坚持以下原则：

——科学性与实效性相结合。根据学生身心发展规律和心理健康教育规律，既要坚持以科学的理论指导网络心理健康教育课程建设，以科学的思维和方法分析大学生的心理状况和心理行为，不断完善课程教学内容；同时也要遵循科学决策的程序，科学开展心理健康教育课程教学工作，逐步完善网络心理健康教育和咨询服务体系，切实提高学生心理健康水平，有效解决学生思想、心理和行为问题。

——普遍性与特殊性相结合。坚持普遍性和特殊性相统一，就是要防止和抵制在二者关系上的形而上学，既不能以普遍性取代特殊性，也不能以特殊性否定普遍性，而必须正确处理好两者之间的关系，在实践中不断实现普遍性和特殊性的统一。面向广大学生，针对大学生群体普遍存在的共性问题开展心理健康教育课程教学，是心理健康教育课程建设的基本要求，这个是必须要做好的。但在坚持面向全体学生开展普遍性心理健康教育课程教学时，也要注意教学中的特殊性，尤其是关注学生的个体差异，注重教学的方式方法创新，分层分类施教，以满足不同学生群体心理健康服务需求。只有坚持普遍性和特殊性相统一，正确处理好两者之间的关系，才能更好地满足不同学生群体对心理健康教育课程的需求。

——主导性与主体性相结合。网络心理健康教育课程是以网络为载体的课程教学，需要充分发挥心理健康教育教师、心理咨询师、辅导员、班主任等育人主体的主导作用，强化家校育人合力。在网络心理健康教育课程教学中充分发挥主导性作用，就是要引导学生正确认识"网络社会"，树立对网络"虚拟社会"的正确态度和观念，帮助大学生解决网络心理障碍，培养他们健康的人格，全面提高学生的心理素质，促进他们健康的成长。与其他课程相比较，高校网络心理健康教育课程是一种"为我"的课程，它要求从主体的需要、兴趣、动机出发，而不是依据外在的目标来组织和实施课程；要坚持以学生为中心，真正把学生作为心理意义的主动建构者，让他们始终处于教学活动的中心位置，在教学活动中实现自己的主体性发展和心理成长。因此，"主体性"是网络心理健康教育课程建设的精髓，心理健康教育课程促进学生心理品质发展的前提是学生自主性获得发展。

——发展性与预防性相结合。在网络心理健康教育课程教学中坚持发展性原则，就是要在教学过程中研究大学生的网络心理现象，加强心理健康知识的普及和传播，充分挖掘大学生的心理潜能，培养他们积极的心理品质，促进其身心和谐发展。与此同时，课程教学也要坚持预防性原则，高度重视对大学生心理问题的及时疏导，加强心理危机预防干预，最大限度预防和减少严重心理危机个案的发生。

四、高校网络心理健康教育
课程建设的构建途径

当前，加强高校网络心理健康教育课程建设，需要从以下几个方面进行。

（一）树立先进教育理念，重视网络心理健康教育课程建设

高校担负着培养高素质、创新型人才的使命，要求学生德、智、体、美、劳全面发展，成长为有理想、有道德、有文化、有纪律的"四有"新人，不仅具备系统的课本理论知识和技能，还要有健康的身体和完整的人格。高校要更新教育理念，充分发挥网络心理健康教育的功效，正确地引导学生增强对不良信息的免疫力，使学生能够正确合理地利用网络并形成良好的网络习惯，减少不良信息对学生的侵扰，促使学生的身心健康发展。为此，高校要重视大学生网络心理健康教育课程建设，使心理健康教育课程系统化和规范化。

作为一门独立的课程，当前对网络心理健康教育课程的管理应做好三个方面工作：（1）要设置相应的学时和学分，不仅要纳入学校总体的教学计划，还要有教学大纲和课程评估标准，以保证网络心理健康教育课程的制度化和规范化；（2）要编制符合本校学生实际情况的教学大纲和参考教材，选定合适的主要参考教材；（3）要加强师资队伍的建设，要求教授网络心理健康教育课程的教师必须有过硬的心理学知识和理论基础，有较高的专业素养；（4）要高度重视对网络心理健康教育教师的继续教育和培训，制定培训计划，有组织、有目的地对教师进行相关培训，为教师提供交流、观摩学习的平台和机会，不断提高教师的综合素质。

（二）明确高校心理健康教育课程性质与教学目标，加强科学化建设

当前，高校心理健康教育课程建设尤其是网络心理健康教育课程建设应突出"三个统一"。

1. 课程建设的目标定位应转向预防性和发展性相统一

目前，"线上"和"线下"高校心理健康教育的课程建设目标大多定位为矫治性和预防性的，其目的主要是为了解决大学生日益突出的心理问题。从促进大学生成长和成才的角度来看，这样的目标定位是不够全面的。如果大学生的心理健康水平只处于没有精神疾病或没有适应不良行为的状态，难以实现心理健康发展。为此，大学生心理健康教育课程的目标应从预防心理问题的产生向促进身心健康、完善人格和开发潜能转变，[1] 应将预防性目标和发展性目标统一起来，增强他们的心理自我教育能力，提高他们的社会适应性，充分开发他们的潜能和创造力，使之不断超越自我，走向自我实现。

2. 课程建设的教学内容应体现知识、态度和能力相统一

明确课程建设的目标方向，不等于目标内容也明确了，只有对目标的内容具体化了，才能更好地指导课程建设沿着目标方向健康发展。以往大学生心理健康教育课程建设要么过分重视行为习惯的训练，要么片面强调理论知识的传授，其结果不是忽视理论知识在个体行为习惯养成中的作用，就是忽视实践训练在大学生心理素质培养中的作用，难以真正促进大学生心理健康水平的提高。高校网络心理健康教育的重要目的，无论是"线上"的还是"线下"的都是要帮助大学生能够自觉地运用心理健康的知识和方法技术，

---

[1] 韩丹：《大学生心理健康教育课程研究述评》，《教育探索》2009 年第 12 期。

进行心理调适，矫治心理问题，预防心理疾病的发生，开发自身潜力。因此，大学生心理健康教育课程或网络心理健康教育课程的教学内容都需要做到知识、情意、能力相统一，任何一方面都不可偏废。

3. 课程建设的教学方法应探索灵活性和多样性相统一

在探索心理健康教育课程建设的教学方法方面，各高校都有自己的做法，一般来说都应当在"三化"方面下功夫：一是教学方法多样化。无论是"线上"还是"线下"，都要突出灵活性和多样性，让学生在教学过程中有所体验，激发学生探索的动机，帮助学生找出解决方案，提高心理素质。二是教学手段现代化。在网络心理健康教育课程讲授中，应充分利用现代教育技术的手段，增强学生对所授内容的理解；同时，要将传统教学手段与现代教学手段相结合，使抽象的理论通俗化、具体化，寓教于乐，使学生由被动接受转向主动探索，达到较好的教学效果。三是考核方式动态化。无论是"线上"还是"线下"的心理健康教育课程的考核，都应把学生对理论知识的掌握与所学知识的理解和实际运用相结合，注重教学过程中的综合和动态考核，更多地考查学生对知识的感悟以及运用所学知识观察问题、分析问题和解决问题的能力。

（三）强化多种形式的整体配合，构建高校网络心理健康教育课程平台

在高校网络心理健康教育课程建设中，应构建"线上"普及平台、心理测验平台、心理咨询平台、心理互助平台，并强化整体配合，以进一步提高网络心理健康教育的效果。

1. "线上"心理健康知识普及平台

网络心理健康教育，除普及好心理健康基本知识之外，还应做好五个方面的普及：（1）学业心理方面。普及正确的学习方法、学习动机、学习兴

趣、学习习惯以及如何做好学习疲劳的预防等方面的基本知识。（2）人际
关系方面。普及优化人际关系的策略、调适人际关系的策略等方面的知识。
（3）就业心理方面。普及如何正确对待求职过程中所遇到的挫折和失败方
面的知识，增强大学生自我调控能力，调整择业期望，以积极主动的良好心
态选择工作岗位。（4）人格辅导方面。普及如何提高挫折能力、培养积极
向上的情感和良好的性格等方面的知识。（5）心理导航服务方面。普及如
何具备正确的上网心态和网上网络行为等方面的知识，促使学生正确认识网
络世界，树立正确的网络观和网络道德，培养良好的思维方式，提高识别信
息、认识问题的能力，减少网络对大学生心理的负面效应。

2. 心理测验平台

网络心理测验是心理学工作者依据一定的心理学理论，按照一定的系统
程序给人的心理特性以数量化的过程。心理测验主要目的是全面了解大学生
心理健康状况，建立大学生心理健康档案；同时，让大学生了解自己心理状
态，有意识地注意培养自己，使自己的心理素质不断提高。构建心理测验平
台，基于大学生自身的特点，至少应包括学习、人格、交和、挫折等方面的
心理测验。实践证明，通过平台对大学生进行心理测验，了解其基本心理特
征、需要，能够有效、及时地发现大学生的心理问题及其心理问题的特点和
严重程度，从而提高网络心理教育工作的针对性和有效性。

3. 心理咨询平台

"所谓网络心理咨询，是指以网络为媒介，运用各种心理学理论和方
法，帮助来访者以恰当的方式解决其心理问题的过程。"[1] 网络心理咨询主
要是针对有心理困惑、情绪困扰并希望求得帮助的学生，在网络上对咨询对
象在身心诸方面出现的不适应问题提供心理援助，以缓解咨询对象的心理紧

---

[1] 陈笃钦：《网络：大学生心理咨询新途径》，《福州大学学报》2001年第4期。

张和冲突，给其提供专业的、有效的帮助。这种咨询方式对咨询者是保密的，可以打消学生的心理顾虑，有利于大学生打开心扉，使心理咨询工作能够顺利进行。利用网络进行心理咨询的优点除了保密性外，及时性也是非常重要的，大学生有了心理问题，通过网络及时地进行咨询和解决，可以避免许多心理疾病的发生，可以尽早地使大学生摆脱心理困境，以良好的心态投入到生活、学习中去。

4. 心理互助平台

开展心理互助，是网络心理健康教育能否收到实效的关键。鉴于目前网络心理健康教育的现状，可以定期在校园网上就可能或已经出现的倾向性心理问题开展专题交流和讨论，通过心理互助共同解决好大学生中存在的共性的、普遍性的问题。还可以利用校园网建立网络心理互助，不仅能够提高大学生参与心理健康教育的热情，也能使一些学生在心理互助活动中对自身对社会有了更多的认识，其效果是常规心理交流无法达到的。

（四）加大师资队伍建设，建设专业化的新型教学管理队伍

为适应网络信息技术环境下的发展需求，实现网络心理健康教育的发展，需要建成一支理论深厚、业务娴熟、经验丰富、善于管教的专业化、职业型师资队伍。为此，网络心理健康教育者需要具备"四个具有"。

一是具有先进的教育理念。在网络心理健康教育中，运用先进的教育理念对学生进行有效的心理指导，是对网络心理健康教育者的基本要求。教育者的教育理念先进了，教育方式针对性强了，对学生进行的心理健康教育课程教学的效果才能得到提升。

二是具有专业心理教育知识以及技能。主动学习和掌握网络技术，具备专业心理教育知识以及技能，是大数据时代心理咨询和心理辅导工作更适合时代要求和学生需要的迫切要求，也是通过网络发现问题、利用网络解决问

题并能根据学生不同的心理问题给予有针对性指导的迫切需求，高校网络心理健康教育者应具备这方面的知识和技能。

三是具有较强的计算机网络技术。在新的形势下，心理健康教育教师只有具备较强的计算机网络技术，才能更加容易被学生接受。

四是具有较强的创新能力及创造精神。革新传统的教育方法，设计适合新形势下的教学方式，从预防性的心理教育改革为创新性的心理健康教育，需要高校加大对心理健康教育教师培训的力度，并构建网络交流平台，加强高校心理健康教育教师与其他教师之间的沟通交流，从而更好地促使网络心理健康教育教师的整体水平得到提升。

（五）重视课程网络教学资源库研发，努力做到课堂教学和网络教学相得益彰

重视课程网络教学资源库研发，是一项开拓性的工作。在确保课堂教学时数和质量的基础上，要大力倡导和鼓励开发内容丰富、形式多样、手段灵活的网络课程，通过网上课堂进行网络教学，形成课堂理论教学、课外实践教学和网络互动教学相辅相成的教学模式，从而发挥教学在大学生心理健康教育中的主渠道作用。

鉴于目前心理健康教育课程教学资源库的现状，应重点研发好"四个方面"：

1. 名师课堂

通过网络名师直播课堂、名师心理讲座视频、名师心理音频、名师在线答疑等多种途径构建网络心理健康教育课程名师课堂。

2. 经典案例库

将同龄人的心理健康教育经典案例进行整理，上传至网络，一方面可以

为学生提供优秀的学习榜样，使其通过同辈模仿获得自我成长的动力，另一方面也可以帮助学生学会合理地化解自己的心理问题。

3. 拓展资源库

要广泛收集整理和运用各种视频、音频与文字资料，如影视作品片段与心理影片资源库、典型励志人物的视频材料、调适各种心情的音乐库、趣味心理图片、心理电子书等，给学生提供丰富的课外拓展学习的有效资源，将其作为课堂教学的补充，充分发挥学生自主学习的主观能动性。

4. 互动交流群

通过建立网络课程学习互动交流群，提供教师线上咨询与答疑服务，鼓励学生交流学习心得与感悟，以形成良好的学习氛围。

（六）发挥校园网络文化优势，为大学生网络心理健康教育课程建设提供良好的文化氛围

校园网络文化，既是校园文化建设的重要组成部分，同时也是高校网络心理健康教育课程建设的基础。从总体上来说，校园网络文化建设的目标，即是要从高校网络心理健康教育课程建设的实际出发，构建集娱乐功能、思想教育功能、文化传媒功能、社会动员功能和知识传承功能等多方面内容为一体的具有鲜明时代感、归属感的现代校园网络文化。在构建过程中，要着力加强网络技术的应用及研发，拓宽网络信息获取渠道，优化校园网络建设，实现资源共享；要加强校园网络内容建设，丰富校园网络文化形态，开展有针对性的网络心理健康教育活动；要凸显网络文化核心价值，树立网络文化品牌，建立有效的网络道德平台；要探索和用好校园网络载体，开展形式多样的文体活动和学术活动，为大学生网络心理健康教育课程建设提供良好的文化氛围。

（七）加强高校相互交流合作，丰富网络心理健康教育课程资源

高校网络心理健康教育课程建设必须打破孤立和封闭发展的状态，实行网络课程资源共享共建，这是提高课程建设水平、提高大学生网络心理健康教育实效和人才培养质量的关键。为此，我们可以通过建立对所有相关高校共享开放的网站，将所有相关高校的精品课程链接或者置于该网站，让访问者一目了然；可以对非本校学生设有专用用户账号，使其能够浏览到各高校的心理健康教育网络课程资源；可以利用该平台整合师资资源，让各高校的教师和其他高校的学生采用实时对话、网站留言、论坛讨论、微信、微博互动等多种手段进行相互沟通，为高校网络心理健康教育课程建设提供更为广阔的空间，从而最大限度地调动学生获取信息的主动性、参与性。

（八）完善课程教学评价，加强实效性建设

高校心理健康教育网上和课堂课程教学评价体系应包括对大学生心理健康教育课程设计、课程目标、课程内容、实施过程以及课程实施后效果等方面的评价，努力做到以评导教、以评促教，提高课程教学的实效性。当前，为完善课程教学评价，重点是"三个评价"。

1. 目标评价

网络心理健康教育的目标评价，重点是评价在培养心理健康发展的人的过程中，如何注重提高学生心理素质、开发他们的心理潜能。基于目标评价，一要做好形成性评价，旨在对网络心理健康教育过程进行及时监控，诊断教育过程中存在的问题，及时反馈信息，以达到提高网络心理健康教育的质量的目的；二要做好结果性评估，主要从学生的心理变化与心理成长入手

总结网络心理健康教育的成效。

2. 课程评价

针对评价与课程目标脱离、评价主体和方式单一等问题，课程评价应突出以下三个方面评价。

（1）将发展性评价和总结性评价相结合，侧重发展性评价。强调评价的过程性、开放性、多样性是发展性评价的基本要求，其目的不是甄别筛选有心理问题的学生，而是要通过发现学生在心理方面的差异性和发展可能性，改进课程教学策略，从而更有效地促进学生的心理健康发展。（2）将内容的全面性评价与针对性评价相结合，在确保评价内容的全面性的基础上，侧重针对性评价。为此，一是重点对网络心理健康教育的实效性进行评价。要针对与网络心理健康教育实效性相关的教育内容、教育方法和教育过程等方面进行重点评价。二是针对网络心理健康教育自身的特点确定重点评价内容。网络心理健康教育与现实心理健康教育相比，更适合进行发展性辅导，在咨询方式上更适合进行团体咨询等。在网络心理健康教育评估中，应当结合网络心理健康教育的这些特点进行重点评价。[①]（3）将多元化评价与自我反思性评价相结合，侧重以学生为评价主体取向的自我反思性评价。实施评价主体取向的自我反思性评价，其目的是引导大学生在网络教学之后对自己在线下生活和社会实践中的各种表现进行评价，这不仅是课程评价的基本要求，也是实现网络心理健康教育课程目标的要求。

3. 体系评价

建立完善的评价体系，必须要厘清网络心理健康教育课程的定位、现状、存在的问题和原因，在此基础上突出以下五个方面的评价。

---

① 李伟东、刘敏姬：《试论网络思想政治教育评价的特性》，《湖北社会科学》2010 年第 3 期。

（1）组织管理工作评价，主要考查高校网络心理健康教育工作的总体规划、工作领导机构、工作制度建设情况、经费投入和设备的配备等情况；（2）课程内容评价，主要考查网络心理健康的标准、网络心理咨询的功能与类型、网络心理危机的预防与干预、网络学习心理、情绪管理与挫折教育、网络人际交往心理、网络恋爱及性心理等情况；（3）网络平台评价，主要考查网站信息资源建设、网络资源利用情况、配套制度建设，网站的栏目设置、界面设计、内容链接、交互性、信息数量和形式以及有效性，网站吸引力和满足需求程度等情况；（4）课程教学途径评价，主要考查即时通信工具使用情况、电子公告系统使用情况、邮箱系统使用情况、博客使用情况、微博客使用情况、社交网络平台使用情况、手机短信使用情况等方面；（5）网络课程教学队伍评价，如教学和对各群体培训的工作量、接待来访学生咨询的人次及其心理咨询效果评估情况、心理危机干预案例数及效果、组织开展心理文化活动情况、开展网络心理测试和心理普查等。

高校网络心理健康教育课程的有效性很大程度上决定了心理健康教育的成败，改善网络心理健康教育课程体系中的缺陷和不足是广大心理健康教育工作者的重要任务，要不断地探寻有效的教学方法和模式，以提高课程的实效性，促进大学生的心理健康成长和发展。

| 第七章 |

大数据时代高校网络心理
健康教育的模式建构

大数据技术的发展对高校心理健康教育产生重要的影响，在网络心理健康教育日益受到重视的同时，网络心理健康教育应以何种模式进行是一项新课题。因此，探讨网络心理健康教育模式的建构，对促进网络心理健康教育的发展、提高网络心理健康教育的实效性具有重要的理论与实践意义。

一、国内外高校心理健康教育
模式的现状及评价

模式，这个词是从一般科学方法论或科技哲学中引用过来的，其原意是"模型""典型""范型"等。按照《现代汉语词典》的解释，所谓模式是指"某种事物的标准形式或使人可以照着做的标准样式"。英文"模式"的概念，汉英大辞典中对应的英文词汇有"model；pattern；type；schema"。"model"通常指可以模仿学习的"模型、典型、模范；"pattern"一般指事情发生、发展、完成的"方法、形式"或指事物的"图案、样品"；"type"通常指事物的"类型、品种、样式"；"schema"指计划或理论的"略图、纲要、概要"。无论是英文词汇或是中文释义，我们平时所用的词语"模式"，通常不是原型本身，而是一个概念性框架或结构，是一组观念、价值和规则，指导着有特定信念或价值取向的行动。因此，创造某种模式的一群人通常有着相同的信念，追求一致的目标，共同遵循一些具体可行的操作样式。[①]

高校心理健康教育模式是指基于心理健康教育工作实践所形成的一种设计和组织高校心理健康教育工作的理论，它有助于实现心理健康教育目标，促进心理健康教育功能发挥，且具有一定可操作性的工作范型。目前，国内外高校心理健康教育模式的现状大体如下。

（一）国外高校心理健康教育模式

国外高校心理健康教育，主要有以下五种模式。

1. 学校心理学教学模式

学校心理学教学是对学生进行心理健康教育的重要途径。该模式认为教室是学生在学校生活的主要场所和主要教育场所；强调学生的社会背景在教育中起到重要作用；建议在教学中要涉及文化教育。[②] 美国目前有 7500 多所学校推行这种教育模式。该模式分为四个层次：学校氛围、政策制定、教师援助以及课堂实践。（1）从创立良好的学校氛围来说，积极的学校风气包括关心所有人、建立学生自尊、建立良好的人际关系、培养学生的安全感、鼓励学生参与、鼓励学生自立。（2）从制定适宜的学校政策来说，主要包括四个层次，即教师责任类、课程设置类、与其他机构之间联系类、学生管理类。（3）从建立有效的教师援助来说，主要包括一系列的关于教师

---

① 崔景贵等：《职校生心理健康教育模式研究》，知识产权出版社 2013 年版，第 2 页。

② Catherine P. Bradshaw, etc., "The Impact of School-Wide Positive Behavioral Interventions and Supports（PBIS）on the Organizational Health of Elementary Schools", *School Psychology Quarterly*, 2008, 23（4）: 462-473.

培养的计划。如美国学校的所有教师都必须学习心理课程，掌握心理学知识，获得资质证书，这是每个教师应聘的资格，让每个教师都有能力解决学生的简单心理问题。除了心理学方面的培训，学校心理学家常常对所有教师进行在职培训，帮助教师提高课堂管理和解决学生问题的能力，或者教师之间进行磋商，就某一学生的问题进行沟通。（4）从开展多元的课堂教学来说，国外心理健康课堂内容从生命教育到适应教育，从自我价值教育到自我完善教育，越来越人性化、个性化和理性化，越来越注重对人的社会性的培养，而不只是单纯地进行情绪和意志的训练。[1] 如日本学校的教育目标是培养身心健康、人格健全、适应社会、造福人类的人才。其教育内容主要包括四个方面：学习、心理方面、社会和升学就业。针对学生在学业、发展、交友、恋爱、择业等方面遇到的问题给予指导，开展人格、智力、适应性、兴趣方面的心理测验，对有心理和行为障碍的学生系统地进行心理治疗，实施途径主要有心理健康知识的启蒙、普及学生咨询员的培养训练、各种类型的团体体验与训练等，采用的方式有授课、讲座、报告、行为训练、电影等。主要实施者是心理学工作者和医务人员，具有较高的专业素养。它立足学校教育本质，分化细化咨询对象，注重人际关系问题，着眼心理咨询现实，提升学校心理咨询的有效性，总体教育效果非常良好。[2]

2. 学校与心理健康机构合作模式

在国外，学校与心理健康机构的合作比较普遍，心理健康机构的工作者不仅为教师对学生的课堂干预提供辅导，而且通过家访对学生及其家庭提供直接服务。心理学家、护理人员、社会工作者和医院的心理健康治疗专家，与学校的行政人员和监管人员一起合作参与到教育之中，为学生的心理健康

---

[1] Peryy D. Passaro, etc., "A Model for School Psychology Practice: Addressing Needs of Student with Emotional and Behavior Challenges through the Use of an in School Support Room and Reality Therapy", *Adolescence*, 2004（39）.

[2] 田仁波：《高校心理健康教育模式的理论研究》，硕士学位论文，西南政法大学，2008 年。

作出努力。这种合作模式基于知觉心理学、自我概念理论和人本主义教育观的教育理论，它认为学校教育应整合所有教育资源使之有效促进学生潜能的发挥，学校的所有教育因素都具有亲和性（邀请性），使每个教师和学生都能在教育活动中感到自尊、自信和有价值。合作教育或称邀请教育既是一种教育理论，又是一种具体的教育实践模式。① 按照这种教育模式，学校心理健康教育的开展面向全体学生，学校内部可以提供初级的心理干预和问题指导，帮助学生预防可能出现的心理健康问题；对于出现心理障碍的学生，学校根据学生不同的心理健康状况与需求，并征得学生家长的同意后，学校将其转介到当地援助组（Local School Learning Assistance Team）进行专业治疗。在美国学校，这种教育模式强调尊重人的潜能与价值，充分利用教育者、教育环境、教育政策、教育计划和教育过程等教育资源，为学生创设良好的心理环境，促进学生身心健康发展。合作模式的组织实施方式是创设有利于实现个体潜能的邀请教育环境，这些环境因素包括地点因素、方针因素、教学计划、教学过程和人的因素。在一个友好、温暖、融洽的环境中，充分尊重学生的特性，注重教师在教学和咨询中的作用，师生之间实现良性的互动，从而培养学生的心理品质。

3. 心理辅导综合模式

心理辅导综合模式（Comprehensive Guidance Program Model，以下简称综合模式）由美国密苏里大学的诺曼·盖思博斯博士（Norman C. Gysbers）及其同事于 20 世纪 70 年代提出。综合模式是以生活生涯发展理论为基础构建的一种全新的学校心理辅导模式，它将心理辅导与教学视为两种同等重要的教育传输系统，明确规定心理辅导教师的工作内容，注重心理辅导的综合性与发展性，强调心理辅导应面向全体学生，面向学生社会生活并促进学生能力的全面发展。

---

① 佟月华：《邀请教育的理论与实践》，《外国教育研究》2002 年第 7 期。

心理辅导综合模式是当代美国最有影响的学校心理辅导模式。该模式的基本内容是：（1）两种教育传输系统，即教学和心理辅导两个并重的、相互联系的教育系统。教学系统通过课程教学对学生进行知识与能力的教育，心理辅导系统则着重培养学生良好的个性品质和适应社会生活的能力。这两个系统既有分工，又有协作，相辅相成，不可偏废。（2）组成要素：心理辅导目标、心理辅导组织框架与心理辅导资源管理。心理辅导的目标是指通过心理辅导培养一系列相应的技能以及能力。心理辅导组织框架由结构组成部分与计划组成部分构成。结构组成部分是指学校对心理辅导工作进行有计划的行政管理，包括确定心理辅导工作的中心地位，明确心理辅导的对象、总目标与意义，界定心理辅导以及心理辅导与其他教育课程之间的关系，提供辅导工作所需的物质条件并对有关人员的活动进行组织与协调。计划组成部分是指学校制定的心理辅导工作计划，包括：辅导课程、个人规划、应答服务和系统支持。辅导课程是辅导教师以课堂活动和团体活动的形式向学生系统传授心理健康、个性成长的知识以及社会生活技能的教育活动。（3）资源管理。有效运用好心理辅导综合模式的关键因素在于加强对人力资源、财政资源与政治资源等心理辅导资源的管理。此外，还需要有一个完整的综合辅导计划，包括设计制定计划、培训人员、宣传计划、评估计划、评估教育需求、设计辅导课程、总结评估7个实施步骤。

4. 顾问教师计划模式

顾问教师计划（TAP）是20世纪80年代出现在美国学校中的一种全新的心理辅导模式。TAP模式强调学校应以发展性辅导为主，在心理辅导教师指导下充分发挥普通任课教师在心理辅导工作中的作用，通过精心设计与组织心理辅导计划，为全体学生提供系统的心理辅导服务。[①]

---

① 佟月华：《顾问教师计划及其实践意义》，《山东师范大学学报（人文社会科学版）》2003年第2期。

在 TAP 模式中，全体教师参与心理辅导是学校成功实施发展性辅导的关键。学校中的普通任课教师应该而且能够成为学生信赖的指导者，可以在学校心理辅导工作中扮演更重要的角色。学校各类人员在 TAP 中的职责分别是：学校管理者的主要职责是 TAP 的组织者和领导者；顾问教师的主要职责是在各自负责的班组内组织、实施心理辅导活动；心理辅导教师的主要职责是学校 TAP 的指导者。三者在 TAP 中各司其职，共同完成心理辅导任务。TAP 的独特之处表现在以下几方面：首先，TAP 明确提出每个学生都需要得到成人有计划、有目的的帮助，这是学校为学生配备顾问教师并提供心理辅导服务的直接原因；其次，TAP 充分利用学校教师资源，教师的任务不再仅仅是传授知识和能力，而且还包括为学生提供学习、心理发展和职业发展等方面的指导与帮助，通过构建小组和班级内的支持性学习环境，最大限度满足学生发展过程中对外界帮助的需求；最后，TAP 将心理辅导与学校教学活动有机结合起来，在辅导活动的设计和编排上充分考虑到学生身心发展的顺序性和阶段性，使心理辅导活动与学生发展的阶段性任务紧密结合起来，增强了心理辅导活动的针对性和实效性。[1]

5. 同学互助训练计划模式

英国牛津大学心理健康教育模式已被实践证明是一种成功的模式，它的最大特点就是同学互助训练计划。训练包括 10 次为时 3 小时的训练，训练涵盖的内容都是让参与训练的学生能帮助其他同学解决因为不同的个人困难带来的心理问题。参与者必须承诺参与每节课的训练（有时候训练可能是一整天，通常是周日）。训练的技巧包括：怎样成为一个优秀的聆听者，帮助同学更好地适应各种社会、学习和人际关系；协助同学进行决策，但不要帮他们拿主意；处理一些敏感问题。该训练还强调聆听者要知

---

① 佟月华：《顾问教师计划及其实践意义》，《山东师范大学学报（人文社会科学版）》2003 年第 2 期。

道自己能力的局限，以及如何在必要的时候把寻求辅导的同学推荐给更高一级的专业人士。① 该模式的特点：第一，体现了运作的简约性与高效性。所谓简约性，是指相对专业心理咨询人员长期的培养来说，操作起来比较简单，能够让学生经过简单训练，学会有效倾听和在适当的时机提供建议。所谓高效性，是指相对于教师具有的时空差异来说，参与互助小组的学生与其他同学生活的同步性，因而能贴近学生，及时发现问题和反馈信息，效率高得多。第二，体现了适度的参与性和针对性。实施该计划，一方面让学生参与到心理咨询中来，充分发挥了每一个学生的主体性作用；另一方面让参与训练的学生学会接纳和聆听其他同学的心声，帮助同学更好地适应各种社会、学习和人际关系，使这项计划更具有针对性。第三，体现了计划的科学性与有效性。比如训练计划严格遵循心理咨询的规律和特点，强调心理协调的对话与日常对话不同，训练交流能力和清晰口头表达能力，以开放和积极的态度面对别人，以及训练后监督，小组章程的设置等；为详尽地了解学生心理问题的状况和根源，强调使用合适的倾听和问讯技巧，让来寻求帮助的同学有机会倾诉自己的苦恼，因而保证了心理服务的针对性和有效性。

综上所述，国外高校心理健康教育在理论研究和实际运用中都取得了显著成效，但是，其心理健康教育模式是基于西方人的心理特点和社会化特点的背景发展起来的，并非完全适合受中国传统文化熏陶和中国社会现实影响的中国大学生，因此，这就需要我们借鉴西方国家的高校心理健康教育的成功经验，对中国高校的心理健康教育模式进行本土化探索。

（二）我国高校心理健康教育模式

概括我国的高校心理健康教育模式，目前主要有思想政治教育模式、心

---

① 李小鲁：《从英国牛津大学心理健康教育模式看广东大学生心理健康教育的创新》，《高教探索》2006 年第 2 期。

理学模式、医学模式和朋辈互助模式等几种。

1. 思想政治教育模式

思想政治教育模式，是目前许多高校心理健康教育中较为普遍采用的一种模式。该模式的特点：在目标上，旨在通过解决学生的心理问题，提高其心理素质，在人生观、价值观的层面引导学生全面发展，成为对国家和社会有贡献的人才。在教育内容上，从心理咨询扩展到了大学生人生、学习、就业、恋爱、生活等方面的咨询。在教育方法上，倡导东西方法兼用，博采众长，"法无定法"，因人而异。该模式虽然在本土化的示范、方向、定位、整合上作出了重要的探索与贡献，也取得了一定成果，但也存在着不合理的倾向，主要表现在以下几方面：第一，思想政治教育模式的主要从业人员是思想政治教育工作者，他们的学科知识背景主要是思想政治教育学，而非心理学和医学，对心理学、先天遗传因素、生理科学和脑科学的知识的把握不足，因此，思想政治教育模式是一种非专业性的心理健康教育模式，其作用是有限性的。第二，思想政治教育模式在教育方法上过多地强调了德育式的教导或说教，忽略了心理健康教育的特殊性，不利于心理健康教育工作的有效开展。第三，"学校心理健康教育的'思政或德育模式'带来的严重后果是心理教师包括兼此工作的思政与德育教师对心理科学知识及其研究成果的轻视"[1]。因此，思想政治教育模式并不是高校心理健康教育所需要的教育模式。

2. 心理学模式

心理学模式即以心理健康为取向，以普通心理学、社会心理学、变态心理学等为理论基础，重视心理技术的运用，多采用心理辅导、心理咨

---

① 杨鑫辉：《危机与转折——心理学的中国化问题研究》，黑龙江人民出版社 2002 年版，第 235 页。

询、心理治疗方法的高校心理健康教育模式。该模式的特点：在目标上，旨在维护学生心理健康，提高学生心理素质。在教育内容上，主要集中在大学生的适应问题和成长问题方面。在教育方法上，推崇西方的心理咨询方法（人本主义疗法、认知疗法、行为疗法、森田疗法等），提倡药物治疗与心理治疗相结合，同时也创造性地运用一些非专业方法和本土方法。在工作队伍上，主要由心理学者组成，他们具有坚实的心理科学基础和广泛的国内外联系网络，其从业人员认为他们担任了有良知的教师、朋友、协助者等角色，但强调不对社会负责，只对当事人负责。心理学模式是我国高校心理健康教育模式中专业性相对较强的模式，在高校心理健康教育中具有不可替代的作用。但是，该模式在结合东方文化和我国国情、教育者具备心理咨询和治疗的专业技能等方面也存在着明显不足，需要加以改进和提高。

3. 医学模式

医学模式是以病态咨询为取向的心理健康教育模式。该模式的特点：在目标上，通过对大学生的心理障碍与心理疾病进行鉴别、治疗，从病态的心理治疗上维护大学生心理健康；从预防精神病的角度开展心理卫生教育与心理咨询；通过常态的心理咨询教育提高学生的心理素质。在教育内容上，主要对大学生的一般心理问题进行咨询，对大学生的心理障碍与心理疾病进行治疗。在工作方法上，主要采用西方心理治疗专业方法。在工作队伍上，组成人员主要是精神卫生的医务工作者，他们具备深厚的临床诊断和预防医学理论知识，具有法律赋予的处方权，对有心理问题或心理障碍的大学生施以心理和生理双重治疗，形成了具有医学特色的心理健康教育模式，为我国高校心理健康教育的普及化、正规化和科学化作出了重要贡献。但是，该模式的教育观念已明显落后，不仅缺乏对我国高等教育的现状和大学生心理需求的认识和了解，而且单纯把心理健康教育对象视为"病人"的偏见，也不利于心理健康教育工作的开展。

4. 朋辈互助模式

所谓"朋辈"包含了"朋友"和"同辈"的双重意思。中国青少年研究中心的一项调查显示：当代大学生心理有问题时，79.8%的人首先会选择向朋友倾诉，45.5%的人会选择向母亲倾诉，38.6%的人会选择向同学倾诉，30.9%的人会选择向恋人倾诉，22.5%的人会选择向父亲倾诉，只有3.2%的人会选择向心理咨询师倾诉。[①] 从以上调查可以看出，朋友、同学等朋辈人物是大学生遇到心理问题最愿意咨询的对象。作为一种大学生心理健康教育的新型模式，朋辈心理互助是指在人际交往过程中，朋友之间互相给予心理安慰、鼓励、劝导和支持，提供一种具有类似于心理咨询的帮助活动，从而使参与者的心理素质向积极方面发展变化的活动。该模式以人本主义心理学为理论依据，其特点：在目标上，以大学生群体心理发展阶段及问题为中心，以参与式为基础，知行并重，强调心理体验和心理调适，调动学生助人为乐的愿望，以增强求助意识，在团体氛围中促进学生的心理成长[②]。在途径上，主要包括互助式心理训练、互助式心理激励、互助式心理辅导、互助式心理暗示和互助式心理环境暗示等方式[③]。在人员组成上，从业人员主要是非心理学、医学背景的大学生与教师。朋辈心理互助作为一种发展性的心理辅导模式，完善了高校心理健康教育系统，是对高校专业心理健康教育工作的补充、延续和创新。但由于该模式与专业心理咨询在咨询问题、目标、要求和方法等方面还存在着很大的差异，在专业化的趋势面前，面临着身份认同、编制、职称和经费的困难等问题。

综上所述，无论是国外高校还是国内高校的心理健康教育模式，都存在一些合理的成分，但也有其局限性，这使得心理健康教育在一些学校不同程

---

① 芦茜：《大学生校园中朋辈互助的实践研究》，《高等农业教育》2010 年第 12 期。

② 王希永：《论心理健康教育中的心理互助》，《中国青年政治学院学报》2003 年第 7 期。

③ 刘时勇：《关于开展大学生朋辈心理互助问题的思考》，《高等农业教育》2007 年第 11 期。

度地出现了德育化、医学化等消极倾向，在教育实践中限制了心理健康教育工作效能的发挥。因此，有必要进一步整合高校心理健康教育模式，探讨未来心理健康教育模式构建的相关理论问题，实现心理健康教育模式的构建要求、教育目标、教育内容、教育途径、评估、组织管理等相关因素的规范化和标准化，使模式构建工作原则性与灵活性相结合，既坚持心理健康教育模式的总体方向和范式，又不囿于某一个模式，而是从不同维度构建具有本土化特色的各种类型的高校心理健康教育模式，如不同年龄段的心理健康教育模式、不同类型学校的心理健康教育模式、不同地区的心理健康教育模式等，力争实现心理健康教育模式理论研究工作既有科学合理的发展大方向，又能出现百花齐放、百家争鸣的大好局面。

二、高校网络心理健康教育模式构建中存在的问题分析

目前，高校心理健康教育所采用的思想政治教育模式、心理学模式、医学模式和朋辈互助模式，在实践中都无法满足大数据时代对网络心理健康教育的需求。因此，需要构建一个符合实际需要的网络心理健康教育模式，使网络心理健康教育真正发挥其独特的优势。但在高校网络心理健康教育模式构建中，当前还存在着诸多问题需要认真分析并加以切实解决。

（一）理论研究不足

理论支撑，是模式建构的基础。从目前我国高校网络心理健康教育模式构建的现状来看，在科学理论支撑方面存在短板。比如，学术界对网络心理健康教育模式的基本概念、内涵、作用、操作程序等研究较少，没有统一的标准，所以各高校对网络心理健康教育模式的理解差异很大，在实

践中如果遇到困难更不知道如何解决。对网络心理健康教育模式的探究不够，截至 2023 年 12 月，中国知网显示有关"网络心理健康教育模式"的学术论文仅有 42 篇，学位论文为零。虽然有所研究，但总体来讲研究不够深入，很多都是泛泛而谈，缺乏操作性。此外，对心理健康教育模式的分类研究、整合模式的研究等，很多都只是提出理论架构，缺乏深入的探讨。部分研究理论性较强，但操作性差，对高校工作的指导意义不大，不易推广。

（二）本土化研究不够深入

我国高校心理健康教育起步较晚，在理论研究和实际操作上主要是借鉴国外的先进理论、经验和方法，较成熟和稳定的工作模式还未形成。就目前所借鉴的国外模式来看，也不完全适用于中国大学生。比如在西方文化强调对个人权利和隐私的绝对尊重，而中国文化更强调个人与群体的和谐关系；当发生心理问题时，西方学生愿意找专业人士帮助，而中国学生却愿意向朋友、亲人倾诉。比如西方学生崇尚自由，具有独立自主性，心理咨询遵循非指导性原则；中国学生比较循规蹈矩，崇尚和服从权威，心理咨询遵循指导性原则。由于目前我国高校心理健康教育模式主要借鉴国外的先进理论和方法，既有可行的地方，但许多地方也不适合我国高校学生的特点和状况，在实践中越来越凸显效果不佳，如果长期这样下去，不经过一个充分的内化过程而直接拿来就用，很可能会对心理健康教育造成不利影响。因此，我国高校网络心理健康教育要充分发挥社会支持系统的作用，还需要探讨本土化的心理健康教育模式，才能收到更好的教育效果。

（三）整合理念模糊

整合是高校心理健康教育模式未来发展的必然趋势。关于整合主要有两层含义：一是指模式实施途径的整合。如舒曼等①人提出的立体化模式指出了模式构建途径的三个层次，即心理测量、学校心理咨询和开办心理健康教育讲座、开办心理健康教育课程。二是指各种模式之间的整合。如胡凯②在分析了医学模式和教育发展模式的基础上提出了"以教育发展型为主，医学型为辅"的生理、心理、伦理、社会相结合的具有中国特色的大学生心理健康教育模式。由于人的心理的复杂性以及社会环境的复杂性，决定了心理健康教育固有的复杂性，因此心理健康教育模式必须走一条整合的道路，才能实现我国高校心理健康教育的目标。

目前，我国高校网络心理健康教育模式的构建大部分都在尝试各个要素之间的整合，但整合的概念还比较模糊，整合的要素不尽相同，整合的标准没有明确规定，整合的内容和途径也普遍比较单一且缺乏创新。

（四）工作机制亟待完善

当前，高校心理健康教育工作越来越受到重视，无论是国家政策规定方面，还是物质保障、办公场地、教育产品等方面都给予保障，以确保大学生心理健康教育日常工作的正常开展。但由于我国高校心理健康教育的工作机制还不完善，尤其是网络心理健康教育工作还存在诸多问题，比如大学生心理普查与测评不到位，缺乏科学、有效的心理测评指标体系，很多高校还没有根据普查结果构建大学生心理档案，所以无法发挥心理档案在心理健康教育工作中的作用，难以实施学生心理状况的追踪指导；又如心理健康教育课程体系不完善，未实现"网上""网下"心理健康教育的全覆盖，教材内容也存在不规范的问题；再如心理咨询与辅导体系、危机预防与干预系统都还

---

① 舒曼、袁爱清、徐紫云、徐朝亮：《立体化心理健康教育模式的构建及成效报告》，《华东大学学报》2006 年第 3 期。

② 胡凯：《建立中国特色的大学生心理健康教育模式的思考》，《中南大学学报（社会科学版）》2005 年第 2 期。

不够健全、不够成熟，在具体工作中存在很多漏洞；另外，还存在缺乏网络心理健康教育、相关科学研究水平较低等问题。因此，高校网络心理健康教育还需要进一步探索形成一套成熟的、适合中国国情的、本土化的心理健康教育理论，努力构建教育与宣传、课程教学、咨询辅导、危机预防与干预、科学研究等各方面整合的高校网络心理健康教育工作机制。

三、高校网络心理健康教育
模式建构的多维度选择

目前，高校网络心理健康教育出现了多种模式，如"全员、全过程、全方位三全育人"模式①、"学校—家庭—社区三位一体"模式②、"一导向二贯通三创新四结合"模式③、"发展—预防—矫治"三级模式④等，但从总体上来看都还不成熟、处于探索阶段，我们应当在实践中进行多维度模式的思考和选择。

（一）维度一：理论教育模式

理论教育模式是指心理学科教师和心理咨询师开展以心理学理论为学习中心的课堂教学模式或课程模式，是心理健康教育基础模式。网络心理健康教育要不要开设网上课程？回答是肯定的。现在的问题不是要不要开设的问

① 边冠莉：《试论"三全育人"视角下大学生心理健康教育模式的构建》，《教育教学论坛》2020 年第 3 期。
② 赵萍：《"学校—家庭—社区"三位一体的青少年心理健康教育探讨》，《国际公关》2020 年第 9 期。
③ 陆颖、王建：《"一导向二贯通三创新四结合"大学生心理健康教育模式探索》，《教育教学论坛》2019 年第 40 期。
④ 邵昌玉：《高校心理健康教育模式探析》，《教育与教学研究》2014 年第 10 期。

题，而是怎样开设、开设什么课程的问题。传统的做法是：知识讲授与专题训练。一般来说，知识讲授，主要是通过讲座、课程开设，使学生了解心理素质（或心理健康）的基本知识，提高训练自己心理素质的意识。专题训练，主要是利用心理素质训练课的科学性、系统性特点，培养、训练、优化学生的心理素质。

对大学生进行以心理学理论为学习中心的课堂或网络课程模式，是心理健康教育基础模式。掌握一定的心理学基础理论知识是学生认清自身心理状态和自我调节的学理依据。在网络上怎样进行理论教育呢？首先，要在网上开设心理学方面的课程，普及心理健康知识，建立大学生心理健康教育知识系统。其次，要通过文本、图形、声音、动画、视频等多种媒体形式的有机结合，向学生介绍心理健康的基本知识，传授心理调适方法，让大学生了解心理健康的重要性，帮助他们更好地了解自己的内心世界，找到适合自己的心理保健方法。最后，要在网上举办有关心理健康专题教育活动，在活动中培养大学生健康的心理状态。当然，理论教育模式由于受网络施教的限制，注重的是共性心理的探讨和面上的指导，无法兼顾学生的个性和特殊问题，难以做到因人施教；此外，它把心理指导局限在心理学为主题的学科领域，发挥其他学科和整体教育力量的功能不够，其心理教育的功效必然会被削弱。这是我们在探讨理论教育模式所应当注意解决的一个重要问题。

（二）维度二：实践教育模式

实践教育模式主要是指"网上"与"网下"相结合的心理健康社会实践教育模式。此模式建构和运行的载体是各种社会实践活动，有校内的，有校外的，有教师开展的，有学生自主开展的，有心理调研实践，也有其他社会调研实践，等等。一般来说，这种实践教育模式应包含四个方面内容：一是"网上"或"网下"教学实践活动，比如组织"网上"或"网下"观摩心理健康影视资料、关心有心理问题的学生等；二是校内外社会实践活动，根据本校的实际和学生的特点，可以采取实地考察，也可以采取作报告、对话研讨等多种形式，组织大学生广泛参与社会实践活动，在实践中正确评价自我，培养并强化自我心理调控能力，在充分发挥自己个性能力的同时，学会与他人融洽相处，培养团队协作精神；三是专业较强的社会实践活动，比如组织医学类专业学生开展街道义诊、医院导诊、送医下乡等活动；四是素质拓展型活动，这类活动主要是培育心理问题学生的自信心、责任心和开放性思维。总之，理论教育的目的，是让学生了解和掌握心理健康的理论知识；实践教育的目的，是将理论知识用在学生的生活实践中，两者之间相辅相成、相互影响，都有利于学生的身心健康发展。

（三）维度三：文体活动教育模式

该模式的特点是"网上"与"网下"相结合，"网上"与"网下"交替进行。该模式的活动形式主要有心理剧、心理绘画、趣味心理运动会、心理征文、心理广播、新生适应咨询会、考前心理辅导、心理小报、心理电影、心理阅读等。该模式的目的是通过有目的、有计划、有组织地开展学生文体性的活动项目和方式，使学生获得心理体验，从而培养和提高健康心理。

文体活动教育模式在网络心理健康教育中具有独特的作用，它不仅可以降低学生各种心理压力，弱化和淡化自身存在的心理问题，而且也有助于培养学生积极乐观开朗的性格和与人交流倾吐的习惯。然而，此教育模式实施要坚持差异性原则，根据不同学生的性格特征区别对待，按部就班，逐步实施，否则难以达到预期效果。

（四）维度四：学生心理互助教育模式

学生心理互助教育模式是心理健康教育一种极为重要的教育模式。该模式的特点：一是将传统的"管理本位"转变为"学生本位"，充分发挥大学生在网络心理健康教育中的主体作用；二是建立大学生网络心理互助联盟，为网络心理健康教育的运行提供主体支撑；三是由大学生心理互助联盟具体负责心理互助网络平台、心理互助热线、心理互助飞信、心理互助群、心理互助信箱的日常工作，组织开展丰富多彩的课外活动；四是利用虚拟社区组织不同的论坛，将教师与学生、家长有机地联系在一起，对某一个求助者的心理问题共同探讨解决方法，以教师、同伴、家长支持的方式进行，既可以使求助者获得支持和帮助，同时也使其他学生通过思考、讨论获得问题的解决方式。实践证明，这种教育模式能充分激发不同类型学生的生活热情和创造潜能，不仅提高了学生参与心理教育的热情，也使一些学生在活动中对自身对社会有了更多的认识，充分调动了大学生自我教育、同伴教育的能动性，构筑起大学生心理自助互助能动体系，其效果是常规心理交流无法达到的。

（五）维度五：渗透教育模式

渗透教育模式，是指在网络课程教育中，采取学科渗透、环境渗透的方式，引入心理学的理论、方法和技术，帮助学生提高心理素质。该模式的实施，要发挥好三个方面的渗透作用。

首先，发挥好非心理学学科的渗透作用。心理健康教育是高等教育中的一个重要组成部分，对大学生进行网络心理健康教育不能脱离学校的教育教学工作。要使网络心理健康教育落到实处，必须建立一个以提高大学生心理素质为各科教学的核心目标的教学体系，该教学体系要以网络心理健康教育为主线，与其他学科课程和活动课程紧密结合，相互促进，协调配合，把网络心理健康教育渗透到各科教学之中。这不仅有助于提高大学生心理素质和心理健康教育水平，还将有助于改善各科教学的现状，实现二者的双赢。

其次，发挥好校园物理环境、校园人文环境、校园心理环境的渗透作用。一是校园物理环境，包括完整的校园基础建设条件、校园绿化、校园整洁等方面的环境。一个温馨和谐的校园物理环境，有利于学生建立自己的人际关系，潜移默化地渗透到集体生活中，让学生在优美高雅的环境中，以轻松愉悦的心理快乐地学习、生活，养成积极向上的习惯，增强自我的归属感。二是校园人文环境，包含校史、校志、学校名人，图书、校报、广播、橱窗等校园文化设施以及各种文体活动。良好和谐的人文环境具有润物无声的感性魅力，对学生的思想意识、价值取向、道德情操、行为习惯、思维方式等施以特殊的影响，带有广泛性、自发性和渗透性，促进他们的身心健康发展。三是校园心理环境，主要包括校风、教风、学风、班风以及师生精神面貌、管理制度等形成的综合效应。所谓心理环境，是指在认知、情感等心理维度上表现出来的对人的心理和行为产生能动作用的意识环境。① 校园心理环境则是指校园内部独特的空间环境和人文氛围，是校园硬件环境和软件环境的总和，它通常包括校园自然环境和人文环境。校园心理环境具有潜隐性、弥散性和能动性等基本特征。校园心理环境的弥散性如同一只看不见的手，弥漫在人们周围的空间之中，作用于人们的思想和行为的方方面面，对人的心理和行为产生着影响。校园心理环境的能动性对人的认知心理环境和情感心理环境产生影响和作用，并与之同乐、同悲；但随着客观物理环境的改变，人们的心理反应也会随之发生变化，并在此基础上产生新的心理环境，重新影响人们的思想和行为。

最后，发挥好校园网络环境的渗透作用。校园网络环境的优化，需要从三个层面开展工作：一是国家层面，要加快修订、完善有关网络的法律法规。目前我国有关网络的法规制度不少，但随着互联网的不断发展，网络在人们生活中可谓占据着极其重要的地位，还需要进一步完善有关法律法规，以应对计算机网络系统中出现的新问题、新情况。二是社会层面，主要是网络运营商、游戏开发商以及网络管理部门，要积极建设思想内容健康、具有

---

① 郝政利：《环境育人论》，解放军出版社 2006 年版，第 360 页。

吸引力和感染力的优秀网站、虚拟社区、网络游戏等。要在重视学生心声、关注网上动态、留意论坛声音的同时，深入分析各种信息的真实性以及信息传递与发生背后的原因和可能，推断并把握学生的思想状况和心理诉求，有针对性地做好网络环境优化工作。三是学校层面，要依靠先进的网络技术，把好信息校园入口关。学校要根据实际情况制定校园网络管理细则等多项具体的管理办法，坚持疏管结合，运用适当方法和手段对网络信息进行疏导，对网络内容进行管理，促进规范和文明使用网络，努力营造良好的网络文化氛围。

| 第八章 |

大数据时代高校网络心理
健康教育的队伍建设

高校心理健康教育队伍，是大数据时代开展网络心理健康教育的主要力量，其队伍建设状况将直接关系到网络心理健康教育的顺利开展和长远规划。就目前高校心理健康教育队伍的现状而言，还不能适应日益发展的网络心理健康教育的需要。因而，加强高校心理健康教育队伍建设，在高校网络心理健康教育体系构建中显得尤为重要。

一、高校网络心理健康教育队伍建设的必要性

在大数据时代，加强心理健康教育队伍建设，不仅是推进高校网络心理健康教育开展的迫切需要，也是树立网络心理健康教育数据意识、提升心理健康教育工作者自身素质的内在要求，更是适应大数据不断发展、网络技术大力普及的必然要求。具体来看，其必要性体现在以下四个方面。

（一）树立网络心理健康教育数据意识的需要

中国是世界第一人口大国，也是产生数据量极为庞大的国家。在网络能

力提升、居民消费升级的背景下，新技术、新产品、新内容、新服务、新业态不断激发新的消费需求，而作为提升信息消费体验的重要手段，大数据将在行业领域获得广泛应用。目前，大数据在电信、智慧城市、电子商务及社交娱乐等行业已经出现规模化应用，中国大数据市场进入高速发展时期。大数据真正的价值体现在从海量且多样的内容中提取用户行为、用户数据、特征并转化为数据资源，对数据资源进一步加以挖掘和分析，增强用户信息获取的便利性，实现从产品价值导向到以客户体验价值为中心导向的转换，客户体验的提升也正是激发信息消费的根本原因。但据统计，全国超过半数的数据未得到妥善保护，这种数据浪费现象必须得到纠正。为此，我们首先要在高校内倡导和强化数据意识，无论是高校管理者、教师还是心理健康教育工作者，都要更新思想观念，了解大数据的相关知识，充分意识到大数据是高等教育的丰富资源，尤其是网络心理健康教育的宝贵资源。高校应把加强网络心理健康教育队伍建设摆到重要位置，要求高校心理健康教育工作者与时俱进，紧跟时代发展步伐，建立完整的大数据思维，积极研判大数据给大学生心理健康教育带来的变革和发展，用大数据的观点来思考网络心理健康教育工作；要求高校网络心理健康教育工作者在日常实践和科学研究中要树立数据沉淀和数据应用的意识，重视对网络心理健康教育相关信息的收集和存储，为开展网络心理健康教育奠定扎实的数据基础，真正发挥大数据在高校网络心理健康教育中的价值。

（二）提升大数据在网络心理健康教育中应用能力的需要

大数据的不断发展，网络技术的大力普及，对高校网络心理健康教育队伍提出了更高的要求，应用能力跟不上、不适应工作需要是目前亟待解决的重要问题。提升大数据应用能力，最重要提升的是四个方面能力。

1. 大数据学习能力。为适应大数据的发展要求，高校网络心理健康教育队伍即心理医生、心理辅导员、朋辈辅导者等，不仅要拥有专业的心理知识，还要有大数据的相关知识，这就需要提升大数据学习能力和增强对心理大数据的认识。所谓心理大数据是指全社会心理数据的合集，其包括全社会人的所有意识，即人类的集体意识。心理大数据是通过文本、图像、影像等半结构化的数据，结合结构化的数据构成的。心理大数据能体现大学生个体的心理成长，使网络心理健康教育工作者都能了解每个学生的内心世界。要把心理大数据真正应用到网络心理健康教育中，我们必须努力提升网络心理健康教育工作者的大数据学习能力，使他们能够熟练掌握大数据相关知识，通过大数据平台传播心理健康教育工作内容，实现"线上"与"线下"的相互配合，以实现对大学生的全面辅导，切实提高网络心理健康教育工作效率。

2. 大数据分析能力。数据分析能力，是每一个心理健康教育工作者必备的竞争力。按照数据开发应用深入程度的不同，可将众多的大数据分析分为三个层次：第一层，描述性分析，是指从大数据中总结、抽取相关的信息和知识，帮助人们分析发生了什么，并呈现事物的发展历程；第二层，预测性分析，是指从大数据中分析事物之间的关联关系、发展模式等，并据此对事物发展的趋势进行预测；第三层，指导性分析，是指在前两个层次的基础上，分析不同决策将导致的后果，并对决策进行指导和优化。灵活运用这三种数据分析，通过对数字虚拟映像的深度分析，将有可能理解和发现现实复杂系统的运行行为、状态和规律，能够使我们准确设定分析目标，分析出数据蕴含的价值，从而有的放矢地开展网络心理健康教育。

3. 大数据管理能力。网络心理健康教育是一项系统工程，需要构建数据整合共享机制。在这方面，我们要提升大数据管理能力，改革各自为政的数据资源管理模式，明确数据资源采集、存储、管理、使用等各环节的责任分工，广泛汇聚、整合数据，并通过建设和完善心理健康教育大数据平台，实现心理健康教育大数据资源的全面汇聚、共享和应用。

4. 大数据治理能力。当前，大数据治理体系远未形成，特别是隐私保护、数据安全与数据共享利用效率之间尚存在明显矛盾，这成为制约大数据发展的重要短板，由此提升大数据治理能力尤为迫切。我们应尽快构建和完善相关法律法规和管理制度，优化组织体系，强化安全与隐私保护，规范大数据的运用与发展，使之在网络心理健康教育中更好地发挥作用。

（三）创新网络心理健康教育研究范式的需要

以往对大学生群体中出现的人际障碍、学习工作压力、情感恋爱困惑等心理问题，主要采取应然式的经验研究和问卷抽样调查实证研究的方式，这种研究范式是针对当时的实际情况作出的，因而也取得了很多宝贵的研究成果。大数据时代，网络技术在心理健康教育领域的广泛应用推动心理健康教育传统模式的改变。网络交互技术、多媒体网络传输技术、智能感知技术、虚拟现实技术等在实践中的推广和应用，为心理健康教育创建了计算机支持的特定学习环境，学生借助电子媒介和互联网络进行学习，不再像过去那样依赖教师的课堂教学。网络平台为心理健康教育提供了师生平等对话的条件，教师由过去教学活动的主宰者，变为学生学习的组织者、指导者和合作者。在这种情况下，采取以往的研究范式，不仅受样本选择、数据分析等限制，而且研究结果往往缺乏科学性，难以得出系统、深刻的结论。因此，面对万物数据化，许多学科已经和信息科技深度融合，用数据来研究大学生心理健康教育已是大势所趋，实践中迫切需要心理健康教育工作者推进心理健康教育的研究范式转型。对网络心理健康教育工作者来说，这种转型既是由传统研究范式向现代研究范式的转型，也是由经验型研究范式向科学型心理健康教育研究范式的转型，更是心理健康教育的思考坐标转型——从运用传统知识思考向运用大数据思维思考的转型。网络心理健康教育工作者只有认识到这种转型的必要性，主动推进网络心理健康教育的研究范式转型，才能使大学生网络心理健康教育迅速跟上时代变化，充分发挥网络心理健康教育的教育效果，最终实现网络心理健康教育的良性发展。

（四）增强大数据在网络心理健康教育中针对性和实效性的需要

当前高校网络心理健康教育效果不佳的原因是多方面的，其中一个重要原因就在于心理健康教育脱离变化着的现实社会生活。社会存在已经发生了变化，而网络心理健康教育的方式和手段以及教育制度设计仍停留于过去，缺乏时代的考量和跟进。进入大数据时代，一切皆可量化，要求高校网络心理健康教育工作者必须顺应趋势，改进方式方法，学会从大学生在校期间的各种活动轨迹以及家庭和社会关系等数据信息中分析其心理根源，及时准确地掌握大学生的心理状况，寻求用大数据求解心理健康教育的路径，实现网络心理健康教育服务的精细化，不断增强高校网络心理健康教育的针对性和实效性。比如，从宏观层面来说，应面向大学生群体活动的一切领域，通过采集各类社交平台上和日常学习生活中与大学生心理相关的数据，利用大数据技术揭示大学生群体的心理特征，把握群体的行为规律和总体情绪波动状况，了解不同年级、不同群体大学生在心理健康教育和心理咨询等方面的需求，为构建主动式网络心理健康教育模式及开展大学生网络心理健康教育活动提供真实有效的数据支持。从微观层面来说，应全面、深入地了解大学生个体的心理行为，通过建立大学生心理健康量化分析模型，有针对性地开展个性化服务，采取积极的干预或预防措施来解决个体心理问题。这种宏观层面的群体性分析与微观层面的个性化分析相结合的方式，有利于提升高校网络心理健康教育的覆盖面和针对性，将极大地推动网络心理健康教育的新发展。

二、高校网络心理健康教育队伍的双重境况

与西方国家相比，目前我国大学生心理健康教育专业化、规范化、系统

化、全员化程度还有待提高，特别在网络心理健康教育队伍建设方面，面临来自外部（队伍建设支持力度不够）和内部（队伍自身素质跟不上）两个方面的双重境况，无法适应我国现代化人才培养的宏伟目标。就我国高校网络心理健康教育队伍面临的双重境况来看，主要存在以下几个方面的问题。

（一）师资队伍数据化意识偏低

大数据意识不强，不太重视大数据在网络心理健康教育中的应用，尤其是不擅长应用数据分析大学生的心理健康问题，是目前大多数高校师资队伍普遍存在的问题。由于师资队伍数据化意识偏低，一些高校虽然已经建立了网络心理健康平台，但只是简单地开设网上心理课程、开通网上心理测试、进行网络心理咨询等，并没有形成网上心理健康教育工作系统。在硬件建设方面，经费投入和工作人员配备不到位，网站建立后很难得到及时维护和更新。在软件建设方面，缺乏网络心理健康教育工作训练计划和工作制度，对大数据在网络心理健康教育中的应用缺少大胆实践和深入研究，尤其是缺乏科学统筹的顶层设计，使网络心理健康教育难以达到预期目标。

（二）师资队伍结构不合理

当前，从事网络心理健康教育的师资队伍结构存在不合理现象，主要表现在：（1）队伍组成多种类型。既有专业型队伍，依托相关专业，有专职的心理教师，能为学生提供专业的咨询和服务；也有管理型队伍，主要挂靠学生工作管理部门，由辅导员或兼职人员担任心理辅导工作；还有混合型队伍，内有专职心理教师、兼职心理辅导员、医务人员等。（2）专业人员严重不足。大多数院校，从事大学生心理健康教育的专业教师人数比较少，有的甚至出现短缺；大部分院校均属于管理型队伍，既从事学生管理人员如专职辅导员、班主任和其他管理人员，同时也承担着对学生进行心理健康教育的任务，由于这些非专业型心理教育人员大多未接受正规、专业的心理咨询及心理辅导培训，在处理突发事件时往往暴露出不足。（3）缺乏合理的年龄梯度。一些专职人员的年龄普遍偏小，虽然具备专业知识和心理咨询等专业培训，但由于刚从学校毕业，还缺乏实践经验。总的来看，大多数高校不能按需配备专业心理教师专门从事大学生网络心理健康教育，并且大部分高校是利用思想政治教育方向或是管理型教师从事专业的心理健康教育，他们多数是兼职心理辅导工作的辅导员、班主任和其他管理人员，没经过正规系统的心理学知识学习，也不具备相关心理的技巧和经验。

（三）师资队伍的配比不足

在心理健康教育师资队伍的配比方面，主要存在"四个不足"：（1）与日益扩大的招生规模配比不足。据调研，虽然当前我国各高校中大多都设立了心理健康教育机构，并逐渐配备了专职教师，但相对于日益扩大的办学规模，心理健康教育的师资资源配比远远不够，绝大多数高校心理教师都是兼职的，少数高校最多只配备 1—2 名专职教师，专职人员极为匮乏。（2）师生配比严重不足。目前，专职人员心理健康教师的配备，师生比能达到 1∶4000—1∶3000 的高校很少，有的高校 4 万余人，只有 3 个心理咨询师，有的高校甚至达到 1∶30000。我国台湾地区师生比平均为 1∶1500，香港地区平均为 1∶1000，与国外高校师生比 1∶400 更是相差甚远。[①]（3）专兼职人员配比不足。目前，绝大多数高校心理健康教育主要由兼职人员承担，他们中高学历、高职称的偏少，经验丰富、实践技术强的偏少，男女比例和专兼职比例失衡，有的还存在外行领导内行，工作指导缺乏系统性和科学性，致使工作滞后，服务不到位。（4）专职、兼职教师年龄和专业配比不足。在专

---

① 冯铁蕾：《高校心理健康教育师资队伍现状及政策建议》，《湖北大学学报（社会科学版）》2008 年第 6 期。

职、兼职教师队伍中，刚毕业的研究生占据 80% 以上比重，由于刚步入社会接受新的角色，往往感觉与自己的期望存在差距。随着就业压力的增大，很多毕业生充实到专职辅导员或心理辅导兼职人员队伍中，由于专业不对口所造成的专业人才流失现象比较严重，专、兼职教师队伍人员不够稳定。

（四）师资队伍专业素质不够优质

目前高校网络心理健康教育师资队伍的素质现状堪忧，存在的主要问题是：（1）现有师资队伍中有不少人不是发展心理学或应用心理学专业毕业的，有的不具有任职资格证。（2）有的高校不注重专职心理咨询师的培训、培养和督导，心理健康教育师资人员从未参加过专业督导和专业培训，他们只能靠上学期间积累的理论指导工作或者靠经验工作。（3）有的高校把引进来的心理咨询师混同于一般的行政人员或辅导员来对待，整天忙于其他日常事务性工作。（4）更多的从事心理健康教育工作的教师多是一线辅导员，这部分人员尽管有丰富的学生工作经验，但缺乏专业的心理健康知识和心理辅导技术，难以开展专业的、深层次的心理健康教育。由于高校网络心理健康教育工作队伍的能力和水平不够优质的状况客观存在，导致对学生的心理情绪、心理问题等把握不准，对咨询的方式方法、沟通的技巧能力等服务不周，对心理健康知识的宣传普及、心理素质的测评分析等不够及时，影响了网络心理健康教育工作的系统和科学发展，影响了学生的心理发展和能力提升。

（五）师资队伍职业耗竭状况普遍存在

目前从事心理健康教育工作的专兼职人员普遍感觉工作超负荷，职业压力大，一项调查显示：有 25% 的教师日平均工作 10 小时以上，5.6% 的教师日平均工作 12 小时以上。长期的超负荷运转和沉重的工作压力，使许多从事网络心理健康教育的人员产生了无助感、茫然感，这种职业耗竭现象将导致从业者身心受到伤害。职业耗竭是由于精神、体力和资源方面的过度需求而产生的失落、疲惫、耗尽感，国外研究者调查发现处于耗竭状态的心理咨询师比例在40%以上。[①] 我国学校心理健康教育工作者的职业耗竭状态也普遍存在。[②] 大学生心理健康教育工作者需要独自面对来访的大学生开展心理咨询工作，处理的大多数是学生的消极情感和危机，向来访学生提供接纳、理解、支持、指导，这都会导致咨询师情感损耗过度、个人成就感降低甚至人格解体。

（六）师资队伍的后备力量欠缺

高校网络心理健康教育队伍建设是一个系统的、长期的工程，但目前普遍存在梯队建设缺乏、后备力量欠缺等问题，具体表现在：（1）缺乏相当数量的取得心理健康教育教师资格证书的教师；（2）缺乏独立开展网络心理健康教育技能的教师，大多数心理健康教育教师是兼职或者是从其他行业转行过来，网络技术和专业业务熟练的人不多；（3）缺乏系统培训心理健康教育队伍后备力量的梯队建设目标，忙于应付日常事务，使得从事心理健康教育的教师在专业上和内容上都不能得到提升和发展，对从事心理健康教育工作感到渺茫、信心不足，存有后顾之忧。

三、高校网络心理健康教育队伍
建设的基本原则和素质要求

与现有其他学科队伍建设相比，高校网络心理健康教育队伍建设应遵循

[①] 裴涛、张宁：《国外心理咨询师职业耗竭研究现状》，《医学与哲学》2006年第27期。
[②] 裴涛、陈瑜、张宁：《学校心理咨询师职业耗竭相关因素分析》，《中国学校卫生》2010年第8期。

以下一些基本原则和素质要求。

（一）基本原则

1. 交叉与互通相结合的原则

网络心理健康教育涉及众多学科，不仅包括心理学，还包括社会学、教育学、医学；不仅有思想政治教育学，还有计算机、网络操作系统等。因而高校网络心理健康教育队伍建设应从学科特点出发，汲取众多学科建设的特点，打造自身特色，做到学科交叉、互通所长、相互促进。

2. 专业与兼职相结合的原则

网络心理健康教育工作是一门综合性、实践性很强的应用性学科，必须对从业者提出明确的专业要求，使从事这项工作的人员具备合理的知识结构和相应的工作能力。坚持专业化的原则，就是要求做到以专职人员为主干，把他们从琐碎的事务性工作中解脱出来，尽量减少繁杂日常事务对网络心理健康教育工作造成的影响，以确保充足的时间和精力用于本职工作。坚持专兼结合的原则，就是要求做到以专职人员为主、兼职人员为辅，促使广大从业者具备相关的专业知识和工作能力。强调网络心理健康教育队伍应以专业人员为主，但也不能忽视兼职人员的作用，尤其是在专业人员严重不足的情况下，更应坚持专业与兼职相结合的原则，在队伍建设中重点考虑有心理学学科专业背景的人员，结合其他的兼职学科人员，打造网络心理健康教育队伍，共同做好网络心理健康教育。

3. 协同性与多样性相结合的原则

在大数据时代，网络心理健康教育必须依靠各方面的力量协同工作，社会、家庭和学校都要关心学生的身心健康，为培养大学生具有良好的心理素质和较高的心理健康水平，应加强高校网络心理健康教育队伍协同性、多样性能力的建设。

高校网络心理健康教育必须在德、智、体、美各项教育中渗透，寓心理健康教育于学校教育教学的各项活动中。协同工作的特点决定了网络心理健康教育在方法和形式上的多样性。一方面，由于受教育者在性格、能力等方面的多样性，要求网络心理健康教育工作者能最大限度地照顾到不同个体的个别差异，满足他们不同的心理需求；另一方面，网络心理健康教育工作者要根据受教育者的年龄特点，对不同群体采用不同的教育内容和方法。因此，要主动地以多样性的教育活动来适应不同教育对象的需要；同时，也允许不同教育者采用不同的方法和形式进行网络心理健康教育。

4. 系统性与创新性相结合的原则

网络心理健康教育是一个长期的过程，其队伍建设要遵循系统性的原则，不能只顾眼前而忽视长远发展，不能只看到队伍建设的艰巨性而忽视未来队伍的梯队建设，不能只从实用的角度出发忽视理论建设，同样也不能认为网络心理健康教育只是心理健康教育人员的任务而忽视了心理健康教育的全员参与性。坚持系统性并不排斥创新性，处在大数据时代的网络心理健康教育队伍建设应坚持与时俱进，不断创新发展。首先要注重理论创新，努力探索网络心理健康教育的新理论，运用新的理论成果来观察分析高校网络心理健康教育工作，实现理论与实践的结合。其次要不断改进网络心理健康教育的内容和方法，提高教育质量。网络心理健康教育观念的更新要通过教育者来体现，内容的改革要通过教育者来实施，方法的改进要通过教育者来艰苦探索。要提高教育效果，改革教育内容是前提，改进教育方法是保证，两者之间应相辅相成，否则教育效果是难以提高的。

5. 民主平等性与保密性相结合的原则

网络心理健康教育的目的是要培养和提高受教育者的心理素质，要达到这个目的必须把民主、平等作为高校网络心理健康教育队伍建设的一个基本原则。在网络心理健康教育中，尽管教师和学生的角色不同，所处的地位不同，但他们在人格上是平等的，应该互相尊重、互相理解。这个原则实际上是与学生主体性原则相辅相成的，因为只有在民主型的师生关系中进行网络心理健康教育，才能真正体现学生的主体性，使学生愿意接近教师，愿意和教师说心里话。另外，网络心理健康教育要想取得良好的效果，也必须在轻松愉快的网络环境、积极向上的心理气氛中进行才能得以实现。坚持民主平等性的原则旨在营造一种宽松的网络氛围，使学生能够在温暖的集体中，在教育者的帮助下健康成长；但同时也必须坚持保密性原则，这是网络心理健康教育队伍建设中必须坚守的极其重要的原则，它不仅是鼓励大学生在民主平等的基础上畅所欲言和建立相互信任的心理基础，同时也是对他们人格及隐私权的最大尊重。在网络心理健康教育过程中，教育者坚持保密性原则，具体要做到：所有涉及教育对象个人隐私的资料和信息绝不应作为社交闲谈的话题；除了在训练的情况下，个案资料不应出现在教育者的公开演讲和谈话中；教育者应避免有意无意以个案举例，来炫耀自己的能力和经验；教育者所做的个人记录，不能视为公开的记录，不能随便让人查阅；教育者不应当随便将记录档案带离咨询与辅导机构；任何咨询与辅导机构都应设立健全的储存系统来确保当事人档案的保密性。

（二）素质要求

所谓素质，是指一个人在政治、思想、作风、道德品质和知识、技能等方面，经过长期锻炼、学习所达到的一定水平。它是人的一种较为稳定的属性，能对人的各种行为起到长期的、持续的影响甚至决定作用。高校网络心理健康教育工作者兼具双重身份，既是高校教师，又是心理咨询师，但其工作性质又决定了他们既不同于普通的高校教师，又有别于社会机构的心理咨询师。他们除了在知识结构、能力水平和职业素养上具备高校教师的一般素质外，基于网络心理健康教育的新情况新特点，在素养上还应有以下特殊要求。

1. 道德、素养和价值观念要求

教师要成为学生做人的镜子，以身作则、率先垂范，以高尚的人格魅力赢得学生敬仰，以模范的言行举止为学生树立榜样，把真善美的种子不断播撒到学生心中，对心理健康教育工作队伍来说应做到以下几点：

（1）职业道德要求。高校网络心理健康教育是兼具服务和育人双重功能的教育，增强从业者队伍的职业道德素质尤为重要。良好的职业道德，应体现在以下四个方面：①具有责任感和使命感。高校网络心理健康教育工作者应肩负责任感和使命感，努力成为学生心理问题的解惑者、学生心理成长和成熟的引路人、学生潜力开发和人生幸福的心灵导师。②严守信息道德。能认识信息和信息技术在网络心理健康教育中的作用和负面影响，了解并遵守各种与信息技术相关的文化、法律法规和伦理道德；能认识与信息使用、发布、传播、交流相关的经济、法律和社会问题，并在法律、法规允许范围内，合理合法地利用他人的信息；能遵守高校内部有关获取、利用内部档案信息资源的规章制度，并能遵守相关行业的规范、章程，合理、合法地获取、存储和利用行业的文献、数据、图表、音频、视频等信息；能遵守心理咨询工作流程，热情和真诚地对待学生，理解学生的情绪，尊重学生的隐私，保护学生的秘密，维护学生的生命和健康权利，帮助学生消除心理情绪、克服心理障碍，引导学生树立理性平和的健康心态。③坚守诚信。提倡心理健康教育工作者必须坚持专业承诺，忠于事实真相，不得接受超出自己个人能力范围的心理健康教育工作，如遇到超出个人能力范围的工作，应及时向督导或其他专业人士求助。④以身作则。高校网络心理健康教育工作者要服务于学生发展的需要，在心理品质和个人心灵修养上处处起模范带头作用，努力提高专业理论和业务水平，以实际行动赢得学生的信任和尊重。

（2）心理素养要求。优秀的心理素养主要体现在：有健康的人生态度；

有稳定的心理情绪；有坚定的自信能力；有和谐的人际关系；有平等的沟通方式；有良好的自控能力；有较强的受挫能力；有敏锐的观察能力；有准确的问题意识；有客观的辨析能力；有理性的导向意识；有共情的咨询技巧。

（3）价值观念要求。网络心理健康教育工作队伍必须有正确的价值观念、清晰的价值判断、精准的价值取向，并以适当的方式对大学生进行价值干预、价值渗透和价值引导，帮助大学生澄清价值取向、纠正价值偏差、端正价值观念。为此，要求高校网络心理健康教育工作者必须具备正确的价值观念：①要增强共产主义理想信念。通过深入开展正确的世界观、人生观和价值观教育，正确认识社会发展规律、国家前途命运以及自身的社会责任。②要提高爱国主义情怀。通过弘扬和培育民族精神教育，自觉把民族精神与改革创新的时代精神融入心理健康教育中，引导大学生在新时代展现积极的民族进取的心理品质。③要自觉践行社会主义核心价值观。一方面要把培育和践行社会主义核心价值观融入心理健康教育全过程；另一方面要把培育和践行社会主义核心价值观落实到自身业务发展和素质提升中，增强教书育人的荣誉感和责任感。④要具有集体主义精神。增强心理健康教育师资队伍的团队精神和协作意识，为开展网络心理健康教育提供保障。

2. 知识素养、专业技能要求

（1）知识素养要求。网络心理健康教育是一项科学性、技术性很强的工作，需要掌握现代心理学基本理论，尤其是心理咨询理论和专业知识，如基础心理学、社会心理学、人格心理学、健康心理学、变态心理学、发展心理学、咨询心理学、心理测量学等，还要有相关学科的知识，如教育学、社会学、经济学、法学等，做到"学有专长、术有专攻"。为有效地给大学生提供指导和帮助，还要求心理健康教育工作者不仅有自然科学知识、哲学知识、文学知识、史学知识等文化底蕴做支撑，还要有辩证唯物主义、历史唯物主义的认识论和历史、逻辑与现实相统一的发展观。通过这些知识素养要求，使从业者夯实扎实的理论功底，构建起全面的、合理的知识结构。

（2）专业技能要求。为适应大数据时代高校网络心理健康教育的需要，对心理健康教育队伍的专业技能提出了较高要求。

首先要有敏锐的信息意识。一是能够自觉地、主动地对待信息，同时能够识别、确定信息与自己具体工作的关系，并有目的地组织相关的信息活动；二是能够根据科研课题或教育内容，准确定义和表述自己的信息需求，系统地阐述问题；三是能认识并确认各种类型信息资源的特点和用途，明确各类信息资源的用途和功能；四是能认识到不断吸收和保存本领域知识的价值，自觉地在工作实践中学习和掌握收集信息的方法和技能。

其次要有坚实的信息知识。信息知识包括信息的基本知识和现代信息技术知识。一是掌握与教育信息化相关的技术，如 PowerPoint、Dreamweaver、Photoshop、Flash、网页网站制作技术，以及网络课件开发工具 NET、Java 等；二是掌握与信息相关的常用信息技术，如信息识别、信息提取、信息检测、信息传递、信息处理、信息再生等技术，以及常用的个人信息管理与分析技术（如 Endnote、Note express、SPSS 等）；三是认识和了解大数据的一些相关技术，如遗传算法、数据挖掘、回归分析、分类分析、聚类分析、关联规则学习、数据融合与集成、自然语言处理、情感分析、网络分析、空间分析、时间序列分析等。这些技术在大数据处理中发挥重要的作用，作为高校网络心理健康教育工作者应该对这些技术有所认识和了解。

最后要有强大的信息处理能力。一是能选择最合适的调研方法或信息检索系统获取所需数据信息，并能从研究方法或信息检索系统中选择有效又高效的途径和方法获取所需要信息；二是能根据自己的信息需求，运用恰当的检索词构造有效的检索策略，达到最佳的检索效果；三是能充分运用专业化的网络服务或传统服务，如信息共建共享平台、图书馆的学科馆员、馆际互借、文献传递、专业协会、专业人员等，来获取信息；四是能批判性地评价所获取的信息及其来源，包括评价检索结果的数量、质量、准确度和时效性；五是能把检索到的信息和自己原有的知识有机地整合起来，从各种信息来源中选择、分析、组织、概括和综合信息，创造性地使用信息来完成特定的工作或创造新的信息；六是能充分利用现代网络技术，有效地采用一种最适合受众的风格与别人进行清楚、简洁的交流。

3. 行为规范、职业素养要求

任何职业都有相应的规范和准则来指导、约束从业者的职业言行。高校网络心理健康教育工作者的双重角色决定了他们在为学生提供心理咨询服务时，既要按照心理咨询师的职业规范和道德标准要求自己，又要兼顾高校教师这一教书育人的职业特色。为此，对高校网络心理健康教育工作者的行为规范、职业素养应有具体要求：（1）要热爱心理健康教育事业，具有甘于奉献的精神。网络心理健康教育是心理健康教育的一种新形式，目前硬件和软件建设都跟不上，工作开展难度比较大，没有对这项事业的执着热爱和甘于奉献的精神，是很难支撑下去的。（2）要尊重来访学生的人格和意愿，不能将自己的意志强加给来访学生。心理咨询的一个基本原则是自愿原则，即咨访关系的建立以来访者自愿为前提，且咨询者不得与来访者建立咨询以外的关系。在咨询过程中，咨询教师要完成好教师的角色转换，不能将自己的意志强加给来访学生，而是要采取真诚、理解、尊重、同情的态度，站在对方的角度考虑问题，给之以信任感、安全感，最终通过讨论、反思等方法，帮助来访学生进行自我探索，作出符合自己内心意愿的判断和选择。（3）要平等地对待每个来访学生，尊重来访学生的自主权。要真诚友好地尊重每一位来访学生的人格，对他们要耐心、细心、关心，善于倾听他们的意见，了解其心理需求，尽可能地满足他们的愿望，即使遇到不合情、不合理的情况，也要耐心劝导，细致解释，尊重来访学生的自主权。（4）要坚持保密原则，最大限度地维护学生的权利和利益。咨询教师必须严格地为来访学生的谈话内容保守秘密，不经来访学生的同意，不得将其情况向任何人透露（法律规定除外），这是对来访学生个人权利和利益的最大尊重，也是咨询教师最基本的职业素养，同时还是咨询工作得以顺利进行的重要保证。（5）要致力于来访学生的自我成长，激发其提高自我反思、自我改善、自我实现的能力。进行心理咨询的学生既是咨询对象，又是咨询活动的主体，在咨询过程要致力于调动来访学生的主动参与意识，激发其自我反思、自我改善、自我实现的能力，最终促使其在咨询过程中学会成长。（6）要注重自身的学习和积累，促进自我成长。心理咨询本身既是一门科学，也是一门艺术，需要从业者不断地学习和操练，既要注重自身的积累与修炼，又要主动接受行业督导，只有这样才能在心理咨询实践中逐步实现自我成长。

4. 人格特质、个性品质要求

对网络心理健康教育工作者的人格特质与个性品质的要求是：（1）自信、达观、敏感、合作的人格特质。网络心理健康教育工作者首先要有健康的人格，要自信、开朗、豁达，有合作精神，否则就缺少给他人勇气、力量、安全感的有效支撑。同时，网络心理健康教育是一件细致的、与人打交道的工作，要求教师具有一种特殊的职业敏感性，这种职业敏感是从业者良好职业素养的一个重要表现。（2）亲切、真诚、宽容、善良的个性品质。亲切和蔼、真诚善良、宽容尊重、善解人意的个性品质，可以拉近教师与学生的距离，给学生以信赖感，使其能在轻松自如的环境中舒缓紧张情绪，敞开心扉。这是心理健康教育得以顺利进行的必要前提。

四、高校网络心理健康教育
队伍建设的实践进路

高校网络心理健康教育队伍的建设，事关网络心理健康教育工作的开展，需要采取切实有效的措施认真做好，当前可从以下几个方面入手去推进。

（一）完善网络心理健康教育队伍的师资结构

完善网络心理健康教育工作队伍结构，要从队伍的职业性、专业性和稳定性方面着手，优化队伍的年龄、学历、职称、专业、专兼职等结构，逐渐建立以专职队伍为核心、兼职队伍为骨干、学生队伍为补充，形成专业促动、专兼结合、师生互补、基本稳定的心理健康教育工作队伍，从而增强网络心理健康教育工作队伍的吸引力、凝聚力。

1. 专职心理咨询师

专职心理咨询师队伍是高校网络心理健康教育工作得以专业化和科学化开展的核心力量，他们是高校中有心理健康教育相关专业知识背景的、专门从事大学生心理健康教育工作（包括网络心理健康教育）的教师。专职心理咨询师队伍必须是一支专业化水平高、全面发展和全方位教育的队伍，教育部办公厅发布的《关于加强学生心理健康管理工作的通知》要求配齐建强骨干队伍，高校按师生比不低于 1∶4000 比例配备心理健康教育专职教师且每校至少配备 2 名。须是医学、心理学、教育学专业硕士以上学历，能够达到中国心理学会临床与咨询心理学专业机构和专业人员注册系统注册心理咨询师的标准，即专职心理咨询师在获得其硕士学位后 2 年内，在有效注册的督导师督导下与寻求专业帮助者直接接触的实践小时数不少于 150—250小时，接受有效注册的督导师正式的、面对面的案例督导或集体案例督导小时数不少于 100—200 小时。

专职心理健康教育教师的工作范畴很广，主要包括：（1）网络心理健康教育工作的行政管理。为学校制定网络心理健康教育的总体规划发挥专业上的参谋作用，并根据学校的总体规范做好全校不同阶段的网络心理健康教育具体筹划，组织与协调校、院心理健康相关工作。（2）队伍素质的提升。对兼职教师和其他教师进行网络心理健康教育的专业培训和指导，组织、指导甚至直接承担朋辈心理互助员的培训工作。（3）学生心理危机的预防与干预。依托网络，组织开展全校性的心理普查和心理排查工作，建立全校学生的电子心理档案；应对和处理学生危机心理问题时，发挥专业的指导和参谋作用，承担相应的专业工作。（4）来访学生的心理辅导。面向在校学生开展个体、团体、电话等不同形式的网络心理咨询、心理辅导工作。（5）心理健康知识的网络普及。利用网络课堂，开设相关的心理健康教育网络课程；通过网络视频，开展各种主题讲座及各种主题的校园心理文化活动；创建心理健康教育网页、微博、博客、QQ、报纸、杂志等，搭建与学生互动的平台。（6）网络心理健康教育的实践与理论研究。组织科研团队小组，积极开展网络心理健康教育的各项研究课题，通过理论研究促进实践工作的开展，实践工作促进理论水平的提升。

2. 兼职心理咨询师

对于大部分高校而言，配齐专职心理辅导人员尚需时日，兼职心理辅导人员仍是心理健康教育队伍的主干力量。学校及相关职能部门要做好兼职心理辅导人员的选聘、培训和管理，最大限度地发挥他们的作用。在人员选聘上：（1）要求兼职心理咨询师必须是医学、心理学、教育学、社会学、思想政治教育等相关专业硕士毕业；（2）国家心理咨询师职业资格证书取消后，现改为社会化的职业技能认定，兼职心理咨询师需持有用人单位和社会培训评价组织两类评价主体颁发的职业技能等级证书。

兼职心理咨询师队伍是以咨询和干预为导向的，是高校心理咨询队伍的重要组成部分，一般由校内外咨询师组成，工作范畴：（1）主要负责日常心理咨询值班和危机干预工作；（2）参与心理健康教育课程、心理健康教育讲座、团体心理辅导等活动。

3. 高校辅导员

高校开展网络心理健康教育，高校辅导员不仅是"政治辅导员"和

"生活辅导员"，更是"心理辅导员"，要充分发挥这支队伍最有开发潜力、最具工作便利条件的作用。辅导员担当着科学育人的重任，其工作对大学生的人生产生着重要影响。辅导员绝大多数都熟悉网络，又贴近学生、了解学生，对学生的日常生活及其心理状况都能掌握第一手的资料。辅导员是战斗在学生工作第一线的人，为大学生进行心理辅导提供了前提。要把高校辅导员纳入网络心理健康工作的队伍中来，使辅导员成为联络学校心理健康教育教师和广大学生心理问题的桥梁。在工作中要发挥好"三个作用"：（1）引领者作用。当大学生的心理坐标系出现偏差时，辅导员要引领大学生进行调整；当大学生出现思想症结时，辅导员要引领大学生进行化解；当大学生的心理出现浮躁时，辅导员要引领大学生进行调适。（2）培养者作用。辅导员的工作可以围绕大学生心理素质培养、行为习惯养成等方面展开，既可在网络世界中开展大学生心理健康教育，也可在现实世界中致力于寻找开展大学生网络心理健康教育的途径。（3）协同者作用。辅导员是大学生心理危机预防和干预的协同者，应侧重开展以下几个方面的工作：①大学生心理危机的干预。即与危机主体或危机事件有密切关系的人，如危机主体的家长、舍友、危机现场的目击者等，这些人的心理疏导工作和相关事宜的处置工作，需要辅导员发挥"协同者"的作用。②大学生心理危机处置过程中的协调工作。比如专业心理助人者需要危机主体背景资料的时候，辅导员可帮助提供；危机处置过程中，需要协同其他部门、队伍，联系学生家长的时候，辅导员可发挥其优势，成为解决问题的纽带。③大学生心理危机处置的善后工作。如帮助危机主体或者其家长办理休学、复学等手续，为危机主体创设有利于心理健康状态恢复的班级氛围、宿舍氛围等。

4. 其他兼职人员

班级心理委员是学生心灵的陪伴者，是班级心理状况的观察员，也应该纳入学校网络心理健康工作队伍，成为学生中的朋辈心理互助员。实践中，在大学生中设立同龄朋辈心理互助员非常必要，也是十分受欢迎的。朋辈通常会有较为接近的价值观念、共同的生活方式与生活理念、所关注的问题相同等特点，所以朋辈心理辅导比较符合大学生的心理需求，其过程也是一种民主性的助人与自助的过程。朋辈心理互助员队伍是学校心理健康教育专业队伍的一支重要的补充力量，是开展心理健康教育活动与进行危机干预的基层力量。朋辈心理互助员队伍可以包括心理委员、寝室信息员、学生干部、心理协会等。

（二）强化网络心理健康教育队伍的培训工作

高校网络心理健康教育的开展离不开系统的、专业的培训，培训可以为网络心理健康教育教师专业可持续发展提供支持。学校应坚持先培训、后上岗的原则，多角度、全方位地强化心理辅导人员的培训，把网络心理健康教育人员的培训、培养工作列入学校师资培训和人才培养计划。在培训中，高校应采取切实可行的措施加强对网络心理健康教育工作者的理论和业务培训，针对存在的弱点，重点要加大对计算机网络技术的培训力度，提高运用网络开展心理健康教育工作的能力，以适应高校网络心理健康教育形势发展的需要。此外，还要针对专、兼职人员，高校辅导员和其他兼职人员分别提出不同培训要求和形式。

对专职心理咨询师的培训，应包括专业培训和个人成长两部分。主要培训形式是参加培训班和自我学习。专业培训由以下部分组成：心理咨询基本技能培训；心理咨询与治疗高级培训；不同视角的心理培训，咨询师可以根据自己的兴趣选择各种培训，如心理剧培训、叙事治疗、焦点治疗、家庭治疗、格式塔心理培训、催眠技能培训等。个人成长也是专业咨询师培训的重要部分，个人成长主要通过自我反思和接受督导来完成，所谓督导是指在培训实习阶段由资深的心理咨询师对培训对象的专业操作状况加以监督、指导和评估的过程。

对兼职心理咨询师的培训，包括心理咨询技能培训、心理障碍相关知识培训、危机干预培训、职业道德训练、心理测量工具使用、团体心理辅导培训等几部分。高校心理健康教育中心要定期选送兼职心理咨询师参加以上相关培训，帮助他们专业上成长；心理健康教育中心要组织各类活动，促进咨询师的个人成长，如案例讨论、咨询技能研讨会、个案督导、专家讲座、咨询师成长小组等。

对高校辅导员的培训，要定期组织专业培训，选送他们参加社会上系统、专业的培训。培训的内容涉及心理咨询关系建立、心理咨询谈话技巧训练、常见心理障碍的识别、大学生常见心理问题解决、大学生生涯规划辅导等。培训的方式可以是专家讲座、小组讨论、角色扮演、体验式团体训练等。

对心理信息员的培训，要全面规划，针对专业知识普及和个人能力提升两块内容，既要培训又要考核，培训形式主要是讲座和团体辅导。通过讲座普及专业知识，内容可以设定为心理学与生活、如何看待心理咨询、心理咨询关系建立和会谈技巧、常用心理活动介绍、常见心理问题识别等。通过参与和体验式的团体活动，帮助学生提升个人能力，内容包括自我探索、人际沟通、情绪管理和压力应对、团队合作、咨询技巧训练等。考核可以是笔试，也可以让学生撰写个人成长报告。

对大学生心理健康协会队伍的培训，主要通过培训让他们了解心理学，清楚心理健康教育活动的组织，指导如何设计心理健康教育调研。可以通过开展讲座、角色扮演、头脑风暴、小组讨论等方式进行培训。内容可以是：揭开心理学的神秘面纱，常见心理健康教育活动，心理健康教育研究的方法，心理影片赏析，日常心理测试介绍，经典心理学书籍、网站等。

综上，建立包括专职心理咨询师、兼职心理咨询师、高校辅导员、心理信息员、大学生心理健康协会在内的复合型队伍，明确各支队伍的职责，设计高效能的培训，是能够保障心理健康教育三级网络体系的，能够解决当前专职人员紧缺、心理健康教育普及度不够的现状的。相信通过队伍培养培训，能够带动当前的高校网络心理健康教育工作走向专业化、规范化。

（三）完善网络心理健康教育队伍的运行机制

完善网络心理健康教育队伍的运行机制，涉及诸多方面，从目前现状来看尤其需要完善以下三个方面。

1. 机构独立，严格准入制

目前高校心理健康教育机构大多都设在学工部门，这虽有一定合理性，但因学工部往往都把工作重心放在招生、就业、学生管理上，客观上对心理健康教育工作的开展有弱化现象。鉴于我国高校行政化色彩较浓的实际状况，心理健康教育工作机构最好有独立建制，便于沟通交流，提高工作效率，没有部门从属性，直接对学校主管领导负责，工作更有针对性、实效性。

在机构独立的同时，要建立严格的准入制，切实把好入口关。作为一项专业性、技术性极强的工作，严格准入门槛是必须的，如美国要求临床心理学家必须有博士学位，心理咨询师要求至少硕士以上学位，要通过 2000 小时的实习、督导和终身继续教育的刚性规定等。① 我国的现实状况是，一方面急需专业人才，另一方面又人才奇缺。目前，许多国家按照联合国教科文组织提出的三项要求，从现有教师队伍中培养的方法值得我们借鉴。因为，心理健康教育是一项复杂的系统工程，具有很强的科学性、知识性、专业性和技术性，具有自己独特的内涵、意义、目标、任务、途径和原则等，只有正确理解和掌握这些理论和技术，才能提高高校心理健康教育的针对性和有效性。鉴于目前我国高校网络心理健康教育的现状和需求，资格认证目前可考虑老人老办法、新人新办法，解决当下的师资短缺问题，今后将逐渐过渡

---

① 赵旭东等：《关于心理咨询与治疗等职业化发展中的问题及建议》，《中国心理卫生杂志》2005 年第 3 期。

到高学历、高起点。高校心理健康教育工作者必须有相应的高校教师资格、高校工作经验，还要有一定的学历、资历、继续教育学历或经历等要求。

2. 完善对辅导员和专职教师的管理和协调

辅导员和专职教师作为大学生心理健康教育队伍的主体，在素质要求和工作内容上具有高度的一致性。在素质要求方面，都需要具备网络心理健康教育专业知识和技能，具备思想政治教育的素质和方法，具备高品质的心理素质。在工作内容方面，在不同场合不同情况下开展心理健康教育的教学、活动和辅导，只是两个群体在工作内容的侧重上有所不同而已。因而，要充分发挥辅导员和专职教育所共有的素质和能力，协调两个群体工作内容上的互帮互助，需要完善辅导员和专职教师的管理和协调机制，这主要从以下两个方面实现：一是在组织机构上统一管理和协调辅导员、专职教师的工作内容，实现工作上的高效合力。由校党委或组织部、学工部统一管理和协调大学生心理健康教育队伍，让专职教师的教学工作和辅导员组织的各类活动相互融合和借鉴，同时在心理咨询和辅导中形成合力，增强对心理疾病和心理危机的排查功能。二是统一培养和训练辅导员、专职教师的综合素质，为他们提供更为适合中国国情和大学生心理发展实际的本土化教育，引领队伍在心理健康教育相关专业知识和技能上不断完善，促使整个网络心理健康教育队伍的专业知识、能力和素养得到全面发展。

3. 构建"学校—中心—学院—班级—宿舍"五级网络心理健康教育工作体系

在学校层面建立心理健康教育工作指导委员会，统筹协调、顶层设计全校心理健康教育工作的发展，确保工作有目标、有保障；在学校心理健康教育服务中心层面建立专职心理健康教育工作队伍，制定计划、专业督导全校网络心理健康教育工作，确保工作有落实、有抓手；在学院层面建立学生工作干部队伍，积极引导、全力推进网络心理健康教育工作，确保工作有载体、有成效；在班级层面建立班级心理委员队伍，全员覆盖、全面普及网络心理健康教育知识，畅通心理健康教育工作"最后一公里"，确保工作有反馈、有回应；在宿舍层面建立心灵使者队伍，触及网络心理健康教育服务"神经末梢"，确保工作点对点、面对面，形成"全面覆盖、无缝对接、及时有效、动态跟踪"的网络心理健康教育工作机制，为学生的理性平和的健康心态保驾护航。

（四）加强对网络心理健康教育队伍的管理和监督

当前，加强对网络心理健康教育队伍的管理和监督，应做好以下几个方面工作。

1. 建立独立、科学的考核评估体系

学校应该赋予心理健康教育这个独立机构行使学术自由与业务管理的专业化地位，要建立独立、科学和完善的心理健康教育工作的考核评估体系。（1）各个成员统一制定各类工作规则，制定考核标准，最终创设一个得到大家公认的公平的绩效标准。（2）建立以过程评价为主的考核体系，多层次的评价指标体系，采用自评、集体评价、统一分析、座谈、问卷等多种方法，合理引导和规范心理咨询工作的实施，形成公平的评价体系。（3）建立合理有效的评估体系，工作成效的评估关乎心理健康教育工作的健康发展，是目前急需建设的制度性问题。除了专职教师接受同行督导外，学校心理健康教育的学科发展、师资建设与业务运作等应由校心理健康教育领导小组和上级主管部门进行定期的督察、考核，并提供不定期的咨询、顾问与指导意见。

2. 健全心理健康教育队伍监督激励机制

为确保高校心理健康教育队伍健康、规范发展，必须健全相应的督导和

激励机制，保证心理健康教育工作者的道德操守、维持工作的专业化水准，为学生提供高质量的心理服务。目前，部分高校或地区在研究制定高校心理健康教育监督评价体系，定期对高校开展大学生心理健康教育工作进行监督和评估。同样，高校要保持心理健康教育队伍的活力，必须完善健全激励机制，以直接或间接的方式对教师进行奖励、促进，帮助这支队伍不断前进。总之，通过有效的督导和激励，达到指导队伍建设的作用，能更快、更有效地提高心理健康教育师资队伍的工作能力。

3. 健全心理咨询服务和危机干预体系

高校网络心理健康教育工作任务之一是关注部分心理问题学生，解决学生个性化的问题，这就需要开展心理咨询工作。对于目前学生缺乏求助动机的问题，高校应该完善心理咨询信箱、咨询热线和网络咨询平台建设，形成线上和线下一体的心理咨询服务模式。师资有限的高校可以创新工作方法，采用团体咨询的方式以缓解心理健康教育人员配置不足的问题。通过团体咨询的方式，让学生借助团体的力量，通过观察学习促进行为和思维的积极正向变化。对于心理危机干预问题，学校应当完善心理危机干预机制，制定心理危机干预细则，明确各部门职责和危机干预处理流程。组织相关人员实施心理危机预防与干预的培训和演练，以便遇到突发的心理危机事件时能够迅速处置。

4. 改革大学生心理健康教育教师的职称评定标准

高校心理健康教育教师的职称评定，必须在尊重其工作内容和性质特殊性的基础上纳入思政教师队伍系列评定。其工作内容包括教学、辅导、咨询和科研四个方面，还要考虑辅导员以思想政治教育工作为主的特殊性。因而建议在思想政治教育教师系列中评定大学生心理健康教育的能力和素质时，既保持原有对辅导员和学工干部的考察标准，同时增加对网络心理健康教育的教学、辅导、咨询、科研四方面的能力评价，以及从德、能、勤、绩四维度量化心理健康教育专职教师和辅导员工作量。既要考核政治思想表现和职业道德表现，也要考核网络心理健康教育的业务能力水平和知识更新情况；既要考核工作态度、勤奋敬业精神和遵守工作纪律情况，也要考核履行心理健康教育职责，达到教学、咨询和研究工作的数量、质量和效率要求，取得成果水平以及社会效益情况。由此，让队伍中的青年教师看到职业发展的前景，稳定队伍，提升工作质量。

| 第九章 |

大数据时代网络心理健康
教育与思想政治教育

高校心理健康教育与思想政治教育的关系问题，一直处于研究者的争论中，但二者在实践中结合的程度越来越深入。不仅心理健康教育深刻地影响着思想政治教育，思想政治教育也深刻地影响着心理健康教育。在大数据时代，网络心理健康教育与思想政治教育两者在互动中相互结合的状况如何，也直接影响着二者的改革、发展进程，特别是网络心理健康教育的发展。

一、网络心理健康教育与思想政治
教育的联系与差异

（一）思想政治教育与网络心理健康教育的内涵

思想政治教育是指社会或社会群体用一定的思想观念、政治观念道德规范，对其成员施加有目的、有计划、有组织的影响，并促使其自主地接受这种影响，从而形成符合一定社会、一定阶级所需要的思想品德的社会实践活动。① 由此

---

① 陈万柏、张耀灿：《思想政治教育学原理》，高等教育出版社 2015 年版，第 7 页。

可见，思想政治教育是对人们思想品德的形成与发展、价值观的建构进行统一指导，为统治阶级所服务的社会实践活动，并具有阶级性、实践性、综合性。

党和国家历来重视高校思想政治教育工作，并根据社会环境和高校的实际情况，不断丰富工作内涵，提出指导思想新要求。

2004年10月，中共中央、国务院发布的《关于进一步加强和改进大学生思想政治教育的意见》强调：加强和改进大学生思想政治教育，提高他们的思想政治素质，把他们培养成中国特色社会主义事业的建设者和接班人，对于全面实施科教兴国和人才强国战略，确保我国在激烈的国际竞争中始终立于不败之地，确保实现全面建设小康社会、加快推进社会主义现代化的宏伟目标，确保中国特色社会主义事业兴旺发达、后继有人，具有重大而深远的战略意义。

2015年1月，中共中央办公厅、国务院办公厅印发的《关于进一步加强和改进新形势下高校宣传思想工作的意见》提出，全面贯彻党的教育方针，强化政治意识、责任意识、阵地意识和底线意识，以立德树人为根本任务，以深入推进中国特色社会主义理论体系进教材进课堂进头脑为主线，以提高教师队伍思想政治素质和育人能力为基础，以加强高校网络等阵地建设为重点，积极培育和践行社会主义核心价值观，不断坚定广大师生中国特色社会主义道路自信、理论自信、制度自信，培养德智体美全面发展的社会主义建设者和接班人。

2017年2月，中共中央、国务院印发的《关于加强和改进新形势下高校思想政治工作的意见》（中发〔2016〕31号）指出，要全面贯彻党的教育方针，坚持社会主义办学方向，扎根中国大地办大学，以立德树人为根本，以理想信念教育为核心，以社会主义核心价值观为引领，切实抓好各方面基础性建设和基础性工作，切实加强和改善党的领导，全面提升思想政治工作水平，紧密团结在以习近平同志为核心的党中央周围，牢固树立政治意识、大局意识、核心意识、看齐意识，坚定不移维护党中央权威和集中统一领导，为实现"两个一百年"奋斗目标、实现中华民族伟大复兴的中国梦，培养又红又专、德才兼备、全面发展的中国特色社会主义合格建设者和可靠接班人。提出加强和改进高校思想政治工作的基本原则是：坚持党对高校的领导，落实全面从严治党要求，把党的建设贯穿始终，着力解决突出问题，维护党中央权威、保证党的团结统一，牢牢掌握党对高校的领导权；坚持社会主义办学方向，坚持马克思主义指导地位，坚持以人民为中心的发展思想，更好为改革开放和社会主义现代化建设服务、为人民服务。坚持全员全过程全方位育人，把思想价值引领贯穿教育教学全过程和各环节，形成教书育人、科研育人、实践育人、管理育人、服务育人、文化育人、组织育人长效机制；坚持遵循教育规律、思想政治工作规律、学生成长规律，把握师生思想特点和发展需求，注重理论教育和实践活动相结合、普遍要求和分类指导相结合，提高工作科学化精细化水平；坚持改革创新。推进理念思路、内容形式、方法手段创新，增强工作时代感和实效性。

2020 年 4 月，教育部等八部门下达《关于加快构建高校思想政治工作体系的意见》中提出的指导思想是：以习近平新时代中国特色社会主义思想为指导，全面贯彻党的教育方针，坚持和加强党的全面领导，坚持社会主义办学方向，以立德树人为根本，以理想信念教育为核心，以培育和践行社会主义核心价值观为主线，以建立完善全员、全过程、全方位育人体制机制为关键，全面提升高校思想政治工作质量。实现的目标任务是：健全立德树人体制机制，把立德树人融入思想道德、文化知识、社会实践教育各环节，贯通学科体系、教学体系、教材体系、管理体系，加快构建目标明确、内容完善、标准健全、运行科学、保障有力、成效显著的高校思想政治工作体系。

在 2021 年 2 月修订的《中国共产党普通高等学校基层组织工作条例》中，对思政工作专门强调部署。高校党委应当牢牢掌握党对学校意识形态工作的领导权，统一领导学校思想政治工作。发挥行政系统、群团组织、学术组织和广大教职工的作用，共同做好思想政治工作。思想政治工作应当坚持理论联系实际，定期分析师生员工的思想动态，坚持解决思想问题与解决实际问题相结合，注重人文关怀和心理疏导，区别不同层次，采取多种方式，推动思想政治工作传统优势和信息技术高度融合，增强思想政治工作的针对性、实效性。

2022 年教育部等十部门关于印发《全面推进"大思政课"建设的工作方案》指出，全面推进"大思政课"建设，要坚持以习近平新时代中国特色社会主义思想为指导，聚焦立德树人根本任务，推动用党的创新理论铸魂育人，不断增强针对性、提高有效性，实现入脑入心。坚持开门办思政课，强化问题意识、突出实践导向，充分调动全社会力量和资源，建设"大课堂"、搭建"大平台"、建好"大师资"，建设全国高校思政课教研系统，设立一批实践教学基地，推出一批优质教学资源，做优一批品牌示范活动，支持建设综合改革试验区，推动思政小课堂与社会大课堂相结合，推动各类课程与思政课同向同行，教育引导学生坚定"四个自信"，成为堪当民族复兴重任的时代新人。

可见，大学生思想政治教育是以马克思主义和马克思主义中国化的伟大成果为指导，结合大学生自身特点和发展规律，对其进行以共产主义世界观、人生观、价值观教育为主要内容的思想教育、以理想信念教育为核心的政治教育和以社会主义道德体系为主的道德教育，帮助大学生树立共产主义远大理想，培养其形成高尚情操的有目的、有计划、有组织的教育活动。根据中央相关文件精神，高校应贯彻落实好全国高校思想政治工作会议、全国思政课教师座谈会精神，从领导体制、工作机制、教育教学等多方面进行部署落实，做到目标清晰、分工明确、措施具体，确保思想政治引领的各项要求落地生根。

关于心理健康的内涵，学界有诸多表述。从比较有共识方面来说，心理健康是相对于生理健康而言的。心理健康也叫心理卫生，其含义主要包括两个方面：（1）指心理健康的状态，即没有心理疾病，心理功能良好。就是说能以正常稳定的心理状态和积极有效的心理活动，面对现实的、发展变化着的自然环境、社会环境和自身内在的心理环境，具有良好的调控能力、适应能力，保持切实有效的功能状态。（2）指维护心理的健康状态，亦即有目的、有意识、积极自觉地按照个体不同年龄阶段身心发展的规律和特点，遵循相应的原则，有针对性地采取各种有效的方法和措施，营造良好的家庭环境、学校环境和社会环境，通过各种形式的宣传、教育和训练，以求预防心理疾病，提高心理素质，维护和促进心理活动的这种良好的功能状态。上述两个方面即构成了心理健康的基本内涵。

党和国家对高校心理健康教育工作也是十分重视的。

从 1994 年 8 月中共中央颁布的《关于进一步加强和改进学校德育工作的若干意见》起，党和政府出台了多份文件专门对高校心理健康教育工作作出指导、要求、规范。尤其是党的十八大以来，以习近平同志为核心的党中央高度重视学生心理健康工作，习近平总书记对学生心理健康教育作出了一系列重要批示指示，为做好新时代高校心理健康教育工作提供了根本遵循。

2016 年 8 月，习近平总书记出席全国卫生与健康大会并发表重要讲话，强调要加大心理健康问题基础性研究，做好心理健康知识和心理疾病科普工作，规范发展心理治疗、心理咨询等心理健康服务。同年 12 月，习近平总书记在全国高校思想政治工作会议上强调要把思想政治工作贯穿教育教学全过程，指出要运用新媒体新技术使工作活起来，推动思想政治工作传统优势同信息技术的高度融合，增强时代感和吸引力，要因事而化，因时而进，因势而新。

2017 年 2 月，中共中央、国务院印发的《关于加强和改进新形势下高校思想政治工作的意见》明确提出，加强人文关怀和心理疏导，促进大学生身心和人格健康发展。2018 年 12 月，全国高校思想政治教育工作会议在北京召开。习近平总书记在会上指出，要坚持不懈促进高校和谐稳定，培育理性平和的健康心态，加强人文关怀和心理疏导，把高校建设成为安定团结的模范之地。思想政治工作从根本上说是做人的工作，必须围绕学生、关照学生、服务学生，不断提高学生思想水平、政治觉悟、道德品质、文化素养，让学生成为德才兼备、全面发展的人才。

2018年教育部出台的《高等学校学生心理健康教育指导纲要》中指出，要主动占领网络心理健康教育新阵地，广泛运用门户网站、微信、微博、手机客户端等媒介，宣传心理健康知识，倡导健康生活方式，提高心理保健能力；要科学分析经济社会快速发展、互联网新媒体应用快速推进、个人成长历程、家庭环境等因素对学生心理健康的深刻影响。这意味着，高校心理健康教育已经越来越离不开网络和大数据的支持。

2021年7月，教育部办公厅下发《关于加强学生心理健康管理工作的通知》，要求各地各部门要加强源头管理，全方位提升学生心理健康素养；加强过程管理，提升及早发现能力和日常咨询辅导水平；加强结果管理，提高心理危机事件干预处置能力；加强保障管理，加大综合支撑力度。①

2022年12月，教育部组织制定了《新型冠状病毒感染疫情形势下学生突出心理问题防治工作实施方案》，明确工作目标是全面评估疫情对学生心理健康带来的影响，聚焦学生突出心理问题，因地因校制定专项工作方案，采取针对性对策，分类实施监测预警和干预等有效措施，防重症、防危机、防极端，切实维护学生身心健康，促进学生全面发展。

由此可见，高校思想政治教育和心理健康教育的内涵既有差异又有共性，它们都是高校培养全面发展的人才的重要组成部分。在大数据时代，大学生网络心理健康教育，要以习近平新时代中国特色社会主义思想为指导，通过大数据技术对个体心理健康水平的分析、预测和干预，加强人文关怀和心理疏导，以维护大学生心理健康和提高大学生心理素质，更好地促进大学生的身心和人格健康发展，成为全面发展的人。

---

① 教育部办公厅：《关于加强学生心理健康管理工作的通知》（教思政厅函〔2021〕10号）。

（二）网络心理健康教育与思想政治教育的契合点

1. 理念相融合

高校思想政治教育，是一项重要的"育人"工作，其目的在于提高受教育者的思想道德素质，促进受教育者德、智、体、美、劳等诸方面的发展，努力培养担当民族复兴大任的时代新人，把受教育者培养成适应社会发展需要的德才兼备、全面发展的中国特色社会主义合格建设者和可靠接班人。

高校网络心理健康教育，是一项重要的"育心"工作，贯彻落实教育部颁发的《普通高等院校大学生心理健康教育工作的实施纲要》的规定，高校开展网络心理健康教育，应着力培养大学生适应大数据环境下的网络社会，增强识别和抵制网络负面影响的能力，树立心理健康意识，维护和增进心理健康水平，全面提高心理素质，培养身心健康、具有创新精神和实践能力的高素质人才。

由此可以看出，无论是高校思想政治教育还是网络心理健康教育，都关乎青年学生对国家、对社会、对所处历史阶段的认识，这不仅仅是一门课程，也不仅仅是个体的心理问题，还关乎青年学生的世界观、价值观与道德观。就此层面上讲，思想政治教育和网络心理健康教育同属于意识形态领域，都是高校德育工作的重要组成部分，这是我们务必要搞清楚的二者之间在理念方面的相融关系。

2. 学科相互补

学科是在人类认识和解决现实问题的过程中逐步形成的知识体系，随着教学和科研的深入发展，学科自身也在不断分化、深化、细化。这一方面极大提升了社科研究的科学化水平，深化了我们对研究对象发展规律和社科研究自身发展规律的认识；但另一方面，学科分类的过于细化及相对固化的现象，也在一定程度上降低了应对今天综合性、复杂性现实问题的能力。正因为如此，学科交叉互补，不仅是科技创新和理论创造的重要源泉，而且也是推动高校学科高质量发展的重要动力。

思想政治教育学属于法学门类下的马克思主义理论类学科，是一门与很多学科综合、相互交叉的学科，与之相关的学科包括哲学原理、社会理论、教育学科、伦理学、统计知识、管理学、心理学等相关领域，其丰富的学科体系，在我国高等教育中一直居于重中之重的地位，已形成了较为完善的制度体系。心理学属于一门以研究人类心理变化及心理特点的自然科学，在理念和方法上有着独特的优势。网络心理健康教育与思想政治教育虽然拥有不同的理论基础和不同渠道的来源，但是学科之间是相互交叉和重叠的，存在着相辅相成的关系。就网络心理健康教育自身来说，思想政治教育学以其丰富的学科体系，既可以为网络心理健康教育提供科学理论指导和先进经验借鉴，也可以为网络心理健康教育提供坚强组织保障和人才支撑。比如，虽然网络心理健康教育采用心理学的教材，结合心理学的范例，对高校学生的调节情绪、人际交往、确定事业、心理健康等问题进行及时疏导和心理治疗，但处理心理问题，也需要科学的思想观念作引导，假如指引的方向不正确，会极大地影响网络心理健康教育的开展。所以，无论是心理健康教育还是网络心理健康教育，即使以心理学作为理论基础，但仍需要教育学理论、伦理学理论的辅助，都必须坚持马克思主义基本理论作为基本的前提，不断掌握马克思主义的理论知识，建立健全完整的科学体系，坚定信念和政治立场，如此才不会迷失方向，达到培养高校学生良好的思想品质和健全的人格的终极目标。

就思想政治教育学科来说，心理学在理念和方法上有着独特的优势，思想政治教育借助其相对成熟的心理咨询与危机干预的技术和方法，可以推进并实现理念思路、内容形式、方法手段等方面的创新。比如，我国高校心理健康教育扩大了思想政治教育的领域，使培养学生良好的心理素质成为高校思想政治教育的新内容、新课题；丰富了思想政治教育的功能，在强调社会性功能、政治性功能的同时，重视对个体发展的关注，即个体性功能；丰富了思想政治教育对象观，加深了对学生思想、心理、行为的生理原因和心理原因的认识和分析，为深入理解人和人的思想、心理、行为提供了一种新的视角、新的方法；提供了育人工作的新角度，解决了一些传统思想政治教育方法难以见效的问题；缩短了教育者和被教育者之间的心理距离，改善和丰富了新时期思想政治教育者的形象，为育人和助人工作营造了良好的氛围。[1]

3. 目标相一致

高校思想政治教育的目标是围绕立德树人这一中心任务，坚持思想教育为根本、政治教育为主导、道德教育为基础的理念，通过思想政治教育帮助大学生塑造健全的人格，树立正确的世界观、人生观和价值观，成为德智体美全面发展的社会主义新人。在大数据时代，高校思想政治教育的目标体现在教育、整合、管理三个方面，既要教育和引导高校学生形成马克思主义主导的价值观和世界观，树立唯物史观，夯实法治意识和伦理道德品质；整合高校学生队伍，将思想作为凝聚学生的纽带，秉持马克思主义历史唯物主义思想，发挥社会意识对社会存在的辩证作用；又要管理高校学生，对学生价值观及行为进行管理，激励良性行为，对不良行为适度介入干预，保障高校学生身心健康成长。

高校网络心理健康教育的目标是：普及心理健康知识，增强大学生的自我心理调适能力，帮助大学生解决身心发展过程中的心理问题，提高大学生的心理健康水平和综合素质，促进大学生健康成长，全面发展。其初级目标是防治心理疾病，引导大多数学生具有健康向上的心理，及时发现不良心理现象和行为，并采取相应干预措施予以矫正和治疗；中级目标是指导学生深

---

[1] 李焰、杨振斌：《我国高校心理健康教育的特色》，《中国高等教育》2020 年第 8 期。

化对自己、他人和社会的了解，掌握自我调节的方法，优化心理素质，培养大学生适应社会、调适心理的能力；最终目标是开发学生的各种潜能，促进心理发展，帮助大学生全面而充分地发展自己，完善人格。

由此可见，无论是思想政治教育还是网络心理健康教育，二者不可避免地会在人生观、价值观等层面上存在交叉，这就需要树立融合教育理念，明确心理健康教育和思想政治教育在理论层面的一体性，即二者的教育目标具有一致性，都是为了帮助大学生处理好心理、思想和行为之间的关系，通过提高大学生的综合素质，塑造和培养全面发展的建设性人才。

4. 内容相渗透

思想政治教育的内容具有鲜明的阶级性和时代性，在不同的历史时期强调不同的内容，目前强调的内容是："以立德树人为根本，以理想信念教育为核心，以社会主义核心价值观为引领，切实抓好各方面基础性建设和基础性工作，切实加强和改善党的领导，全面提升思想政治工作水平，紧密团结在以习近平同志为核心的党中央周围，牢固树立政治意识、大局意识、核心意识、看齐意识，坚定不移维护党中央权威和集中统一领导，为实现'两个一百年'奋斗目标、实现中华民族伟大复兴的中国梦，培养又红又专、德才兼备、全面发展的中国特色社会主义合格建设者和可靠接班人。"[1] 高校网络心理健康教育是心理健康教育的新形式，它的教育内容也是根据实际情况来确定的，目前强调的内容是："宣传普及心理健康知识，使大学生认识自身，了解心理健康对成才的重要意义，树立心理健康意识；介绍增进心理健康的途径，使大学生掌握科学、有效的学习方法，养成良好的学习习惯，自觉地开发智力潜能，培养创新精神和实践能力；传授心理调适的方法，使大学生学会自我心理调适，有效消除心理困惑，自觉培养坚韧不拔的

---

① 中共中央、国务院：《关于加强和改进新形势下高校思想政治工作的意见》，2017年2月。

意志品质和艰苦奋斗的精神，提高承受和应对挫折的能力，以及社会生活的适应能力；解析心理异常现象，使大学生了解常见心理问题产生的原因及主要表现，以科学的态度对待各种心理问题。"① 尽管二者在教育内容方面存在差异性，但都坚持以人为本、培养和教育大学生成为德智体美等全面发展的"四有"新人。正因为如此，二者在教育内容上相互渗透：在高校思想政治教育过程中，把网络心理健康教育的内容作为内在补充，并注重发挥出网络心理健康教育的作用，能够使教育者依据大学生的心理发展规律与思想品德的形成过程，严格遵循循序渐进原则进行施教，使思想政治教育的内容体现出层次性，使教育过程体现出逻辑性。同样，在高校网络心理健康教育过程中，把高校思想政治教育内容渗透于其中，注重完成由初级层次教育向高级层次教育的过渡，就可以使大学生既具备良好的思想道德品德，又具备健全的心理能力，实现思想素质与健全人格的同步提升。

总之，思想政治教育与网络心理健康教育在教育内容方面是相互渗透的。高校学生自我行为管理的"自律"行径的改变，既受益于良好的思想道德品质的产生，同时也是意识、情愫、意念、立场这四个心理因素彼此作用后得出的结果，并由此推动着思想政治教育活动从理论走到了实践，网络心理健康教育从"线上"走到了"线下"，不断促使其教育水平的提高。

（三）网络心理健康教育与思想政治教育的差异

1. 理论基础方面的差异

高校思想政治教育和网络心理健康教育的理论基础不同。高校思想政治教育是以马列主义、毛泽东思想、邓小平理论、"三个代表"重要思想、科学发展观和习近平新时代中国特色社会主义思想为指导，以哲学、政治学、

---

① 教育部：《关于加强普通高等学校大学生心理健康教育工作的意见》（教社政〔2001〕1 号）。

社会学、伦理学等为理论基础，与政治—伦理学模式相联系，具有鲜明的阶级性和政治性。在实际工作的开展中，深入贯彻落实党和国家的教育方针，紧密结合实现中国梦的实际，以理想信念教育为核心，以爱国主义教育为重点，以思想道德建设为基础，以大学生全面发展为目标，培养合格的社会主义建设者和接班人。

心理教育，是心理素质教育与心理健康教育的简称。大数据时代的网络心理健康教育，是教育者运用心理科学的方法，以健康心理学、咨询心理学、发展心理学、教育学等为理论基础，与生物—心理—社会医学模式相联系，具有鲜明的科学性与实践性。在实际工作的开展中，除了坚持科学性原则、防止唯心主义和伪科学的干扰外，应对教育对象心理的各层面施加积极的影响，以培育良好的性格品质、开发智力潜能、增强心理适应能力、激发内在动力、维护心理健康、养成良好行为习惯，从而确保大学生网络心理健康教育工作的正确方向。

2. 培养目标与工作内容方面的差异

在培养目标方面：高校思想政治教育有明确的目标取向，旗帜鲜明地要求个体掌握一定的社会规范和道德标准，形成科学的人生观和价值观；强调将教育对象看成是塑造的对象，要求他们以社会为本，要服务于社会，为他人着想；培养目标主要是按国家和社会的要求来规范学生的行为，以培养学生树立起正确而科学的世界观、人生观和价值观为目的。而网络心理健康教育则不代替当事人作价值判断，在充分理解和尊重当事人的人生观和价值观的基础上让他们自己作出各种判断和选择；教育者把每一个人看成平等的个体、服务的对象，注重当事人的内在需求和本能的发展，培养自尊、自爱、自强，最终达到自我实现；培养目标主要放在学生心理的发展、调适、矫正上，以帮助学生个体塑造健康心理、提高学生的心理素质为目标。

在工作内容方面：高校思想政治教育是从国家整体发展需要出发来安排教育内容的，运用辩证唯物主义和历史唯物主义的基本原理及当前的形势与政策对学生进行政治方向、价值取向以及辨别是非等方面的教育，帮助学生树立正确的政治思想观念以及培养良好的道德品质。工作内容主要涉及道德品质、价值取向、理想信念和政治觉悟等。而网络心理健康教育主要是立足于学生个体发展的需要，教育内容主要包括网络心理卫生、网络学习生活、网络人际交往、网络环境适应、网络性心理教育、网络心理障碍消除等，重视培养大学生适应网络环境和现实社会环境的能力，帮助学生克服心理障碍、预防心理疾病的发生，培养健全人格、激发他们的潜能，促进大学生全面健康发展。

3. 教育原则方面的差异

高校思想政治教育的原则和高校网络心理健康教育的原则既有一致性，又存在着一定的差异。高校思想政治教育具有多项原则，最重要的是：（1）方向原则。高校思想政治教育对于大学生发展有着重要的导向作用。在开展思想政治教育时，施教主体必须遵循大学生思想发展规律和社会发展需求，引导大学生坚持正确的政治方向，坚持马克思主义理论指导，与社会主义现代化建设的要求相一致，这一原则是思想政治教育活动的根本原则。（2）求实原则。坚持政治理论教育与社会实践相结合，高校思想政治教育不仅仅是让大学生接受课堂上传授的理论知识，更重要的是要结合现实思想政治教育发展的需要，贴近生活，遵循社会发展的客观规律，立足于受教育者的思想实际，引导大学生深入社会、了解社会、服务社会，这条求实原则必不可少。（3）示范原则。教育者首先自己得实践好自身所提倡的道德信念和规范，提升自身的思想觉悟，以身作则，扮演好示范者这个角色。这样才能在思想政治教育工作中增强大学生对教师的信服力，使其更加积极主动地向教师所倡导的思想政治方向靠拢。

高校网络心理健康教育具有多项原则，最重要的是：（1）参与性原则。心理健康教育的教师要为每位同学都创造机会参与到教育教学活动中，特别是那些平时内向几乎不会主动表现自己的学生，给予他们的关注和机会要比其他学生多一些，创造条件鼓励他们参与，保证这部分学生的参与性。（2）保密性原则。要求高校心理健康教育者们必须对他们所教育的对象的个人信息及彼此之间的谈话记录加以保密，使这些受教育者的隐私权在法律和道德层面都受到保护。（3）预防、发展性原则。首先要预防大学生出现的心理健康问题，帮助他们了解、掌握、分析一些常见的心理问题及解决办法，提高他们预防心理问题的能力。在预防及时的情况下，再进入到发展阶段，帮助大学生靠自身的协调能力，使自己的心理状态达到最佳。

4. 工作方式方法方面的差异

高校思想政治教育的工作方法主要以课堂理论学习为主渠道，以报告讲座和讨论座谈为补充，以评比竞赛和参观访问为辅助等方式进行，主要以公开集体的方式为主，较少采用因材施教方式。不仅如此，思想政治教育还具有一定的灌输性，注重的是教师的施教，以"说"为主，学生是"听"的角色，通过正面说服、榜样示范、表扬批评和实践锻炼等方法来进行教育和宣传，忽略了学生的主体地位。

网络心理健康教育虽然也采取团体咨询、讲座等形式，但主要是以网络为平台开展"网上"工作的，它更强调保密性的原则，尤其是个体咨询时涉及很多个人隐私。对网络心理健康教育来说，"点对点"形式的个体咨询与保密原则的运用是来访者提供个人信息、建立信任关系的前提。在心理咨询中，不允许咨询师和来访者存在明显的利害关系，双方的关系完全平等，因为与来访者非专业性的关系会影响咨询师对问题的客观分析。心理健康教育的方式侧重于学生的"说"，注重的是教师与学生之间的交流与探讨，关注学生的自主性。

5. 队伍建设方面的差异

思想政治教育思政课教师首要岗位职责是讲好思政课，为此在队伍建设方面提出的要求是：（1）思政课教师应当增强"四个意识"，坚定"四个自信"，做到"两个维护"，始终在政治立场、政治方向、政治原则、政治道路上同以习近平同志为核心的党中央保持高度一致，模范践行高等学校教师师德规范。做到信仰坚定、学识渊博、理论功底深厚，努力做到政治强、情怀深、思维新、视野广、自律严、人格正，自觉用习近平新时代中国特色社会主义思想武装头脑，做学习和实践马克思主义的典范，做为学为人的表率。（2）思政课教师应当用好国家统编教材。以讲好用好教材为基础，认真参加教材使用培训和集体备课，深入研究教材内容，吃准吃透教材基本精神，全面把握教材重点、难点，认真做好教材转化工作，编写好教案，切实推动教材体系向教学体系转化。（3）思政课教师应当加强教学研究。坚持以思政课教学为核心的科研导向，紧紧围绕马克思主义理论学科内涵开展科研，深入研究思政课教学方法和教学重点难点问题，深入研究坚持和发展中国特色社会主义的重大理论和实践问题。（4）思政课教师应当深化教学改革创新。按照政治性和学理性相统一、价值性和知识性相统一、建设性和批判性相统一、理论性和实践性相统一、统一性和多样性相统一、主导性和主体性相统一、灌输性和启发性相统一、显性教育和隐性教育相统一的要求，增强思政课的思想性、理论性和亲和力、针对性，全面提高思政课质量和水平。① 高校网络心理健康教育队伍建设有其特殊性要求，教师需要具备多种能力：一是授课能力。课程是中国高校心理健康教育的主渠道。心理健康教师要有良好的学科背景，既能完成面向全校学生的公共必修课，也能开设一些更专业的选修课，以满足不同学生的心理健康知识需求。二是个体咨询与团体咨询能力。通常一名专业人员完成理论学习、见习、实习、督导、个人体验等培养环节，培养出心理咨询专业的职业胜任力，需要 6 年时间，毕业入职后还需要 2 年的实践，才能具有行业认证资格。三是一定的学术研究能力。各高校心理健康教师职称晋升途径不同，标准也不同，但职称晋升都对

---

① 《新时代高等学校思想政治理论课教师队伍建设规定》（2020 年 1 月 16 日中华人民共和国教育部令第 46 号公布）。

相应学术研究能力提出了要求。四是一定的组织能力。心理健康教师要引领学生心理社团发展，指导院系辅导员开展辅助工作，组织开展形式多样的心理健康教育宣传活动，组织学生参加课外文体活动。五是一定的行政工作能力。心理健康教师要联系院系、家长，参与心理服务机构的管理。这五种能力中最重要的是教学、咨询和研究能力。总之，我国高校心理健康教师要具备良好综合素质，成为"多面手"。①

6. 教育评判方面的差异

高校思想政治教育对教育成效的评判，主要是通过对学生的一系列考查，最终明确的是学生的思想政治素质、觉悟、理念达到了什么样的思想政治高度，即大学生是否树立了正确的人生观、世界观和价值观，是否具有一定的社会责任感和国家使命感，是否是一个有理想、有道德、有文化、有纪律的人。

高校网络心理健康教育对教育成效的评判，主要是以测验学生面对各种心理问题的能力作为标准来衡量，通过设置一些常见的心理问题和设置可以反映个人心理活动、心理素质的答案，来评判大学生是否形成了健康的心理，是否在情绪和行为上都没有对自身和他人造成伤害，是否具备积极的生活态度和积极参与的主动性。

二、高校思想政治教育与网络心理健康教育相整合的必要性

（一）价值取向多元性的要求

价值取向多元化，是大数据时代网络对传统社会价值观带来的冲击变

---

① 李焰、杨振斌：《我国高校心理健康教育的特色》，《中国高等教育》2020 年第 8 期。

化。这种变化，一方面由于网络平台的开放、便捷，使大学生接触到不同国家、不同地区的思想与文化，这其中有许多有益的正面思想与信息；另一方面，在价值取向多元化的背景下，也接触到许多负面的、不健康的思想与信息，使得高校大学生更加容易出现思想问题和心理问题。因此，加强高校思想政治教育和网络心理健康教育显得更加重要。与此同时，在价值取向多元性的冲击下，高校思想政治教育和网络心理健康教育的难度和复杂性也随之增加，探索新的教育模式和教学方法，对于当下的高校教育工作者来说尤为重要。

首先，外部环境的变化，要求加强思想政治教育与网络心理健康教育的有机结合。在大数据时代，学科相互借鉴、相互补充，发挥整合优势，是一种趋势。随着外部环境的变化，原有的思想政治教育的方式方法已不适应，要求教育工作者加强思想政治教育与网络心理健康教育力度，创新思想政治教育与网络心理健康教育的方式方法。加强思想政治教育与网络心理健康教育的有机结合，不仅是现实需求，也有理论支撑，它是一种适用于当下的科学有效的教育模式，亟须进一步加强和推广。

其次，大学生个体的思想和心理的健康成长，需要思想政治教育与网络心理健康教育相互补充、相互作用。加强思想政治教育与网络心理健康教育的有机结合，是一种适用于当下的科学有效的教育模式，有利于帮助大学生确立良好的思想品质和正确的价值取向，使他们拥有健康积极的心理、稳定的情绪和坚强的意志，从而保证思想政治教育和网络心理健康教育的科学性和有效性。

（二）教育工作交叉性的需要

首先，心理健康问题和思想政治问题的现实存在，需要二者教育工作交叉性。处在新旧观念更迭、中西文化交流与冲突、生活节奏加快以及社会竞争加剧的时代，大学生产生了许多心理困惑。对此，一方面要看到他们正处在人生成长的关键时期，正在迅速走向成熟又未完全成熟，容易产生各种思想和心理问题；另一方面，因这个年龄段特殊的成长特点，他们在不断思考、选择和探索的过程中出现的心理、思想问题也会各不相同。面对这种现状，网络心理健康教育工作者和思想政治教育工作者只有准确地把握不同类型、不同层次大学生的思想、心理特点和差异，加以正确引导和帮助，才能达到思想政治教育和网络心理健康教育的预期效果。

其次，网络心理教育与思想教育的整合优化，需要二者教育工作交叉性。人的全面发展一个很重要的方面就是人格完善与思想进步的全面发展，这需要教育者把人的心理与思想作为一个统一的整体，有机整合起来，既要做好思想工作也要做好心理工作。这样的有机整合，符合心理活动与思想活动内在联系的特点与规律，体现了科学观、政治观与人本观的统一。实践证明，整合后的教育能够更全面地把握人的本质，更协调地促进受教育者人格完善与思想进步的全面发展，发挥好网络心理健康教育与思想政治教育两项教育的整体效益，这是单独开展两项教育所无法比拟的。

最后，网络心理健康教育与思想政治教育的功能相互交织、互为补充，需要二者教育工作交叉性。思想政治教育是"育德"的工作，网络心理健康教育是"育心"的工作，两者相辅相成。在高校思想政治教育过程中，渗透网络心理健康教育更容易被大学生接受，既能体现完整人格的塑造与社会伦理的互动方向，又能体现民族特质和时代精神的教育内涵，实现完整的思想政治教育。同时，通过客观分析社会的发展变化，让学生以发展的眼光看待社会的变迁，进而为网络心理健康教育提供充足的知识储备，实现网络心理健康教育与思想政治教育功能的相互交织、互为补充。

（三）工作对象主体性的体现

改革开放使人的个体价值得到重视和张扬，也对人的主体素质、主体意识、主体人格、主体发展水平提出了更高的要求；与此同时，也为人的全面发展，个性的自由、独立准备了现实条件。但由于我们的德育工作长期习惯于居高临下，从社会的需求对学生提出种种要求，而不善于从学生的角度进行心理分析，更不善于用心理咨询方法引导学生，严重忽视了学生在教育中的主体地位。2016 年 12 月，习近平总书记在全国高校思想政治工作会议上指出："思想政治工作从根本上说是做人的工作，必须围绕学生、关照学生、服务学生。"这是重视思想政治教育对象主体性的最好诠释，是思想政治教育人文关怀精神的具体体现，思想政治教育应为人的主体性的发展起到积极作用。

与思想政治教育的原有模式相比，网络心理健康教育有其鲜明特点：一是十分重视学生的主体性，强调以尊重、平等、协商、合作的模式进行互动。二是十分强调咨询师和来访者双方是平等主体，是协商、合作的关系。在双方相互尊重、相互平等、相互交流的协商、合作、沟通基础上，教育者以受教育者的朋友、伙伴的身份，起到参谋、顾问的作用。三是十分突出人文关怀。网络心理健康教育的这些鲜明特点，是对多年来高校思想政治教育中师生关系模式的一种冲击和启示，潜移默化地影响着思想政治教育工作者，使他们在思想教育过程中，自觉地突出学生的主体性。

（四）工作方法有效性的保证

大数据时代，我们提出对高校思想政治教育进行改进，尤其是要与网络心理健康教育进行整合，是由思想政治教育在实际中无法解决的矛盾引发的，比如教育者的说服教育尽管道理讲了一套又一套，不仅不起作用，还可能让学生产生逆反心理。究其原因，这与有些教育者往往过多地从主观的角度看问题，不把注意力放在倾听理解上，把学生当作一个被动的接受者有关。

网络心理健康教育拥有一套助人的方法，这些方法不仅被科学证明是有效的，而且具有较强的可操作性，对改进高校思想政治教育具有积极的作用。以心理咨询中倾听方法为例，倾听在心理咨询中既是一种技巧，也是尊重来访者、建立共情关系的重要方式。在实施这种倾听方法时，要求教育者：一要全身心地投入，倾听来访者的心理咨询，使来访者能感受到咨询师对他的尊重、接纳、理解；二要使用一系列的技巧，比如反映技术、重复技术、询问技术、具体化技术等，使之深入来访者的内心，从而乐于敞开心扉，积极思考，并且更容易接受咨询师的引导和帮助。网络心理健康教育的这种倾听方法，为高校思想政治教育者深入理解人和人的思想、心理、行为的实质提供了一种理论框架、一种新的视角，它对于减少、避免不良行为和心理障碍的发生、发展，有效处理好思想政治教育工作中的某些棘手问题将产生积极的作用。

（五）实现全面发展现实性的基础

大学生的全面发展是建立在综合素质提高的基础之上的，包括其心智、体质、思想、创新、科学文化等素质的全面提升和充分、自由、和谐的发展，也就是说，既包括思想道德素质、科学文化方面的素质，也包括身心健康素质等在内的综合素质。这就要求高校不仅要做好思想政治教育工作，同时还要开展深入细致的心理健康教育，双管齐下，培养大学生高尚的思想道德品质素质和身心健康素质。

由此可见，实现思想政治教育和网络心理健康教育的有机契合，是大学生全面发展的根本要求，也是实现大学生全面发展的重要基础。在教育管理实践中，我们要努力探索实现网络心理健康教育和思想政治教育契合的有效途径，坚持在提高思想政治素质的同时提高心理素质，为大学生的全面发展和素质教育提供精神动力和心理基础，形成促进大学生综合素质全面协调发展的重要推动力，为实现大学生的全面发展提供新的途径方法和思想理念。

三、整合过程中的注意事项与遵循原则

（一）注意事项

1. 正确处理网络心理健康教育与思想政治教育之间的关系

网络心理健康教育与思想政治教育二者之间既存在差异性，也存在共性关系。基于此，我们不能简单地把二者之间的关系定义为"包含"与"被包含"的关系，因为大学生的思想教育、道德教育、政治教育、心理教育、法制教育等都是高校"大德育教育"的重要内容。正确处理网络心理健康教育与思想政治教育之间的关系，一方面需要充分认识二者之间既有密切联系又不完全一致，既有明显的差异又是相互促进、相互统一的并列关系；另一方面，又要以并列关系来审视二者在大学生素质教育中的地位和作用，促进二者在高校正常有序地发展，更好地做好高校思想政治教育和网络心理健康教育工作。

2. 客观评价思想政治教育与网络心理健康教育之间的作用

在高校思想政治教育的过程中，整合后的网络心理健康教育对思想政治教育所产生的作用是客观存在的，但这并非是网络心理健康教育独自起的作用，其他多种因素也会对思想政治教育产生重要的影响。同样，在网络心理健康教育的过程中，整合后的思想政治教育对网络心理健康教育所产生的作用也是客观存在的，但其他多种因素也会对网络心理健康教育产生重要的影响和作用。因此，既需要正确评价二者之间的相互作用，同时也要看到其他多种因素所起的作用，只有这样才能充分发挥好思想政治教育与网络心理健康教育的整合力。

3. 切实把握好尊重个性与教育导向性的关系

近年来，高校思想政治教育比较重视引入心理健康教育注重个性、发展个性的原则，这是二者整合后的效果，对增强思想政治教育的有效性起到积极作用。思想政治教育在重视注重个性、发展个性的同时，切不可忽视甚至淡化思想政治教育的思想性、导向性，坚持用正确的世界观、人生观、价值观导向和引领大学生的心理健康和人生发展；同样，在网络心理健康教育中，既要坚持注重个性、发展个性的原则，也要重视思想政治教育的思想性、导向性，引导学生摆正自己在集体、社会中的位置，正确处理自己与他人、集体的关系，只有这样，思想政治教育和网络心理健康教育才能真正提高实效性。

4. 防止思想政治教育与网络心理健康教育互相取代

思想政治教育与网络心理健康教育，一个是"育德"，一个是"育心"，"两育"之间相辅相成，是并列关系，不能互相取代作用。随着党和国家对心理健康教育的日益重视和素质教育的深入实施，尤其是网络心理健康教育与思想政治教育的有机整合，在"育心与育德相统一"方面产生了良好的效果。但与此同时，我们要防止一种现象：用心理问题来涵盖思想问题，用网络心理健康教育来代替思想政治教育；或者用思想问题来涵盖心理问题，用思想政治教育来代替网络心理健康教育。这两种教育相互涵盖或取代都是不允许的，因为二者的作用是不同的。网络心理健康教育对提高大学生的心理健康水平、优化心理素质结构、促进人格成熟等有积极作用，对改进和加强思想政治教育也有价值，但不能把网络心理健康教育的作用与效果不恰当地过分扩大，以偏概全，削弱思想政治理论课、日常思想政治教育在大学生成长中的主导作用。在提高大学生的思想认识和政治觉悟方面，我们仍然要坚持做好思想政治教育工作。同样，思想政治教育虽然对网络心理健康教育有促进作用，在更高的层次上给学生以引导，在改变学生的认知误区、调整自我与他人和社会的矛盾、确立正确的行为准则等方面都具有重要意义，但不能从根本上减少个体的心理问题的发生。因此，需要我们正确处理好思想政治教育与网络心理健康教育之间的关系，使二者有机融合，同频共振，实现心理发展与思想提升相结合，产生"1+1 > 2"的效果。

（二）遵循原则

基于以上注意事项，我们在推进网络心理健康教育与思想政治教育整合时，应遵循以下原则。

1. 本土化原则

面临多元文化的冲击，高校思想政治教育与网络心理健康教育的整合首先要有准确的定位，即明确多元文化下的思想政治、心理教育必须遵循中国本土化的原则，倡导中国优秀文化和价值观。在坚持这个原则的基础上，既要吸收国外先进的科学技术，又不能脱离中华文化的传统根基，只有这样才能保障网络心理健康教育与思想政治教育的有效开展。

2. 疏导教育原则

疏导教育，是"疏通"与"引导"相统一的教育方法。和其他教育方法相比，疏导教育具有民主氛围浓、针对性强和强调因势利导的显著特征。推进高校思想政治教育与网络心理健康教育的整合，应遵循疏导教育原则：一要变单向灌输为双向交流，使教育过程成为教育者与受教育者双向交流、互帮互学的过程；二要因势利导采取灵活多样形式，让受教育者畅所欲言，进而在疏通的基础之上，对受教育者进行有目的、有方向的引导；三要避免采用以压代教的简单粗暴办法，激发教育对象的主观积极性，利用积极因素克服消极因素。

3. 因材施教原则

因材施教既是指导整个教育活动的一种思想和理念，也是贯穿着这种思想和理念的教育过程，不能把因材施教狭隘地理解为一种特定的教育方法，更不能将它仅仅当作一种知识教学方法。坚持因材施教原则，要把握好两点：首先是对象的特殊性。深入了解学生的个性特点和内心世界，根据学生个人特点有的放矢地进行教育，坚持循循善诱，一把钥匙开一把锁，为每一个学生独一无二的个性发展创造良好的外部条件，让学生成为最好的自己。其次是内容的针对性。教育的内容既要以大学生身心发展的阶段性特点为依据，又要考虑思想政治教育与网络心理健康教育的方向性，坚持方向性和与时俱进紧密结合融为一体，使方向性是与时俱进的方向性，而与时俱进则是在坚持方向前提下的与时俱进。

4. 互补性教育原则

思想政治教育与网络心理健康教育整合，要坚持"三个方面互补"：首先是内容互补。人的思维活动过程，也是心理反应的过程。一个人健康心理的形成，离不开正确思想的指导；同样，健康的心理是一个人正确思想形成的基础和保证，学生只有在良好的心理状态下才有可能顺利地接受思想教育。因此，加强思想政治教育与网络心理健康教育内容的互补非常有必要。其次是方式互补。思想政治教育的方式可以运用到网络心理健康教育中去，如传统的讲座、授课的思想政治教育方式，可以通过"线上"讲座、授课，让学生了解更多的心理知识，以达到学生自助的目的。网络心理健康教育的"一对一"交流等方式，可以运用到思想政治教育中来，使教育者及时并有针对性地了解学生的思想政治状况，以便进行更深入细致的思想政治教育。最后是体制互补。相比较网络心理健康教育发展时间较短，相应理论、经验不充分、机制尚不健全的现状，高校思想政治教育在政策、理论、机制等方面已经相对成熟，在整合过程中两者之间需要在实践中体制互补、不断完善。

四、网络心理健康教育与思想政治教育整合的路径

当前，从高校的实际情况出发，实现网络心理健康教育和思想政治教育的有效整合，应选择以下路径。

（一）树立正确的教育理念，达成二者在观念上的整合

首先要树立以学生为本的教育理念，做到以学生的需要和发展作为制定教育内容与方法的出发点，以学生的特点作为制定教育内容与方法的依据，以学生的身心健康发展作为教育的最终目标。只有这样，才能使高校思想政治教育与网络心理健康教育的整合收到实效，也才能使大学生在思想政治教育与网络心理健康教育中受益。其次要树立服务意识，尊重学生的个性和差异性。当前，在如何认识人、理解人方面，要摒弃传统思想政治教育偏重向学生灌输社会的政治、思想和道德规范而忽视其能力和个性的观念，切实转变网络心理健康教育只是面向个别学生或是给学生"治病"的观念。最后要正确处理好思想政治教育与网络心理健康教育之间的联系，既不能把二者割裂开来，片面地夸大某一方面，也不能把两种问题简单地当作同一性质的问题来解决，避免思想问题心理化和心理问题思想政治化、品德化两种错误倾向，做到认识心理问题时首先着眼于思想政治教育的高度，同时善于从心理问题的角度深化对思想问题的认识和破解。

（二）找准整合的着力点，实现二者在教育目标与内容上的有机整合

思想政治教育和网络心理健康教育整合，在教育目标与内容上的着力点

在哪里？从当前的实际情况出发，应体现在以下五个方面。

1. 培养大学生具有正确的人生观、世界观、价值观

培养大学生具有科学的世界观、人生观和价值观，是保证大学生心理健康发展的重要基础，也是高校思想政治教育的重要目标。为此，既要对大学生进行理论灌输，提高政治觉悟和思想认识，培养他们具有正确的人生观、世界观和价值观；又要以大学生的心理需求为基础，在帮助他们解决自身心理问题的同时，引导其树立正确的世界观、人生观、价值观。

2. 促成大学生树立崇高的理想信念

引导大学生抵制来自网络的各种负面影响，追求高级的社会性、精神性需要，关键在于促成大学生树立崇高的理想信念。这是高校思想政治教育的目标，也是高校思想政治教育与网络心理健康教育整合的着力点。

3. 引导大学生具有正确的自我认知和自我意识

自我意识的健全是大学生自我完善和自我教育的途径，是大学生人格自我调控系统的组成部分。而要实现真正的自我意识，还应包括正确地认识自我、客观地对待自我、良好地控制自我三个层次。正确地认识自我，是培养健全的自我意识的基础。多方面、多角度地认识自我，实事求是地全面评价自己，自我定位才会恰当，才能充分发挥自己的聪明才智，实现自己的人生价值。客观地对待自我，理智地看待自己的长处和短处，冷静地对待得失，不夸大也不贬低自我，能以发展的眼光来看待自己，这样才能培养自信、自立、自强、自主的心理品质和良好的自我意识，成为生活的强者。良好地控制自我，是健全自我意识、完善自我的根本途径，是主动定向地改造自我的过程，也是个体对待自己的态度具体化的过程。高校思想政治教育和网络心理健康教育的整合，应使大学生在具有正确的自我认知和自我意识方面有所提高，并在此基础上，帮助他们实现自我认同，进而最终实现理想自我。

4. 培养大学生具有高尚的意志品质

意志品质，是大学生整体素质体系中一项重要的素质品质，对于大学生其他素质的提高具有支撑和全面推动的重要作用。当下大学生总体上呈现出受教育程度高、眼界开阔、思维活跃等特点，但也存在意志品质相对薄弱，缺乏勇于克服困难的勇气、持之以恒的毅力等现象。高校作为培养人才的重要基地和弘扬先进文化的前沿，是为社会培养全面发展人才的重要场所。重视大学生意志品质的培育，对于支撑、调节、触发大学生积极行动具有重要的作用。我们应通过高校思想政治教育与网络心理健康教育的整合，培养大学生良好的意志品质，避免各种生活、学习的压力对大学生身心造成不良的影响，促进学生拥有积极向上、乐观进取的心态，实现健康成长和全面发展。

5. 提高大学生应对挫折的能力

大学生在成长过程中，通常会遇到这样或那样的挫折，挫折是每个人成长道路上都必须经历的。根据大学生生理、心理实际状况有针对性地进行挫折教育，提升他们良好的心理素质和应对挫折的能力，从而为保持身心健康、全面成长成才打下坚实的基础，是网络心理健康教育的重要内容，也是高校思想政治教育的应有之义，理应成为高校思想政治教育与网络心理健康教育整合的重要内容。通过挫折教育，要坚定大学生战胜挫折的信念，使他们认识到成长的过程中难免会有挫折，积极面对挫折才是正确的人生态度；要让大学生以正确的心态防范和化解挫折带来的负面影响，并在应对问题、解决矛盾的过程中，学会在生活的磨难中砥砺前行，进而形成健全的人格，获得内心的充实与幸福。

（三）创新工作思路，探讨在教育策略和方法手段上的整合

加强方法、手段上的整合，是网络心理健康教育与思想政治教育整合的

一个重要途径。虽然在方法、手段上，网络心理健康教育与思想政治教育有所区别，但鉴于两者内容上的交叉，可以克服两种教育在施行过程中的局限，使两者的优势得到充分发挥，取得更好的教育效果。

1. 引入网络心理健康教育的方法，提高思想政治教育的科学性和实效性

长期以来，高校思想政治教育中存在着明显的缺陷，比如课堂灌输、正面说服难以达到预期效果，批评式的教育方式学生的心理难以承受，等等，而通过思想政治教育与网络心理健康教育的整合，可以弥补思想政治教育中的这些局限。如通过利用网络开展心理咨询活动，帮助解决心理问题和提高心理素质，可以为思想政治教育创造良好的心理氛围，促进思想政治教育的顺利实施；引入心理咨询、心理辅导等方法，帮助掌握学生心理发展规律和心理活动特点，可以为思想政治教育提供创新的教育方法和灵活的教育手段；引入心理咨询中的角色扮演法、宣泄法等技术，可以克服思想政治教育方法的局限，提高思想政治教育的效果。

2. 把握学生的发展特点和个性特征，进行有针对性的思想政治教育

经验告诉我们：没有对大学生的发展特点和个性特征的准确把握，无论思想政治教育的内容多么精炼，思想教育的方法艺术多么精湛，思想政治教育主体素养多高，都难以取得好的效果。因而，只有加强对学生思想行为特点的研究和把握，才能改变思想政治教育实效差的现实。高校思想政治教育与网络心理健康教育的整合，有利于优势互补，根据学生的发展特点和人格特征因材施教。如在思想政治教育工作中，引入网络心理健康教育的方法，根据学生不同发展阶段和不同学段有不同的发展需要，把握这些需要因生理和心理因素的影响有不同特点，进行有针对性的教育，既可能解决问题、满足学生的需要，又能促进学生的发展和成长。采用心理疏导的方法，引导学

生寻找自身存在问题的原因，而不是纯粹地动用规章制度进行处理，既满足他们正当的发展需要，同时也人性化地解决好他们身上存在的问题，如教育对象与社会要求的思想政治品德之间的差距、学生自身存在的各种困难和困惑。在网络心理健康教育过程中也可引用思想政治教育的一些方法，来提高网络心理健康教育实效。

3. 拓展多种渠道，使网络心理健康教育与思想政治教育优势互补

网络心理健康教育与思想政治教育的整合，需要拓展多种渠道才能使优势互补发挥更大作用。

首先是教学手段的整合。在育人环节，思想政治教育要与网络心理健康教育理念相结合，改变以往以教师为主体的教学思想，突出以学生为主体，通过有效的鼓励与引导，帮助学生自主探索，形成独立的人格。网络心理健康教育也要借鉴思想政治教育的教学手段，组织多元化的心理健康教育活动，使学生在实践活动中培养承受能力、形成韧性，为学生良好个性品质的形成打下良好基础，同时也为学生心理素质的提升营造有利的外在条件。

其次是方式方法的借鉴。思想政治教育工作者要善于运用现代心理学的原理、方法以及心理健康教育的技术，使之融会贯通于思想政治教育的全过程。如借鉴网络心理健康教育的情感交流，让学生在接受思想政治教育同时感受到尊重理解和人文关怀，产生强烈的心理认同。网络心理健康教育专职教师也要借鉴和运用思想政治教育成功的方式方法，如借助思想政治教育常用的疏导教育法、典型教育法、自我教育法等方法，解决好涉及个人的理想信念、价值取向、品德修养等产生心理问题的深层次原因。

最后是相关功能的融合。在进行思想政治教育与网络心理健康教育的整合过程中，应该推动网络娱乐功能和教育功能的相互结合，将教育融入娱乐活动中，这样能够很好地切合大学生的兴趣爱好，使其在娱乐过程中潜移默化地接受教育内容，提升其对于思想政治教育和网络心理健康教育的积极

性，达到网络心理健康教育与思想政治教育的优势互补。

（四）加强基础条件建设，营造二者整合的有力平台

1. 建立统一的工作体制，制定规范的管理制度

目前，思想政治教育的工作体制基本健全、运行基本正常。与之相比，网络心理健康教育的工作机制还有待健全和完善。根据二者整合的需要，两种教育需要统一的工作体制、健全的配套机制，才能使结合工作顺利进行。

首先，各高校党委要高度重视思想政治教育与网络心理健康教育的整合，把二者的整合纳入重要议事日程，加强组织领导，统筹规划推进。学校党委应制定思想政治教育与网络心理健康教育工作大纲、工作目标、工作计划、发展规划等统一标准，明确学校各部门、各院系的职责，统一部署在教学上的各个环节，统筹、协调各部门工作。各校的马克思主义学院和思政教研室要组织好各个学期的教学计划、教学内容，在教学中注重两个教育结合，加入网络心理健康教育的内容，进行有机地整合，发挥"线下"课堂的理论教学作用。学校行政职能部门、教务处、学生工作处、就业处等，履行各自职责，从各方面促进两种教育的整合。此外，还要以班级为单位，定期开展两个教育结合的教育活动和计划，保证二者整合的工作规划实现。

其次，进一步健全二者整合的保障机制。高校不仅要实现工作机制的优化配置，还需促进二者在物力、财力等方面的资源整合。要优化与整合现有教育物力资源与财力资源，切实保障网络心理健康教育在组织支撑、队伍建设、经费投入、教学科研以及职务（职称）评聘、晋升等方面与思想政治教育享有同等的待遇，实现场地设备、师资力量等方面的资源共享，以保障二者的有效整合。

2. 整合教育环境，优化育人氛围

首先，学校应当营造和建设健康向上、积极进取的校园文化环境，突出

人文、个性、创意和活力特点，提升校园文化软实力，为高校的思政工作和心理健康教育工作的实施创造良好的文化氛围，从而形成良好的校风和学风，培养出一个群体心理健康的教育氛围和环境。其次，推行全方位的教育环境，学校、社会和家庭共同参与。要结合学生实际，以大学生为中心圆点，以学校为支撑线，同家庭教育、社会教育一起构成一个"三位一体"的高校思想政治教育和网络心理健康教育的优化网络。在这个网络中，学校、社会、家庭三个要素之间相互联系、相互影响、相互渗透、相互制约，始终以学生的需求为出发点和归宿，确立大学生的主体地位，建立大学生主动参与思想政治教育和网络心理健康教育活动的机制。要充分发挥学校、社会和家庭的"三教"作用，分别从不同的角度、通过不同的渠道、以不同的方式对大学生的成长施加教育影响，保障思想政治教育和网络心理健康教育有机整合的合力与整体效应，以提高大学生教育的整体质量。

3. 加强网络平台建设，实现全员育人

高校要打造师生切合度高、受众面广、影响力大的网络平台，利用网络开展融思想性、知识性、趣味性、服务性于一体的网络育人平台，以实现全员育人。为加强网络平台建设，需要构建整合三级教育网络：一级网络是由各系学生干部或心理朋辈员组成，他们时刻关注所在班级学生的思想动态和心理状况，协助辅导员及时发现出现思想问题或心理问题的学生；二级网络主要由各系辅导员构成，辅导员及时从学生干部或心理朋辈员处收集相关信息，利用自己专业知识解决问题；三级网络主要由专业心理健康教育与思想政治教育工作者组成，他们在初步了解学生资料的基础上分析问题，及时与学生沟通，进行心理咨询或干预。

（五）实现师资力量的整合，为二者的有效整合提供保障

高校思想政治教育与网络心理健康教育的整合，最重要的是要实现师资

力量的整合，建设一支专兼职结合、结构合理的高素质师资队伍。首先要提高和优化教育者的自身素质。以提高水平为重点，以素质能力建设为核心，不断增强教育者教育、管理和服务学生的能力，应对突发事件和复杂局面的能力，进行网上教育引导的能力，从事教学和科研的能力，提高学生全面协调发展的能力，促进思想政治教育和网络心理健康教育的有效整合、协调发展。

其次要实现教育者双重角色的结合。思政教育的教师队伍和心理健康教育的工作人员要努力实现教育者双重角色的结合。从事思想政治教育的教师要学会用心理健康教育的知识来扫除思想政治教育的障碍，以大学生容易接受的教学模式和方式做好思想政治教育工作；实施网络心理健康教育的教师也需要学习和掌握思想政治教育的丰富经验，并运用到网络心理健康教育的实践中，使大学生树立正确的人生观和价值观并作为自我心理健康的支撑体系。

最后要加强心理知识和技能的培训。对育人队伍进行思想政治工作方法、网络心理健康教育知识和职业发展指导等方面的培训，提高他们的思想政治素质、心理健康素质、职业素质和实际工作能力；鼓励和支持长期从事思想政治教育和网络心理健康教育的工作骨干向职业化、专家型方向发展。只有建设一支具有高素质高能力的师资队伍，才能使思想政治教育和网络心理健康教育得以有效整合，朝着健康发展的轨道迈进。

| 第十章 |

大数据时代高校网络心理健康
教育与中国传统文化

中国传统文化博大精深、源远流长，含有丰富的心理健康教育资源。在大数据时代，充分挖掘传统文化中蕴含的心理健康资源，使其与网络心理健康教育有机结合起来，不仅有利于高校心理健康教育工作的实施与开展，同时对大学生整体素质的培养也具有重要意义。

一、中国传统文化中蕴含丰富的
心理健康教育资源

评估心理健康的标准是什么？著名青少年心理咨询专家张声远提出有三个标准，即能认识自己、能悦纳自己、能控制自己。[①] 能认识自己，就是对于自己生理状态的认识，对于自己和外界关系（如环境对自身的作用影响、自身在社会中的地位、作用、力量、责任等）的认识和对于自己心理状态（如知识、才能、思想、感情等）的认识。能悦纳自己，就要充分地了解自

---

① 张声远：《心理健康的三大标准》，《当代青年研究》1987 年第 3 期。

己、正确地认识自己，坦然地承认自己，并欣然地接受自己。能控制自己，就是要在狂躁时的冷化控制，受挫时的转化控制，惰性时的激化控制。中国传统文化中具有丰富的心理学思想，其中蕴含的八个方面资源与心理健康的三大标准是一致的。

（一）保持心理平衡的法宝："中庸之道"

我国传统文化丰富多彩，绚烂多姿。儒家的"中庸之道"亦是我国传统文化组成之一，其中蕴藏着丰富的哲学内涵与智慧。"中庸之道"代表着儒家所提倡的道德标准与为人处世之智慧，亦拥有精深的心理学资源。

在个人修养方面，"中庸之道"表现为"慎独"。"中庸之道"所提出的"慎独"是个人对自身的隐性意识，是能够合理控制自己的心理情绪的一种修养方式。《中庸》曰："是故君子戒慎乎其所不睹，恐惧乎其所不闻。莫见乎隐，莫显乎微，故君子慎其独也。"（《礼记·中庸》）"慎独"既是提升自我修养的方式之一，也是一种道德境界，而且要求更高。"慎独"能够实现个人素质的提升，帮助自我完善人格，对人的心理健康建设具有重要意义。

在人际关系方面，"中庸之道"表现为"忠恕"。"忠恕"是"中庸"思想的核心内容，曰："忠恕违道不远，施诸己而不愿，亦勿施于人。"（《礼记·中庸》）意思为当对他人提出要求时，首先要严格要求自己，自己做好才有资格对他人提出要求，同时还需要站在他人角度为他人考虑。"己所不欲，勿施于人。"（《论语·卫灵公》）"己欲立而立人，己欲达而达人。"（《论语·雍也》）如果每个人都能够在人际交往之中遵循"忠恕之道"，将会避免诸多心理矛盾出现，甚至会带来令人意想不到的效果，实现自身人品逐渐走向中和。

在道德追求方面，"中庸之道"表现为"至诚尽性"。在《中庸》中提到"诚"是人生的至高境界，是人道的第一原则。"诚"是中庸之道一切思想的源泉，也是其出发点。"诚者物之终始，不诚无物。"（《礼记·中庸》）缺乏真诚之物就失去了一切。《中庸》曰："唯天下至诚，为能尽其性；能尽其性，则能尽人之性；能尽人之性，则能尽物之性；能尽物之性，则可以赞天地之化育。"（《礼记·中庸》）此话寓意为只有完全释放自身本性之人，才能够将自身的能动性完全得以发挥，进而把握、发挥出更为广泛的集体能动性。对于"中庸之道"的核心"至诚"内涵深入发掘，做到至诚待人，追求至诚之道，将真诚树立成自身为人处世的原则，将使人的自身本性尽可能发挥出来。

在对人的情绪控制与调节方面，"中庸之道"表现为"中节"。所谓"中节"，就是适度，反对"过"与"不及"。《中庸》曰："喜怒哀乐之未发，谓之中；发而皆中节，谓之和。中也者，天下之大本也；和也者，天下之达道也。致中和，天地位焉，万物育焉。"意思是，喜、怒、哀、乐是人的情感，在未发作前，是无所谓偏倚的，所以称之谓中。发作适度，即所谓中节，就称之谓和。"大本"是最本质的规律，天下一切都根据它运作。"和"就是符合规律的途径，如果都能达到"中和"的程度，则各得其所，一切都能顺利地发展。人的心理健康受情绪的影响，极端的喜、怒、哀、乐会对人的身心健康带来危害，而保持情绪的平衡、稳定与有度是有益于人的心理健康的。

"中庸之道"是中国传统文化的精髓，是开展高校网络心理健康教育的宝贵资源。在网络心理健康教育中，引导大学生涵养性情，悦纳自己，以中立、中正、居中、不偏不倚的立场和心态对待万事万物，调节人与人之间的关系，促进人与人、不同社会群体之间关系的和谐而有序，对培养平和、宽容、理性的生活态度有着积极的意义。

（二）培育健康心理的根基："修身养性"

在中国传统文化中，"修身养性"作为培育人的健康心理的根基，它强调从以下三个方面加强自我修养。

1. 强调以"礼"约束和规范自己的言行

儒家认为"礼"起源于调节人的欲望,"礼"是人际交往中不可缺少的行为规范。孔子强调"克己复礼"(《论语·颜渊》)的重要性,要求人们适当地克制自己的欲望,一切按照礼仪的规范去做,"非礼勿视,非礼勿听,非礼勿言,非礼勿动"(《论语·颜渊》),这就是仁。"礼"主要表现为人的尊重态度及自制行为方式。通过"礼",一方面使自己遵守一定的文化规范,与他人保持和谐,与社会保持一致;另一方面,使自己在"礼"的践行中"明礼知耻"、修身养性。"为仁由己,而由人乎哉?"(《论语·颜渊》)修身养性完全靠自己。一个人自觉地以"礼"约束和规范自己的言行,一旦这样做了,天下的人都会称许你为仁人了。

2. 强调人与自然、社会和谐相处

在道家的思想里,自然的范畴是天地或万物,人与自然的关系就是天人关系。"人法地,地法天,天法道,道法自然"(《道德经》)。老子在这里表达了他的"天人合一"的思想,天地和合而为自然世界,而道则是贯穿"天"与"地"之间,"天地"遵从自然之道,人也遵从自然之道,"天地"与"人"合于自然之道。庄子对老子的天人学说作了进一步的发挥和发展,他认为追求"天地与我共生,而万物与我为一"(《庄子·齐物论》)的"天人合一"的精神境界,"复归于婴儿"(《道德经》),舒展身心的真正本性,这正是一种有效的自我心理调节方式。他还说:"性修反德,德至同于初。同乃虚,虚乃大。合喙鸣,喙鸣合,与天地为合。其合缗缗,若愚若昏,是谓玄德,同乎大顺。"(《庄子·天地》)意思是说人的心性通过修养之后,可以进入"大顺"的境界,这种境界是一种与自然环境高度协调、与社会环境高度协调、与他人高度协调的和谐状态。因此,道家主张顺其自然,自觉地调整个体的行为,以求达到自身体内的和谐、与外界环境的和谐,从而更好地保持身心健康。

3. 强调修身养性与人的心理健康有密切的关系

儒家主张身心修养统一论，即"欲修其身者，先正其心""心正而后身修"，进而明确了道德品质对身心健康的积极意义，"德润身，心广体胖"。儒家还将修身与保持心理平衡紧密地联系在一起，提出："所谓修身在正其心者，身有所忿懥，则不得其正；有所恐惧，则不得其正；有所好乐，则不得其正；有所忧患，则不得其正。"（《礼记·大学》）

这是从修身对心理健康的影响而言，反过来心理健康也会影响到修身。儒家提出："人之其所亲爱而辟焉，之其所贱恶而辟焉，之其所畏敬而辟焉，之其所哀矜而辟焉，之其所敖惰而辟焉。故好而知其恶，恶而知其美者，天下鲜矣！"（《礼记·大学》）中国传统文化中所蕴含的这些修身养性方面的宝贵资源，充满着辩证思想，在心理健康教育中占据重要地位，对网络心理健康教育亦有极大的指导作用。

（三）修养健康人格的良方：“内省感悟”

中国传统文化中有关道德修养的论述诸多，其中"内省感悟"是儒家最重要的修养良方。所谓省，《说文》曰："视也"；《尔雅》曰："察也。"所谓内省，就是自我反省；所谓感悟，就是感想与体会。儒家提出了道德最高境界和标准在于"止于至善"，怎样从内省到自悟实现这样一种理想的道德状态与人格呢？孔子说："自天子以至于庶人，壹是皆以修身为本。"（《礼记·大学》）朱熹注曰："壹，一切也。"那么就是一切的人，都是要以修身为根本，"三省吾身"，从而实现自己的人生目标和道德的最高追求。

儒家主张"内省感悟"是自觉自发行为，不是靠外在的力量强制，要达到它的关键在于自己的努力，"仁远乎哉？我欲仁，斯仁至矣"（《论语·述而》）。基于这样一种认识，孔子主张在道德修养上，一个人应该严格地要求自己而不是苛求于人。"躬自厚而薄责于人","君子求诸己,小人求诸人"(《论语·卫灵公》),"不怨天,不尤人"(《论语·里仁》)。见了有德性的贤人,就应该向他看齐,见了不贤的人,便从内心省察自己有没有和他一样的不贤之处。只有"内省不疚"(《论语·颜渊》),才能成为无所忧患、无所畏惧的人。

儒家主张"内省感悟",重在从严于律己而不苟责于人,提出"省身"即"自反之道"。孔子说:"君子求诸己,小人求诸人。"遇到问题首先要从自身找问题产生的原因,而不是像小人那样不去反思自己,找一些客观原因,想办法撇清自己,推卸责任。孟子说:"爱人不亲反其仁,治人不治反其智,礼人不答反其敬。行有不得者,皆反求诸己,其身正而天下归之。"意思是说,我爱别人而别人不亲近我,应反问自己的仁爱之心够不够;我管理别人而未能管理好,应反问自己的知识能力够不够;我礼貌地对待人而得不到回应,要反问自己态度够不够恭敬;任何行为得不到预期效果,都应反躬自问,好好检查自己。

怎样做到"内省感悟"?孔子认为:"见贤思齐焉,见不贤而内自省也。"荀子说:"见善,修然必以自存也;见不善,愀然必以自省也。善在身,介然必以自好也;不善在身,菑然必以自恶也。"看到善良的行为,一定一丝不苟地拿它来对照自己;看到不好的行为,一定心怀恐惧地拿它来反省自己;善良的品行在自己身上,一定要坚定不移地爱护好、坚持下去;发现自己身上有不良的品行,就要厌恶它、抛弃它。正因为如此,朱熹认为要"随事省察",所谓"省察"就是反省与检查的意思。朱熹认为在两种情况之下应该加强"省察":一是"省察于将发之际",即在不良念头刚刚露头时,就应该进行反省和检查,将其消灭在"始萌"之中;二是"省察于已发之后",即在不良言行暴露后,要及时进行检查和纠正,不让其继续滋长。① 如果不在"省察"上下功夫,那么便会陷入"罪恶"的泥坑而不

---

① 孙培青:《中国教育史》,华东师范大学出版社 2000 年版,第 223 页。

"自知""自觉"，自己还在稀里糊涂，毫无察觉。朱熹的"克己省察"这一见解，表明他在道德教育中既强调自己内心的克制与反省，又强调防微杜渐，重视纠失于后。"内省"是心理自我调节的绝招。现代心理学研究证明，如果大学生能用正确的道德规范"内省感悟"自己，积极自我暗示，防止情绪过于激动，就能有效地预防由于情绪失控而产生的各种心理问题。

（四）和谐人际关系的准则："仁者爱人"

中国传统文化中蕴含着丰富的和谐人际关系的资源，"仁者爱人"即是儒家构建和谐人际关系的准则。儒家认为，想要求得和谐的人际关系，就要坚持行"仁"。《说文解字》讲："仁，亲也。从人二。"亲，爱也；二指人我关系，说明二个人才能讲"仁"。"仁"的核心思想就是爱人。"樊迟问仁。子曰：'爱人'"（《论语·颜渊》）。"爱人"，就是"泛爱众"（《论语·学而》），要求爱社会上的一切人，而不只是爱社会上的某一部分人，含有"大爱"思想。"仁者爱人"就是处理人际关系时要求爱一切人，做到与一切人友善。当然这里的"仁"也是有条件的，孔子曰："唯仁者能好人，能恶人"，即欲爱善者必憎恶者，如果只有爱而无恶，就不是真正的"仁"。孟子丰富了"仁"的思想，他以"仁"为核心，将"仁"辐射到人与人之间、人与社会生活的各个方面。孟子曰："君子所以异于人者，以其存心也。君子以仁存心，以礼存心。仁者爱人，有礼者敬人。"君子和一般人不同的地方，就在于居心不同。君子心里老惦记着仁，老惦记着礼。仁人爱人，有礼的人尊敬人。在他看来，能推仁之心，即可达之天下，不能推之，则不足以保父母妻子，能行仁道，必保其民；能保其民，则得天下。仁爱精神的必然要求就是宽容。仁爱核心即以人为中心的生生不息的价值追求，精神实质就是爱人，一方面爱自己，懂得自尊自重，珍爱生命；另一方面也要学会爱别人，最重要的是学会尊重别人，不管贫富、贵贱，发自内心地尊重别人。

  "仁"强调的是人与人之间的一种真诚的感情互动，而这真诚的感情互动是从家庭中对于自己生命根源的崇敬所引发出来的。与家人相处中，要以"孝悌"作为最根本的调节原则，即"百善孝为先"①。"弟子入则孝，出悌。"（《论语·学而》）兄弟之间也要和睦相处，即做到"兄弟怡怡"（《论语·子路》）。与朋友相处中，君子要"仁者，爱人"（《论语·颜渊》），"爱人者，人恒爱之；敬人者，人恒敬之"（《孟子·离娄章句下》），一直为中国传统文化所倡导。

  孟子说："不挟长，不挟贵，不挟兄弟而友。友也者，友其德也，不可以有挟也。"与他人相处中，应当遵循诚信原则、理解原则，以"仁爱"之心去待人。这也是孔子倡导的人际互动原则。《论语·颜渊》中有言："己欲达而达人，己欲立而立人。"理解他人，体恤他人，这是人与人之间交往和谐的基础。人在社会互动中贯彻"忠恕"之道，就可以交换人己的位置，处理好人己的利益关系，这对保持良好心态、维护心理健康无疑至关重要。同时，也要学会宽容。"故君子贤而能容罢，知而能容愚，博而能容浅，粹而能容杂，夫是之谓兼术"（《荀子·非相》），这种兼顾包容之法即是教导我们要学会宽容。宽容，可以维系融洽的人际关系，也有利于心绪健康和事业的成功。因此，在社会生活中积极发扬"仁者爱人"精神，倡导"厚德载物""民胞物与"的道德，有益于创造现代生活需要的同情弱者、互助友爱、"人人为我、我为人人"的和谐友爱的新型人际关系。

（五）良好心理意志的标志："自强不息"

  良好的意志品质是心理健康的重要标志。中国传统文化以人道和实践为基本原则，既鼓励采取接受现实的态度，愉快地接受现实、积极地看待人生，同时也提倡"刚健有为，自强不息"的精神特质。儒家提倡："苗而不

---

① （清）王永彬：《围炉夜话》，北京时代华文书局2021年版，第93页。

秀者有矣夫！秀而不实者有矣夫！"（《论语·子罕》）又说："譬如为山，未成一篑，止，吾止也。譬如平地，虽覆一篑，进，吾往也。"（《论语·子罕》）强调努力向上，培养毅力，唯有自强不息，才能收到效果。道家主张："天行健，君子以自强不息。"提倡人应效法日月星辰刚健运行那样奋斗不息、积极进取，坚持独立意志、人格尊严和做人原则。儒家提倡"修身、齐家、治国、平天下""先天下之忧而忧，后天下之乐而乐"的社会责任感和积极向上的人生态度。儒家还特别强调个体应当刚健有为，主张自强不息，勇于面对挫折时要有超脱精神。孔子倡导刚毅精神，认为匹夫不可夺志；孟子也曾言"自暴者，不可与有言也；自弃者，不可与有为也"。孔子弟子曾参同样主张士人应当"弘毅"。荀子人定胜天的思想也是一种积极的理性，认为人可以掌握自己的命运，战胜自然灾害。与西方人不同的是，中国人提倡的"自强不息、积极进取"并不意味着不断索取和对结果的终极追求，而是强调精神层面上提升自我、追求自我实现的过程。进取是建立在正确认知的基础上的，不会超越自身能力而盲目追求，是良好心理意志品质的体现。

自强不息、刚健有为作为中国传统文化的一个基本精神，是中国人的人生哲学，是入世的哲学。几千年来，它一直是中华儿女奋发向上、蓬勃发展的动力，体现在民族发展和人民生活的各个方面。因此，高校心理健康教育工作者在教育活动中，要将我国传统文化中蕴含的"自强不息"精神传达给每位学生，帮助他们在面对困难和挫折时，始终保持坚定的内心和毅力，并以此提高个人品质和意志。通过这种方式，学生们也可以真正意识到，只有自强不息、积极进取的人才能通过不懈的努力收获来自成功的喜悦。

（六）疏导调节心理的良策："清静无为"

"清静无为"是道家中最为重要的思想。道家的"清静"，指心性纯正恬静，主张心灵虚寂，坚守清静，复返自然。道家的"无为"，并非不求有所作为，只是指凡事要"顺天之时，随地之性，因人之心"，在不违反"天时、地性、人心"的条件下，以"道"行事，处世立命，谨身慎行，朴素节俭，从而达到"无为而无不为"的境界。

道家"天人合一"思想是从"道"的概念来阐述开的。"道"是自然界和人类社会的总法则。它要求人们思想上淡泊名利、清心寡欲；行为上物我两忘、柔弱守中；待人上不骄不躁、诚恳谦虚。"清静无为"是道家哲学提倡的理想人格。

道家的"清静无为"，其实就是清心寡欲，表现为思想上清静安宁，没有过多的欲望，一切都遵循事物发展的自然规律，不要去用超过自然的方式去干涉。"名与身孰亲？身与货孰多？得与亡孰病？甚爱必大费，多藏必厚亡。知足不辱，知止不殆，可以长久。"（《道德经》）就是说，一个人要懂得对自己来说什么东西才是重要的，不要去追求浮华的事物，更不要做一些过分的事情。要懂得止步，才会走得更远。

所以，道家追求人的真实存在和自由存在，推崇"无为"。而"无为"的本质是顺乎自然而不是放弃，意味着不要干预自然的事情，要为自然所为之事，以求吻合恒久变化着的世界的运动。对于自身达不到的目标，要"顺其自然"，学会"放下"与"悦纳"现实，体会"闲看庭前花开花落，观天外云卷云舒"（《菜根谭》）的自在心境。这种"顺应自然、为所当为"即"清静无为"是很好的心理调节和疏导的方法。道家认为："知足不辱，知止不殆，可以长久"（《道德经》），若不知足，不知止，便会危亡倾覆。所以老子主张修身，制性制欲，控制自己的情欲和喜怒哀乐的情感。每个人都有自己的欲望，特别体现在社会转型期的当代大学生的身上，用"天人合一，无为不争"（《道德经》）、"清静无为"的中国传统道家观念对大学生进行心理健康教育，可谓是疏导调节心理的良策，能够控制好大学生的情感和欲望，让他们在学业上有进步、心智上有成长、品质上有提高。

（七）调适乐观心理的要素："仁者不忧"

中国传统文化中存在着丰富的乐观心理思想，其中以儒家和道家的思想为主要代表。儒家倡导一种有为型的理性、入世、乐得其道的乐观，其基本要素为"仁者不忧"（《论语·子罕》），闻道尽识，忧国忧民，穷达自若，安处困境之乐观。道家主张以内乐外、安时处顺的快乐之道，其基本要素为无为型的"至乐无乐"（《庄子·至乐》），顺应自然、不妄为的生活方式。

儒家的"仁者不忧"，是说有仁爱之心的人不会有忧愁，他会用宽容来对待给他带来忧愁的人和事。在儒家看来，"仁者不忧"既是仁以行之的修为，又是人生自得的境界。"仁者不忧"在《论语》中既是修为工夫上"内省不疚，夫何忧何惧"的价值意旨，又是人生境界上的"仁者安仁"以及"仁者静"的价值内涵。安于仁则德全而真，静而不妄作则无疵。德真而无疵，则无愧于心，故能不忧不惧。在人生的修为上，"仁者不忧"，在《论语》中或是"君子忧道不忧贫"，或是"乐以忘忧"。仁人志士"依于仁"（《论语·述而》），欲仁而仁至，岂有它忧？乐于仁道之事业，则必不忧贫而能忘其忧。一个人若是志于为仁弘道，则人格理想和人生价值观既定，就不会计较外在的得与不得，而必能无忧于外在的境遇。"仁以爱之"（《礼记·乐记》）和"仁者，仁此者也"（《吕氏春秋·孝行》），便是修为工夫之仁上的"仁者不忧"。在践仁上无忧，方能乐此不疲。在人生的境界上，"仁者不忧"是安于仁而不改其乐。求诸己而尽人事，"我欲仁，斯仁至矣"（《论语·述而》），则是"上不怨天，下不尤人"（《中庸》）。仁者的不怨天尤人，亦是"不忧"的重要价值内涵。"仁者不忧"，既是一种豁达的心境，又是乐趣的体验。人生无愧无憾，心安理得，故能不忧不惧；人生尊德乐道，乐此不疲，故能乐以忘忧。反之，就是"不仁者，不可以久处约，不可以长处乐"（《论语·里仁》）的不良情境。

道家以"道"即"自然"为最高境界，要求人们"体道"于内心，必然会有"至乐"的体验，并强调快乐是一种心境，与物质财富、感官享乐无关。老子很早就告诫人们不能心逐外物，还从反面总结了不知足所导致的严重恶果："金玉满堂，莫之能守。富贵而骄，自遗其咎"（《道德经》）。因此，老子主张节制欲望，"少私寡欲"，认为这是"深根固柢，长生久视之道"（《道德经》）。

儒道关于调适乐观心理的资源，无论是"仁者不忧"还是"至乐无乐"，对我们今天开展的网络心理健康教育仍然具有现实启发意义。虽然传统文化不可能解决当代大学生心理健康中的所有问题，但却能纯净他们的心灵，发挥积极的正能量作用。

（八）心理健康和谐的精髓："和合"思想

"和合"是中华民族独创性的哲学词汇和文化理念。追本溯源，"和""合"两字最早出现于甲骨文和金文之中。许慎的《说文解字》最早对"和"这个字给予解释。"和，相应也"，意指合韵；"合，合口也"，意指合拢。历史上最早出现这个字的连用是在春秋战国时记录郑国的史书中，"商契能和合五教，以保于百姓者也"（《国语·郑语》）。"五教"指"父义、母慈、兄友、弟恭、子孝"，"和合五教"就是使这五个方面相互融合、协调。

春秋时期，百家争鸣，出现了许多有关和合思想的真知灼见。如道家创始人老子提出"道生一，一生二，二生三，三生万物"（《道德经》），认为"和"是宇宙万物的本质及天地万物生存的基础。《管子》将"和合"并举，指出："和合故能谐，谐故能辑。谐辑以悉，莫之能伤。"（《管子·兵法》）在这里，"和合"是蓄养道德的目标追求，民众只要能够和合，就能产生强大的力量，从而免除各种危害。墨子从"兼相爱、交相利"（《墨子·兼爱下》）思想出发，指出天下不安定的原因在于"内之父子兄弟作怨雠，皆有离散之心，不能相和合"（《墨子·尚同中》）。而"和合"才能使家庭、社会群体凝聚在一起，形成不离散的社会整体结构。孟子讲"天时不如地利，地利不如人和"（《孟子·公孙丑下》），把人和视为超越天时、地利的最重要因素。庄子提出"与人和者，谓之人乐；与天和者，谓之天乐""子，天之合也；我，人之合也"（《庄子·天道》）的观点，认为"和合"是万物化生的依据，也是天乐人乐的基础，只要明白这"和"的道理，就会获得无穷的快乐，从而可达天人和合的境界。孔子主张以"和"治国。对君主、父母、长辈、上级的"和"，表现为忠、孝、尊、崇、恭、敬，进而"天下有道"（《论语·季氏》）、"天下归仁"（《论语·颜渊》）。对中，如对自己的兄弟、夫妇、朋友、平级的"和"，表现为忠、信、义、敦、睦，"推己及人"（《论语·卫灵公》），协调矛盾，相互支持。对自己的臣民、子女、下属、百姓也要"和"，表现为宽、厚、慈、惠，"泛爱众，而亲仁"（《论语·学而》）。对国内及周边各国也要"和"，表现为信任、理解、尊重、不轻视、不敌视，加强联系、相互支持、共享太平。

孔子总结前人经验，提出系统的"和合"思想，涵盖了人与自然、人与社会、人与人、人与自身以及不同文化等各个方面，构成了"儒家和合"思想的基石。经过其后历代儒家学者的继承、发展及对儒释道三家思想的融合后，儒家"和合"思想更加丰富。

如今"和合"思想作为中华文明的基本精神，经过漫长历史时段的演化，早已浸润和沉积在民族文化的各个方面、各个层面。就人与自身关系而言，"和合"思想已浓缩为"正心诚意"观念，成为国人安身立命的义利观；就人与人关系而言，"和合"思想已具象为"己所不欲，勿施于人"观念，成为国人约束和规范自身行为的伦理观；就人与社会关系而言，"和合"思想已嬗变为"和为贵"观念，成为中华民族进行族群融合和社会建构的民族观；就文明与文明关系而言，"和合"思想已上升为"协和万邦""天下大同"观念，成为国人对外交往的和平观；就人与自然关系而言，"和合"思想已转化为"天人合一"观念，成为中华民族延续至今的自然观。

"和合"思想作为中华文明中最富生命力的精神内核，综合了各个历史时期儒、释、道的思想精华，彰显了中华民族内在的精神特质，对于解决当今时代大学生出现的心理健康问题具有重要指导作用。

二、中国传统文化在高校网络心理健康教育中的价值

（一）中国传统文化为高校网络心理健康教育提供了文化哲理支撑

中国传统文化蕴含中国人观察世界、理解社会、看待人生的独特而智慧的文化视角、理论思维和价值判断，涵盖礼义、体用、理气、乾坤、善恶等辩证范畴，内在地要求人们用辩证思维和各种智慧正确对待内与外、义与利、家与国、道与器、知与行的关系。在不同的文化背景下生活的社会成员，其心理健康观念、思维行为模式、情绪情感的体验都会受到中国传统文化的影响，而这些影响的因素来自于其背后的文化哲理。可以说，中国传统文化中的儒释道为高校网络心理健康教育提供了文化哲理支撑。第一，儒家思想为网络心理健康教育提供了精神支持。从心理健康的角度看，儒家"仁爱"思想强调以仁爱之心对待他人，建立和谐的人际关系，正是当代积极心理学的哲学基础；儒家思想中治国平天下的追求赋予了人生命的意义，意义感的实现是心理健康的重要保证和实现途径；中庸思想促使对认知、情绪的适度性把握，五伦五常的道德要求建立在系统的家庭观上，能够调整人与人的关系，进而增进心理健康。第二，道家思想为网络心理健康教育提供了教育资源。道家强调顺应自然、贵柔守雌，认为最大的道是顺其自然，儒家思想强调刚阳，而道家思想认为阴柔更有力量，这一思想是对事物两面的补充，柔弱的东西具有存在的价值。这一思想具有广泛的影响力，从心理学

角度尤其是从心理健康的角度看，对接纳人自身的强和弱、积极与消极的集合具有重要的意义。具体来讲，人们所不喜欢的消极情绪具有重要的意义，有"贵"和"守"的必要，如果能接纳它们、"贵""守"它们，就能调节消极情绪。这与现代的心理治疗同出一辙。第三，佛家思想为网络心理健康教育提供了在心理适应方面的众多教义和方法。佛教教义强调积善和行善，这对心理健康有重要的保健功能，它能够满足超我的监督，与人类的良知系统协调一致，减少愧疚与自责等情绪，能够保证人的心理健康。中国传统文化为高校网络心理健康教育提供的文化哲理支撑并不仅限于此，对其进行深入的研究和挖掘，充分发挥其价值和功能，能够为高校网络心理健康教育提供更加坚定、丰厚的文化哲理底蕴支撑。

（二）中国传统文化有助于大学生树立正确的价值观

中国传统文化中蕴含着丰富的思想道德培养养分："修己以敬""修己以安人""内正其心，外正其容"的修身理念；"温、良、恭、俭、让""仁者不忧，知者不惑，勇者不惧"的君子之道；"礼之用，和为贵""柔之胜刚""道法自然，无为而治"的处世引导；"从善如登，从恶如崩""勿以恶小而为之，勿以善小而不为"的良言警训；"专利国家，而不为身谋""见义忘利，见危授命""临财毋苟得，临难毋苟免"的精神境界；"天下兴亡，匹夫有责""苟利国家生死以，岂因祸福避趋之""宁可玉碎，不能瓦全"的爱国情操；"民为邦本，民说无疆""天下之务莫大于恤民"的民本理念；"天下大同，美美与共""和衷共济、和合共生"的世界情怀……这些思想、理念、价值历久弥新，支撑着中华民族生生不息而薪火相传，历经劫难又浴火重生，其中蕴含着的奋发精神和责任意识，为高校网络心理健康教育提供了培养大学生思想道德的养分，有利于熏陶大学生提升精神境界，树立正确的价值观。

（三）中国传统文化有利于增强大学生心理调节的能力

中国传统文化在维护心理平衡与健康方面，有着源远流长的哲理思想渊源。儒家强调君子应随时调控自我的心理状态，提出"君子中庸，小人反中庸。君子之中庸也，君子而时中"，君子要让自我心理世界与体验保持于适中状态，维持心理健康的平衡。孔子称赞颜回的品质高尚："贤哉！回也。一箪食，一瓢饮，在陋巷。人不堪其忧，回也不改其乐"；"用之则行，舍之则藏，惟我与尔有是夫"，表达了孔子对颜渊在恶劣的外在环境下自我心理调控得宜的称赞。道家在调整心理健康上则提出了"致虚守静、以柔克刚"的微妙思维，教导人们要"曲则全，枉则直，洼则盈，弊则新，少则得，多则惑"，"大直若屈，大巧若拙，大辩若讷"。道家的心理调整角度是海纳百川，求同存异，兼容并蓄，不言则名，不战而胜；避免争强好胜、激化矛盾，减轻消极心理反应。

在中国传统文化中，也蕴含着丰富的培养人抗压应变能力的养分。如孔子的"小不忍则乱大谋""君子不器""用之则行，舍之则藏，惟我与尔有是夫"；孟子的"穷则独善其身，达则兼善天下"；庄子的"人之生也，与忧惧生"。无论孔孟或老庄思想，都阐述人面对挫折与压力时应放松身心，顺势而为，不患得患失，具有抗压应变的能力。因此，在网络心理健康教育中，充分吸纳中国传统文化中的哲理思想，不仅有利于增强大学生的心理调节能力，承受挫折、适应环境，同时也能更好地促进大学生人格品质的全方位提升。

（四）中国传统文化有益于大学生建立良好的人际关系

中国传统文化主张调和社会上人与人之间的关系。儒家在论及人际交往时，首倡一个信字。孔子的政治理想"老者安之，朋友信之，少者怀之"中，将"信"作为与人交往的准则。他对弟子提出："入则孝，出则悌，谨而信"（《论语·学而》）。他的著名弟子曾参说"与朋友交而不信乎"。孔子还提出与人之间交往要"周而不比""和而不同"。"君子喻于义,小人喻于利。"君子要为义而交,不能为利而交。君子要以文会友,以友辅仁。朋友之间相处要坦荡荡,要以诚相待,互相帮助,即"君子成人之美,不成人之恶"。

儒家把"中和"作为一种基本的处世之道,追求个人与群体的调和,强调生活在群体中的人,自己的行动态度务必适度,避免极端言行。在处理个人与群体关系上,孔子强调"君子矜而不争,群而不党"(《论语·卫灵公》)。君子只是庄敬自守,无乖戾之心,故与人无争,以道处友,以和相聚,故必有群,然无阿比之私,故不党。坚持个人的自主与正义,同时又不破坏群体的和睦,以高尚的人格融入群体。

儒家还十分重视人际交往中学习别人长处,融入群体。孔子说:"三人行,必有我师焉。择其善者而从之,其不善者而改之"(《论语·述而》);"见贤思齐焉,见不贤而内自省也"(《论语·里仁》)。具有这种品质的人,就能融入群体、安身立命。因为人并不是一个单独的个体,人和动物的区别在于"人能群,彼不能群也"(《荀子·王制》),人是群体中的一分子,具有维护群体生存和发展的需要,因而倡导人际交往要"群居和一"(《荀子·荣辱》),反映了人有一种强烈的归属心态。

在网络心理健康教育中,要善于从中国文化中汲取智慧,以"和"为处理人际关系的核心概念,以"仁"为促进人际关系和谐的手段,以"理"为人际关系交往中的规范,以"异同共存""忠恕为本""以直报怨"为营造和谐的人际氛围与关系的方法。引导大学生认识建立良好的人际关系与沟通是大学生重要的阶段任务之一,良好的人际关系与沟通可以满足大学生对社会认同与情感归属的需求,并深化自我认识、完善自我。

(五)中国传统文化有利于教育者对多样化教育载体的选择

在"天人合一"的哲学体系中,中国传统文化看重的是人与天道、自然的统一和谐,强调众多事物中,人是最宝贵的,"天地之性人为贵"(《孝经》)、"惟人万物之灵"(《尚书》)、"二仪交构，乃生万物，万物之中，以人为贵"(《后汉书·周举传》)。

心理健康教育本身是育人的过程。善于将中国传统文化中"以人为贵"的思想，转化为大学生自身的需求，不仅可以激发大学生的动力，还可以积极地调动大学生的主观能动性。"以人为贵"就是对大学生人性的尊重，它能够让大学生更好地接受教育，并从中培养乐观的心态，提高自身的心理素质，真正地达到内心的和谐统一。在网络心理健康教育过程中坚持"以人为贵"，倡导"致静守虚"放松心理的方式和方法，既符合大学生心理发展的需要，又尊重大学生的个性，是将教化功能与个体功能和谐统一的积极表现。在当今的社会条件下，单一的教育载体已经不能够充分地满足大学生的要求，只有采用兼容并包的方式，立足根本，依赖于多种多样的教育载体，才能吸引大学生的注意力，从而切实提高当代大学生的心理素质。伴随着科学技术的发达，互联网早已成为大学生不可或缺的交流工具和学习工具。因此，高校心理健康教育工作者在进行心理健康教育的过程中，应更多地运用互联网来对大学生进行网络心理健康教育。

善于将中国传统文化中"以人为贵"的思想运用到大学生的心理疏导中，要求教育者客观且辩证地看待大学生的心理障碍与心理发展问题，杜绝人为地过分夸大与看重学生的心理问题，那样做只会让学生更加焦虑不安，对于心理疏导来说是非常不利的，同时也不是进行心理疏导工作客观而科学的态度。要根据大学生的心理发展规律，合理把握心理疏导的尺度，以"执两用中，过犹不及"(《中庸》)的教育原则，既要合理解决他们心理上的困惑，又要促进他们心理素质的逐步提高，努力促进大学生身心的健康发展、人格的完善。

（六）中国传统文化有助于高校网络心理健康教育评价标准的建立

与国外发达国家开展心理健康教育的历史相比，中国高校网络心理健康教育的历史较短，教育的评价标准如何制定还处于探索之中，而中国传统文化中的"致中和"思想为其提供了借鉴。儒家所崇尚的情绪调控的基本原则是坚持"恰如其分，无过无不及"（《孟子·告子下》）的"致中和"（《中庸》）之道。"中"，代表着没有情绪波动时内心稳定的状态；"和"，代表着各种情绪都表达适度，而内心和谐美满的状态。有效的评价是甄别教育好坏的标尺，也是推动网络心理健康教育不断完善的动力。运用儒家"致中和"教育思想，评价网络心理健康教育效果的好坏，可以从大学生在接受教育后情绪调节是否适中、行为是否适当、意志是否适度来判定。另外，"致中和"思想也对个人在日常生活中的行为产生影响，该思想的核心观念是对所有的行为都不主张避免或压抑，而是主张克制，使自己的行为控制在合理的范围之内，处于一种适当的状态，并且符合社会的基本道德规范。对网络心理健康教育的评价，应该尤为注重对大学生在受教育之后思维、情绪、行为、意志上变化的评价，并以此来确保心理健康教育工作的效果。因为良好的行为是网络心理健康教育的基本目标之一，也是大学生心理健康的重要标志。大学生良好的行为表现能够充分反映出他们对于教育的认可度，因此大学生行为是否适当也是评价网络心理健康教育效果的重要标准。

三、中国传统文化融入网络心理健康教育的路径

（一）汲取中国传统文化中的心理学资源，充分转化到网络心理健康教育中去

从心理学的角度来看，中国传统文化中蕴含着丰富的心理健康教育资源。比如，道家的心理调整角度是海纳百川、求同存异、兼容并蓄、不言则

明、不战而胜；避免争强好胜、激化矛盾、减少消极心理反应，① 这一思想具有广泛的影响力，从心理学角度尤其是从心理健康的角度看，与现代的心理治疗同出一辙。比如，佛家思想在心理适应方面有众多教义和方法，也有可利用的心理健康教育资源。佛教教义强调积善和行善，这对心理健康有重要的保健功能，它能够满足超我的监督，与人类的良知系统协调一致，减少愧疚与自责等情绪，能够保证人的心理健康。中国传统文化中的心理健康教育资源并不仅限于此，对其进行深入的研究和挖掘，能够发挥中国优秀传统文化在今天的价值和功能。高校要构建合理的心理健康教育体系，开设合理实用的网络心理健康教育课程，充分汲取和转化中国传统文化中的精髓，将其渗透到网络心理教育过程，帮助学生摆脱消极的心理状态，从而为社会培养出更多具有良好职业道德素质、身心健康的高素质技能人才。

（二）搭建中国传统文化进课堂的平台，创造中国传统文化育人环境

搭建网络传播中国传统文化有关心理学资源的平台，努力创造中国传统文化的育人环境，是高校网络心理健康教育亟需做的一项工作。中国传统文化推崇顺从自然规律，适应社会环境，为创造良好的育人环境，高校网络心理健康教育也应当顺应当今世界信息发展的趋势与潮流，努力搭建好"三个平台"：一是搭建教受互动的心理健康教育网络平台。在网络平台中，教与受的双方不是单纯地相互配合，而是要发挥网络的特性，采取民主、生动、自由的互动教育方式，尊重大学生在网络中的主体地位，允许他们畅所欲言，提出自己的心理困惑，教育者再根据他们的心理问题有针对性地运用中国传统文化资源进行教育，从而实现教受双方的思想对接与良性沟通。但

---

① 牟善英：《中国传统文化在大学生心理健康教育中的价值与积极作用》，《高教学刊》2019 年第 9 期。

是，教育者对网络进行充分利用的时候，也不能被网络所完全左右，应该充分发挥网络的积极一面，避免网络弊端的出现。二是搭建供求和合的心理健康教育网络平台。教育者要整理出中国传统文化中的心理学资源，并将其展示于网络之中，让大学生通过直观思维、兴趣注意和情感体验等受到熏陶和影响，在无形之中形成积极的心理意识，提高自我的身心健康。三是搭建虚实结合的心理健康教育网络平台。要按照课程设计安排，上好心理健康课程，利用多种途径普及心理健康知识，帮助大学生更好地调节和适应自己的身心状态。同时，教育者在网络心理健康教育中应坚持实话实说原则，真实地将目前大学生容易出现的心理问题以及心理现象以文字或图片的形式反映在网络中，让大学生们了解心理问题与心理障碍的表现是什么，并充分发挥心理健康教育答疑解惑与心理疏导的功能，使其在实际问题面前表现得更加鲜活。

党的十八大以来，习近平总书记对传承弘扬中华优秀传统文化作出了一系列重要指示，提出了明确要求。2014 年 3 月，教育部印发《完善中华优秀传统文化教育指导纲要》，提出"加强对青少年学生的中华优秀传统文化教育，要以弘扬爱国主义精神为核心，以家国情怀教育、社会关爱教育和人格修养教育为重点"。高等学校要以此为契机，开设专门的中华优秀传统文化课程，同时在选修课、思想道德与法治课、心理健康教育甚至文学课中加入有助于大学生心理健康的优秀传统文化，引导大学生完善人格修养，树立正确的人生价值观。把中国传统文化引进课堂，是一项教育教学改革的新举措，需要在实践中不断总结完善。当前，要根据不同情况实施。首先，可以结合不同地区的实际情况，为学生们增加乡土文化内容。其次，选择优秀的传统文化类型纳入学生必修科目，并针对不同年龄段的学生开展系统化的传统文化教学。最后，除了传统文化课程外，与学生心理健康相关的文化内容也可以与课程之间进行有机结合，进而帮助学生们在学习过程中塑造健全人格并形成正确三观。①

---

① 黄国萍、宋文香：《大学生心理健康教育本土化研究综述》，《太原大学学报》2017 年第 3 期。

（三）将中国传统文化融入校园活动，帮助大学生形成积极向上的心理品质

在网络心理健康教育中，要通过"线上""线下"相结合的方式，采取多种形式，将中国传统文化融入校园各项活动之中。

1. 开展典籍阅读活动

根据网络的特点，以"网络课堂"的形式积极开展典籍阅读的活动无疑是一个明智的选择，因为它不仅让大学生很好地了解中国传统文化的精髓，理解其中蕴含的心理健康思想，还可以让大学生在通读训练中达到修身养性与平定心绪的目的。比如讲人际交往心理时，可节选《道德经》中为人处世、向上向善、阔达包容心理的相关内容进行朗读和讲解；讲情绪心理与健康时，可精选《黄帝内经》关于五种情绪及五种情绪相生相克的文章进行朗读，同时把传统文化中的情绪调节思想与当代情绪心理进行有机结合讲解；讲恋爱心理与健康时，可精选《诗经》中有关描述爱情的诗句，如《国风·周南·关雎》等进行朗读，并穿插传统文化中关于爱情的经典故事进行讲解；在讲述健全人格心理时，可精选《孟子》中的关于人性和人格思想进行导读，并把我国传统文化中的"君子""圣人""真人""至人"的要求和现代心理学中人格心理学思想有机结合起来进行讲解；等等。

2. 丰富多彩的"线上"与"线下"文体活动

传统音乐疗法在古代的心理治疗中早已有之，古罗马的政治家波埃修斯（Boethius）就曾反复论述音乐与心理健康的关系，而中国传统文化又是集礼教、乐教、心理健康教育为一体的文化，因此，我们有必要充分利用网络，积极传播传统音乐，开展传统音乐鉴赏活动。开展传统音乐鉴赏的方式有很多，教育者可以通过接受式音乐鉴赏活动来使大学生们放松心情，也可

用再创式音乐鉴赏活动使大学生们通过演唱所听到的音乐来抒发情感，抑或是运用即兴创作式音乐鉴赏活动来帮助大学生们发泄情绪。这样一来，不仅可以很好地将中国传统文化中的乐教精髓渗透到心理健康教育中去，还可以使大学生们达到心性提升的目的。

"线下"也可组织开展太极拳养生运动。强身才能健体、修身才能养性。作为中国传统文化的一个重要组成部分，太极拳融哲学、医学、武术、养生及其他理论精华于一身，其养生思想、伦理观念和审美价值深入人心，各个高校可以将其充分融入到大学生的体育锻炼和课外活动中。太极拳运动强调"心"的主导作用，教育者在带领学生开展该项运动时还要引导他们将全部的精神凝聚到动作之上，并做到立身中正，静心一意，形神合一。完全依靠意识来指导动作，而且动作要匀速流畅，不顾此失彼。以人的思想、精神、心理状态为修炼基础，将心理状态与太极拳养气合神统一起来，从而实现对心理调节的作用。练习太极拳是对大学生心性的修炼，在运动中既可以帮助他们舒缓心情，也可以调整他们紧张焦虑的情绪，并在逐步锻炼中达到对于心理障碍的调适与防控。

3. 开展有针对性的教育活动

如借助中国传统文化开展挫折教育。当代大学生中许多人因家庭生活环境相对优越和安逸，抗压能力和抗挫折能力相对较差。在网络心理健康教育中，教育者可广泛宣传中国传统文化中"祸兮福所倚，福兮祸所伏"的道理，引导大学生懂得人生的祸福总是相伴而生的，是不可完全避免的，所以遭遇挫折也是正常情况，要用平常心去看待。宣传中国传统文化中有关"车到山前必有路，船到桥头自然直""山重水复疑无路，柳暗花明又一村""留得青山在，不怕没柴烧"等至理名言，引导大学生积极看待人生中的挫折，不要因为一时的失败而丧失信心。

如借助中国传统文化开展树立正确的择业观教育。择业、就业始终是困扰大学生的重要问题，甚至在学生毕业工作之后，这一问题依然会长期伴随。大学生难免受到功利思想的侵扰，形成急功近利的心态和价值观，进而导致在择业的过程中产生一些不良的心理感受和价值倾向。在网络心理健康教育中，教育者可通过广泛宣传儒家的"仁者以财发身，不仁者以身发财""德者本也，财者末也"等有关论述，讲解仁爱者利用财富达到自己的人生理想、不仁者将自己作为攫取财富工具的道理，阐明德行是人的根基、钱财是末梢这一个人与财富之间内在关系，引导大学生不受功利思想的侵扰，摈弃唯金钱至上的心态，树立正确的择业观。

（四）加强教育者对中国传统文化的学习，不断提升网络心理健康教育水平

目前高校中从事网络心理健康教育工作的教师，大多是刚毕业不久的大学生，虽然掌握了丰富的心理学理论知识，但对中国传统文化中的心理学知识并不完全熟悉和掌握，加之对高校学生心理特点的认识还不够深刻，对学校教育模式还不够熟悉，他们在网络心理健康教育中难免会遇到各种问题。因此，提高网络心理健康教育的师资力量，加强对中国优秀传统文化的学习，尤其是要加强文化心理学知识的学习，是从事网络心理健康教育工作者的当务之急，是高校网络心理健康教育中融入中国传统文化的重要条件。心理健康教育教师不但要加强心理学理论知识的学习，也要通过多种渠道了解中国传统文化，汲取中国传统文化中的精华并渗透到教学中，以此不断提升网络心理健康教育水平。

| 第十一章 |

大数据时代高校网络心理健康
教育与突发事件

突发事件，在人们的日常工作和生活中总是猝不及防的。面临突发事件，人们往往容易产生紧张焦虑的负面情绪，影响着人的心理健康。大学生作为一个特殊的群体，人数众多，在突发事件面前心理易受外部环境的影响。在大数据时代，关注大学生在突发事件期间的心理健康状况，创新预防、应对和化解危机的方法，有的放矢做好心理干预工作，从而帮助学生消除恐慌焦虑，培养理性积极心理，保证危机干预机制的安全运行，是高校网络心理健康教育的一项重要使命。

一、突发事件的定义与特点

（一）突发事件的定义与类型

何谓突发事件？根据中国 2007 年 11 月 1 日起施行的《中华人民共和国突发事件应对法》的规定，所谓突发事件，是指突然发生，造成或者可能造成严重社会危害，需要采取应急处置措施予以应对的自然灾害、事故灾难、公共卫生事件和社会安全事件。

按照国家相关法律对突发事件的定义，学者们又从广义和狭义两个方面做了深化研究：广义上的突发事件，即突然发生的事情，其含义是事件发生、发展的速度很快，出乎意料；或是事件难以应对，必须采取非常规方法来处理。狭义上的突发事件，即意外地突然发生的重大或敏感事件，前者如自然灾害，后者如恐怖事件、社会冲突、丑闻包括大量谣言等，专家也称其为"危机"。

根据突发事件的发生过程、性质和机理，突发事件分为自然灾害、事故灾难、公共卫生事件、社会安全事件四种类型。

1. 自然灾害

主要包括水旱灾害、气象灾害、地震灾害、地质灾害、海洋灾害、生物灾害和森林草原火灾等。

2. 事故灾难

主要包括工矿商贸等企业的各类安全事故、交通运输事故、公共设施和设备事故、环境污染和生态破坏事件等。

3. 公共卫生事件

主要包括传染病疫情、群体性不明原因疾病、食品安全和职业危害、动物疫情以及其他严重影响公众健康和生命安全的事件。

4. 社会安全事件

主要包括恐怖袭击事件、经济安全事件和涉外突发事件等。

各类突发事件按照其性质、严重程度、可控性和影响范围等因素，由高到低划分为：特别重大（Ⅰ级）、重大（Ⅱ级）、较大（Ⅲ级）、一般（Ⅳ级）四个级别，并依次采用红色、橙色、黄色、蓝色来加以表示。

（二）突发事件的特点

突发事件虽然表现形式不一，但万变不离其宗，均呈现以下五个特点。

1. 突然性

所谓突然性，是指出乎意料、瞬间爆发。虽然突发事件的爆发会有一个量变到质变的过程，但其诱因具有一定的偶然性和不易发现的隐蔽性，人们对突发事件的发生时间、实际规模、具体态势和影响深度是无法事先预料和把握的。比如，美国的"9·11"事件，瞬间突然发生，人们根本无法预料。再如 1987 年英国伦敦皇家十字勋章地铁站的火灾，从第一个火苗出现到形成火灾仅有十分钟的时间，这次火灾共造成 31 人死亡，20 人重伤。

2. 指向性

任何突发事件，都有明确的指向性，虽然自然事件无目的性，但在处理这类事件的过程中，人们的目的性也是十分明显的。尤其在突发公共卫生事件中，社会心理往往与网络舆情、现实集体行动相互交织共振，在风险认知偏差、情绪感染等心理和社会机制作用下产生放大效应。[1] 2011 年，日本地震核泄漏事件引起的国内抢盐风波，不到一天的时间里，"抢盐风暴"几乎席卷了整个中国，超市里的盐被抢没了，各种含盐的调味品也被抢购一空，随之而来的是盐业股大涨，投机商大举囤盐。这种目的明确性突发事件，人们大抵出于两种考虑：首先是民间盛传含碘食物可以防辐射，于是人们想到了多吃盐的办法；其次是人们担心海水受到污染，以后买不到无污染的食盐，所以纷纷抢购囤积。[2]

---

① 刘冰：《疫苗事件中风险放大的心理机制和社会机制及其交互作用》，《北京师范大学学报（社会科学版）》2016 年第 6 期。

② 孙嘉卿：《从谣言到抢盐——恐慌背后的从众心理》，《中国图书评论》2011 年第 6 期。

3. 聚众性

瞬间的聚众性，是突发性事件的一个显著特点。这种聚众性往往是由少数人操纵，通过宣传鼓动把一些利益相关的群众卷到事件中来的，尤其在社会性的突发事件中表现得更加明显。如 2008 年 6 月 28 日发生的贵州"瓮安事件"，便具有瞬间的聚众性。

4. 破坏性

每一次突发事件，无论什么性质和规模大小，其结果都会给社会和个人造成精神和物质方面的破坏与损失。比如 1998 年入夏以来，我国长江流域、嫩江和松花江流域出现了百年一遇的特大洪水，是当今世界上受灾面积最大、受灾人口最多、持续时间最长、经济损失最严重的一次自然灾害。据专家估计，此次特大水灾给我国造成 2500 亿—3000 亿的经济损失，约占全国GDP 总量的 3%—4%[①]。2020 年 10 月，应急管理部会同有关部门和单位对2020 年前三季度全国自然灾害情况会商分析：我国气候当年年景总体偏差，洪涝灾害偏重，地质灾害、台风、风雹、干旱、地震、低温冷冻、雪灾和森林草原火灾等均有不同程度发生。经核定，各种自然灾害共造成 1.3 亿人次受灾，农作物受灾面积 18997 千公顷，直接经济损失 3135.5 亿元。[②]

5. 失衡性

失衡性，是突发性事件使社会偏离了正常的发展轨道，其后果不仅打破了原有社会次序的均衡状态，而且负面影响是严重的、连锁的和广泛的。比如美国"9·11"事件之后引发了美国外交战略的重大变化，将反恐和反大规模杀伤性武器扩散作为美国对外政策的两大战略目标。阿富汗战争、伊拉

---

① 胡鞍钢：《灾害与发展：中国自然灾害影响与减灾战略》，《国情报告第一卷·1998 年》。
② 《应急管理部发布 2020 年前三季度全国自然灾害情况》，应急部网站，2020 年 10 月8 日。

克战争以及美国与伊朗、叙利亚等其他中东国家的紧张关系并波及欧洲、中亚、南亚、东南亚以外地区，几乎影响全世界，战争和冲突中造成数以万计的军人和平民死伤，财产损失和环境破坏之大更是难以计量。

（三）高校突发事件的类型与特点

高校突发事件是公共危机事件的组成部分，它不仅有公共危机事件的共性，还有自己的特性。

从类型方面来说，高校突发事件可分为四种。

1. 自然突发类

这类突发事件，一般分为自然灾害类和偶发事件类。自然灾害类，如地震、台风、泥石流和洪水等自然灾害所引发的事件，具有不可抗拒性和不可预测性。偶发事件类，如运动伤害，火、电、气灾害等，主要是由于一定的安全隐患未消除而导致的灾害。这类突发事件，从根源完全解决是较为困难的，最有效的应对策略应是做好充足的防范工作，相关气象部门及时勘测考察，以提前做好防范措施。

2. 社会管理类

可分为政治类、治安案件类。政治类事件，具有强烈的政治色彩，其特点是学生凝聚力强、事件蔓延迅速、社会影响大，各种矛盾交织在一起。而治安案件类与民警、城管等相关职业有密切联系，如果事先周密防范，可以很大程度降低诸如偷窃、抢劫、打架、勒索等事件的发生。

3. 公共安全类

可分为公共卫生类、设施安全类。公共卫生类，比如传染病、食物中毒等，很容易在早期阶段被忽视，一旦暴发，会迅速传播，传染广、危害大。

设施安全类，比如实验室、建筑物、公共设施等出现安全隐患，此类事件可通过定期监测等一系列防范措施来降低其发生概率，减少事件发生时所带来的伤害。

4. 个人自身类

主要是心理疾病类。目前，高校突发事件最显著的触发诱因就是大学生自身的心理问题。许多大学生都存在着心理方面的困扰，但由于忽视，没有及时进行疏导，最终演变成心理疾病，造成难以挽回的结果。在校大学生处于 18—25 岁的年龄阶段，美国心理学家斯坦利·霍尔（Stanley Hall）认为，这一年龄阶段处于成人初显期，是从青春期到成人的过渡期。成人初显期心理具有显著的不稳定性，是心理危机的高发期。成人初显期是人生发展的重要转折期，具有不平衡性、动荡性、矛盾性、自主性、社会性、闭锁性等特征。美国的研究表明，自杀是 15—24 岁的青少年仅次于车祸的死亡原因，至少 30% 的青少年产生过自杀念头，5%—10% 的青少年曾自杀未遂。

从共性方面来说，高校突发事件也具有公共危机事件的共性特点。

1. 突发性

事发没有任何迹象，也没有任何规律可循，往往由某件偶然事情引发，瞬间在全校掀起轩然大波，是高校突发事件和公共突发事件相似之处。这种突发事件，高校无法预测和掌握，一旦发生，不仅容易导致人们陷入恐慌，其能量、声势、规模将会迅速扩散。

2. 危害性

危害性是突发事件最突出的共性特征。人员伤亡、经济损失、思想和心理的恐慌、扰乱社会秩序等都是由突发事件导致的最常见的危害。尤其是一旦某个大学发生突发事件，其影响和危害很快就会产生"多米诺效应"，并迅速传播到其他大学，继续扩大危害，使事件更加难以控制。

3. 公共性

高校发生突发事件，参与者基本上都是年轻人，容易冲动，在发泄不满时往往难以控制自己的情绪，可能与学校工作人员形成大规模的冲突，造成人员伤亡，甚至迅速扩大覆盖范围，引起公众的关注，成为公共热点，造成公众的心理恐慌和社会秩序混乱。

从个性方面来说，高校突发事件也有自己的特性。

1. 扩散性

高校与社会有着千丝万缕的联系，一有突发事件发生，是很容易扩散到社会的方方面面，引起政府、公众和媒体的重视与关注，成为社会热点，从而产生"放大"或"辐射"效应。

2. 敏感性

当代大学生承载着家庭和社会的希望，他们在学校的一举一动，学校、社会和家庭都格外关注。高校的一些突发事件之所以影响巨大，容易发展成为社会的热点，其原因并不在于突发事件本身，而在于当事学生的敏感性加剧了冲突的激化，使事件变得更加难以处理。

3. 活跃性

高校大学生是社会群体中最富开放性的群体，他们不仅有知识、有思想、有热情，而且对新事物的反应也非常快捷、敏锐、活跃。因此，在高校突发事件中，青年学生对事件的参与能力极强，他们往往是事件中最活跃的群体。

综上所述，高校突发事件不同于公共危机事件。两者的共同之处是都具有突发性、破坏性，都对组织产生一定威胁，但两者又有明显区别：公共危机事件更强调事件的社会公共性和危机性，而高校突发公共事件则不一定会诱发危机情势而发展为公共危机事件。区别两者的关键，是通过对校园内突发事件快速评估，确认事态发展的现实状态和水平，适时启动与事态实际状况相适应的危机管理工作程序，对高校突发公共事件施以有效管理。

二、突发事件对大学生心理健康的影响分析

突发事件，因为是突然发生，让人始料不及，不仅严重威胁公众的生命安全，而且在精神层面会引起公众的普遍恐慌与焦虑。大学生由于涉世不多，正处于生理、心理和社会适应等方面迅速发展的阶段，加之自我调节能力尚未完善，面对突发事件，他们极易出现各种应激反应，甚至危害身心健康。以 2020 年全球暴发的新冠病毒疫情为案例，此次突发的公共卫生事件对高校大学生的心理影响是全方位的，概括起来主要有六个方面表现。

（一）情绪恐慌

新冠病毒是一种人类未知的病毒，当疫情暴发并日益严峻时，所有人包括大学生可能因为信息未知、各种不确定性和可能被传染等负面影响而出现焦虑、多疑的情绪，应属正常情绪反应。随着人们对病毒的认知加深，疫情在许多地方得到初步控制，许多人恐慌的情绪逐渐得以缓解。这时候仍有一些大学生过度关注躯体症状与身体的各种变化，并将身体不适与疫情相联系。有的学生每天反复查看相关疫情内容，或者总是担心自己的身边存有疑似病例，由此加重了紧张、焦虑的情绪，以至于出现了持久的情绪低落，常常感到悲观，难以集中注意力，食欲不振，记忆效率低，对周围的事物失去兴趣。据"福建省高校思想政治教育工作中青年骨干队伍建设培育项目"对全国 10 所高校的 3200 名大学生随机问卷调查结果显示：自新冠疫情蔓延以来，面对疫情，43.54%的大学生有恐慌表现，34.01%的大学生表现出焦虑、恐惧、担心、紧张等情绪，9.92%的大学生还表现出厌世、失望、压抑

等情绪，25.96%的大学生也表示网络增加了个人的恐慌感，12.93%的大学生因为疫情觉得自己的心理承受能力变差了①。

（二）行为异常

在此次特殊的疫情之下，人们自我防护，戴口罩、勤洗手、多消毒均必不可少。对于许多人而言，外出回家后洗洗手就可以结束了。然而，有些大学生洗完手后，依然觉得自己的手是不干净的，于是反反复复地洗手。也有的学生总怀疑自己会得新冠，平时咳嗽一声、有些头疼或是肠胃不舒服就惊慌失措，反反复复地量体温，甚至是前往医院检查，要求核酸检测。反复洗手，反复测体温，反复消毒，反复怀疑自己得病，凡此种种，都是强迫行为的表现。山西师范大学采取纵向研究的方法，使用症状自评量表（SCL-90）对某师范类大一学生疫情期间的心理健康状况进行测评，结果显示：疫情期间大学生群体突出表现出来的心理问题主要为强迫症状，占被调查者的33.44%②。人们无法停止这些反复出现的想法，即使觉得不必要，也没法控制，而一旦强迫自己停止，心中会产生更大的恐慌。这些强迫行为消耗了大量精力，明显影响了个人以及家人的生活，影响了工作和学习。病程迁延者由于经常重复某些动作，久而久之形成了某种程序，为此常耗费大量时间，痛苦不堪，且可能在疫情结束后，由于紧张而使这些过度清洁的行为持续甚至得到强化。

（三）社交退缩

拒绝社交，或者习惯于孤独生活、羞怯见人，是典型的社交退缩的内在与外在表现。疫情期间，这种症状表现尤为突出，许多大学生长期待在家

---

① 丁闽江、胡春福：《新冠肺炎疫情对大学生的心理行为影响研究》，《江苏海洋大学学报（人文社会科学版）》2020年第2期。

② 董晓玲：《新型冠状病毒肺炎疫情对师范类大学生心理健康的影响研究》，《心理月刊》2020年第20期。

中，缺乏必要的社交活动，在他人面前感到不自在和受抑制，或因害怕感染而无法出门，回避与人交往。在疫情得到控制之后，有些大学生仍然不愿出门、不参加社会活动，反映出一种内向性的偏差行为。一项调查显示，受疫情影响而社交退缩的大学生中，焦虑和抑郁情绪的发生率分别为 26.60% 与 21.16%，高于一般情况下对大学生的调查结果。[①] 因此，必须加强对突发公共卫生事件背景下大学生心理健康的重视程度，针对大学生在特定时期可能出现的心理问题进行心理危机干预，帮助他们在疫情期间以及今后的突发公共卫生事件面前建立起坚固的心理防线。

（四）成瘾行为

负性生活事件对各类成瘾行为均有促进作用。根据世界卫生组织的定义，成瘾行为是一种渐进、慢性、复发性的脑部疾病，一旦我们的大脑对成瘾物质产生了可塑性的变化，治疗康复将非常困难。新冠疫情期间，全国高校大学生寒假的时间延长了，许多大学生隔离在家中，将时间沉溺在手机或互联网的娱乐或社交中，从而加剧手机成瘾、游戏成瘾等现象的出现。而过度地放纵与娱乐过后，伴随大学生的往往是空虚、自责、悔恨、焦虑和迷茫等复杂的负面情感体验。当这些负面情感体验形成强迫症状、无法被消化时，许多人深陷成瘾行为而不能自拔，身心健康受到极大的伤害。

（五）睡眠不适

睡眠不适，对人的危害是极大的，会出现精神注意力以及记忆力能力下降，容易诱发内分泌紊乱，在情绪上出现烦躁、易怒等情况。如果长时间睡

---

① 昌敬惠、袁愈新、王冬：《新型冠状病毒肺炎疫情下大学生心理健康状况及影响因素分析》，《南方医科大学学报》2020 年第 2 期。

眠不足，容易使血管处于收缩状态，使重要脏器处于缺血状态，可以诱发脑梗死、心肌梗死、脑出血等心脑血管疾病。疫情期间，大学生居家隔离，接触的光照太少，昼夜节律不同步，产生了失眠、早醒、睡眠不适、多梦、醒后疲乏等睡眠问题，许多原有的睡眠问题也可能复发、加重。一项调查结果显示：新冠疫情蔓延以来，有 7.07% 的大学生因为新冠疫情出现了失眠、头痛、肠胃功能不适等躯体症状[①]。

（六）学业焦虑

网络教学是新冠疫情期间众多高校开展的教学活动形式。由于网络教学与传统课堂教学不同，虽然网络教学也可以达到一定的教学目的，但毕竟与面授效果有差距，最重要的是习惯于面授的大学生在接受新的教学方式时，难免会产生种种不适。因为家庭无线网络的卡顿而难以跟上教学进程，因为缺乏课堂教学的学习氛围和必要的监督而注意力不集中等，使得很多学生学习效率低下，学习效果不尽如人意，导致了学业焦虑情绪的滋生与蔓延。一项调查显示：被调查的大学生均存在不同程度的学业焦虑症状，其中 56.04% 的大学生有轻度焦虑（15.91±1.50）、15.48% 的大学生有中度焦虑（23.94±2.25）、28.48% 的大学生有重度焦虑症状（36.64±8.53）[②]。

三、高校网络心理健康教育在
突发事件中的应对

高校是社会的重要组成部分，同社会方方面面有着千丝万缕的联系。面临

① 丁闽江、胡春福：《新冠肺炎疫情对大学生的心理行为影响研究》，《江苏海洋大学学报（人文社会科学版）》2020 年第 2 期。

② 王亚：《疫情防控期间大学生焦虑水平及其影响因素研究》，《教师教育学报》2020 年第 3 期。

重大突发事件，高校应对不当，不仅会对整个高校工作造成极大影响，同时也会给学生个体和群体带来巨大的心理压力和心理恐慌。因此，在突发事件中，加强大学生的网络心理健康教育与心理援助，增强应对突发事件能力，是高校面临的一项新的考验。高校在应对重大突发事件时，应从以下几个方面入手。

（一）加强科学防控知识宣传，提高大学生对突发事件的认知度

提高大学生对突发事件的认知程度，是高校网络心理健康教育应对突发事件的首要任务。由于网络环境复杂，网络上各种信息充斥，对此高校网络心理健康教育工作者需要针对突发事件的实际来作出反应，充分应用大数据发现当前高校热门话题，将话语权牢牢掌握在自己手中。一方面，高校网络心理健康教育工作者需要对突发事件进行解读，对于热点问题进行深度挖掘，从而更加全面了解当前大学生对于突发事件的认知；另一方面，需要对信息进行过滤，对于负面或者无效信息可以直接进行删除。在进行突发事件信息引导过程中，高校网络心理健康教育工作者需要积极传播正能量，通过网络班级群、微信公众号等社交网络平台发布相对准确和科学的事件信息和相关知识，做好有关防控宣传，增加学生对突发事件源起、传播途径和防控措施等方面的认识，让他们减少听信谣言，调整好心理状态，增加对政府部门的信任，积极配合和应对突发事件，减轻焦虑和恐慌。同时，在网络心理健康教育过程中，还要主动帮助学生建立积极思维，引导学生从突发事件中看到积极正面的信息，感受国家的强大和社会主义制度的优越性，感受一方有难、八方支援的大爱精神等；学会识别自身合理的身心变化，积极合理的认知能够增强身体的自我防御技能。一项调查新冠疫情的结果显示，95.40%的大学生表示这些网络心理健康教育内容的传播有助于其对抗疫情；70.17%的大学生对疫情期间的大学生心理健康教育表示满意。在接受调查的 1893 名大学生中，67.83%的大学生（1284 名）表示在疫情期间接受心理健康教育，其均通过网络途径接受心理健康教育，表明网络是疫情期间大学生接受心理

健康教育的主要途径；37.13%的大学生（482名）应学校要求，通过网络学习疫情期间的心理健康知识；其余学生均出于自己对心理健康知识的需要，或通过学校提供的资源，或自己寻找相关资源，学习了疫情期间的心理健康知识，表明疫情期间大学生对网络心理健康教育有着强烈的需求。[1]

（二）应用大数据技术，提升网络心理健康教育应对能力

近几年来，在应对公共突发事件中，大数据在事件排查等方面得到迅速应用，国内各领域、行业、机构、部门纷纷利用大数据技术，加强互联互通，加速了整个社会力量的整合，对重大事件的处置发挥了不可小觑的作用。为此，高校应充分借助大数据的优越性，并将之有效运用在网络心理健康教育的过程之中。首先，关注学生的网络动态，通过网络收集学生对突发事件的情绪倾向性、留言评论、事件的拐点等数据，构建数据模型，为开展网络心理健康教育提供可供分析的标准数据；同时，为提高对突发事件的网络舆情引导的效能，充分运用数据的挖掘技术，建立学生对事件反应的量化指标体系和网络舆情演化分析模型，从数据中提取出有价值的数据，综合分析网络上有关突发事件的传播动态，从而有效预测危机发生的可能性。其次，在运用大数据对学生的社会心理特征进行定性和定量分析的基础上，构建反映高校学生对突发事件网络传播深度和广度的研判指标体系，实现网络舆情应对能力从理论认知到实践操作上的提升，从而实现学生社会心理和事件舆情监测，有针对性地制定合理的预警方案和干预决策。

（三）多维度介入，建立大学生心理健康疏导机制

在防控突发事件的过程中，高校应加强领导、组织全校多维度地介入大

---

[1] 陈洁、应雅泳：《新冠疫情下的网络心理健康教育：内容、效果与不足》，《心理月刊》2020年第17期。

学生的网络心理健康教育工作，这是高校网络心理健康教育应对突发公共事件的重要保障。首先，掌握第一手情况，摸清每一个学院学生的心理健康状况，以学院为单位，采取"线上"或"线下"等方式，定期与存在心理健康问题的学生进行沟通交流，以及时化解因突发事件引发的心理健康问题。其次，建立宿舍—班级—学院（部）—高校四级防御体系，构建高校心理健康安全网。在四级防御体系中，高校负责统一领导、管理和监督工作，学院（部）负责各班的管理教育工作，最关键的是建立在班级、宿舍的防御环节。设立宿舍心理委员、班级心理委员、学院心理辅导站，增强信息传递，从而扩大心理危机干预的覆盖面和辐射力。最后，建构起家校、社会一体化的网络心理健康教育体系。高校应主动加强与社会和学生家庭的联系，多渠道了解和掌握学生的心理情况，及时通过网络点对点给予心理疏导。同时，要在大学生班群积极传递正能量的信息，通过建立师生之间较亲密的关系，加强对彼此的心理健康影响，培养积极乐观的良好心态。

（四）关注特殊群体，分等级开展心理支持

关注特殊群体，分等级开展心理支持，是高校网络心理健康教育应对突发事件的优先要求。一项大学生对新冠疫情中心理支持的需求情况调查显示：66.81%的大学生希望获取与新冠相关医学问题的援助，大学生对于心理问题需求度最高的分别是强迫性思维（14.62%）、疫情带来的负性情绪（9.71%）和被隔离引起的不良情绪（6.16%）[1]。在突发事件中提供心理支持时，要特别强调重点关注那些心理素质较差的、个性特点为胆汁质和抑郁质的大学生。因为这些学生受到的心理和行为的影响比较大，高校要针对性地对他们加强网络心理健康教育，防止危机事件发生，做好学生的安定稳定

---

① 赵国祥、单格妍、李永鑫：《河南省大学生在新冠肺炎流行期间心理援助需求的调查研究》，《河南师范大学学报（哲学社会科学版）》2020年第3期。

工作。要通过心理健康教育体系开展全体学生的心理状况排查，及时地了解每一位大学生受突发事件影响心理上的异动情况。根据学生反馈的心理异常情况，分等级进行归类。对于那些明显出现焦虑、抑郁、恐慌等情绪的学生，达到严重心理问题甚至是神经症以上的学生，应优先开展心理支持，由辅导员、班主任先进行心理疏导，如有需要可让心理健康教育与咨询教师介入，开展心理干预。而对于受突发事件影响情绪波动较明显，构成一般心理问题的学生，可根据学生数量开展以"简快重建法"为核心技术的线上团体辅导或个别辅导，及时调整学生的不良认知，缓解负面情绪①。而对于一些具有明显相同特征的学生群体，可开设一些具有同质性、支持性的线上团体心理辅导，让学生成为彼此攻坚克难的支持资源，共同成长。

（五）开通必要的网上心理热线咨询，为学生提供心理咨询服务

网上心理热线适用于急需情绪疏导和心理支持的学生，是高校网络心理健康教育应对突发事件的重要补充。一般是由高等院校专业的心理咨询专家组成，所有咨询师均经过高校严格筛选，具有专业的资质和丰富的助人经验，在开通热线前接受过咨询伦理培训。他们在服务中严格按照志愿精神和心理咨询职业伦理规范，提供专业心理支持和网络心理辅导。在防控突发事件的实践中，许多高校开设网上心理热线，心理学专业教师通过心理咨询热线，一方面对学生进行危机评估，继而开展危机心理援助，帮助学生缓解心理压力，改善负面情绪；另一方面，重点关注那些已经确诊和正在接受隔离的学生，积极引导他们克服困难，减轻个人心理负担，从而培养良好的健康心理。所有这些做法都取得了良好效果，应不断地总结完善防控机制。

----

① 隋双戈、黄晓鹏、王孟成：《灾难救援的青少年团体心理咨询——"简快重建法"初探》，《中国青年政治学院学报》2011 年第 1 期。

（六）调整授课形式和内容，提高网络心理健康的教育质量

调整授课形式和内容，也是网络心理健康教育应对突发事件的重要措施。首先，从授课形式上来说，应根据学生需要和实际情况适时进行调整。如可以选择学生线上慕课学习为主，辅助 QQ 群督导答疑的形式；可以通过雨课堂或 QQ 群、微信群等形式开展；可以以云课堂为媒介，组成心理健康课的教研小组，设置特殊背景下的心理健康教育教学主题，然后通过云课堂上传给学生，让学生自主学习；等等。其次，从授课内容上来说，心理课作为一门兼具科普性和实用性的课程，根据突发事件情况也要相应做一些调整。如根据学生的心理状态，可有针对性地调整教学模块，在教学内容上调整和充实；在形式上，可通过哔哩哔哩、抖音、微信公众号、QQ 空间等形式向学生推送相关主题的美文，帮助学生更好地调适心理，真正实现网络心理健康课的实用价值。

随着经济社会快速发展，学生成长环境不断变化，学生心理健康问题更加凸显。2022 年 12 月，为做好疫情形势下学生心理健康工作，最大限度减少疫情对学生心理健康的影响，最大程度促进学生身心健康、全面发展，教育部组织制定了《新型冠状病毒感染疫情形势下学生突出心理问题防治工作实施方案》，为高校今后应对突发事件提供了工作遵循。

第十二章

大数据时代大数据融入网络心理健康教育

网络作为"第四媒体",使心理健康教育的形式从平面化走向立体化,从静态转为动态。作为心理健康教育的新载体,网络拓展了心理健康教育工作的新领域,突破了心理健康教育工作的时空界限,扩大了学生自我教育的空间,带来了传统心理健康教育的创新和发展。在大数据时代,如何使大数据融入心理健康教育,构建网络心理健康教育新模式,已成为一个亟须研究的新课题。

一、大数据融入网络心理健康教育的必要性

大数据融入网络心理健康教育,不仅是大数据时代提出的客观要求,也是网络心理健康教育的现实需要,其必要性体现在以下方面。

(一) 有利于提升网络心理健康教育工作的针对性

大数据正引领人们实现由数据到知识的转化、由知识到行动的跨越,推动着整个社会的快速发展。当下研究人员对个体或者群体行为特征进行观察

和判断时，是以大量的网络数据为基础所形成的大数据参数作为重要依据的。研究人员及一线教育工作者利用大数据所提供的多样化的样本信息，能够有效规避社会上各类无关因素的负面作用，以此大幅提升研究的效率。不仅如此，大数据还可对研究对象的心理现象进行全面的分析，从而为教育工作者观察和分析学生的日常行为提供参考依据。网络心理健康教育是围绕大学生的心理健康而开展的集教育、服务、宣传、干预于一体的心理健康教育工作。大学生的心理波动较大，如何及时掌握学生的共性心理问题，同时了解学生的个性心理问题，不断提升网络心理健康教育工作的针对性与有效性，一直是网络心理健康教育者思考的问题。现在大数据融入网络心理健康教育，突破了制约网络心理健康工作发展的思想瓶颈。网络心理健康教育工作者运用大数据技术，可及时对心理健康信息进行完善和更新，较好地实现对个体心理健康水平的分析、预测和干预。同时，大数据技术还能够为网络心理健康教育工作者研究学生健康心理提供多样化、异质化的样本，可避免社会期许效应等各种复杂、无关变量的影响，从而提高研究的效度。此外，大数据还可将个体和群体的心理现象研究结合起来，帮助心理健康教育工作者观察学生的生活行为，从而为学生提供更具针对性的引导服务。

（二）有利于引入新的教育手段

大数据融入网络心理健康教育，极大地丰富了教育手段，这些新的教育手段发挥了明显作用。

一是数据的挖掘与分析手段，能够确定影响心理健康的主要因素并有的放矢地实施干预。与传统教育手段相比，大数据挖掘通过对心理健康教育问题、学生心理健康现状和特点等的分析，储备必要的教育信息资源，为网络心理健康教育提供共享资源；而数据的分析所得出的相应结果能够作为网络心理健康教育实施的前提条件或者思想媒介，指导教育者寻找到更具针对性的教育方式，进而实施有的放矢的干预。

二是动态的预估手段或追踪机制，能够可持续地对学生心理状况进行发展监测及追踪考察。大数据融入网络心理健康教育，改变了以往对学生心理状况缺乏可持续的监测及追踪考察的被动局面，能够突破时空局限，通过大数据及时实现信息的完善和更新，较好地实现对个体心理健康水平的分析、预测和干预。

三是信息资源的整合手段，能够更精准地服务于学生。引入大数据的网络心理健康教育服务体系，成为一个知识的平台、一个学习与交流的中心站点，改变了以往被动服务的现状，实现信息向知识的转变，向切实可行的行动转变，最终达到信息服务于高校、服务于学生。这才是大数据融入网络心理健康教育最大的现实意义。

（三）有利于为教育对象提供差异化的教育支持与服务

大数据的智能化使得对个体、群体心理差异的准确分析成为可能，这种可能使得网络心理健康教育服务的差异性、个性化具有了可操作性条件。比如网络心理健康教育工作者可以借助大数据平台建立差异性的心理数据模型，为教育对象提供其所需要的心理管理；可以凭借大数据实现多元预测和系统分析，使教育对象"对号入座"地实现心理建设的自我管理；可以根据分类化处理不同类别的数据信息，使大数据通过准确优质的信息反馈、多元互动与个性化的心理预测以及差异性的群体心理对话等综合促进网络心理健康教育质量与成效。

（四）有利于实现更客观的学生心理发展评价

大数据融入网络心理健康教育，在评价学生心理发展方面，通过运用分析技术完成较为严密的逻辑推理，能够多维度、真实性地呈现出学生心理发展较为完整的面貌，以保证对学生心理评价的客观性。具体来说，首先，大数据为网络心理健康教育工作者提供了科学的数据收集手段，通过相应的设备或软件进行采集，保证对于学生心理健康信息采集的全面性、准确性。其次，通过不断采集产生的新数据，运用复杂精细的数据分析技术和科学合理的统计分析方法，把数据变成心理健康教育可用的数据状态，充分把握学生心理健康信息所释放的具体信号。再次，将预处理过的数据在数据库系统中进行存储与整理，采用数据挖掘工具对数据进行处理和分析，及时、充分考虑各方面的影响因素，保证解读学生的心理状况数据的客观性、准确性。最后，对分析结果进行可视化呈现，科学分析学生的心理健康状况，为学生心理发展的动态性、过程性评价提供有效参考标准，以保证评价的针对性和客观性。

（五）有利于提升网络心理健康工作管理水平

当代大学生的心理问题呈现多样性、复杂性等特点。不同年级、不同来源（城乡）、不同家庭环境、不同性别的大学生的心理问题也存在差异性，在教育中应该加以区别对待，不能搞"大锅饭"，否则既浪费教育资源，工作效果也不明显。

大数据融入网络心理健康教育，有利于解决这个难题。如通过资源技术的整合，即将学生个人资料和心理行为数据进行整合，可以为网络心理健康教育工作者提供辅导和教育的参考；通过学生心理与行为数据库中获取典型学生问题的处理意见和对策，可以为网络心理健康教育管理者和辅导员及时提供产生网络心理健康教育素材和教育服务；通过大数据所提供的学生的心理和行为数据，可以为高校领导者、管理者提供德育教育决策的最终参考。同时，对于一线的网络心理健康教育工作执行者来说，也可以通过学生心理与行为数据库中获取典型学生问题的处理意见和对策，掌握网络心理健康教育的及时资讯，从而掌握最佳的辅导建议和意见。

（六）有利于深化网络心理健康教育研究

以往高校心理健康教育工作者在研究大学生心理问题时，通常都是采取问卷调查、经验研究的方式，虽然对解决大学生的心理问题发挥了积极作用，但由于受限于数据分析、样本选择等因素，进而在一定程度上导致研究成果不够系统、深刻，无法为网络心理健康教育工作提供科学指导和理论支撑。在大数据时代，通过大数据分析和研究大学生心理健康教育已经是大势所趋，这就提出了推进大学生心理健康教育研究范式的转型。这种转型，不仅是从传统心理健康教育研究范式向现代心理健康教育研究范式的转型，同时也是由经验型心理健康教育研究范式向科学型心理健康教育研究范式的转型，是一种不断进步的转型。比如为更系统地探讨人的行为在大数据时代中的不同属性和特征，应用"嵌入性的研究"，将网络看作是一个能够寄存和展示人的心理活动和行为表现的独立空间，来探讨通过数据分析网络空间中个人和群体的独特的心理与行为规律，以及网络内外心理与行为的相互作用，这类研究内容包括社交网站中的人际关系、体现网络自我表露风格的"网络人格"等。这样一个重构的研究体系，能把网络心理健康教育研究推向深入，使之紧跟时代步伐，不断提升网络心理健康教育研究的创新性和科学性。

二、大数据融入网络心理健康教育的现状分析

大数据融入网络心理健康教育，是时势所趋，也是未来发展之道。近几年来，国内已有一些心理学专家利用大数据来开展与心理行为相关的研究，如清华大学教授彭凯平主持建立了"行为与大数据研究实验室"，致力于行为科学与大数据的交叉领域研究，综合运用自然语言处理、数据挖掘、机器

学习和信息可视化，对人类行为，包括情绪、美德、审美、创造力等积极特质进行研究；中国科学院心理学研究所研究员朱廷劭基于微博大数据主持开发了"国人心理地图"，描述群体的心理状态及其发展趋势，能够对群体和个体的行为取向进行预测；等等。他们的研究证实大数据对于心理学研究的帮助，也预示着心理学正朝向大数据时代前进。但从总体上看，大数据融入网络心理健康教育的研究和实践方面还有许多工作需要做，存在的一些问题也亟须解决，这些问题主要表现在如下几个方面。

（一）过分依赖以往的经验，数据化意识偏低

目前，我国大多数高校网络心理健康教育数据化意识偏低，对学生的心理教育过分地依赖以往的经验，常常是学生主动寻求心理咨询或者教师通过日常观察了解发现存在心理问题的学生并进行关注。虽然部分高校也购买了心理软件系统进行心理测评，对重点学生进行关注，并根据测评结果建立了心理档案，但大多高校的心理软件系统仅用于新生心理测评工作，缺乏连续性和时效性，效果并不显著，仍需教师根据经验了解学生的心理健康状况。也有部分高校利用大数据挖掘分析技术作出了一些有益尝试，但基本上仍处于初级探索阶段，缺乏科学统筹的顶层设计，难以达到预期目标。

（二）数据存储技术落后，缺乏专业的数据分析人才

在大数据背景下，高校网络心理健康教育工作者应通过各种媒介平台搜集、梳理、分析海量数据，获取学生心理状态、情感走向和行为倾向等相关信息。但由于数据量较大，大部分高校未设置专门的部门去存储和管理这些数据，再加上大数据的特性，高校当前的数据库也难以存储如此大量、种类繁多的数据。这些纷繁复杂的信息数据在产生后会暂时处于"待处理状态"，若得不到及时处理，最终会流失。即使有少部分高校对这些信息进行

了存储和管理，但基本只保存了结构化数据，大量的非结构化数据还未被纳入管理中①。就大量的处于"待处理状态"的非结构化数据来说，由于缺乏专业的数据分析人才，无法进行专业化处理，导致很多高校在实施网络心理健康教育时都难以得到有价值的信息，进而带来不利影响。因此，尽快解决好数据分析人才问题，分析和处理已收集到的数据信息，使之得到更好的应用，是当前高校网络心理健康教育面临的主要问题。

（三）数据使用存在割裂、无法共享的现状

大数据融入网络心理健康教育，目前在数据使用方面存在诸多问题，如采集到的大学生心理健康状况数据，由于数据资料有限，只能适用有限的用途，尤其是分析出的结果往往无法与其他人员共享，结果导致采集的数据处于"孤岛"状态。同时，由于部门之间处于不沟通状态，心理健康教育工作者无法从其他部门获取相关的数据，也就无法全面掌握学生的心理动态。这种数据使用存在割裂、无法共享的现状，不仅影响了数据的收集和使用，而且因为单一数据的实际价值非常有限，存在片面性及准确性不高的弊端。

（四）数据统计与指导实践工作还存在相当大的距离

目前，大数据融入网络心理健康教育，各种统计方法层出不穷，如结构方程、线性回归越来越成为主流，使得网络心理健康教育的数据统计水平得到了相当的发展；但另一方面，也存在着重"数据分析"而轻"意义诠释"的现象，对网络心理健康教育工作提出相当有价值的意见与建议则非常有限，深刻指导实践的意义正在退化。作为网络心理健康教育工作中重要的组成部分，心理健康教育统计被看作是通过统计技术方法，能够从大量纷乱无

①　单耀军：《大数据背景下高校学生管理信息化研究》，《教育与职业》2014 年第 23 期。

章的学生心理健康数据或纷繁复杂的教育现象中综合分析出因果关系、变量关系，推断心理健康发展与变化规律，所追求的是通过对数据分析反映实际价值，它不仅具有工具价值属性，同时也应具有深度诠释社会复杂关系和指导社会实践工作的能力。

（五）数据挖掘与预测能力存在极大的差距

大数据融入网络心理健康教育，改变了以往过多依赖随机采样的做法，而是通过处理和分析相关数据获取结论，这有助于预测能力的提升。例如，有关心理健康的预测，可以利用被试的网络痕迹代替通过问卷收集的答案，并且用机器学习的方法建立基于网络行为的心理健康预测模型，通过模型计算得出被试的心理健康状态评分；关于社会心态、社会风险判断、群体情绪和集群行为、经济发展信心和政府信任的预测，可以预知和评估大学生的社会态度，并根据某类群体社会态度的时间性变化研判社会舆情、引导社会舆论等。但目前在实际运用中，在数据挖掘与预测能力方面还存在较大差距，由于数据来源少、资料相对简单等原因，数据价值相对有限，预测作用大大降低，致使心理健康教育工作已经无法满足当前高校学生管理和教育的需求。以校园心理危机干预为例，心理危机干预与识别通常是顾后不能顾前。其中的一个主要原因在于我们对目前数据预测能力非常弱，工作者无法及时掌握大量信息，与干预对象及时互动，并及时作出预测与判断，导致心理危机干预往往失效。①

（六）数据采集可能带来的信息安全和隐私保护问题

大数据时代由数据采集引发的信息安全和隐私保护风险，是高校网络心

---

① 张家明、王纯静：《基于大数据技术的大学生心理危机预警研究》，《教育与职业》2015年第30期。

理健康教育不得不面临的新挑战。大数据虽然能够为网络心理健康教育的开展提供个性化教育环境、协作共享的教育资源等支持，但也可能带来学生心理发展过程中的伦理风险：心理问题的"标签"是否会成为"永恒的标签"影响他们后续的成长？个体依据大数据行动，心理健康教育依据大数据实施，这是不是以个性化的名义在"控制"？例如，一些地方通过电子学生证等方式实现了学生成长全程记录、学习过程全程捕捉等管理，其中形成的"大数据"在日后对学生的发展是否会形成不良影响？如果学生的心理状态被贴上了"数据"标签，被记录在"电子档案"中，对于学生的学业发展和生活质量是否会有不利影响？① 因此，我们有必要对于大数据带来的伦理风险进行必要的预判和防范。

三、大数据融入网络心理健康教育的路径

在大数据时代，高校应主动适应大数据所带来的巨大变化，借助大数据技术的优势，重新反思和规划高校心理健康教育工作，制定合理的对策，以实现大数据与网络心理健康教育的有效融合。

（一）树立大数据意识，贯彻大数据倡导的基本原则

观念先行，树立全民的大数据意识既是当务之急，也是时代的要求。对高校来说，首先要倡导和强化数据意识，无论是高校管理者、教师还是心理健康教育工作者，都要更新思想观念，了解大数据的相关知识，充分意识到大数据是思想政治教育和网络心理健康教育的宝贵资源；其次，高校网络心理健康教育工作者应与时俱进，紧跟时代发展步伐，建立完整的大数据思

---

① 王世伟：《警惕大数据安全性》，《光明日报》2014年4月10日。

维，积极研判大数据给网络心理健康教育带来的变革和发展，用大数据的观点来思考网络心理健康教育工作，努力促进大数据与网络心理健康教育相融合；最后，高校网络心理健康教育工作者要树立数据沉淀和数据应用的意识，重视对网络心理健康教育相关信息的收集和存储，为开展网络心理健康教育奠定扎实的数据基础，真正发挥大数据在高校网络心理健康教育中的价值。

在促进大数据融入网络心理健康教育的过程中，应严格遵循和贯彻大数据倡导的基本原则。

1. 真实性原则

大数据本身必须真实，分析与处理数据应如实反映数据的真实性。只有数据的真实性得到了保障，其功能的实现才是理性而非感性的。推动大数据融入高校网络心理健康教育，应加快大数据自身完善，从源头上过滤掉虚假数据，避免不实信息的产生，确保信息的真实性。

2. 价值主体性原则

大学生是高校网络心理健康教育的价值主体，在开展教育时应坚持价值主体性原则。根据大学生不同的心理状况进行有针对性的教育，引导他们从内心真正接受教育内容，并外化于实际行动，只有这样才能促进网络心理健康教育价值的实现。

3. 人文关怀原则

以人的生存、安全、自尊、发展等需要为出发点和归宿，以充分地尊重人、理解人、肯定人、丰富人、发展人、完善人、促进人的全面发展为内在价值尺度，是人文关怀的原则。大数据时代，在高校网络心理健康教育中坚持人文关怀原则，就是要理解与关注大学生不同的心理特点，以情动人、以理服人，运用适当的方法对他们进行心理疏导，培养人的自主意识和主观能动性，能够对生存环境和主体自身进行自觉的自我调节和控制，促进人的健康成长和全面发展。

4. 适度性原则

凡事都要适度，注意掌握分寸。在大数据使用中，要防止一切唯数据至上，盲信大数据的绝对权威而忽略其局限性，不注重对数据来源、数据质量的审慎考究、验证和把关，以及在对数据分析处理过程中出现用理性数据否定和排除非理性因素的危险倾向。要保持事物质和量的限度，体现质和量的统一体，既不忽略任何一个未经深度分析的数据，也不丢弃任何一个异常数据。对揭示出来的有关心理健康影响、干预等各因素的预警信息，数据应用者应当结合数据作出积极理性的预测，防止"过"或"不及"。

5. 保密性原则

大数据对教育对象的数据跟踪和反映，应当以不泄密为根本原则。作为高校网络心理健康教育的对象主体，如果个人的心理困扰或者心理信息被曝光，会对其带来显性或隐性的伤害，是不符合网络心理健康教育的价值追求的。保密性原则，是大数据融入网络心理健康教育需要严格遵循和贯彻的一项非常重要的基本原则。

（二）整合学生的关联数据，提高网络心理健康教育的科学性

1. 要区分不同的数据，做好关联数据的整合

在大数据时代，在校大学生的心理和行为的数据不仅仅是量表数据、学生自我报告采集出来的数据，还应包括学生在学校、生活和网络中无处不在的大数据，如个人资料信息、贫困生管理数据、网络信息数据、学业成绩数

据、大学生心理健康测评数据、大学生健康体测数据、学校的考勤数据等。在对采用临床诊断量表的统计分析时，尤其还要考虑涉及学生或有意或无意不报告真实想法的客观事实。由此可见，如何区分不同的数据，如何整合好关联数据，是需要认真研究的，否则会导致采集数据失真，缺乏科学性。只有通过对不同类别的数据进行采集、挖掘、分析和整合，并最终从数据中抽取隐含、未知的和潜在有用的信息加以运用，才能有效提高网络心理健康教育工作的科学性和预见性。

2. 要分工负责数据的采集和分析，提供更具针对性的服务

根据学生心理和行为进行整合系统的分析，反映学生的日常表现、兴趣爱好、性格特点、学生的思想动态、择业交友偏好甚至情绪变化，需要高校各个部门相互配合、各尽其责去完成。比如，心理健康咨询中心负责心理测评数据采集、掌握重点学生的心理状况的数据，以及与家长、辅导员沟通数据的收集分析；高校学生处、教务处、医务室、体育教学部分别重点负责学生信息管理、学业成绩、健康状况、体育测试情况等各项数据的采集和分析；图书馆和学校后勤集团负责学生在校园卡消费、书籍借阅使用情况的各项数据；网络信息中心负责采集学生微博、微信、手机等新媒体的数据。通过各有关部门分工负责数据的采集和分析，积极掌握不同类型学生的共性和个性化需求，在心理健康课程教学、健康宣传、危机干预、培训咨询等方面主动提供更具针对性的服务，推动网络心理健康教育工作的持续发展。

（三）完善网络心理健康教育的工作制度，实现网络心理健康信息资源共建共享

当前，为完善网络心理健康教育工作制度，实现横向与纵向的信息共享，应采取如下有针对性的措施：一是优化管理体制。可实行以心理咨询中心、学生工作处、网络中心和院系学工办、班主任协同配合的管理体制，网

络心理健康教育工作者可直接从数据库中提取数据，进行数据分析和报告的撰写。二是建立信息化系统。建立学生心理健康教育工作的信息化系统，将高校内的非数字资源数字化，实现用数据说话；[①] 建立数据库，提高信息化系统的软硬件建设，扩大数据存储容量；建立统一的数据化平台，对数据信息进行统一管理；实现数据信息交换与共享，充分考虑学生心理健康与高校教育和管理，学生家庭背景、经济状况等之间的关联；重视数据挖掘技术，对信息化系统中隐含的有价值的信息进行挖掘和分析，为高校网络心理健康教育工作的发展提供参考依据。三是锻造具有大数据思维特点的多元化、专业化网络心理健康教育团队。改变传统的团队建设思路，积极吸纳具有大数据采集、整理、分析与应用相关专业知识、技能的人才进入教育团队，打破原有单纯以心理学为基础的队伍建设取向；加强原有教育团队的培训学习，为强化大数据思维模式与相应技术的训练和学习提供必要的支持与保障；要提升团队成员的大数据运用的实践能力，主动学会运用各种网络媒介手段、交流载体获得信息，进行网上交流沟通和咨询辅导，使网络心理健康教育更富针对性和实效性。

（四）打造个性化的心理服务方式，提升网络心理健康教育的功效

大数据融入网络心理健康教育，为打造个性化的心理服务方式提供了助力，在这一过程中需要把握好以下三点。

1. 要确立注重个性化教育的工作导向

大数据与网络心理健康教育相融合，为获取每一个教育对象的真实性心

---

① 梁家峰、元振华：《适应与创新：大数据时代高校思想政治教育工作》，《思想教育研究》2013 年第 6 期。

理发展信息提供了可能，为制定个性化教育方案、评估教育效果提供了支持，为进行有针对性地因材施教奠定了良好的基础。大数据为网络心理健康教育提供了多元化的视角，如教育对象的多元化、教育力量的多元化、教育方法的多元化、教育途径的多元化、教育效果评价的多元化等，这就确立了开放式、多元化的价值导向。这不仅是对教育对象的全面性涵盖，更是对个体心理发展的全过程涵盖，对预防、矫正、发展、提升、完善等一系列完整目标的涵盖。

2. 要实现个性化教育

众所周知，健康的网页能够在一定程度上有利于学生心理健康，而不健康的网页则对学生的心理健康起到负面的作用。大数据能够有效地帮助高校网络心理健康教育工作者实时地了解教育对象的实际情况，通过对学生浏览网页的相关情况进行调查，实现个性化教育，为学生提供科学的、合理的网络生活方案。不仅如此，高校网络心理健康教育还可以通过网络对学生进行一对一心理健康指导，对学生在学习和生活中遇到的相关问题进行引导，避免学生的心理出现问题。

3. 要大力倡导极具人性化的心理健康教育课程

大数据能够从学生的心理需求出发，改变过去固定不变的教育模式，使"线下"的人性化课程适应心理健康教育服务利用者多样性需求的特点，最大限度地维护与满足利用者的个性需求。例如，在"线下"课程建设方面，针对特定学生开设人际关系课程、爱情心理学，自我意识调适、网络心理教育、压力管理、大学生危机管理以及性心理教育课程等。每个学生可以根据自身心理特点和需要有目的地进行选择，而不是之前只能被动接受一种课程。因此，在充分运用大数据技术的过程中，大力打造富有个性化的服务方式是心理健康教育服务体系建设中技术化与个性化的典范，是一条非常值得探究的路径选择。

（五）构建"线上""线下"双向互动的教育模式，促进网络心理健康教育的多方融合

"线上"教育不能脱离"线下"教育而独立存在。由于网络环境的开放性，网络信息纷繁复杂，大学生对于信息的筛选能力有限，"线上"教育需要在"线下"教育者的引导下开展，从而使大学生接受正面的教育信息。为实现教育者与受教育者的双向互动，"线上"和"线下"需要做好以下六个方面的融合。

1. 心理教育课程"线上""线下"的融合

大数据融入网络心理健康教育，为"线上""线下"开展心理教育课程提供了新平台。在"线下"课堂教学中，应采用多媒体课件，适当增加一些生动直观的图片、音视频素材，也可以让学生现场用手机网络查找或观看某个材料，增加互动性和趣味性，激发他们学习积极性；还可以让学生利用课外业余时间直接访问学校教务处的网络课程资源网站或心理教育系统平台网站，进行网上心理教育课程的自主学习，从网站上搜集、观看丰富多彩的经典案例、名家大师教学课件和实景教学视频，这样做可大大扩展知识获取的广度与深度。"线上""线下"学习时学生遇到的问题和心得感悟，可以通过个人 QQ、微信、电子邮件、心理课程研讨交流吧等新媒体载体即时对话或留言，与心理健康教育教师时时互动研讨交流，求得心理教师的针对性指导与帮助；教师的通知、作业要求也可以用手机通过班级团队群随时发送给学生，学生完成的作业也可以发回给老师审阅和成绩打分，提高效率，节省时间，便于教师及时了解整体学生和个别学生学习情况。

2. 心理知识宣传"线上""线下"的融合

大数据时代的心理知识宣传，以"线上"为主的宣传效果更佳。可在

网络上开辟各种形式的栏目，如常见心理问题问答、心理调适方法、心理故事案例、心声家园、心理专家、心理美文、趣味心理、健康小常识、电子心理报刊、心灵法庭、爱情港湾、父母心桥、心理微电影等园地专栏，还可以与一些心理健康教育资源网站及全国其他高校的校园心理健康教育网站建立链接，让学生可以通过手机、电脑等网络资源，全面系统地了解心理健康相关知识、信息、活动等，提高自身心理健康修养保健水平和心理自我调控能力。"线下"的心理健康知识宣传，可把握新生报到、春秋冬季心理问题高发时节和一些大型心理宣传活动期间的时点，重点突出健康知识宣传卡片、纸质内部报刊、常见心理问题问答手册、校园心理之声广播、橱窗展板、标语、横幅、心理知识竞赛、心理征文等营造浓郁环境氛围的线下现实载体宣传形式。通过"线上"与"线下"的有机结合，引导学生吸取正确、正面心理知识信息，培养建立健康的心理观和健全的人格，实现早期预防与预警教育的工作目标。

3. 心理教育活动"线上""线下"的融合

"线下"心理健康教育活动，要紧紧抓住"3·20"与"11·5"心理健康周和"5·25"心理健康月这"三大主题教育日"开展各种活动，如心理主题班会、校园心理情景剧表演、心理健康知识专题讲座、心理电影鉴赏、心理趣味运动会、心理沙龙、心理游戏、心理测验、心理健康普查、心理知识竞赛、心理征文、心理演讲比赛、心理素能拓展训练、同辈心语心愿表达签名活动、手语操表演以及校园与社区帮困及献爱心课外实践活动等。"线上"心理健康教育活动，可通过新媒体方式举行，让学生发表心理活动体验报告、观点、述评、建议、启示、感悟、心得，通过这些大学生喜爱的新媒体公众平台共享方式发起活动，激发全校学生广泛参与心理活动的激情、热情及动力，切实感受和真实体验到心理健康的幸福感与快乐，切实增强心理教育活动的吸引力、感染力和影响力及效果质量。

4. 心理咨询辅导"线上""线下"的融合

"线下"的心理咨询辅导，主要通过面对面个体门诊预约咨询、新生心理健康筛查辅导、个体和团体沙盘辅导、团体游戏辅导、音乐按摩椅放松治疗、悄悄话信箱、心理热线电话、心理测验、情绪宣泄等形式进行。"线上"的心理咨询辅导，可以通过心理普查筛选与统计分析、心理测验、团体辅导、咨询预约、心理辅导、模拟体验观赏等形式，也可以通过手机、电脑的 QQ 聊天、微信、短信、电子邮件等线上方式与学生私密语音通话、语音留言或视频通话的方式接受心理教师或心理辅导员的咨询与辅导。心理咨询辅导"线上""线下"的融合，为全天候及时跟踪和掌控学生心理动向提供了可能，不仅提高了心理咨询互动辅导的速度、质量与效率，同时也有利于及早、及时、准确发现心理问题学生，有助于及时关注、辅导、跟踪、干预、救助和化解心理危机。

5. 心理队伍机构"线上""线下"的融合

大数据融入网络心理健康教育，需要校内各种专兼职队伍机构的支撑。高校心理健康教育工作队伍机构主要包括：心理健康教育校领导小组、二级院系工作小组、校心理中心工作办公室、校系两级心理志愿者协会、班级心理委员、心理教师、心理辅导员、宿舍心理气象员、校医、兼职心理咨询教师、校医院心理门诊科医生等。为了便于各类心理健康教育工作队伍人员之间的信息联络与沟通交流及管理，可以在心理教育系统平台网站上公布以上各类心理机构制度职责、工作流程、人员队伍名单、联系方式、危机预警电话，建立各类工作人员的 QQ、微信工作群，如校领导小组成员群、各二级院系工作小组成员群、校系两级心理志愿者协会大学生志愿者群、全校班级心理委员同学群、心理专职与兼职教师群、全校心理辅导员群、全校宿舍心理气象员同学群及校心理教师、校医、社会医院心理医生危机应急干预人员群，各群组人员之间可以通过博客、手机短信、虚拟社区、QQ、微信、贴吧、群聊论坛等新媒体公众共享平台，横向配合、上下联动，及时发布通知、公告、活动、预警报告、危机事故真相过程及处理结果等心理事件相关的各类信息，增强人员队伍的归属感、凝聚力、联动力、协调力和工作效率，切实做好校系班舍四级学生心理危机预防与救助干预体系工作。

6. 心理考核评价"线上""线下"的融合

网络心理健康教育的考核，是提升教育质量和巩固教育成果的一项重要措施。大数据融入网络心理健康教育后，可在心理教育系统平台网站上建立校系二级心理教育工作考核评价指标体系和评价考核打分模块。校领导、学工处部门领导、心理中心、系副书记与心理辅导员、学生心理志愿者代表等人员在线上独立匿名参与打分，考核的主要内容有心理机构队伍是否健全、职责制度与工作流程是否规范完善、宣传教育活动是否广泛深入、咨询辅导是否效果良好、危机事故的发生及应急干预是否及时妥当等。同时，要将心理健康教育工作的效果与质量水平置于各类工作队伍人员群组的监督与评价之下，通过新媒体公众共享平台，及时反馈全校大学生整体心理健康状况、普遍存在的突出心理问题、大家关注与关心的热点与难点心理问题、心理活动效果的评价建议等。这些反馈信息都可以作为考核评价学生心理健康教育工作业绩水平的重要参考依据，使评价结果更加具有广泛民意代表性、科学性及客观公正性。

（六）营建安全的大数据应用环境，规避大数据应用带来的潜在风险

大数据融入网络心理健康教育，数据分析技术的发展势必对用户隐私产生极大威胁。基于这种现状，在大数据与网络心理健康相融合中，营建安全的大数据应用环境尤为迫切。

1. 加强大数据存储安全的保护力度

目前，各高校有关学生的心理健康数据量与日俱增，数据安全存储问题越来越成为一个突出的问题。高校必须高度重视，尽快尽早规划和布局大数据安全存储防护措施，加大安全防护投入。安全存储是大数据安全的最基本需求，我们可以从集中存储、加密存储、加密传输、认证授权和日志审计等方面来对大数据的安全存储环境加大保护力度。

2. 建立防御机制

要结合传统信息安全技术和考量大数据收集、处理和应用时的实际环境安全需求，建立面向大数据信息安全的事件监测机制，及时发现信息系统安全问题；大数据运营环境遭到攻击前或已经遭到攻击时，快速、准确地发现攻击行为，并迅速启动处置和应急机制。

3. 重新规范管理员的权限

为规避大数据跨平台传输应用在一定程度上存在的内在风险，需要根据大数据的密级程度和用户需求的不同，将大数据和用户设定不同的权限等级，并严格控制访问权限；同时，要通过单点登录的统一身份认证与权限控制技术，对用户访问进行严格的控制，有效地保证大数据应用安全。

（七）发挥大数据的优势，建立大数据融入网络心理健康教育的运行机制

为建立大数据融入网络心理健康教育的运行机制，当前需要建立健全六项机制。

1. 建立健全领导机制

高校应成立大数据的领导小组，该领导小组的成员由所有与网络心理健康教育相关的工作人员组成。小组成员在日常的工作和生活中，要深入了解大数据的运用，支持大数据的运行，整合相关资源，使大数据在高校网络心理健康教育的作用得以充分发挥出来。

2. 建立大学生心理健康教育的咨询机制

心理咨询与辅导，对大学生心理障碍的预防和心理疾病的矫正具有重要作用。当前，重点要做好以下工作：一是制定和完善心理咨询室管理制度，包括《心理咨询师工作守则》《咨询室仪器设备管理条例》，规范《学生约访制度》《咨询师值班制度》等，以进一步加强对心理咨询室的建设与管理；二是建立大学生心理健康档案，掌握第一手资料，并对数据进行科学分析，研究制定相应的措施，确定心理帮助与求助方式；三是设立心理咨询室，开设门诊咨询，定期针对大学生的不同问题进行个案咨询，以帮助大学生调适心理，克服心理障碍。

3. 建立心理危机干预运行机制

作为大学生心理危机预警系统工作的重中之重，心理危机干预运行机制是心理危机预警指标体系有效运行的基础保障环节，直接决定着心理危机预警系统能否发挥作用。应着重抓好以下几个方面：

（1）建立发现系统。充分发挥大数据优势，开展心理健康调查，为有心理疾病倾向的学生建立相关档案，主动约请他们到心理咨询中心进一步面谈。

（2）建立监控系统。以年级辅导员或各班班主任、学生骨干为主力，密切关注学生特别是入学时被排查出的有心理疾病倾向的学生的日常心理波动，发现情况及时上报。学校的心理咨询中心要切实做好心理疾病预防工作，同时要加强与校外心理疾病治疗机构的沟通与合作，开设心理健康专题讲座等，努力降低心理疾病、心理事故发生率。此外，定期开展隐患排查，重点关注失恋学生、生病学生、特困生、学困生及有心理疾患的学生，以有效预防心理危机的发生。

（3）建立干预系统。建设学校的心理危机干预团队，不仅要包括有兼具专业知识与多元背景的人员组成的学校内部心理危机干预团队，还应充分利用外部资源的协作与整合，建立跨学校、跨区域间的心理干预联动机制，争取更广泛的合作与支持。

（4）建立防范系统。建立、健全高校学生危机事件应急处理规范制度，明确危机干预相关部门和人员的具体工作要求和职责。对学校各相关部门或人员因违法、违规行为或懈怠没有履行管理职责而导致高校必须承担法律责任的，应有相应明确的问责机制。

4. 建立人才培训机制

各高校应当加大大数据人才培养力度，培养大批高素质的、懂得大数据的复合型人才，以缓解大数据人才短缺的现状，为大数据与网络心理健康教育的融合进一步奠定理论基础。

5. 建立大数据管理机制

随着技术的不断发展，信息技术开发程度越来越高，且长时间存在的数据隐私与数据管理之间的矛盾，决定了我国大数据管理人才的选择、数据的适用范围、数据的收集部门都必须符合大数据的标准。因此，我们要通过明确大数据的相关工作内容，积极鼓励大数据管理人才深入挖掘相关数据，避免出现个人隐私暴露的问题，切实保障大学生个人信息的安全性，从而更好地促进网络心理健康教育的顺利开展。

6. 健全大数据可持续更新机制

网络心理健康教育工作者要科学、理性、正确地应用大数据信息，尤其要保证大数据应用不伤害心理健康教育对象，这就必须健全大数据可持续更新机制，因为可持续的数据更新在一定程度上能够验证大数据应用的合理性。因此，在大数据分析与应用时，应坚持引入更新和监管机制，不仅是确保不同时代、不同人群、不同背景、不同性别乃至不同年龄教育对象数据的客观性的需要，也是大数据更新心理健康教育资源相对迫切性的需要。

| 第十三章 |

大数据时代高校网络心理健康教育途径探讨

大数据时代，网络技术在高校心理健康教育中得到了广泛运用。如何使网络心理健康教育更加有效地开展，积极探索新的路径已成为一项迫切需要解决的新问题。

一、心理健康教育与网络心理健康教育的比较

从总体上来说，心理健康教育与网络心理健康教育都是高校大学生心理健康教育的一种形式，但在具体内涵、特点、优势、着力点等方面也存在着明显的差异性。

（一）内涵

关于心理健康教育和网络心理健康教育的内涵，本书前面已有相关论述。这里仅就定义而言，与以往开展的心理健康教育相比，网络心理健康教育具有两层含义：一层含义是说在大数据环境下的心理健康教育；另一层含义则是指以大数据为基础的高校大学生心理健康教育。第一层含义是从广义

上介绍的高校大学生心理健康教育网络化，是指利用大数据将我们熟知的心理健康教育的运行模式、途径、方法、内容和理念进行创新和发展，是运用网络技术构建新的高校大学生心理健康教育系统。第二层含义是从狭义上介绍高校大学生心理健康教育，是以网络为阵地、以网络为钥匙、以网络为方法加强心理健康教育的强度与效果，体现的是整个教育体系中网络局部的作用。而只有将大数据融入高校心理健康教育中去，网络技术才能发挥最大的作用。从狭义的高校大学生心理健康教育网络化来讲，就是说要利用网络对高校大学生进行心理健康教育，将网络当作一种交流平台和一种交流技术。这一层次的内容主要指在网络上进行心理咨询、在网络上进行心理疾病的测验、诊断和治疗。

（二）特点

网络心理健康教育作为传统的心理健康教育一种拓展，不仅仅是传统心理健康教育的继承，更是心理健康教育的发展，它不是一种背离而是一种超越，具有传统的心理健康教育所没有的优点。由于网络技术的介入，使高校心理健康教育出现如下特点。

1. 教育的主体不再固定化

在网络心理健康教育中，网络使人的主体性得到了拓展，主要体现在两个方面：一方面，网络使得心理辅导师的主体地位被边缘化；另一方面，网络使被辅导者具有了主体的觉悟，使教育更加平等。

2. 教育的客体能动性更强

通过网络进行心理健康教育，被辅导者的主观能动性更强，能更加主动地对自己的心理问题进行解释和描述，也更能配合心理辅导师的心理疏导，使心理健康教育的效果事半功倍。

3. 教育的内容更加多元化

在网络心理健康教育中，教育内容具有如下新特点：一是由于网络具有再现、集成、交互、扩充、虚拟等功能，不受时间、空间、微观、宏观的限制，使得教育内容实现了从平面到立体、从静态到动态的转变，呈现了超时空的趋向；二是因为网络具有集成扩充功能，使得教学内容无穷无尽、丰富多彩，具有生动、形象、感染力强的特点，易于激发学生的兴趣和内部动机，对感知、理解能起到有益的影响，还能更好地适应每个学生的个体差异，实现因材施教。

（三）优势

与传统心理健康教育相比，网络心理健康教育具有明显优势：首先，网络是现代生活的重要组成部分，也是我们的工作、学习、生活不可或缺的部分，正是网络的便利性推动了网络心理健康教育的发展，反过来也因为网络心理健康教育的发展使得网络技术的应用更广泛，网络的便利性更得以提高。其次，大数据融入网络心理健康教育，使得心理健康教育更加先进合理，彰显了网络育人的新作用。最后，大数据融入网络心理健康教育，及时发现学生心理变化的新问题和新情况成为可能，使得心理健康教师能够从个性培养、行为方式、社会适应、心理和生理等各个方面对学生进行心理疏导，从而进一步挖掘网络环境对心理健康教育的积极作用。

（四）着力点

从宏观层面来说，大数据使得所有人的思想状况都可以通过分析其网上活动留下的痕迹和现实生活中产生的种种数据而被总体把握和揭示，呈现群体的思想状况，把握群体的思想规律，精细分析群体思想与各类事件的联系，甚至掌握不同群体对不同教育信息的好恶，等等。把握这一局面，找到着力点，我们就可以改善以往心理健康教育面对大规模群体对象时的无力感，有效地提升教育活动的覆盖面和系统性。从微观层面来说，教育对象个体的信息被数据化之后，积累到一定的程度，就可以通过数据分析清晰地揭示个体思想行为的状况，把握这一局面，找到着力点，我们就可以为网络心理健康教育开展个性化、定制化的教育活动提供有力支撑，进而有效地提升教育活动的针对性和实效性。这种基于大数据分析的宏观层面的群体心理健康教育与微观层面的个体心理健康教育的结合，即是大数据时代网络心理健康教育的两个重要着力点，它们将极大地推动高校网络心理健康教育的新发展。

二、大数据环境下网络心理健康教育路径创新的意义

探讨大数据环境下网络心理健康教育的路径创新，既是适应大数据时代的需要，也是有效开展高校网络心理健康教育的需要，意义十分重大。

（一）有利于多角度、多学科共同揭示网络心理健康教育的规律

当前，学科教育的目标与网络心理健康教育的目标达成有机统一，在实践上有一定的难度。这种难度主要体现在两个方面：一方面，各学科有自身的主要任务，渗透网络心理健康教育有一定的限度；另一方面，对教育者的要求较高，真正能通过学科教学找到学科知识与网络心理健康教育的结合点，自觉、有效地开展网络心理健康教育的教师并不多。基于此，我们首先要从思想上统一认识，明确揭示网络心理健康教育的规律，不仅是心理健康

教育工作者的一项重要任务，也是其他学科教师应承担的职责。其次，要明确网络心理健康教育渗透于各科的教学中，不仅有助于引领全体教师积极投入到网络心理健康教育活动中，形成学校网络心理健康教育的合力，推动学校网络心理健康教育活动的开展，增强网络心理健康教育的功效，而且有助于凝聚力量，达成共识，积累经验，多角度、多学科共同揭示高校网络心理健康教育的规律。最后，要明确学科教学中渗透网络心理健康教育是一项全新的系统工程，其间有很多工作要做，需要各学科共同努力探索实现学科教育的目标与网络心理健康教育目标的有机统一，多角度、多学科共同揭示网络心理健康教育的规律。

（二）有助于实现网络心理健康教育的重点从防治心理疾病逐步转向积极促进人的全面发展

当前，发展性心理健康教育还远没有引起高校教育工作者足够的重视，许多人对这方面工作的理解也跳不出防治心理疾病的框框。高校网络心理健康教育不只是为了减少和避免心理障碍的发生，更重要的是为了提高学生的心理素质，帮助学生更好地调整自己的心态，正确认识自己与他人、集体、国家和社会的关系，开发潜能，完善人格，促进全面发展。因此，坚持教育发展性为主的原则，在关注心理疾病防治的同时，工作的重点应该立足于促进大学生的全面发展，提高他们挫折承受力和社会适应能力，培养他们开拓创新、勇敢坚毅、乐观自信的心理品质，只有这样才能实现网络心理健康教育真正促进大学生人格全面和谐发展的目的。

（三）有助于将"线上"与"线下"的心理健康教育有机结合，拓展网络心理健康教育的时空

进入大数据时代，网络将"线上"心理健康教育与"线下"心理健

教育相结合，有助于增强网络心理健康教育的作用。从认识方面来说，如果大学生出现一般性心理问题，既可从"线下"入手进行引导教育，也可从"线上"切入进行辅导干预。心理健康教育的"线下"和"线上"其实就是一个整体，大学生在现实生活中产生了心理问题，求助于网络或通过网络发泄，可能得到解决也可能进一步恶化其问题。但从个体产生的心理问题看，发展性问题表现为认知冲突，障碍性问题表现为心理不健康或心理异常，二者具有内在的深层次联系。

网络不仅有助于将"线上"心理健康教育与"线下"心理健康教育相结合，还有助于拓展网络心理健康教育的时空。由于网络传递信息的及时性、高速性和互动性，使高校学生不必按传统方式在规定的时间到规定的场所接受心理健康教育，而是可以在任何一个设有终端的电脑上随时登录互联网络，在任何时间、地点都可以搜寻到自己需要的内容并进行信息交流；心理教师也可不受时间、地点的局限随时上网与在线学生沟通。这种灵活、快捷的心理健康教育方式，最大限度地扩大了受益学生的范围。

（四）有助于强化网络心理支持系统，丰富网络心理健康教育的内容

强化网络心理支持系统，是高校网络心理健康教育的未来趋势。首先，网络心理支持系统的强化，在提高大学生心理素质方面，能够有效地对大学生的发展给予心理支持。无论是"线上"还是"线下"心理健康教育，通过心理支持系统，都能有效地防范因严重的心理问题而导致的心理崩溃，进而作出危害自己和社会的事情。其次，网络心理支持系统的强化，具有其他工具所没有的优势，能够大力改善心理健康教育的方法和效果，不仅具有普及性、便利性，还能最大程度保护学生的隐私，让他们不用跟辅导老师见面就可以完成健康问题的咨询，有利于大幅提高心理健康教育在高校学生中的接受度。再次，网络心理支持系统的强大化，因网络拥有"海量"信息，

其实时性与大储量的心理健康知识与心理辅导信息，为大学生心理健康教育工作提供了取之不尽、用之不竭的教育资源。大学生通过网络可以随时读到心理学著作，也可以与不相识的心理教育者进行心理健康对话，还可以聆听远程心理健康教育专家的心理健康讲座，搜索、查询任何需要的心理健康知识与信息。最后，因网络心理支持系统所拥有的超文本检索方式、多媒体集成技术，可将文字、图片、声响、动画有机融合，充分调动人的视听功能，能给人留下深刻印象。通过组织一些思想性高、教育性强、趣味性好、适应性广的信息资源，将网络心理健康教育立体化、多样化，不仅能增加高校网络心理健康教育的科学性、生动性、实效性，也会极大地提高网络心理健康教育的吸引力、感染力。

（五）有助于构建大学生心理健康教育新模式，提高网络心理健康教育的针对性和实效性

模式是某种事物的标准形式或使人可以照着做的标准样式。高校网络心理健康教育作为一种创造性的思维活动，由于学生的特点、教学的环境和教师的教学风格等不同，在教育教学过程中呈现出千姿百态、迥然有别的个性特征。从目前的研究与实验情况来看，高校网络心理健康教育模式建构主要有三种取向：医学型模式取向；教育发展型模式取向；教育综合型模式取向。医学型模式面向少数有心理障碍的学生，侧重网络心理咨询服务，帮助他们渡过心理困难期；教育发展型模式以所有人群特别是健康的正常人为主要服务对象，不以消除症状为首要目标，而以促进学生的成长、发展和潜能开发为宗旨；教育综合型模式强调高校网络心理健康教育要坚持教育、医学、社会相联合的综合化发展取向。上述心理健康教育模式，对促进心理素质的提高起到了十分重要的作用，但这些模式都是从一般层面来研究的，而各个学校的学生心理状况和从教人员的特点和素质千差万别，因此，要提高网络心理健康教育的针对性和实效性，在运用这些模式时必须从具体实际出

发，构建出适合校情、学情和教情特点的心理健康教育的新模式。

三、网络心理健康教育路径创新的条件和环境

大数据时代，为网络心理健康教育路径创新提供条件和环境，需要着力抓好以下几个方面。

（一）提升网络心理健康教育工作者的数据素养

关于数据素养，目前尚无统一的认识和定义。联合国教科文组织（UNESCO）于 2013 年 12 月 11 日发布的《全球媒体与信息素养评估框架》将媒体素养、信息素养和数字素养等概念融为一体，定义为"媒体与信息素养"（Media and Information Literacy，MIL）。美国纽约州立大学托马斯·麦基和特鲁迪·雅各布森（Mackey & Jacobson，2010）指出：相关信息素养包括视觉素养、数字素养、移动素养和媒体素养，信息素养不仅要考虑信息的性质和获取信息所需的技能，更要考虑信息创造、从信息和信息源中创造意义的能力、选择和操作能创造与查找信息所需工具的能力。可见，数据素养已经成为大数据时代信息素养不可缺少的组成部分。维基百科解释说数据素养指既能阅读、创建和传输数据，也能用不同方式将数据形象化描述出来的一种能力。目前，比较认可的定义是，数据素养指具备数据意识和数据敏感性，能够有效且恰当地获取、分析、处理、利用和展现数据，并对数据具有批判性思维的能力，它是对统计素养和信息素养的延伸和扩展。

数据素养教育就是教育者围绕受教育者数据素养的提高开展的一系列教育活动。目前对于我国大部分高校教师来说，大数据仍然还是一个崭新的课题，因此提高高校教师队伍自身的数据素养就显得尤为迫切。在数据素养教

育中，重点培养三个方面内容：一是数据意识的培养，通过学习让网络心理健康教育工作者了解大数据时代的发展趋势以及对各领域的深远影响，了解大数据技术的发展和意义，具备在网络心理健康教育中主动使用大数据的意识；二是数据技能的培养，通过学习让网络心理健康教育工作者在实践中不同程度地具备基于数据提出问题的能力、数据收集和整理的技能、数据挖掘和分析工具使用的技能、数据表征和可视化的技能、数据存储与安全保护的技能、数据共享和应用的技能等；三是数据伦理的培养，主要是让网络心理健康教育工作者在教育中学会数据的管理和应用，能够正确处理心理健康教育所涉及的规范规则、价值判断、法律法规、道德准则等方面问题的素质。

（二）创新网络心理健康教育的研究方式

传统心理健康教育的研究方式，主要是采取问卷调查的方式或是经验研究的方式进行的。应当肯定，以往的研究方式也取得了一些研究成果，对指导心理健康教育的开展发挥了一定的作用，但由于受到数据分析、样本选择等诸多因素的限制，在一定程度上导致了研究结论不系统、不深刻。在大数据时代，所有的物品都已经实现了数据化，信息技术已经和许多学科融合在一起，通过大数据角度去分析高校大学生心理健康问题已成为大势所趋。在这种情况下，必须对高校网络心理健康教育的研究范式进行转型，当前要实现"三个转型"，即由传统研究范式向现代研究范式的转型、由经验型研究范式向科学型心理健康教育研究范式的转型、由运用传统知识思考向运用大数据思维思考的转型。高校相关工作者只有深入地认识这种转型，了解这些转型的必然发展趋势，才能够使心理健康教育跟上时代的步伐，才能够将高校网络心理健康教育的效果发挥出来，促进高校网络心理健康教育的进一步发展。

（三）坚持网络心理健康教育路径创新的原则

1. 以人为本原则

大数据时代，在网络心理健康教育中对数据信息进行收集、处理、使用，是为了更好地服务于教育，归根结底是为了服务人。人是教育的核心，教育创新需要坚持"以人为本"的首要原则。网络心理健康教育的对象是人，培养心理健全的人是教育创新的主题。在大数据背景下，围绕这个主题，高校更要坚持以人为本的原则进行教育创新。

2. 价值主体性原则

价值主体性指的是客体对于主体需要的满足，如果客体能够满足主体的需要，则认为客体对于主体是有价值的；反之，如果客体不能满足主体的需要，则认为客体对于主体而言是没有价值的。大数据时代，大学生的思想观念和价值取向都发生了改变，他们更加注重教育对于自身需要的满足。基于这种现状，高校网络心理健康教育路径创新必须考虑到大学生的价值主体需求，根据大学生不同的心理状况进行有针对性的教育，引导受教育者接受教育者所传播的思想，并外化于实际行动，自觉地促进网络心理健康教育价值的实现。

3. 联系实际原则

高校网络心理健康教育路径创新要坚持联系实际的原则，即联系大数据时代背景，利用大数据关联性的特点，在此基础上充分挖掘大数据的潜在价值进行创新，使创新更具科学性和实效性，符合网络心理健康教育发展创新的要求。

4. 情感渗透原则

现代教育越来越注重人文关怀，过去传统式的单向灌输在大数据背景下已经行不通。教育者在传授知识的同时需要辅助情感教育，以情动人，以理服人，真正走进学生的内心世界。所谓情感渗透原则，是指教育者在运用大数据技术进行心理健康教育创新时，要体现对受教育者的人文关怀，要理解与关注大学生不同的心理特点，运用适当的方法对他们进行心理疏导，提高网络心理健康教育的实效性。

（四）把握网络舆论导向

现今，互联网已成为舆论风险的策源地、传导器、放大器，各种错误思潮会借机泛起，经济社会问题也易向意识形态领域传导，具体问题演变为政治问题，局部事件演变为全局事件。面对诸多不稳定性与不确定性，发挥大数据优势，坚持"正确导向的舆论引导"极为重要。发挥大数据优势，重点把握两点。

1. 强化舆论引导

网络心理健康教育工作者要精确把握社会面中的相关潜舆论、媒体面中的舆情形势和网络中的苗头突发舆情，做到关口前移、快速研判，掌握舆情引导的主动权、话语权与主导权，加强对大学生的思想引领，帮助他们树立正确的世界观、人生观和价值观。

2. 加强舆论监督

网络的开放性和虚拟性为虚假和不良信息的传播提供了条件，为了保持网络环境的洁净，必须设立网络监督巡查制度，直面社会丑恶现象，激浊扬清、针砭时弊，及时有效地控制不良信息的传播，从而保持正确的舆论导向。

（五）创造路径创新的和谐环境

网络心理健康教育路径创新，需要提供三个方面的环境。

1. 健康的网络和校园环境

由于心理现象的特殊性和复杂性，目前互联网上关于心理现象的知识或信息存在伪科学、反科学、封建迷信的东西，对涉世不深的青年学生会产生误导作用。健康的网络环境，是高校网络心理健康教育路径创新所必备的基础环境。为维护健康的网络环境，需要我们对网络环境加以净化，在心理领域向学生推荐健康的或值得一看的精品内容，介绍、引导学生浏览具有积极意义的心理健康服务类网站，使学生在此获得有关心理学的知识，掌握自我调适的技巧，接受心理专家的咨询。同时，和谐的校园环境也是高校网络心理健康教育路径创新所需的重要环境因素。和谐的校园环境，是指校园和谐的文化环境、课堂环境和人际环境等。大学生心理健康教育需要依托宽松、和谐、民主的教育氛围，特别是民主、和谐的校园环境。在学校教育、家庭教育和社会教育"三位一体"中，学校居于主导地位。因此，高校应高度重视对网络心理健康教育的领导，健全网络心理健康教育组织机构，打造一支高素质的网络心理健康教育队伍，保障网络心理健康教育工作的经费投入和场地设施建设，注重营造民主、平等、和谐的课堂教学文化，使大学生在一个充满关爱的和谐环境中成长。心理健康教育工作者需要重视营造平等和谐的师生关系，重视对自己学校校园文化特色的研究，只有熟悉自己学校的校园文化特色，才能有效探索适合本学校学生实际的网络心理健康教育的新路径。

2. 合作的社会与家庭环境

网络心理健康教育是一项系统工程，它需要学校、社会、家庭及学生个体相互作用共同完成。社会环境，包括社区文化环境、交往环境、人际关系等因素，对学生心理素质的形成具有强化作用。发挥好社会环境作用，不仅可以利用社会现有条件为学生参与社会实践提供舞台，而且还可以借助社会上的心理咨询师、专门机构中的专业人员力量来共同做好学生的网络心理健康教育工作。家庭教育对学生心理健康的影响非常大，它是学生良好心理素质形成的助推剂，是网络心理健康教育中的一支重要力量。丰富的家庭资源，不仅使我们可以充分利用家长的资源优势，形成家校教育的合力，而且由于家庭的介入和参与，可以更有针对性地开展网络心理健康教育。

3. 安全的大数据应用环境

安全的大数据应用环境，不仅需要依托应用主体良好的职业操守和道德素养，也依托于社会、家庭等机构对大数据应用的监督和实施反馈。当前，营造安全的大数据应用环境，需要把握好两个方面：一是注意防范与警惕将大数据反映出来的问题看成受教育者的"标签"。如果将一段时期甚至某一时刻的数据信息异化为教育对象一生的"标签"，这对于他们的心理成长显然是不利的，这也正是大数据在网络心理健康教育应用中潜藏的伦理风险，应当辨识并克服。二是应当有效规避旧数据"后遗症"对心理健康教育的消极影响。如果大数据的引入不能打消教育对象对"后遗症"的顾虑，那么可能出现的情况是教育对象要么无法提供真实的个人心理信息，要么因为提供了真实的心理现状或者心理信息而惴惴不安，害怕为此成为永恒的心理"患者"。由此看来，为了警惕"旧数据"的潜在隐患，要对大数据进行必要的更新和数据运行与跟踪过程的监管。①

---

① 李飞、葛鲁嘉：《大数据之于心理健康教育：功能边界与实施取向》，《思想理论教育》2016 年第 7 期。

四、网络心理健康教育的路径选择

大数据为高校网络心理健康教育工作提供了全新的发展空间，应充分利用网络的开放性、交互性、隐秘性、形象性等优势，通过网络心理健康教育的路径创新，进一步提高教育的针对性、实效性和可操作性。

（一）完善高校网络心理健康教育工作机制

首先，要建立健全工作机构，完善工作体系。在完善工作机构和工作体系的基础上，要实行专人负责，强化对网络信息的监督和管理，监控大学生在网络中出现的心理问题，通过搜集、分析调查舆情信息，及时上报校心理健康服务中心，根据大数据分析结果，及时疏导、解决大学生中的心理问题。其次，要加大投入，规范心理咨询室建设。根据各个高校实际情况和需求，完善硬件设施，为大学生提供优质的心理辅导服务，以提高心理健康教育工作的实效。最后，要设立心理健康教育科研经费，鼓励和支持相关教师做好网络心理健康教育科研工作，为网络心理健康教育提供理论支撑。

（二）夯实网络心理健康教育路径的基石

1. 开展网络心理健康调查，建立网络心理测验系统

建立网络心理测验系统，首先要做好网络心理健康调查工作。网络心理调查主要包括心理健康状况调查（如心理障碍、心理疾病的调查）、专题调查（学习问题、人际交往问题、情感问题、家庭教育问题等的调查）、个别调查（针对有特殊需求者的调查）。相比较传统的心理调查方式，网上心理

调查具有快速、高效且降低成本、节约资源等特点。通过开展网络心理调查，可以有效、及时地发现大学生的心理问题，提高网络心理健康教育的针对性和有效性。在网络心理健康调查的基础上，建立网络心理测验系统，使之成为网络心理健康教育必不可少的辅助工具，以帮助心理咨询人员正确了解来访者的心理健康状况，收集大学生群体或个体的与心理健康有关的一般资料，从而为有效开展网络心理健康教育提供支撑。

2. 建立健全大学生网络心理档案，为大学生提供科学的心理测评

在网络心理健康教育中，建立健全大学生网络心理档案是一项十分重要的工作，有利于高校心理辅导教师更清楚地了解学生的心理特点及动态，为有效开展网络心理健康教育提供重要依据。在内容设计上，大学生网络心理档案应包括如下几个方面：（1）一般情况。具体包括姓名、性别、出生年月、民族、政治面貌、身体健康状况、兴趣、爱好、特长等。（2）家庭情况。具体包括家庭成员结构、父母职业、文化程度、健康状况等，旨在了解家庭对学生心理发展的影响。（3）早期教育情况。主要了解早期教育对学生心理发展的影响，如家庭主要教育者是谁、家庭主要教养方式是什么等。（4）既往病史。主要了解学生生理状况对心理的影响，包括本人是否患过各种疾病和家族成员是否有精神疾病等。（5）各种心理测验及诊断结果。旨在全面了解学生心理健康状况及个性心理特征。（6）学生心理健康状况综合评定。即对整个心理面貌给予综合评定。需要强调指出的是，学生网络心理档案具有一定的隐私性，教师必须严守保密制度，不得将学生的心理档案材料随意外借或泄密，学生个人档案材料只能由本人通过密码查阅，切实保证当事人的心理和利益不受伤害。

3. 开辟网络心理知识学习园地，普及心理健康知识

在网上开辟心理知识学习园地，将有关大学生心理健康方面的知识上

网，可以为大学生获取全面的心理健康知识、掌握心理素质的训练方法开辟新途径。网络心理知识学习园地的设计，可安排如下内容：（1）心理书屋和心理百科。上载有关心理学的著作、资料，通过心理书籍的阅读，使大学生获得在生活中难以寻觅的各种实用、有益的心理学知识，使这里成为学生激励自我、完善人格的良师益友。（2）心理调适的方法和技巧介绍。对成长中易出现的心理问题和心理障碍，进行矫治并传授一些预防、调适的技巧和方法，有针对性地解决个别较严重的心理障碍和精神疾病，使学生能对自己的心理障碍或可能出现的障碍进行自我调适或预防。（3）优秀心理影片介绍。使同学们在生活中有目的地观看一些积极健康的心理影片，通过这一寓教于乐的活动，学会对自己所处环境的理解和对自己生命的完整把握。（4）心理健康知识讲座。请一些心理专家做心理健康知识视频讲座，帮助学生处理好环境适应、自我管理、学习成才、人际交往、交友恋爱、求职择业、人格发展和情绪调节等方面的困惑，促进其全面发展。（5）心理健康服务有关网站介绍。目前，互联网上与心理健康服务有关的网站、网页或信息数以万计，但其中不乏伪科学的、庸俗消极的东西或无法显示的虚假链接，有导向性地介绍、引导学生浏览具有积极意义的心理健康服务类网站，使他们在此获得有关心理学的知识，掌握自我调适的技巧，接受心理专家的咨询。

（三）构建高校心理健康教育网络化、系统化

面对互联网的创新与挑战，应坚持"线上"与"线下"相结合，使网络心理健康教育工作得以有效开展。

1. 建设心理课堂网络化，提升学生自主选择性

建设心理课堂网络化，是网络心理健康教育工作得以有效开展的保障。在网络化环境下，借用网络信息化技术，分板块、分栏目设置网络课堂，可

不受时间、地域的限制随时随地获取丰富资源。可采取线上集中学习、线下碎片化教育的形式，根据学生需求进行自主选择，使网络心理健康教育与社会实践相结合，做到取长补短，相得益彰。

2. 打破学科界限，实现"线下"课程教学跨学科功能互补

打破学科界限，实现跨学科功能的互补，是网络心理健康教育工作有效开展的一项措施。在高校开设的各门课程中，心理健康教育课程承担主课职责，同时其他课程也具有丰富的心理健康教育资源，也应担负心理健康教育、普及心理健康知识的职责。因此，各学科教师应淡化"学科本位"意识，消除心理健康教育仅局限在以心理学为主的个别学科领域的片面认识，有意识地加强本学科与心理健康教育的衔接和沟通，促进"线上"和"线下"课程教学内容得以加深和拓展。

3. 利用心理咨询网络化，帮助学生释疑解惑

与国外比较，目前我国高校心理健康教育师资力量较为薄弱，师生配备比较低。为改变这一现状，借助互联网创新，普及心理咨询网络化，可有效提高我国高校心理咨询的覆盖率，弥补师生比所造成的差距。同时，由于网络心理咨询具有隐蔽性强、选择性多、方便快捷等特点，还可以更加有效地提升心理咨询的效果。

（四）完善高校网络心理健康教育平台建设

基于目前高校网络心理健康教育的现状，应着力于加强管理平台、课程平台、服务平台、教师成长平台的建设。

1. 管理平台

构建网络心理教育管理平台，是完善高校网络心理健康教育平台建设的

关键。该平台构建包括五级层面：（1）心理研究所网络平台。这是校级心理健康网络组织，由学校网络心理健康教育分管领导与专职教师组成。负责心理健康教育研究、心理教育工作人员培训、心理课程的改革、心理健康教育活动的创新、心理咨询的督导和心理健康教育的工作设想等。（2）专职人员网络平台。由学校专职心理教师和各年级心理辅导教师组成，依托网络开展心理健康教育常规工作。负责资料上传与分享、心理健康教育活动的组织和安排、学生心理协会工作的指导、心理普测的通知与施测情况报告以及心理危机干预案例上报等。（3）班主任网络平台。由心理辅导教师和班主任组成。主要负责组织开展班级学生网络心理健康教育各项工作。（4）学生心理协会网络平台。由学生心理协会骨干组成。负责利用网络进行学生日常心理教育活动、工作通知与汇总、工作交流与研讨以及心理健康知识的宣传普及等。（5）心理委员网络平台。由全校各班心理委员组成。主要负责心理委员培训通知、培训材料的上传分享、班级主题班会的开展、班级心理健康状况的探讨、问题求助等，切实将网络心理健康教育工作落实到学生个体。①

2. 课程平台

构建网络心理教育课程平台，是完善高校网络心理健康教育平台建设的保证。关于课程平台的建设，在抓好网络教学、实现课堂教学无限拓展的同时，重点应是通过文本、音频、图像、视频等多种媒体形式，在网络上全程模拟现实教学模式。网络授课内容，主要涉及现实课堂教学的各方面，如学习心理、高考心理、人际关系、人格心理、性心理等，讲授心理健康基本知识，介绍心理调适方法，帮助学生更好地认识自我、悦纳自我、完善自我。其间尤其要加强师生网络对话互动，并使用"自主测试"系统让学生自我

---

① 袁忠霞、张玲：《构建学校网络心理健康教育平台的思考》，《教学与管理》2013 年第 15 期。

检测，帮助学生巩固基础知识，形成人—机互动。在课程平台建设方面，当前还应抓好共享网络资料建设，除为学生提供教学大纲、授课计划、授课录像、教案、多媒体课件、教学案例、体验活动介绍、思考题、习题及参考答案等全部教学资源外，还要精心选择并定期更新心灵美文、优美音乐、赏心图片等，陶冶情操、调适心境、净化心灵，提升学生的人文素养和心理品质。

3. 服务平台

构建网络心理教育服务平台，是完善高校网络心理健康教育平台建设的保障。高校网络心理教育服务平台的建设，要抓好预防、预警、监控和干预四个方面的建设。目前，在监控和干预方面做得是比较好的，预防和预警方面需要加强建设和完善。在预防方面，重在网络宣传普及。如要借助心理健康教育网站、心理博客、网络视频、BBS、电子数据库资源等，开设有关心理专栏、心理沙龙、心灵体验等，普及心理健康常识，倡导正确网络行为，引导健康网络心理，促进健全人格的发展，维护和保持良好的心理健康状态。在预警方面，重在网络心理测试。网络心理测试可以进行大规模团体测试，也可以个人单独测试，内容包括学习适应、人格特质、情绪情感、人际关系等心理健康诸方面。对筛选出问题的学生，要建立心理档案，特别是建立较严重的心理问题学生预警对象库，并予以长期观察、重点关注，根据危机状态及时加以疏导干预。

4. 教师成长平台

构建网络心理教育教师成长平台，是完善高校网络心理健康教育平台建设的根本。大数据时代，构建网络心理教育教师成长平台是完全必要的。一方面，通过互联网广泛的学习平台，心理健康教育教师可以通过博客、微信群、网络公开课等形式，走进更多心理专家的世界，及时跟进他们的思想，并形成自己的网络课程，在学习中不断获得成长；另一方面，通过搭建网络学习共同体，各学校的心理教育教师可以互相借鉴、互相交流、互通有无，不仅让心理健康教育教师获得心灵支持，更能在工作中受到直接指导，从而改变现有的心理健康教育教师队伍严重不足的现状，以更好地适应高校网络心理健康教育的需要。

第十四章

大数据时代高校网络心理健康教育体系构建

在大数据时代，网络心理健康教育是一种全新的心理健康教育理念和模式，是心理健康教育发展和创新的一种新趋势。综观我国高校网络心理健康教育发展现状，目前开展得还不够普遍，缺少整体性推进，大多只是在局部围绕某一方面展开，加之还没有从根本上构成网络心理健康教育体系，严重制约了网络心理健康教育整体功能的发挥。因此，构建高校网络心理健康教育体系，发挥其整体功能，已成为目前我国高校网络心理健康教育发展的迫切要求。

一、构建高校网络心理健康教育体系的必要性

何谓体系？按照《现代汉语词典》的释义，是"若干有关事物或某些意识互相联系而构成的一个整体"。[①] 网络心理健康教育是传统心理健康教育依靠网络技术的延伸和拓展，是一种具有独立的教育内容、教育方法和教育途径的全新教育体系。作为一个全新的教育体系，它至少应当包含三层含

---

① 《现代汉语词典》，商务印书馆 1996 年版，第 1241 页。

义：（1）教育思想体系是由一定的思想理论、共同的原则指导下逐步形成的，而不是孤立的、不同一的体系。（2）由多种层级、多种类型的教育目标、工作组织与工作机制及其纵横联系所构成的一个整体，而不是以往那种单一目标、单一工作组织和单一工作机制。（3）各教育目标、工作组织和工作机制之间是相互联系、相互制约的，而不是孤立的、互不相干的。

我国高校网络心理健康教育体系，是在网络环境下由若干子体系构成，其教育目标、教育内容、运行机制及教育管理和保障等各子体系呈现互动状态，它们之间的协调程度如何，将直接影响网络心理健康教育功能的整体发挥。与传统心理健康教育体系有所不同，构建这样一个与大数据时代相适应的网络心理健康教育体系，应当具有以下特征。

1. 开放性

开放性是网络社会的基本特征之一，虽然在现实中出于种种需要对网络进行监督和控制，但这并不能改变网络的开放性特征。[1] 高校网络心理健康教育体系的开放性表现在两个方面：（1）由于高校网络心理健康教育体系是一种全新的综合性体系，与其他学科和理论之间是相互关联和互动的，其体系必然是开放的而不是封闭的。（2）数据是处于动态发展之中的，高校网络心理健康教育体系也应与时俱进，不可能一成不变。因此，开放性应是高校网络心理健康教育体系的首要特征。

2. 创新性

创新性是网络社会的本质特征之一，也是高校网络心理健康教育体系的基本特点之一。由于大数据时代是一个崭新的时代，网络心理健康教育在面临新情况、新问题时，不能照搬套用传统心理健康教育的做法，而必须不断加强理论和方法上的创新，这是构建网络心理健康教育体系的首要条件和基

---

① 常晋芳：《网络哲学引论》，广东人民出版社 2005 年版，第 12 页。

本前提。与此同时，网络心理健康教育也必须跟随大数据技术发展而发展，只有坚持不断更新原理和观念，才能保持高校网络心理健康教育体系的生命力。①

3. 综合性

与传统的心理健康教育体系有所不同，网络心理健康教育体系融合了教育学、社会学、政治学等多学科的理论，综合性也是一个重要特征。作为一个完整体系，网络心理健康教育体系的内容并非有关学科内容的简单拼凑，而是按照内在的逻辑联系综合而成的。因此，它的教育内容既具有综合性，又体现了完整性。

4. 实用性

与实践密切联系，始终坚持为实践提供实用性价值，是网络心理健康教育体系的一个显著特征。网络心理健康教育体系构建的理论源于实践，是对网络心理健康教育实践经验的概括和总结，离开了实践，理论就成了无源之水、无本之木；但同时理论也需要经受实践的检验，在实践中体现实用性价值，并指导高校网络心理健康教育的开展。

在大数据时代，随着网络心理健康教育的逐步开展，构建高校网络心理健康教育体系越来越显示其必要性。

第一，有利于体现大数据时代提出的客观要求。首先，网络成为学生学习的重要方式。网络技术的发展和人们交流的日益频繁，使得网络文化因其自身的独特特征，迎合了当代大学生的求知、挑战心理，已成为他们生活中不可分割的部分。据中国互联网络信息中心（CNNIC）发布的第 51 次《中国互联网络发展状况统计报告》显示，截至 2022 年 12 月，我国网民规模达 10.67 亿，较 2021 年 12 月增长 3549 万，互联网普及率达 75.6%。网络作为

---

① 季海菊：《建构网络心理健康的教育体系》，《学海》2019 年第 6 期。

继报纸、广播、电视之后的第四大媒体，已使人类居住的地球变成了一个地球村，深刻地影响和改变了人们的生存方式与生活状态。在大数据时代，地球村与学校围墙形成了鲜明的力量对比，无疑是前者更具吸引力和影响力。网络不仅影响大学生的学习生活，也影响他们的认知行为和情绪情感，尤其是上网已经成为大学生获取知识、了解时事、交流情感、查询信息、休闲娱乐的重要途径。基于这个现状，高校网络心理健康教育必须紧跟大数据时代发展的需要，课堂与课外、网上与网下、直接与间接地立体化进行。

其次，网络社会深刻影响了大学生的思想观念、行为方式和心理状态，特别是对处在社会转型期的大学生心理素质、社会适应能力、挫折承受能力和心理调适能力提出了更高的要求。目前相当一部分大学生心理上存在着不良反应和适应障碍，心理问题发生率大有上升趋势，大学生的心理健康状况不容乐观。据一项大样本心理调查显示：大学生中可能有中度以上心理问题的占 16.51%，认为目前"大学生总体上心理素质很差或较差"的比例高达23.1%。对入学新生心理健康状况的滚动调查结果表明，每年新生的心理健康水平呈逐年下降的趋势。此外，由心理健康问题引发的恶性事件，如走失、伤害他人或自杀的比例有所上升，心理问题已经明显地影响了一部分学生的健康成长。因此，提高大学生的心理素质已是摆在高校面前的一项紧迫任务，具有重大的现实意义。①

第二，有助于保障素质教育的全面推进。一个患有心理障碍的学生是很难顺利完成学业或者在其他方面获得良好发展的，健康的心理素质才是大学生健康成长的重要基础。正因为如此，为了提高大学生素质，近些年来国家教育部出台了一系列政策，要求人才培养模式要适应新的发展形势，不断改革创新。按照国家教育部的要求，高校培养的学生不仅要具有良好的思想道德素质、科学文化素质和身体素质，还必须具有良好的心理素质。这是适应

---

① 王建中：《心理健康教育工作体系与机制研究》，《北京教育（高教版）》2003 年第9 期。

社会特别是未来社会对人才素质所提出的更高要求的需要；从大学生个人来说，也是其学习、生活、交往和发展的基本前提。因此，通过开展网络心理健康教育，不断提高全体学生的心理素质，是全面实施素质教育的重要内容，是高校提高人才培养质量的重要举措，其作用是其他教育所不能替代的。

第三，有益于发挥整体性的功能作用。网络平台成为高校网络心理健康教育的创新模式。众所周知，在传统心理健康教育工作中，心理教师只能在课堂上教授学生，心理咨询员也只能在办公室里接待来访学生，时间和空间都是十分有限的。而网络心理健康教育则突破了这种时空限制，只要在网络上就可以进行对话与交流，不仅最大限度地消除了时间和空间的限制，拓宽了受益学生面；同时，也极大地缓解了心理健康教育师资力量的不足，为缓解这一问题带来了新的契机。如通过聘请一些校外专家，将优秀的心理教育资源连接起来，形成心理教育的合力，实现资源共享；开展网络咨询，接待更多来访者；进行网上团体咨询或辅导，使之更具普及性和全面性。在教育方式方面，借助网络技术，可以开办专题网站（网页），将心理课程、心理测试、心理咨询、心理训练、心理宣传等众多教育方式整合起来，使网上教育资源得到充分开发利用，丰富了心理健康教育内容，营造了心理健康教育的浓厚氛围，发挥了整体功能作用。①

二、构建高校网络心理健康教育
体系的指导思想与基本原则

（一）指导思想

教育部《关于加强普通高等学校大学生心理健康教育工作的意见》指

---

① 袁忠霞、张玲：《构建学校网络心理健康教育平台的思考》，《教学与管理》2013 年第5 期。

出："高等学校大学生心理健康教育工作的主要内容是：宣传普及心理健康知识，使大学生认识自身，了解心理健康对成才的重要意义，树立心理健康意识；介绍增进心理健康的途径，使大学生掌握科学、有效的学习方法，养成良好的学习习惯，自觉地开发智力潜能，培养创新精神和实践能力；传授心理调适的方法，使大学生学会自我调适，有效消除心理困惑，自觉培养坚忍不拔的意志品质和艰苦奋斗的精神，提高承受和应对挫折的能力，以及社会生活的适应能力；解析心理异常现象，使大学生了解常见心理问题产生的原因及主要表现，以科学的态度对待各种心理问题。"该意见还要求高校领导高度重视大学生心理健康教育。

我国当代大学生年龄一般在 17—23 岁之间，正值青春期晚期和成年早期，其心理发展处在由不成熟走向成熟但尚未完全成熟的重要阶段，即心理断乳期。他们在动力心理、学习心理、创造心理、人际关系心理、性和恋爱心理、情绪心理、挫折心理、择业心理等诸多方面存在不同程度的问题，需要有针对性的高质量的心理教育、辅导和咨询。大学生心理健康的现状与问题对教育所产生的需求，要求我们构建有中国特色的大学生心理健康教育体系。

构建我国大学生网络心理健康教育体系的指导理论，应当是马克思主义关于人的本质和人的全面发展的理论，以及我们党提出的"以人为本"的发展理论。

人的全面发展理论是马克思主义理论的重要组成部分。只有坚持马克思主义关于人的全面发展理论的指导，我国大学生心理健康教育体系才能真正建立在科学的理论基础上，实现大学生心理健康教育由经验到科学的飞跃。以马克思主义关于人的全面发展理论构建我国大学生心理健康教育体系，首先必须坚持大学生个体素质的全面发展；其次必须坚持社会的发展、学校的发展要为学生的全面发展创造条件。

党的十八大报告指出："加强和改进思想政治工作，注重人文关怀和心理疏导，培育自尊自信、理性平和、积极向上的社会心态。""为人民服务是党的根本宗旨，以人为本、执政为民是检验党一切执政活动的最高标准。"

党的十九大报告指出："坚持以人民为中心。人民是历史的创造者，是决定党和国家前途命运的根本力量。"同时，也提出要"加强和改进思想政治工作，深化群众性精神文明创建活动。""要全面贯彻党的教育方针，落实立德树人根本任务，发展素质教育，推进教育公平，培养德智体美全面发展的社会主义建设者和接班人。"

党的二十大报告指出："坚持以人民为中心的发展思想。""要办好人民满意的教育，全面贯彻党的教育方针，落实立德树人根本任务，培养德智体美劳全面发展的社会主义建设者和接班人，加快建设高质量教育体系，发展素质教育，促进教育公平。""加强全媒体传播体系建设，塑造主流舆论新格局。健全网络综合治理体系，推动形成良好网络生态。""用社会主义核心价值观铸魂育人，完善思想政治工作体系，推进大中小学思想政治教育一体化建设。"

上述党代会报告和相关重要文件为构建我国高校网络心理健康教育体系的指导理论。首先，必须清醒认识高校网络心理健康教育在促进社会主义现代化建设和发展中的重大作用，增强构建我国高校网络心理健康教育体系的历史责任感。其次，必须以习近平新时代中国特色社会主义思想统筹我国高校网络心理健康教育体系的设计和建设，使之真正以大学生为本，为大学生成长成才服务。最后，必须坚持社会主义核心价值体系建设在网络心理健康教育与咨询中的引导和干预作用。同时，必须深入研究"心理和谐"的标准，探讨具有中国特色的人文关怀和心理疏导的理论与方法，提高高校网络心理健康教育的实效性。

（二）基本原则

构建我国高校网络心理健康教育体系，必须遵循以下原则。

1. 发展性原则

促进大学生全面、和谐地发展，更好地成长成才，是网络心理健康教育的宗旨。按照这个宗旨，构建我国高校网络心理健康教育体系必须遵循发展性原则，既要坚持全面发展，也要坚持和谐发展。

从坚持全面发展方面来说，个体的全面发展是多维的：素质方面包括思想品德、智力能力、身体、心理、美感、动作技能等；心理结构方面包括认知、情绪、情感、意志、行为、个性心理等；智能结构方面包括语言、数学逻辑、空间、音乐、身体运动、人际交往、认识自我、认识社会、认识自然等智能。人的上述潜能素质大都处于一种沉睡的状态，有待教育活动的唤醒与开发。我们的网络心理健康教育体系设计应有助于大学生这些方面的全面发展。

从坚持和谐发展方面来说，个体的和谐发展包括自我身心的和谐发展、自我与他人即社会的和谐发展、个体与自然的和谐发展。个体的自我身心的和谐发展，包括自我认知和谐、情绪情感和谐、意志和谐、行为和谐、知情意行和谐、个性心理和谐；个体的自我和他人的和谐发展与社会的和谐发展、自然的和谐发展与社会的和谐发展，有助于营造和谐发展的校园环境与社会环境。

发展性原则是构建我国高校网络心理健康教育体系的目的原则。网络社会信息瞬息万变，与网络社会进行广泛接触的大学生心理健康问题也不断出现变化，所以构建网络心理健康教育体系的过程中应该体现出发展性原则，确保能够结合网络社会的变化和大学生心理健康教育需求的调整对心理健康教育工作加以优化，突出心理健康教育的实际效果，为网络心理健康教育体系作用的发挥创造条件。

2. 全面性原则

构建我国高校网络心理健康教育体系，网络心理健康教育要面向全体学生，坚持好"三个全面性原则"。

（1）坚持教育计划的全面性。大数据时代，高校网络心理健康教育是针对全体大学生实施的一种全面素质教育，高校应从培养社会主义现代化建设的生力军和主力军、培养社会主义建设者和接班人的高度重视心理健康教育工作，把网络心理健康教育全面纳入学校整体教育计划中，充分发挥学校教育的整体效益。

（2）坚持教育对象的全面性。网络心理健康教育的工作对象不仅仅是针对心理不适应和心理不健康、心理疾病患者，还应该面向大多数适应良好者。因此，要坚持教育对象的全面性，针对学生的不同适应状况，采取相应的教育措施，提高学生整体心理健康水平，促进其心智的提高。

（3）坚持教育内容的全面性。网络心理健康教育要针对学生特有的心理问题，采取相应的教育内容，如对人际关系、学习心理、贫困学生心理、就业压力、情感心理等要采取相应的措施，方能取得实效。

3. 主体性原则

构建网络心理健康教育体系，作为网络心理健康教育主体的教育者、管理者必须坚持好"两个主体性原则"。

（1）网络心理健康教育工作者的主体性。在网络心理健康教育中，教育者主体性发挥得如何，直接关系到网络心理健康教育的方向和效果。这是因为网络心理健康教育工作者是规划、调控整个心理健康教育过程，引导受教育者的思想、提高其心理素质、塑造其心理品德的主导因素。因此，我们要充分调动心理健康教育工作者的能动性、主导性、创造性、前瞻性，使之以强烈的责任感、事业心和创新精神根据不同层次的受教育者的特点创造性地开展工作，在构建网络心理健康教育体系中真正发挥好主体性作用。

（2）受教育者即全体大学生的主体性。在整个网络心理健康教育过程中，大学生既是客体，也是主体。作为客体，他们是网络心理健康教育的对象；作为主体，他们是网络心理素质健康发展的需求者、受益者。在网络心理健康教育体系的构建中，网络心理健康教育工作者应充分尊重大学生主体性地位，引导他们自我探索、自我发现、自我领悟，发挥自主性、自觉性、创造性和能动性，促进教育对象进行自我教育，自觉、自主地适应新情况、处理新问题，不断提高大学生自身的心理素质，从而实现教育向自我教育的转化。

4. 合力性原则

网络心理健康教育是一项系统工程，人的思想、心理与行为紧密相连，因此构建我国高校网络心理健康教育体系，要借助高校有关部门的力量，形成合力。该原则包含"三个结合"。

（1）与思想政治教育相结合。网络心理健康教育与思想政治教育的最终目的都是为了培养高素质的全面发展人才。我国有着优良的思想政治工作传统，改革开放新时期的思想政治工作更是创造了丰富的成功经验。因此，既要认识到网络心理健康教育与思想政治教育有机结合的必要性，又要认识到二者在教育目标层次、教育理论、内容、方法上有明显的区别。在实践中，既不能将二者混淆、等同、替代，又不能将二者对立、分割，而应当将二者相结合。通过网络心理健康教育解除或缓解学生的认知、情绪或行为方面的困扰及障碍；通过思想政治教育提升学生的人生境界，确立积极进取的人生态度，科学对待人生环境，为行为增添动力，促进网络心理健康水平的提高。

（2）与高校学生管理相结合。实践证明，将心理危机干预机制渗透到学生管理组织结构中，可提高心理危机干预的及时性和有效性。而加强学生管理工作，则能及时掌握学生的思想心理动向，及时发现学生的心理问题，可增强网络心理健康教育的针对性。因此，网络心理健康教育要与高校学生管理相结合，相辅相成，既为学生的负性情绪提供释放能量的渠道，降低极端消极事件的发生率，同时也有利于学生管理及学生的健康成长。

（3）与学校的教书育人、科研育人、管理育人、服务育人相结合。要动员学校全体教职员工都来关心大学生的心理健康，把网络心理健康教育渗透到学校各项工作中。

5. 层次性原则

构建我国高校网络心理健康教育体系，要根据大学生在校学习、生活的适应状况，采取不同的心理辅导方法和教育内容，即要针对三类不同的学生群体，进行三个层次的辅导。

（1）对不适应者。主要进行专业化心理咨询和心理辅导为主的障碍性辅导。

（2）对适应不良者。主要进行大众化心理辅导与专业化心理咨询相结合的适应性辅导。

（3）对适应良好者。主要进行大众化心理辅导的开发性辅导。

6. 互动性原则

构建我国高校网络心理健康教育体系，要在网络心理健康教育中坚持"三个互动"。

（1）参与方式的互动。网络心理健康教育需要互动，除了设计传统的心理学课程教学、心理专题讲座、心理科普宣传以外，更要注重个体咨询、团体训练、心理素质拓展，通过案例式、讨论式、座谈式、访谈式等鼓励受助者积极参与的方式进行互动，以增强网络心理健康教育的实效性。

（2）网络心理健康教育工作者与大学生之间的互动。单纯的说教和灌输不可能解决学生内心世界的困惑和障碍，网络心理健康教育要敲开大学生的心灵之窗，解决心理矛盾和问题，开发其潜能，最重要的就是要强调教育工作者与大学生之间的互动，在互动中提升学生的积极性和主动性，达到双方受益的效果。

（3）大学生与大学生之间的互动。以"助人自助"的基本理念和态度，提倡朋辈互动，引导学生自我控制、自我调节、自我教育和自我服务，帮助他们发挥自身的潜力，解决自己的问题，提高教育实效。

7. 综合性原则

构建我国高校网络心理健康教育体系，需要强调综合性原则，注重心理健康教育方法和途径的综合性，如"线上"与"线下"的结合，课内与课外的结合，校内辅导与校外咨询的结合，教学与实践的结合，咨询与辅导的结合，个体咨询与团体辅导的结合，教师咨询与朋辈咨询的结合，心理辅导与医学治疗的结合，网络咨询与见面咨询的结合，等等。同时，也需要综合性考虑网络心理健康教育队伍建设，不仅要依靠专业心理咨询师，还要注意发挥辅导员、班主任以及学生骨干在网络心理健康教育中的重要作用。

8. 保密性原则

构建网络心理健康教育体系，应坚持保密性原则。考虑网络虚拟社会的特征，在网络平台上对学生实施心理健康教育时，充分尊重学生的个人隐私，突出学生的主体地位，增强学生对网络心理健康教育的认同感，以保证教育作用的有效发挥。

三、构建高校网络心理健康教育体系的组成部分

高校网络心理健康教育体系，是由若干个子体系构成的，当前应着力构建好以下几个子体系。

（一）目标体系

构建网络心理健康教育体系，目标体系是导向。目标体系可以分为不同类型。按目标的抽象性，可以分为总目标、一般目标或具体目标等。按目标

的层次性，可以分为发展性的教育目标、预防性的教育目标、矫治性的教育目标。不同类型的目标，都是围绕着总目标进行的，也就是说都是为总目标服务的。网络心理健康教育的总目标应能反映高校心理健康教育的基本要求，符合学校教育培养目标要求。网络心理健康教育的总目标可以概括为：通过网络心理健康教育，提高大学生的心理素质，开发大学生潜能，培养大学生乐观向上的心理品质，解除心理困惑，促进大学生人格的健全发展。

为实现网络心理健康教育的总目标，在具体操作层面上，应确立多层次的教育目标，即发展性的教育目标、预防性的教育目标和矫治性的教育目标齐头并进。发展性的目标重在优化学生的心理素质，培养良好的人格特征；预防性的目标重在提高学生的适应能力，深化学生对心理问题的认识，加强大学生的心理自我保健意识；矫治性的目标重在矫治大学生的心理问题，减轻大学生的心理症状，并帮助患有严重精神卫生问题的大学生寻求专业机构的介入。以上三层次目标并不是互相排斥的关系，而是相辅相成、相互影响的关系。发展性的目标是网络心理健康教育工作中的重点，矫治性的目标是网络心理健康教育工作中的难点，而预防性的目标则是两者的交叉点。网络心理健康教育工作的根本目的是促进学生人格的发展、心理健康水平的提高，所以是重点；而矫治学生的心理问题需要相关工作人员具备专业的知识和技能，所以是难点。三者均为网络心理健康教育体系的目标，缺一不可。

网络心理健康教育不同层次的目标是相互制约、相互联系的统一体，只是为了便于在工作中实际操作而进行了划分。实际上，总目标统领并指导各层次目标，各层次目标是为总目标服务的，各层次目标也要根据具体情况而定；针对不同工作阶段、群体，可能确立的主要目标不同，但不是排斥其他层次的目标。需要指出的是，在以往的大学生心理健康教育工作中，存在只注重矫治性目标的认识误区，把心理健康教育的对象集中在存在心理障碍、人格缺陷的大学生，使得高校心理健康教育工作仅仅局限于心理咨询与治疗上面，而忽视了心理健康教育的发展性目标。发展性的心理健康教育面向全体学生开展，目的在于提高学生对心理健康的认识，增强学生的自我心理保健意识。以全体学生为对象的心理健康教育，不仅仅是教育对象的扩大，更是教育理念的进步、教育目标的明确，它促进了网络心理健康教育作用的发挥。

（二）政策体系

构建网络心理健康教育体系，政策体系是关键。自 20 世纪 80 年代，中央及教育部出台了一系列关于加强高校心理健康教育工作的政策文件，如《教育部关于加强普通高等学校大学生心理健康教育工作的意见》（教社政〔2001〕1 号）、《中共中央国务院关于进一步加强和改进大学生思想政治教育的意见》（中发〔2004〕16 号）、《普通高等学校学生心理健康教育课程教学基本要求》（教思政厅〔2011〕5 号）、《关于加强心理健康服务的指导意见》（国卫疾控发〔2016〕77 号）、《高等学校学生心理健康教育指导纲要》（教党〔2018〕41 号）、《新型冠状病毒感染疫情形势下学生突出心理问题防治工作实施方案》（教体艺厅函〔2022〕50 号）等政策性文件，来加强和规范大学生心理健康教育。但是地方各级教育主管部门都普遍缺乏出台符合当地教育基本情况的引导性政策。我国高校开展网络心理健康教育的实践证明，要做好大学生心理健康教育工作，首先应该构建针对大学生心理健康教育的政策体系，用政策引导、支持，用长远的眼光看问题，这对学生的人格完善、情绪调节、习惯养成、人际交往、自我意识，以及处事态度等大有帮助。奉行"政策先行"的原则，这并不是一种被动的选择，也不是没有政策各高校就不开展工作，而是教育主管部门要有前沿的眼光和先进的思想，高瞻远瞩，进行发展性规划。当前为加强政策性引导工作，地方政府及教育主管部门应站在发展的前沿，进行大学生心理健康教育工作的长期规划和短期规划，出台相应的保障政策，如对大学生心理健康教育的重要性、大学生心理健康教育工作的地位、大学生心理健康教育的工作要求等，都应有所涉及，形成有利于大学生心理健康教育开展的政策体系，使大学生网络心理健康教育工作有策可依，切实保障和规范大学生网络心理健康教育工作的开展。

（三）管理体系

构建心理健康教育体系，管理体系是根本。从我国高校的实际情况出发，网络心理健康教育管理体系应由以下几个部分构成。

1. 心理健康教育工作委员会

心理健康教育工作委员会为学校开展心理健康教育的领导机构，由负责学生工作的校领导、学生处、教务处、保卫处、宣传部、校团委等部门领导构成，主要在学校宏观层面开展工作，如确定年度心理健康教育工作的重点，把握心理健康教育的发展方向，组织协调学校各部门的资源，监督相关部门完成心理健康教育计划等。

2. 心理健康教育中心

心理健康教育中心为学校开展心理健康教育的主要机构，一般挂靠学生处，但由于工作具有专业性，在人员管理上保持相对独立性。心理健康教育中心负责学校心理健康教育工作的具体落实，如开设心理健康教育课程，开展个体与团体心理咨询，对有严重精神问题学生进行干预等。为了工作的需要，心理健康教育中心可以设教研室、咨询室和办公室等机构。设立教研室，旨在提高全校心理健康课程的教学水平，同时促进教师对学生心理健康问题的科学研究。咨询室是开展心理咨询的主要机构，通过选聘咨询师、开展心理测评、建立心理档案等实现心理咨询的主要职能。设立办公室是为了加强与教务、团委、保卫等部门的沟通与协作，以更好地宣传心理健康知识，开展学生心理健康教育活动。

3. 院系辅导室

院系辅导室为学校开展心理健康教育的工作机构。院系通过设立学生成长发展的机构——辅导室，解决本院系学生在生活、学习与职业发展中遇到的问题。院系辅导室由院系负责学生工作的党总支书记、团总支书记及辅导员组成，承担贯彻落实学校心理健康教育文件精神、在心理健康教育中心指导下完成本院系心理健康教育工作等职责。由于直接面对学生开展工作，院系辅导室在心理健康教育工作中起着承上启下的桥梁作用。

4. 班级心理委员

心理委员是班级学生干部的一部分，承担着班级层面的心理健康教育工作，包括定期与院系辅导室沟通，掌握班级同学的心理状况，随时报告班级同学的异常心理情况，为同学提供必要的心理支持等。此外，心理委员在开展班级心理健康教育活动、宣传心理健康知识方面也发挥一定的作用。

（四）课程体系

教育部规定，普通高校要开设心理健康必修课，原则上应设置 2 个学分（32—36 学时），有条件的高校可开设更多样、更有针对性的心理健康选修课。构建网络心理健康教育体系，课程体系是核心。科学的网络心理健康教育课程体系，应包括心理健康教育通识课程、心理健康教育活动课程、心理健康教育综合课程三类。

1. 网络心理健康教育通识课程

（1）网络心理健康教育通识课程总体要求。即以通识教育为基石，把心理健康教育的重心放在"健康的大多数"身上，面向全体学生开展积极的心理健康知识普及活动，培养大学生掌握科学方法，学会自我调节和主动求助，从而较快摆脱心理问题的困扰，激发出蕴藏在大学生内心成长和创造的力量，使大多数学生能够对心理问题有科学的了解和正确的应对方法，使学校心理健康工作从以心理咨询和治疗为主的事后被动干预到以普及教育为主的事前主动预防。按照这个总体要求，要以积极心理学为理论背景，注重提高学生自我认识、自主选择、自我负责以及自我提升的能力；力求在活动、体验、思考和领悟中使学生主动认识自我，积极独立地实现生活中的选择并勇于为自己的选择负责，进而发展出终身学习、自我成长的调节机制。

（2）"线下"通识课程教学的具体内容。网络心理健康教育通识课程可以"线上"与"线下"同时并举，"线下"通识课程教学的具体内容包括：一是心理健康知识普及，教学重点是介绍主要心理学流派的基本观点，怎样正确看待心理问题；二是个人成长与适应，教学重点是了解自我意识的发展历程，更好地认识自己，通过生与死的探讨认识生命，珍爱生命；三是方法与技能培养，教学重点是介绍大学生活的特点，引出时间管理对大学生的重要性和必要性，人际交往的过程、影响交往的因素及常见的人际交往类型。

（3）"线上"通识课程教学的具体内容。可全程模拟"线下"的教学模式，授课内容包含心理课程的全部内容，并且增加校外专家的课程，专设为学生提供参考书目和相关心理教育网站的链接，通过音频、视频、图像、文档等媒体形式，使学生可以通过听课、自学、作业、单独接受辅导和参考专家书籍等多种方式，学习授课内容，解决自己的问题，不断完善自我。在具体的学习中，利用网易公开课等教学辅助工具，实现网络教学的无限拓展，让学生发现网络的运用价值，让网络真正"为我所用"。

2. 网络心理健康教育活动课程

（1）网络心理健康教育活动课程的要求。活动是将心理知识转化为心理品质的中介环节。网络心理健康教育的活动课程在运用上，要发挥"线上"和"线下"的各自优势，改变传统的单向的理论灌输和知识传授的方法，使之成为《普通高等学校学生心理健康教育课程教学基本要求》中明确提出的"集知识传授、心理体验与行为训练为一体的公共课程"。

（2）网络心理健康教育的活动课程安排。可采取理论与体验、讲授与训练相结合的方法，如采用案例分析、角色扮演、情境表演、小组讨论、体验活动、团体训练、心理测试、心理视频赏析等方法，将大学生现实生活中的真实案例及热点、焦点问题，设置成相应的情境，让学生自愿扮演角色，体验角色的情绪与心理发展过程，通过小组成员不断的交流与沟通，产生深刻的情绪和情感共鸣；可通过心理测验、团体活动，将课堂中的理论知识与个人的亲身感受和体验活动相结合，在活动中有所体验、有所感悟，将心理健康的基本理论、自我调适的基本技能内化为学生个人的知识积淀，并运用在解决心理问题的实践中。

3. 网络心理健康教育综合课程

（1）网络心理健康教育综合课程的基本要求。网络心理健康教育的通识课程与活动课程是相互渗透、相互交叉的，二者的综合与融合就构成了综合课程。它的基本要求是：把讲授和活动相结合，以活动为主要载体的教育形式，以发展和优化大学生的认知、情感、意志、个性等心理品质为主要教育目标，教师根据大学生心理特点、年龄特点和知识水平精心选择与设计讲授内容和活动方式，在教师引导下充分发挥大学生主体性自我教育、自我控制的潜能和机制，通过感知、体验、领悟提高社会适应能力和建立心理调节机制，培养和发展大学生良好的心理品质，促进个人的成长和自我实现。

（2）实施综合课程注意事项。一是综合课程重视学生的个人体验，重视学生的参与和投入，重视师生、生生之间的多向沟通，是网络心理健康教育课程的主要形式，因此通识课程可以通过适当的方式用活动的形式组织教学，团体心理辅导活动的内容也可以通过适当的方式以通识教育形式教给学生。二是在实施综合课程教学时，应注意充分发挥网络资源共享，引导学生自主学习。如心理活动课程，凭借课外辅导、咨询、学生自助等途径和多样化的方法，可影响和强化学生心理教育的意识，通过引导学生自主学习，进而形成自我心理调适和适应社会生活的能力与行为。三是网络心理教学资源不仅包括教学大纲、授课录像、多媒体课件、教学案例、体验活动介绍、课后习题分析等全部教学内容，还需增加一些陶冶情操、净化心灵、提升学生的人文素养和心理品质的内容，如心灵美文、赏心图片、优美音乐等，从而增强网络心理健康教育的完整性和实效性。

（五）服务体系

构建网络心理健康教育体系，服务体系是载体。按照目前大学生的需求，服务体系所提供的服务主要是以下四个方面。

1. 提供资源检索及管理服务

为学生提供可以自主学习的平台，让他们对各种心理健康知识更加了解，并在此过程中发现自身存在的问题；而相关的教师则可以通过这个平台对教学内容进行实时的更新和改变，并按照不同的主题来设置教学情境，更加方便学生进行学习。

2. 提供心理测评服务

为学生提供心理自测平台，当学生完成自测之后，系统可根据学生的答题状况生成自测报告，心理教师可根据学生的自测情况直接将自己的建议反馈给学生。

3. 提供在线咨询服务

（1）提供实时网络心理咨询服务。QQ、微信等聊天软件发展到现在，功能已比较全面和个性化，不仅能支持实时在线交流，还允许在聊天的同时进行影音传递，既摆脱了时间和空间的限制，也克服了电子邮件、留言板等服务形式的滞后性。

（2）提供校园电子公告系统和留言本咨询服务。校园 BBS 和留言本作为一种广泛的师生、生生互动交流方式，存在诸多共性。利用 BBS 进行高校心理咨询，不但可以最大限度地利用原本有限的心理咨询资源，而且 BBS 本身就能够让使用者抒发心理压力。同时，由于浏览者对求助者的关注，促使他们在回帖中积极发表观点和看法，成为帮助求助者的一股重要力量。留言本一般作为高校的心理网站、博客中的一个版加以设置，安排专职教师负责在 24 小时内解答学生留下的心理困惑，其他学生也可以跟帖提出自己的看法，基本上每天都有新的跟帖或者留言。

（3）提供电子邮件咨询服务。电子邮件心理咨询，即咨询双方采用电子邮件的方式传递信息、交流思想、展开心理咨询活动。作为在咨询活动中一种积极的有效工具，使用电子邮件有多方面的好处：有利于来访者增加与咨询师的接触频率，能够在一定程度上克服传统书信咨询由于信件往返周期长所引起的信息不畅的缺点，方便、快捷、成本低；有利于强化来访者在咨询活动中的参与意识，通过积极主动陈述自己的心理状况，可以起到情感倾诉和心理减负的作用；来访者和咨询师都有充分的时间考虑讨论的问题，增强咨询的实效。

4. 提供考核评价服务

如果学生参与了长期的、大规模的心理普测之后，教师就可以对某个学生在不同阶段的学习和表现进行相应的评估，这样可以进一步促进学生的自主学习。

（六）保障体系

构建网络心理健康教育体系，保障体系是保证。当前，为构建行之有效的保障体系，需做好以下几个方面工作。

1. 建立完善的工作制度，确保网络心理健康教育工作责任到人

学校要针对各个层次的相关领导及师生制定明确的工作职责和各项规章制度，强调网络心理健康教育工作的重要性。学校心理健康教育中心要将工作制度化，如制定《心理咨询的原则》《心理咨询师工作守则》《心理服务部成员工作守则》等，确保网络心理健康教育工作有序开展。其他各级心理健康教育组织，均要制定出有效的规章制度，支持并协助学校大学生心理健康教育中心顺利完成各项工作。

2. 保证经费投入，加强软硬件建设

高校应为网络心理健康教育划拨专项经费，并纳入常规性经费预算，做到专款专用，如购置心理测评软件和心理学书籍、建立学生心理档案、改善心理健康教育场所与设备、开展心理健康教育活动、专兼职心理咨询教师培训学习等，为网络心理健康教育工作顺利有效地开展提供物质基础。

3. 建立支持系统，增强网络心理健康教育的实效性

高校教育者要树立整体教育的新观念，建立"学生+学校+家庭+社会"的立体心理健康教育支持系统，通过各种渠道将家庭教育和社会影响纳入大学生的成长成才培养计划。

主要途径：（1）通过向家长发放心理健康手册等传递新的教育理念；（2）建立学生心理健康与家庭教育档案并及时向家长反馈教育建议；（3）建立家长委员会，邀请不同年级、不同职业的家长来校共同探讨学生的成长问题；（4）通过家长热线、网络（家长园地）建立家校沟通平台。

其次，保持和强化社会教育的补充和延续作用。

主要措施：（1）宣传提高全社会的心理健康意识；（2）继续建立健全对贫困生等特殊群体的资助和奖励制度；（3）为大学生参加社会实践和实

习提供有利的条件；（4）从制度上为大学生就业和创业提供支持。

4. 建立校园文化教育体系，构建积极的校园组织系统

高校是大学生进行学习和生活的场所，营造良好的校园文化氛围，也是构建网络心理健康教育体系中的保障体系的重要组成部分。

第一，开展丰富多彩的校园文化活动，发挥活动的体验效应。人的许多认识都是在亲身的实践活动中形成的。我们要将德育和网络心理健康教育的内容融入学生喜闻乐见的演讲、演出、板报、校报、广播、网站以及社团活动和社会实践活动中，引导学生积极参加，让学生在这些有意义的活动中，通过陶冶情操、修养品德、激励进取、磨炼意志，树立正确思想观念，提高综合素质。

第二，建设寓教于美的校园，发挥环境的感染效应。社会存在决定社会意识，一个人所处的环境对其思想有着重要影响。高校应注重校园文化的建设，增加校园文化建设中的教育含量，这对于大学生良好心理素质的形成具有不可忽视的作用。例如，整洁优美、洋溢着文化气息的校园，可以使大学生热爱学习，热爱生活，热爱母校，进而热爱祖国的大好河山，激发起爱国主义的情感。走廊里富有魅力的壁画、条幅和雕塑，则会给大学生以深深的艺术感染，不仅增长知识，提高文化素养，而且也增强审美意识，提高审美能力，有益于提升大学生的心理健康水平。

第三，宣扬高素质的优秀人物，发挥榜样的激励效应。榜样对人有潜移默化的引导和激励作用，大学生的思想和目标直接受其心中榜样的影响。因此，高校应充分利用校刊、黑板报、广播、网站、闭路电视等宣传工具，经常性地宣扬那些品德高尚、勤奋努力的优秀人物，如古今中外的科学巨匠、卓有成就的中华学子、辛勤耕耘的先进教师、出类拔萃的优秀学生、各行各业的杰出典型等，为大学生提供一种激励发奋成才的信息环境。在这种环境长期熏染下，大学生必定会受到春风化雨且浸润心灵的激励教育，对心理健康素质的提高会取得一般明示教育难以达到的效果。

第四，营造良好的群体氛围，发挥群体的带动效应。群体与个人之间是相互影响、相互作用的，良好的群体氛围对大学生具有很强的带动作用。一般来说，人都有一种从众心理，会自觉不自觉地与群体在各方面保持一致。在高校中，如果能营造一种健康向上、积极进取的校风和班风，会使身在其中的大学生受到无处不在的细雨润物般的影响，如严谨认真、刻苦钻研的学习风气，与人为善、团结友爱的助人风气等。这些良好风气会时刻影响着每一个大学生，使他们在日常的学习和生活中不知不觉地受到群体氛围的感染和带动，往往更能达到心理健康教育的良好效果。

总之，高校网络心理健康教育体系建设是一项复杂的系统工程，同时也是一项长期而艰巨的任务。要完成这项重大工程，需要高校教职员工和全体学生的全员参与，需要全社会的关心。只有这样，才能有效地解决目前高校网络心理健康教育中存在的一些偏差和问题，促进大学生的精神健康和身心素质的全面发展。

第十五章

大数据时代高校网络心理健康教育的评估

　　评估是教育工作的一项重要环节，也是改进和完善教育工作的重要依据。随着网络心理健康教育实践的不断深入，对高校网络心理健康教育进行评估也要相应地跟进。实践表明，对高校网络心理健康教育进行评估，是推动网络心理健康教育工作的重要手段和措施，是高校网络心理健康教育工作的组成部分，具有重要的现实意义。因此，加强网络心理健康教育评估的研究，制定一个既能体现我国高校网络心理健康教育工作的新发展，又能反映时代特征、引领我国高校网络心理健康教育工作健康发展的评估标准，已成为一个亟待解决的新课题。

一、评估的概况：概念、现状与问题

（一）评估的概念

　　评估，按照《现代汉语词典》的解释是"评议估计"的意思。《应用汉语词典》的解释是"根据标准衡量"。由此，评估的解释可认为是按照事先制定的标准，对已完成或正在进行的事件或活动进行的一种特殊的评价。关于教育评估的概念，最早由美国俄亥俄州立大学的泰勒（Tyler，R. W.）于1930 年首次提出，他认为"教育评估在本质上是确定课程和教学大纲在实际上实现教育目标的程度的过程"。① 美国教育评估标准委员会在 1981 年对教育评估的综合界定是"教育评估是对教育目标和它优缺点与价值判断的系统调查，为教育决策提供依据的过程"。我国心理教育专家陈玉馄认为："教育评估是对教育活动满足社会和个体需要的程度作出判断的活动，对教育活动现实的（已经取得的）或潜在的（还未取得，但有可能取得的）价值作出判断，以期达到教育价值增值的过程。"② 基于前期国内外学者的研究，笔者认为教育评估就是根据一定的目的和标准，采用科学的态度和方法，对教育工作中的活动、人员、管理、条件的状态与绩效以及教育活动的发生过程和结果，进行客观的价值判断。

关于网络心理健康教育评估的概念，目前尚无统一的定义。为此，有必要首先了解心理健康教育评估的概念。心理健康教育评估作为教育评估的一个分支，虽然目前也尚无统一的定义，但已有不少研究成果。傅文第认为心理健康教育评估是运用科学的方法和手段收集关于学校开展心理健康教育工作的客观资料，考查其目标达成情况，并对其效果与存在的问题作出符合实际且恰如其分的评价的工作。③ 杨忠健认为心理健康教育评估是对整个心理健康教育过程及效果作出事实分析与价值判断。④ 韦俊卿还提出为保证心理健康教育的科学性和实效性，要进行心理健康教育的专项督导，其重点是对计划到达度的检验。⑤

综合以上观点，心理健康教育评估的概念，主要包括：（1）心理健康教

① 陈玉馄：《赵永年教育学文集·教育评估》，人民教育出版社 1989 年版，第 263 页。
② 陈玉馄：《赵永年教育学文集·教育评估》，人民教育出版社 1989 年版，第 263 页。
③ 傅文第：《试述学校心理健康教育评估的内容与程序》，《吉林教育科学（普教研究版）》2001 年第 3 期。
④ 杨忠健：《浅论中小学心理健康教育工作评价体系》，《中小学心理健康教育》2004 年第 9 期。
⑤ 韦俊卿：《中小学心理健康教育专项督导若干问题探讨》，《广西教育学院学报》2004 年第 S1 期。

育评估的目标；（2）心理健康教育评估既包括对教育过程的评估，也包括对教育效果的评估，是事实分析与价值判断相结合的过程；（3）心理健康教育评估的目的包括监督鉴定和指导改进两方面，但主要以指导改进为主。

作为网络时代的产物，网络心理健康教育的评估应更主要借助于网络这一载体。基于此，我们可将网络心理健康教育评估的概念表述为：依据网络心理健康教育的目标，制定相应的评价标准、指标和程序，运用科学的评价方法，对网络心理健康教育过程及结果进行实事求是的评价，以达到指导改进网络心理健康教育工作的目的。

依据网络心理健康教育的总体培养目标，网络心理健康教育评估主要有目标评估、过程评估和结果评估等三个方面。网络心理健康教育目标评估，重在培养心理健康发展的人，不仅要评估有心理疾患的特殊群体是否恢复心理健康，更重要的是要评估是否提高学生心理素质，开发他们的心理潜能。网络心理健康教育过程评估，重在形成性评估，旨在对网络心理健康教育过程进行及时监控，诊断教育过程中存在的问题，及时反馈信息，以达到提高网络心理健康教育的质量的目的。网络心理健康教育结果评估，重在总结性评估，主要从学生的心理变化与心理成长入手总结网络心理健康教育的成效。

（二）评估的现状与问题

当前，我国高校心理健康教育经过实践和发展，大部分高校的心理咨询中心已具备一定的规模，心理健康教育的内容也日渐丰富。其间，为了促进高校心理健康教育活动与咨询中心的健康发展，一些省市相继推出了对该项工作的评估标准。但在实际执行过程中，各省市教育主管部门都强烈地感到这些评价指标在具体操作上已不能有效地指导当前的心理健康教育工作，尤其是随着网络心理健康教育的兴起，原有的评估标准很难反映当前高校心理健康教育工作发展的新方向和新趋势。因此，如何制定一个既能体现我国高校心理健康教育工作的新发展，反映时代特征，又能引领我国高校心理健康教育工作健康发展的心理健康教育评估标准已成为一个亟待解决的问题。

1. 高校心理健康教育评估的研究现状

学者们对心理健康教育评估指标体系展开了广泛而深入的研究。

傅文第（2001）认为心理健康教育评估的主要内容为对心理健康活动课的评估、对学校心理辅导活动的评估、对学校心理健康教育组织管理工作的评估和对教育效果的评估等；评估的基本程序为编制评估表、收集评估信息、评估和反馈评估结果等。①

杨忠健（2004）认为心理健康教育评估指标体系包括 3 个一级指标：一是对心理健康教育的管理，包括领导组织和物质保障，这是工作的基础；二是心理健康教育实施的过程，主要指内容和方法，这是工作的核心；三是心理健康教育实施的效果，即实效性，这是工作的关键。每个一级指标下再确定若干个二级指标。②

钱兵（2004）将一级指标分为对学校的评估、对教师的评估、对学生的评估。对学校的评估主要是学校对心理健康教育工作的管理、教师的配备、资金的使用，其他学科的渗透等；对教师的评估主要是教师心理健康教育的理论与专业知识、定期参加培训的时间、教师的职业道德、教学能力等；对学生的评估主要是学生自我认识的发展、对社会的认识、学习人生处事态度、情感发展、实践能力与创新意识的发展等。③

方双虎和姚本先（2007）认为心理健康教育评估指标主要包括组织领导工作标准、基本设施工作标准、队伍建设工作标准、课程教学工作标准、

---

① 傅文第：《试述学校心理健康教育评估的内容与程序》，《吉林教育科学（普教研究版）》2001 年第 3 期。

② 杨忠健：《浅论中小学心理健康教育工作评价体系》，《中小学心理健康教育》2004 年第 9 期。

③ 钱兵：《浅论心理健康教育评估体系的建构》，《中小学心理健康教育》2004 年第 1 期。

心理咨询工作标准、心理测评工作标准、科学研究工作标准、评估督导工作标准等。①

　　柴兴泉、周慧芬、王秀希（2011）认为我国高校心理健康教育发展总体势头较好，但在心理健康教育评估方面仍然存在着诸如评估观念偏差、评估内容肤浅、评估方法单一、评估过程专业性较差等一系列问题。解决这些问题的主要策略有：正确认识评估的目的，构建科学全面的便于操作的评估指标体系，构建严谨科学的评估方法体系，以及提高评估工作人员的素质和评估的信度及效度。②

　　姜巧玲（2012）认为，高校网络心理健康教育评估是针对评估指标进行全方位、多角度的考察过程，既涉及对工作开展的评估，又涉及对教育者和受教育者的评估。对不同内容的评估需要在总的目标和标准要求下，采取不同的组织实施办法，提高网络心理健康教育的评估工作的有效性和可信度。③

　　王秀希、张丽娟、高玉红、许峰（2012）从心理健康教育评估的实践中总结出三阶段六步骤评估程序：①准备阶段：组织人员准备、评估方案准备；②实施阶段：搜集整理信息、分析评估信息；③终结阶段：反馈评估结果、总结评估结果。④

　　马艳秀、杨振斌、李焰（2013）在国内外相应研究成果的基础上对已经存在的指标群按一定的标准聚类，在拟定的指标体系基础上做进一步的归类整理，确立了组织管理与机构设置、师资队伍建设、教育活动与科研、咨询与辅导、条件保障等 5 个一级指标以及 28 个二级指标所构成的高校心理健康教育评估指标系统。⑤

---

① 方双虎、姚本先：《高校心理健康教育工作标准研究》，《江苏高教》2007 年第 3 期。
② 柴兴泉、周慧芬、王秀希：《高校心理健康教育评估工作存在的问题及应对策略》，《教育探索》2011 年第 3 期。
③ 姜巧玲：《高校网络心理健康教育体系的构建》，博士学位论文，中南大学，2012 年。
④ 王秀希、张丽娟、高玉红、许峰：《高校心理健康教育评估体系的初步构建》，《邯郸学院学报》2012 年第 3 期。
⑤ 马艳秀、杨振斌、李焰：《构建中国高校心理健康教育评估指标体系的研究》，《思想教育研究》2013 年第 3 期。

林立涛（2015）根据当前我国高校的发展状况，提出体现高校心理健康教育未来发展方向的新的评估指标，同时借鉴国外一些先进的心理健康教育管理和评估经验，进一步完善和促进高校心理健康教育，完善其评估标准，促进高校心理健康教育的新一轮发展。[①]

丁远、高娜娜（2015）认为高校网络心理健康教育评估，旨在对网络教育质量水平进行准确的定位与分析。在教育评估指标方面，主要是由组织管理、教育内容、平台建设、师资团队等几个指标构成。组织管理上是对网络教育目标、发展方向、师资力量等进行的评估。教育内容上还是对学生心理状况调查、网络咨询答疑等方面的评估。网络平台建设主要是开设专栏是否齐全、内容是否符合规范等进行评估。师资团队是对专、兼职教师培训及工作开展情况管理方面的评估。在具体实施方式上应该采用多维度的评估方法，可以引入多元主体评估方式，由专家、学生、教师参与评估，或是线上与线下的评估方式等。[②]

周奕（2017）认为网络心理健康教育与现实心理健康教育不同，但是要以现实心理健康教育为基础。同时，作为网络时代的产物，高校网络心理健康教育的评估更应该要借助于网络这一载体。主要包括网络心理健康教育目标评估、过程评估和结果评估等三个方面。[③]

赵婷（2018）认为利用大数据进行大学生心理健康评估具备可行性。大数据的利用会给心理健康教育工作者带来便利，也有需要注意的问题。第一，评估学生心理健康状态缺乏标准，无法对学生心理障碍的严重程度进行划分，仅能根据表象进行有无心理障碍的识别。第二，利用大数据进行大学生心理健康评估范围有限，仅能评估经常使用互联网的学生。第三，大数据的利用需要依托专业的网络工程技术和完备的网络心理健康教育体系的构

① 林立涛：《关于完善高校心理健康教育评估标准的思考》，《思想理论教育》2015 年第 3 期。

② 丁远、高娜娜：《高校网络心理健康教育研究》，《延安职业技术学院学报》2015 年第 10 期。

③ 周奕：《高校网络心理健康教育评估机制探索》，《赤子》2017 年第 19 期。

建，才能达到理想的效果，对于普通高校而言，存在难度。第四，大数据的搜集和分析，将触及学生的隐私，是否将引发公民权利问题的争论，也未可知。①

彭飞等（2020）认为心理健康教育评估的对象是心理健康教育工作。心理健康教育的不同评估角度具有不同的评估对象，从影响要素角度来看，评估的对象具体包括教育主体、教育客体、教育过程、教育经费、教育设施等内部要素，也有政治环境、经济环境、文化环境、家庭环境、校园文化等外部要素；从工作内容角度来看，评估的对象应包括心理健康教育的教学体系、活动体系、心理咨询服务体系和心理危机预防与干预体系；从学生心理发展变化角度来看，评估的对象应包括学生的心理健康水平、认知思维、情绪情感、人格状态等心理行为表现。②

综合以上观点，目前研究者对心理健康教育评估的内容、方法、途径、指标、程序和管理上的理解具有以下几个特点。

（1）评估的内容比较统一。虽然研究者们从不同的角度把评估内容分成了不同的指标，但是一级指标下的具体评估内容还是比较集中。例如学校的领导重视、队伍建设、咨询工作、学生心理素质的提高等是所有研究者都提到的。

（2）评估的对象比较统一。主要是对学校的评估、对教师的评估、对学生的评估，但较少涉及对家长和社区人员的评估。目前的研究者都看重学校教育环境对学生心理健康的影响，但对于学校利用家庭资源和社区资源来开展工作的情况在评估指标里都较少涉及。

（3）评估的方法既相同也有所不同。网络心理健康教育的评估应采用多维度的评估方法，或是"线上"与"线下"的评估方式实施。

① 赵婷：《利用大数据进行大学生心理健康评估的可行性研究》，《计算机产品与流通》2018年第6期。
② 彭飞、苏吉、吴莉、杨晶晶：《高校心理健康教育评估的问题探讨》，《山西青年》2020年第1期。

（4）评估的指标一般都注重评价对象的现实表现。目前的评估内容主要偏重对学校心理健康工作目前水平和质量的判断，对于其以后工作如何开展缺乏必要的指导意义。

（5）评估的指标一般都缺乏对学校可持续发展水平的评估。就教育资源的利用和培育而言，评估中更强调的是资源利用情况，较少涉及对教育资源的培育。对学校心理健康教育发展的可持续性不能很好地评估。

（6）对网络心理健康教育的评估指标基本没有涉及。心理健康教育与网络心理健康教育有共性之处，但不能相互取代，网络心理健康教育应有自己的评估指标，目前研究者们对此研究较少，基本没有提及。

2. 高校心理健康教育评估的实施现状

教育部颁布《关于加强普通高等学校大学生心理健康教育工作的意见》《普通高等学校大学生心理健康教育工作实施纲要（试行）》以来，目前各省市实施的情况如下。

（1）强调评估组织管理建设和硬件保障情况。比如，北京市的评估标准中，组织管理和硬件保障分别占 5 分和 20 分；上海市的评估标准中，组织管理建设和硬件保障与其他几项内容平分秋色，占总体评估标准的 1/3；江西省的评估标准中，体制机制的组织管理和条件保障各占 16 分（总分 105 分），占评估标准的 30%；广东省的评估标准（修改版）中，组织管理和硬件建设分别占 10 分和 11 分。① 不仅实际工作者重视组织管理和硬件建设，研究者也加大了权重。如有研究者编制的心理健康教育的评估指标中，组织管理和硬件环境各占 15 分；② 也有研究者通过选取不同地区、不同类型的心理健康教育一线工作者、心理健康教育专家以及心理健康教育的主管领导和官员对高校心理健康教育的评估内容进行重要性评价，最后得出组织

---

① 刘婧：《高校心理健康教育评估研究》，硕士学位论文，中南民族大学，2012 年。
② 王秀希、张丽娟、高玉红、许峰：《高校心理健康教育评估体系的初步构建》，《邯郸学院学报》2012 年第 3 期。

管理和硬件保障在评估中的权重分别是 0.212 和 0.154。①

组织管理建设的评估内容包括机构设置和组织管理。在机构设置上，要求学校层面有专门的心理健康教育领导机构，部门层面要有专门的心理健康教育机构，院系层面要有专门的心理健康教育专管教师，形成学校、心理咨询中心、院系三级网络组织。在组织管理上，要求学校层面要有明确的心理健康教育目标规划，并将之纳入学校总体规划中；心理咨询中心要有年度工作计划和工作报告等。

在硬件保障的评估标准中，一般涉及工作场所、经费保障、仪器设备以及相关资料等内容。比如，有些省市的评估标准都要求心理健康教育的经费需达到生均 10 元的建设标准；要求心理咨询中心具有各种测量软件、有关仪器设备和心理活动器材、图书期刊、音像资料等。

（2）注重评估心理健康教育工作队伍建设情况。心理健康教育教师队伍也是高校心理健康教育包括网络心理健康教育评估的一项重要内容。在这项内容中，主要对人员配置和人员培训提出了具体要求。在人员配置上，评估标准对专兼职心理咨询师以及院系的心理辅导员都有一定的要求。比如，高校按师生比例不低于 1∶4000 配备专职心理健康教育教师，且每校至少配备 2 名。上海的评估标准中还规定每周咨询 1 天以上的兼职咨询师按照 3∶1 的比例折算专职咨询师数。对专兼职咨询师以及院系心理辅导员的资格，部分省市的评估标准中也给出了明确的规定，如上海市要求所有从事心理咨询及相关服务的教师都必须具有心理咨询师资格。

心理咨询专业人员的培训及再教育，也列入评估标准并有详细的要求。《高等学校学生心理健康教育指导纲要》中明确提出，要积极组织开展师资队伍培训，保证心理健康教育专职教师每年接受不低于 40 学时的专业培训，或参加至少 2 次省级以上主管部门及二级以上心理学专业学术团体召开的学

---

① 马艳秀、杨振斌、李焰：《构建中国高校心理健康教育评估指标体系的研究》，《思想教育研究》2013 年第 3 期。

术会议。

（3）凸显评估心理咨询及心理健康教育工作的服务质量情况。作为高校心理健康教育重要组成部分的心理咨询服务，也是高校心理健康教育包括网络心理健康教育评估的主要内容。该项内容的评估主要涉及心理健康教育课程、心理健康教育活动、心理咨询以及危机干预四部分内容。对心理健康教育课程的评估，各省市评估标准中都要求高校为学生开设心理健康教育必（选）修课程，纳入学校教学计划并给予相应学分，保证学生在校期间普遍接受心理健康教育。广东省和江西省还对教材使用以及听课学生的覆盖面做了详细的规定。对心理健康教育活动的评估，主要包括学生社团组织、宣传手册、心理健康文化月活动等，上海市和江西省还包含了对心理健康教育与咨询网站的评估。对心理咨询工作的评估，各省市评估标准中涵盖个体咨询、团体心理辅导、新生心理健康普查、心理档案等内容，江西省和上海市还对咨询记录提出了要求。对心理危机干预工作的评估，各省市评估标准中主要体现在是否建立健全危机干预网络以及干预方案上。在心理咨询及心理健康教育工作的评估中，部分省市如上海市、江西省和广东省还对科研提出了一定的要求。

3. 高校心理健康教育评估中存在的问题

从总体上来看，当前高校心理健康教育包括网络心理健康教育评估虽然有一定成效，但也存在诸多不足之处，概括起来主要有如下几个方面。

（1）评估观念存在偏差。主要表现为"三怕"：一怕影响形象。有的高校行政管理部门功利目的严重，没有从解决学生心理问题角度出发开展评估工作，而是担心大学生心理健康状况的测定会影响上级对其教育能力、效果、成绩以及教育形象的评估，因此总是希望评估出的问题越少越好，从而掩盖了许多现实存在的问题，错失了改进心理健康教育工作的参照系。二怕影响主课。有些高校教育行政管理部门认为学校主要抓好课程教育，心理健康教育只是学校整体工作的"锦上添花"，只要把相关硬件和软件的设施建设搞好就行了。三怕难以把握。有的高校行政领导由于对大数据时代的网络心理健康教育缺乏理解和掌握，认为网络教育的自主性、开放性导致网络教育的随意性较大，对被教育者的直接管理难度加大，对于网络心理健康教育执行力度很难把控。上述情况将严重阻碍心理健康教育活动的科学实施和健康发展。

（2）评估主体不够多元。主要存在两种主体论：一种认为教师是课堂教学的主体，是知识的传递者，因此心理健康教育包括网络心理健康教育的效果应以教师的评估为主；一种认为学生是主体，学生在接受教育的过程中有权利对教育效果作出评估。其实这两种认识都有偏颇之处，心理健康教育包括网络心理健康教育的最终目的是提高学生的心理健康水平和心理素质，因此评估主体应该多元化，教师和学生既是教育主体也是教育评估的主体，同时学校管理者、家长、专家、社会等均可以参与到评估中来，使得评估主体多元化，多方面了解教育存在的不足，使教育得到更全面、更客观的评估，进而促进教育质量的提升。

（3）评估内容存在片面性倾向。学校心理健康教育包括网络心理健康教育评估的内容，一般是通过具体的、可测的、可观察的评价指标来体现的，即用具体的项目来反映抽象的范围和内容。但在实际操作中，有的高校评估内容存在片面性倾向，单纯以是否开设心理咨询室、是否开展"线上"和"线下"心理咨询活动为主要指标，甚至以个别极端事件如自杀的数量来衡量心理健康教育的效果，而忽略了对实施心理健康教育活动的目标体系、组织计划管理、师资力量、活动场地及设施、学生心理档案材料等多方面因素的系统评估。

（4）评估方法比较单一。评估方法是否适当，不仅对其他评估因素有着重要的支撑作用，而且将直接影响到评估的最后效果。当前有些高校心理健康教育所采用的方法，多集中于文献资料评估法和观察法，对学生个体的身心发展特征考虑不够，由此评估结果获取的资料只能静态地反映学校心理健康教育的实行情况，使得心理健康教育的量性评估和质性评估发生割裂，严重影响了心理健康教育评估的质量。

（5）评估过程专业性较差。目前心理健康教育普遍存在"四缺乏"现象：缺乏人员结构合理的评估组织；缺乏专业的心理健康教育教师；缺乏比较成熟、适用性广的评估模式参照；缺乏具体化和有针对性的评估方案。由于存在这种情况，在评估过程中往往对于获取的评估信息资料难以作出专业解释说明，直接影响及时、准确地反馈评估结果，使得心理健康教育评估整体的时效性和可信性不强。

（6）网络教育平台缺乏有效监管。网络心理健康教育，较传统的"线下"面对面传授知识，客观上对其教育质量、教育内容更难监管，需要高校采取有效方式进行监督管理。但由于在实际操作中缺乏有效监管，无论是对于教师的教学质量还是学生的受教育水平，与评估标准和要求都有较大差距。

二、评估的要求：特征、目标与内容

（一）评估的特征

构建高校网络心理健康教育评估体系，有助于提升高校网络心理健康教育工作的有效性，促进高校网络心理健康教育工作的规范性，同时对加强高校网络心理健康教育工作的创新性也具有十分重要的意义。为更好地发挥评估的积极作用，首先要认清网络心理健康教育评估的特征，这对于明确和实现评估的具体要求是十分必要的。

与传统心理健康教育评估相比，网络心理健康教育评估有如下特征。

1. 评估主体的多元化与专业化

传统的高校心理健康教育评估的主体主要为教育者和有关主管部门等，

较为单一。网络的开放性、交互性特征为实现评估主体多元化创造了条件。网络心理健康教育的评估主体，是对网络心理健康教育进行主动性评价的承担者和实施者，应是网络心理健康教育专家、心理健康教育工作者、教育主管部门领导、学校教职工。在网络心理健康教育评估中，主体还呈现出专业化的特性，其知识结构上既需要具备心理健康教育方面的知识，也需要具有网络技术知识以及专业评估知识，也就是说网络心理健康教育的评估专业性强，需要评估队伍专业化。

2. 评估内容的全面性与针对性

与传统的高校心理健康教育评估相比较，网络心理健康教育的评估内容强调全面性，要求所有评估指标能够完整地反映出网络心理健康教育的每个环节以及每个层面的情况。同时，为提高评估的可信度和效果，还要求全面考查网络心理健康教育工作的目标、过程及结果的各个方面，并力求做到覆盖所有网络心理健康教育的相关要素。

另外，网络心理健康教育的评估内容还强调针对性，要求针对与网络心理健康教育实效性相关的教育内容、教育方法和教育过程等方面进行重点评价，针对网络心理健康教育自身的特点确定重点评价内容。

3. 评估场所的虚拟化与现实性

网络心理健康教育的评估，既可以在"线下"面对面进行评估，也可以在"网上"利用信息技术进行评估。网络心理健康教育的"网上"评估具有虚拟化与现实性相互交融的特点：可以不受时间和空间的限制，借助网络技术、多媒体技术等网上交流形式，完成对评估主体的评估；可以为网络心理健康教育不同空间的评估者提供类似于传统面对面交流方式的协同工作环境，支持不同空间但相互依赖的成员进行协同工作；评估者之间、评估者与被评估者之间可以进行"面对面"的交流，使虚拟化的评估场所成为现实性的评估场所。

4. 评估方法的智能性与自主性

与传统心理健康教育评估方法相比，大数据时代的网络心理健康教育评估具有智能性与自主性。一是综合运用网络信息技术等智能化评价工具，代替了人工统计、计算和跟踪调查等方法，极大地提高了工作效率，节省了经费开支。二是高新技术的广泛应用，使评估信息能以数字化的形式保存，评估者可以通过网络检索数据，克服了传统心理健康教育评估信息采用文字材料形式记录并保存造成的表格繁多、查找困难、使用不便等缺点。三是评估者既能够通过电子图书馆以及数据库等方式查找与之相关的评估资料，又能够使评估者与被评估者借助网络技术进行自由的沟通与交流，评估的过程不再受到空间和时间的限制，从而更加高效地对评估资料进行分析，缩短获得评估结果的时间。

5. 评估行为的社会化和时空化

与传统心理健康教育的评估形式相比，网络心理健康教育评估不再受到时间、空间以及外部环境的限制，能够在任意的时空进行。由于全社会都能够参与到心理健康教育评估中，从而使网络心理健康教育评估日趋社会化，可以在更广阔的时空领域进行。

（二）评估的目标

基于上述网络心理健康教育评估的特征，依据教育部《关于加强普通高等学校大学生心理健康教育工作的意见》以及《普通高等学校大学生心理健康教育工作实施纲要（试行）》的相关规定，充分结合高校心理健康教育的现实目标体系，参照教育评估的一般规律，确立高校网络心理健康教育的根本目标和基本目标。

1. 根本目标

高校网络心理健康教育评估的根本目标是促进和规范高校网络心理健康教育工作科学、健康、顺利发展，提高网络心理健康教育工作质量，推动网络心理健康教育工作改革，构建高校良好心理氛围，切实提升广大师生心理素质和心理健康水平。

2. 基本目标

高校网络心理健康教育评估的直接目标是及时地、全面地、动态地、发展地了解学校网络心理健康教育工作开展的现状、特点、存在问题等基本情况，评定学校心理健康教育工作的总体水平；协助学校正确认识网络心理健康教育工作的得与失、困难与成功、机遇与挑战，推动网络心理健康教育工作者的专业发展和个人成长，明确学校今后工作的重点和方向；协助师生关注和正确了解自身真实心理健康状况和今后的努力方向；促进学校、家长和社会各方力量给予网络心理健康教育工作更多的支持，为今后更好开展网络心理健康教育各项工作做好积极准备。

（三）评估的内容

网络心理健康教育评估的内容，既与现实心理健康教育评估内容有共性方面，也有其大数据背景下独特的评估内容，主要有如下方面：

1. 组织管理工作评估

主要包括学校各级领导参与网络心理健康教育工作的状况，学校开展网络心理健康教育工作的运行机制以及经费投入和使用情况，网络心理健康教育管理机构的设立及工作开展状况，网络心理健康教育队伍和网站建设情况，网络心理健康教育工作的近期工作计划和远期规划，各项工作制度建设情况以及具体的管理措施等指标。

2. 网络教育内容评估

主要包括网络心理健康的标准，网络咨询的类型和功能，心理健康的正确观念以及求助的意识，网络自我教育和心理素质教育，与网络相关的心理困惑和反常心理、网络学习心理、情绪管理以及人与人之间的交往等。

3. 网站平台评估

主要包括网站平台的建设水平、网络资源的利用率以及相应的配套设施的配备。在对网络心理健康教育平台评估中，要根据网站的信息内容、浏览情况、下载情况、网站更新和维护情况以及网站的整体功能等进行评估。而具体的评估还要针对心理健康教育网站的栏目设置、界面、内容以及信息数量、形式和满足需求程度等进行。

4. 教育途径评估

主要包括即时通信工具（QQ、SKYPE 等）的使用情况，电子公告系统（BBS）的使用情况，电子邮箱、博客和微博、社交网络平台以及手机短信的使用等。网络心理健康教育评估中，要关注网络心理咨询效果的评估，而心理咨询评估主要分为过程评价和结果评价。

5. 师资队伍评估

主要包括网络心理健康教育教学以及培训的数量，参与心理咨询的学生人数以及咨询效果的评估，网络心理干预的次数以及干预效果，网络心理健康教育组织和开展心理文化活动的次数和效果，论文发表数量以及课题研究情况，其他行政事务的参与情况等。

6. 服务实效评估

主要包括网络心理健康教育的年度总结、专题总结、工作记录、社会评价，师生基本心理素质和心理健康水平，学校整体心理氛围，师生对心理健康教育工作的接受和认可程度等指标。

三、评估的实施：原则、方法、程序与措施

（一）评估的原则

高校网络心理健康教育评估的原则集中体现了评估的指导思想和基本要求，既具有自身的客观规律，又蕴含人们的主观意志，是开展评估活动必须遵从的基本准则。为建立科学、公正的网络心理健康教育评估指标体系，必须遵循以下原则。

1. 科学性原则

科学性原则又称客观性原则，是指评估指标应该符合客观规律，要科学，要有客观的尺度。只有这样，才能得到正确的评估结果。在网络心理健康教育评估中遵循科学性原则，要把握好三点：一是评估指标的建立，必须切实可行，实事求是，要能更准确地反映评估对象的真实状况；二是在制定评估指标时，应当最大限度地减少人为因素的干扰；三是尽量使用量化指标，这对评估指标体系的有效实施起着关键的作用。

2. 方向性原则

在网络心理健康教育评估中遵循方向性原则，要做到"三个遵循"：一要遵循正确的思想政治方向，贯彻国家的方针政策；二要遵循网络心理健康

教育自身的发展规律，将网络心理健康教育与思想政治教育相结合、将普及心理健康教育与个别心理咨询相结合、将网络心理健康教育与现实心理健康教育相结合、将解决心理问题与解决实际问题相结合、将他助与互助及自助相结合，以提高网络心理健康教育的质量与效率；三要遵循学生自身的身心特点，根据实际情况，进行有针对性的教育评估。

3. 整体性原则

在网络心理健康教育评估中遵循整体性原则，要把握好三点：一要充分认识网络心理健康教育评估是一项系统工程，评估指标不能只强调某一方面，也不能仅关注某些关键指标，必须具备完整性特点，能够完整地反映出教育目标；二要对评估指标体系作综合研究，避免只顾局部忽视整体的情形发生；三要把网络心理健康教育评估指标体系作为由若干个指标所构成的集合，要能够反映出各方面情况，做到综合、全面、具体。

4. 协调性原则

在网络心理健康教育评估中遵循协调性原则，要求做到"三个方面协调"：一是评估指标与评估目标相协调，指标是目标一个方面的规定，目标存在于指标的总和之中；二是指标体系内的各指标相协调，评估系统的内部机制中，各部分环节并不是独立运行的，要求指标体系内的各条指标能够相互协调和配合；三是各级指标系统内部运行相协调，某一环节给另一环节提供信息，某一环节又给另一环节加以反馈，以此在各级指标系统内部相互协调、相互配合的运行之中实现总体目标原则的内在要求。

5. 独立性原则

在网络心理健康教育评估中遵循独立性原则，要求注意三点：一是在同一级别的各项评估指标之间，不能存在包含与被包含的关系，也不能相互重叠；二是由于教育活动过程中各个方面的工作都有着内在的联系，会有一定的交叉和覆盖，但这种交叉和覆盖的面不宜过大，即指标之间的关联性指标中交叉和重合的不宜太多，以避免增加一些指标的权重，保证更多独立意义的指标合理存在；三是所谓独立性并不是绝对的，由于网络心理健康教育的各项具体工作之间存在着内在的联系，各项评估指标之间也必然存在一定联系，适当的重合也并不影响其独立性。

6. 可行性原则

建立评估指标的目的，主要是能够在评估实践中得到应用，具有可行性是最根本要求。在网络心理健康教育评估中遵循可行性原则，主要包括：（1）评估指标的可操作性，即要求评估指标体系结构不要太复杂，末级指标数不宜过多，简单易行，便于操作；（2）评估末级指标具有可测性；（3）评估对象之间具有可比性。操作遵循可行性原则，要依据高校网络心理健康教育现状，根据评估目标确定评估方案，选择科学评估方法，根据评估对象建立评估指标体系。对评估结果的统计、分析和应用，也必须从工作实际情况出发，从可行的角度来组织实施评估工作。

（二）评估的方法

高校网络心理健康教育评估是针对评估指标进行全方位、多角度的考查过程，既涉及对工作开展的评估，又涉及对教育者和受教育者的评估，在具体方法上，主要体现在两个方面。

1. 收集和处理评估信息方法

为了更科学准确及时地开展网络心理健康教育评估工作，实现网络心理健康教育评估目标，就要选择和运用恰当、有效、可靠的收集和处理评估信息方法。

（1）资料查阅法。即评估者通过广泛查阅学校心理健康教育工作相关的各种文献类、影像类资料来获取信息的一种间接评估方法。资料包括学校的年度工作计划、相关会议记录、工作总结、有关网络心理健康教育工作所形成的各类工作记录等。评估使用这种方法时，务必要保证各种文献资料的真实性。

（2）现场观察法。即评估者通过到网络心理健康教育工作场所进行全面观察获得有效信息进行直接评价的一种方法。现场观察的对象包括网络心理健康教育场所地理位置、工作环境、各类办公配备、专业软件设施，还包括网络课程讲授、案例研讨、心理培训、宣传教育等各类网络心理健康教育工作过程等。

（3）问卷调查法。即评估者采用设计好的调查问卷对有代表性的师生心理健康现状以及师生对于网络心理健康教育工作开展的满意程度等信息进行收集整理进而开展对标评估的方法。该方法重点在于编制或筛选科学、规范、针对性强的调查问卷来获取尽可能多的正确评估信息。

（4）协商访谈法。即评估者随机选择学校各类工作人员（包括心理健康教育工作及管理者、辅导员、行政人员、专业教师等）以及学生以平等协商的方式进行深入谈话，全方位、多角度、深层次了解网络心理健康教育工作开展情况，是充分发挥学校各类角色的主体作用以及多元评价的优势获取信息的一种评估方法。该方法可以使评估者听到更多的声音，将自评与他评相结合，收集到更客观而有价值的信息，但同时也需要评估者具有较强的网络心理健康教育专业素质和较高的网上访谈技能。

2. 组织实施评估方法

为提高网络心理健康教育评估工作的有效性和可信度，对不同内容的评估需要在总的目标和标准要求下，采取不同的组织实施方法，具体要做好"五个结合"。

第一，心理教育与科学评估相结合。与传统心理健康教育评估所不同的是，网络心理健康教育的评估既需要通晓心理健康教育的相关知识，也需要懂得网络技术，因此网络心理健康教育评估小组应由心理健康教育专家和网络技术专家等组成。心理健康教育专家主要对网络心理健康教育平台内容进行评估，网络技术专家主要进行技术性评估。

第二，专家评估和自我评估相结合。专家评估具有权威性，他们能够及时发现工作中的不足和缺点，并提出相应的改进意见，有利于进一步提升高校网络心理健康教育工作水平。但专家评估不能常年进行，需要高校进行常态化的自我评估，根据实际情况随时随地进行，时时关注学校的网络心理健康教育工作的变化并及时对教育的内容、方法、手段进行改进。

第三，整体发展与系统测评相结合。所谓整体发展是指网络心理健康教育是以知、情、意、行等心理因素的整体发展为目标的过程；所谓系统测评是指要以系统论的观点对大学生网络心理健康教育进行评估。为搞好两者的结合，在实际操作中要把握好"三个方面"：一是树立学生"全人化"发展观念，不仅仅对个别现象、具体问题评估，还要揭示学生心理品质的整体发展和深层发展情况；二是对教育过程中学生所表现出来的个别心理行为，要置于联系的、整体的背景下加以评估；三是对特定时期某些学生的心理困扰不应该固化式评估，而应该着眼于心理发展的未来。

第四，"线上"评估与"线下"评估相结合。网络心理健康教育的评估，重在网上评估，要注重利用网络中的现实表现，建立网络评估体系，直接在网络上进行评估工作。但由于"线上"与"线下"是不可分割的，尤其是受到时空限制，对一些问题的评估如学生的心理状况需要把评估的触角延伸到互联网之外，和"线下"实际情况相结合，方能掌握比较全面的信息，使网络心理健康教育的评估全面准确。

第五，评估与指导相结合。高校网络心理健康教育的评估，不能为了评估而进行评估，应立足于更好地促进网络心理健康教育工作的发展。因此，网络心理健康教育评估要与工作指导相结合，既要总结经验、发现问题，又要根据反馈意见及时修正工作，以指导高校网络心理健康教育的顺利开展。

（三）评估的程序

1. 准备阶段

（1）评估人员组建。此阶段任务主要是组建评估人员队伍。要选拔专业性强、政策性强、坚持原则、办事公道且熟悉网络技术的教育工作者作为评估人员，构建综合素质较高、结构科学合理的网络心理健康教育评估组织，并聘请专家对评估人员进行评估目标、意义、内容、方法等方面的培训，以提升其评估专业素质，减少评估误差，进一步提高评估的信度和效度。

（2）评估方案制定。此阶段任务主要是根据评估对象的特点，设计制定有针对性的、科学的评估方案。具体要求是确立评估的目标，规定评估指标设计的方向和范围；细化评估的目标，结合评估指标和指标体系的特征需求，将评估的目标逐级细化并分解成不同等级的评估目标，从而确立分级指标的集合；构建评估体系的结构，在分级指标集合的基础上，明确各个指标集合的内容以及相应的末级指标，并明确末级指标在体系中的具体位置；确定评估的权重方法，根据具体的问题选择相应的权重确定方法；确定评估方法，评估主体根据评估的类型以及评估对象进行选择；完善评估指标体系，对评估体系进行科学的补充和调整，使评估的指标体系更全面；评估步骤的安排以及各项评估设备和评估资料的前期准备。

2. 实施阶段

（1）搜集整理信息。此阶段任务主要是通过查阅、调查、访谈、观察等多种评估方法尽可能获得学校网络心理健康教育工作的全面信息，然后对收集到的评估信息进行去伪存真和修正补充，进而对评估信息进行分类汇总和编号建档。

（2）分析评估信息。此阶段主要任务是评估组织成员将定量与定性评估方法相结合对学校在各个评估内容及指标上的具体特征进行初步分析，并运用数字等级或文字对有效评估信息结果进行解释说明，最终形成对网络心理健康教育工作的最后综合评价。

3. 总结阶段

（1）反馈评估结果。此阶段主要任务是对评估过程、结果以及如何认识评估结果进行全面叙述，形成最终评估报告，并通过书面汇报、集中座谈等方式及时向学校和师生进行反馈，指出学校网络心理健康教育的现实情况，帮助高校了解网络心理健康教育中的优势和缺陷，改进网络心理健康教育工作。

（2）总结评估结果。此阶段主要任务是对评估工作本身包括评估组织、方案、程序、方法、结果等进行反思和总结，探讨评估工作的得与失，客观反映评估过程中出现的问题，并为今后的评估工作提供经验教训，促进评估工作的科学化、规范化、高效化发展。

（四）评估的措施

网络心理健康教育评估，没有可供借鉴的评估模式，需在实践中积极探索、总结，形成一个科学的、符合实际的、便于操作的评估指标体系。为使这项评估工作顺利进行，应做好以下四个方面的准备。

1. 思想准备：统一思想认识，为规范和完善网络心理健康教育奠定思想基础

要进一步明确高校网络心理健康教育不仅仅要着眼于现在，更应当强调教育效果的终身性，使全体学生终身受益。因此，在评估工作中要改变"四重四轻"倾向，即重心理测试、轻科学分析，重心理问题诊治、轻预防引导，重障碍咨询、轻发展咨询，重心理问题调查、轻心理求助方式调研等错误倾向，以"以学生为本"的教育理念高度重视心理健康教育评估工作，遵循全员参与、全程参与的原则，为进一步规范和完善网络心理健康教育奠定坚实的思想基础。

2. 组织准备：根据评估方案，对评估人员进行专业培训

网络心理健康教育评估是一项技术性和专业性很强的工作，在评估方案制定好后应对评估人员进行集中培训，让评估人员熟知评估方案，明确评估方法、内容和程序，掌握实施评估的过程，通过专业培训，提升评估人员的专业素质，以减少评估误差，进一步提高评估的信度和效度。在培训中，各评估单位还要根据各学校具体情况及被评估对象特点，对评估人员的构成进行合理配置。

3. 方法准备：综合运用多元评估方法，增强评估的客观性和权威性

根据大数据时代的特点，按照客观性和标准性的要求，网络心理健康教育的评估，在方法上可采取"三个结合"：一是过程性评估与总结性评估相结合，通过观察、测量、实验等方法收集数据，结合等级法、评语法等定性评估方法来综合分析判定网络心理健康教育工作水平，更公平科学地体现心理健康教育者的绩效；二是相对评估方法和绝对评估方法相结合，既客观、公正、确切地进行评估，充分激发评估对象的竞争意识，又

能够使每个评估对象在评估之后明确自己的教育工作质量与客观标准的差距，创设一种积极向上的氛围；三是自评、他评与互评相结合，在选择专业评估机构组织评估的基础上，充分鼓励学校领导、教师、家长、同学、同伴、社区等各方面人员作为评估主体参与评估，通过自评、他评、互评，从不同的角度对心理健康教育的有效性及学生心理素质的变化作出科学的评估。这样就把评估指标、主体和方法三者紧密联系起来，构成严谨科学的评估方法体系，以增强网络心理健康教育评估的客观性和权威性。

4. 模式准备：借鉴成熟的模式，构建科学全面便于操作的评估指标体系

从国外来说，目前西方学校的教育评估，采用较多的评估模式有以下几种①。

（1）泰勒的行为目标模式。该模式是以目标为中心的评估模式。它把目标、教育过程作为一个循环图。预定的目标决定了教育过程，同时也决定了评估就是找出实际活动中偏离的程度，从而通过信息反馈，促进实际工作尽可能达到目标。

（2）布卢姆的认知领域教育目标分类理论。布卢姆将人类学习分为认知学习、动作技能学习和情感学习三个领域，并根据分类学思想，把各领域的教育目标按照由简单到复杂进行分级，由此建立分级目标。基于分级目标，他把教学评估分为三种类型：诊断性评估、形成性评估、总结性评估，无论是评估的出发点还是最终目的都指向了预定的教学目标。

（3）斯塔弗尔比姆的 CIPP 模式。在这一模式中，斯塔弗尔比姆把评估过程分为背景（Context）评估、输入（Input）评估、过程（Process）评估

---

① 马艳秀：《关于构建高校心理健康教育评估指标体系的研究》，硕士学位论文，清华大学，2006 年。

和结果（Product）评估四类，以决策为中心，为决策的不同方面提供信息。背景评估形成计划决策，输入评估为组织决策服务，过程评估指导实施决策，结果评估为再循环评估效力。CIPP 模式的主要特点是把背景、输入、过程和结果综合加以评判，突出了评估的"改进功能"。

（4）斯塔克的应答式评估模型。在应答评估模式中，评估者不是以自己的主观意志或某些权威人士的意图来确定问题、制定计划，而是以所有参与评估的人的意图为基础，再由评估者综合这些信息而进行的。这些信息代表了评估中各类不同的需要，所以评估一开始就反映了多元的价值取向。因此可以说，多元论评估模式的价值取向是指向了人的需要。

从国内来说，目前在教育评估方面比较推行和采用的模式主要有量化评估模式、动态评估模式、绩效评估模式、多元评估模式、第三方评估模式等多种评估模式。它们各有自己的优势和长处，可供借鉴和采纳。笔者对国内外的教育评估模式做了详细的比较与论证，针对网络心理健康教育的特点，认为 CIPP 模式是其中比较适切的一种模式。CIPP 评估模式也称为决策导向或改良导向评估模式，包含了背景评估、输入评估、过程评估以及结果评估这四种评估，是由美国著名教育评价专家斯塔弗尔比姆于 20 世纪六七十年代提出的。CIPP 评估模式的基本观点是：评估最重要的目的不在证明，而在改进。[1]

由于 CIPP 评估模式不仅重视评估结果，更注重原因的分析和改进，与网络心理健康教育的目标适切；CIPP 评估模式的过程导向注重成果评价与过程评估的统一，比较适切于网络心理健康教育内容重过程而非重结果的特点；CIPP 评估模式由目标导向转变为决策导向，与网络心理健康教育定位适切。因此，我们把 CIPP 评估模式引入高校网络心理健康教育评估。基于 CIPP 模式，我们将 CIPP 的评价理念和理论内容与高校网络心理健康教育结

[1] Stufflebeam D. L., "Institutionalizing Evaluation in Schools", *The International Handbook of Educational Evaluation*, 2003.

合起来，围绕背景评估、输入评估、过程评估和结果评估的内容，通过访谈从事心理咨询教育工作一线教师、学校心理咨询中心负责人、学校学生，综合整理访谈结果，设计基于 CIPP 模式的高校网络心理健康教育评估指标体系。

（1）背景评估。背景评估就是对所在环境资源的评估，主要包括组织管理与机构设置、校园文化建设等。比如领导对网络心理健康教育的重视程度怎样、有没有纳入学校总体规划；有没有设置专门的心理健康教育部门；网络心理健康教育目标设定、制度完善情况；校园网站建设情况怎样，能否给学生提供一个较好的网络心理健康教育氛围等。

（2）输入评估。输入评估主要是评估资源，修正计划，帮助决策者选择最优的方式达到目标。主要包括平台建设、硬件建设、师资队伍建设等。比如心理健康教育网站信息资源建设和利用情况；心理健康教育网站功能系统建设；心理健康教育网站配套制度建设；心理健康教育网站建设投入；心理健康教育网站辅助设备投入；专职心理健康教育教师的配备、准入制度、工作量、培训等。

（3）过程评估。过程评估主要是通过实际过程来确定实施过程中存在的问题，从而为决策者提供有效信息。主要包括教育内容、实施途径等内容。比如网络心理健康的标准，网络心理咨询的功能与类型，正确的心理健康观念以及自助求助的意识；网络自我教育与网络心理素质养成教育；网络心理障碍和网络失范行为及其应对；网络心理危机的预防与干预；网络即时通信工具（QQ、微信、MSN 等）的运用等。

（4）结果评估。结果评估目的在于评判计划的实施，对于网络心理健康教育而言，主要包括学生掌握心理健康知识基本情况，学生的心理健康水平和心理素质提高情况，教师在网络心理健康教育过程中的成长和提高情况，学生、教师对网络心理健康教育的满意度情况等。

基于 CIPP 模式的高校网络心理健康教育评估指标体系

一级指标	二级指标	三级指标
背景评估	组织管理与机构设置	1. 领导重视，网络心理健康教育纳入学校总体规划； 2. 网络心理健康教育目标设定、制度完善； 3. 机构落实，有专门的心理健康教育部门； 4. 网络心理健康教育师资队伍管理等工作制度健全； 5. 网络心理健康教育设备配置齐全。
	校园文化建设	1. 网络心理健康教育氛围浓厚，多渠道、多形式开展宣传教育； 2. 举办线上与线下联动的"心理健康教育活动月"或类似活动，普及心理健康知识； 3. 网络心理健康教育社团及其活动情况。
输入评估	平台建设	1. 心理健康教育网站信息资源建设； 2. 心理健康教育网站信息资源利用； 3. 心理健康教育网站功能系统建设； 4. 心理健康教育网站配套制度建设。
	硬件建设	1. 心理健康教育网站建设投入； 2. 心理健康教育网站辅助设备投入； 3. 有健康、能力、人格、职业等方面测评软件； 4. 工作经费按学生总数人均水平，经费到位，使用合理； 5. 中外文书籍、期刊、音像制品等； 6. 心理治疗设备配备情况。
	师资队伍建设	1. 专职心理健康教育教师的配备、准入制度、工作量、培训等； 2. 辅导员队伍配备、培训、工作量等； 3. 学生朋辈心理互助员的培训和管理； 4. 具备其他网络技术和管理人员。
过程评估	教育内容	1. 网络心理健康的标准、网络心理咨询的功能与类型、正确的心理健康观念以及自助求助的意识； 2. 网络自我教育与网络心理素质养成教育； 3. 与网络有关的常见心理困惑及异常心理、网络心理障碍和网络失范行为及其应对、网络心理危机的预防与干预； 4. 网络学习心理、情绪管理与挫折教育、网络人际交往心理、网络恋爱及性心理等。
	实施途径	1. 网络即时通信工具（QQ、微信、MSN 等）的运用； 2. 电子邮箱或留言板的运用； 3. 微信、博客（微博）等的运用； 4. 网络互动平台（BBS、SNS 等）的运用。

续表

一级指标	二级指标	三级指标
结果评估	学生个体 受益情况	1. 心理测试显示心理健康水平有显著提高； 2. 学生心理素质得到提高，不良行为得到有效改善。
	学生集体 受益情况	1. 线下班级凝聚力明显提高，课堂氛围改善； 2. 掌握一定的心理学知识； 3. 形成健康和谐的心理文化氛围。
	教师的受 益情况	1. 教师能从网络心理健康教育的过程中有所收获； 2. 教师能从培训等活动中获得知识及心灵的成长。
	工作组织 与成效	1. 年度网络心理健康教育工作报告书； 2. 建立学生心理档案，实行档案资料规范管理； 3. 接受网上心理辅导或咨询的学生占学生总数的比例； 4. 定期组织专题讲座、开展培训情况； 5. 危机事件处理情况； 6. 校级以上心理健康教育课题与成果； 7. 学生、教师对网络心理健康教育的满意度。

上述基于 CIPP 模式的高校网络心理健康教育评估指标体系，体现了以下三个特点。

（1）评估更注重的是教育过程

网络心理健康教育的目的，不是看大学生通过网络心理健康教育知晓了多少心理健康基本知识，而是看大学生的心理素质和心理健康水平提高情况，尤其是大学生的思想情绪和行为状态有没有得到改变。因此，要真实地反映大学生心理状态的改变，只有从教育过程入手，才能在教育过程中通过多种途径观察和测验大学生的心理健康状态的改变情况。CIPP 评估模式体现了这个特点，它以教育决策为导向，重视的是教育过程而不是教育结果，它把整个评估过程看成是一种工具，用来诊断教育过程中的问题，通过反馈的信息改进教育方式，解决问题。

（2）评估的对象更加全面

在网络心理健康教育中，教师的作用是极为重要的，教师的心理健康也影响着学生的心理健康，他们对网络的认知、他们的情感和意志等方面的状况，对大学生有潜移默化的影响和作用；而传统的评估模式却往往忽视了教育实施者的影响作用。CIPP 评估模式将教育者的能力水平和心理健康状况纳入评估指标体系，体现了评估对象的完整性，为全面客观评估网络心理健康教育打下了基础。

（3）评估实现了向动态的多目标转变

传统的教育评估模式是单一目标，就是对教育主体进行评估，违背心理健康教育是动态的、发展的特点，因为每一个学生都是一个独立的个体，以单一目标去评估教育效果显然是不合适的。CIPP 评估模式是一种动态的多目标的评估方式，运用这种评估模式可以正确评估学生在网络心理健康教育活动中的收获，从而更好地指导学生身心健康的发展。

总之，基于 CIPP 模式构建的高校网络心理健康教育评估指标体系，是一种评估方式的创新。该模式为提高高校网络心理健康教育工作提供了支持，是高校提升心理健康教育水平的重要途径，对提高大学生心理健康状况有着极为重要的意义。

| 第十六章 |

大数据时代高校网络心理健康
教育的发展趋势

高校网络心理健康教育在我国还是一个新生事物。随着这项工作日渐深入的发展，理论与实践方面出现的问题越来越多，所面临的困难、困惑也越来越突出。通过对国内外高校网络心理健康教育发展过程中的问题进行反思，认识并把握国内外高校网络心理健康教育的发展趋势，无疑对发展我国心理健康教育理论，解决我国学生面临的心理问题与困惑，促进学生健康全面发展、培养高素质人才等都具有重要的理论和现实意义。

一、国外高校网络心理健康教育
存在的问题与发展趋势

（一）国外高校网络心理健康教育存在的问题

国外高校网络心理健康教育由产生至成熟，经历了一个迅速发展的过程。如今，发达国家学校的心理健康教育工作已逐渐步入规范、科学、系统发展的轨道。概括国外高校网络心理健康教育情况，主要体现在以下几个方面。

1. 开展网络心理学的理论研究

网络心理学是一种应用心理学学科，指的是一种基于经典心理学思想，在互联网环境下运用专业手段对个体心理和行为规律进行的研究。美国作为互联网的起源地，较早出现了大量关注互联网心理的心理学学者。20 世纪 80 年代，美国心理学学者提出"互联网心理学"（Internet Psychology Orcyber Psychology）理念，这引发了社会学、心理学、教育学、信息科学、传播学等学科学者的研究兴趣，并开展了大量与网络使用行为相关的研究。同时，国外学者对于大学生网络使用行为研究，几乎都涉及大学生心理健康发展探讨。尤其是 20 世纪 90 年代末，《互联网心理学》① 专著的出版，标志着网络心理研究的兴起。截至 2006 年，欧美国家已出版了超过 50 本与网络心理学相关的专著，与其相关的网站超过 80 多个。在专业心理学网站中搜索"Internet Psychology"，检索到的相关文献超过 1900 多篇。到 2021 年，国外有如《网络心理学与行为》《CMC》等权威刊物 100 多家。

在网络心理学的理论研究方面，欧美等发达国家的研究更加专业化和科学化，主要体现在研究工具和研究方法。如 Kawase Eri 等研究发现为入学新生开展心理健康体检，可能有助于为他们提供有用的心理健康支持环境，从而调查了体检方法的有效性，并提出加入新的变量②。Rocco Servidio 采用 20 项网络成瘾心理特性测试（IAT）评估 659 个意大利大学生，证实 IAT 是有效和可靠的测量仪器，但 IAT 的一些项目需要改进③。Jerry Chih-Yuan Sun 等应用互联网自我效能感量表、自行设计的反钓鱼自我效能量表及自行

① 赵小明：《互联网心理学》，经济管理出版社 2017 年版。

② Kawase Eri, Hashimoto Kimiko, Sakamoto Hideshi, Ino Hideko, Katsuki Nanako, Iida Yumi, Umekage Tadashi, Fukuda Rimmei, Sasaki Tsukasa, "Variables Associated with the Need for Support in Mental Health Check-up of New Undergraduate Students", *Psychiatry and Clinical Neurosciences*, 2008, 62（1）：98-102.

③ Rocco Servidio, "Assessing the Psychometric Properties of the Internet Addiction Test: A Study on a Sample of Italian University Students", *Computers in Human Behavior*, 2016（68）：17-29.

设计的反网络钓鱼行为量表调查 434 名有使用互联网经验的大学生，发现教育工作者可以使用策略来提高网络自我效能感和反网络自我效能感，以提高学习者的动机和反网络钓鱼的经验①。国外大学生心理健康教育相关研究呈现出研究实证化、工具专业化、量表多样化、内容多维化等特点，研究配套设施和工具已相对完善。

把积极心理学的理论运用到网络心理学研究中去，以促进个体和环境的整体健康，是目前国外教育领域的一大研究趋势。哈佛大学、耶鲁大学、斯坦福大学和麻省理工学院等美国一流大学对于心理健康的概念界定，除了心理健康发展，还涵盖身体健康、生活健康、环境健康等方面。Dinner 通过对气质、人格和文化等方面的研究，提出了宏观的社会环境与幸福之间的关系②。基于积极心理健康教育理念，西方发达国家心理健康教育广泛覆盖了大学生生活、学习、工作等各方面，教育内容包括新生适应、人际交往、婚恋关系、自我潜能开发、学业发展、求职技能等③。同时，开展多样化的心理健康教育课程，包括健康心理学、发展心理学、积极心理学、人类性行为、衰老和死亡认知等课程，引导大学生在科学认识人类心理发展的基础上，进一步积极关注自我心理发展④。国外高校心理健康教育重视学生自我心理的积极性，秉承"无条件积极关注"的理念，强调以当事人和来访者为中心，开展各种形式的心理特色活动，给予大学生人性化的真诚关怀。如美国高校心理健康机构经常以饮酒、吸毒、网络成瘾等不良嗜好与健康生活、亲密关系与个人成长等作为主题，组织研讨会，鼓励学生进行与日常生

---

① Jerry Chih-Yuan Sun, Shih-Jou Yu, Sunny S. J. Lin, Shian-Shyong Tseng, "College Students' Internet Self-efficacy and Anti-phishing Behavior and Gender Difference", *Computers in Human Behavior*, 2016（59）：249-257.

② 转引自牛志敏、韩丹凤、张岚：《国外积极心理学对我国当前医学生心理健康教育的启示》，《中国高等医学教育》2014 年第 5 期。

③ 陆文颖、冯学强：《国内外高校心理健康教育比较分析及对策研究》，《中国教育学刊》2015 年第 S1 期。

④ 陆文颖、冯学强：《国内外高校心理健康教育比较分析及对策研究》，《中国教育学刊》2015 年第 S1 期。

活联系紧密的讨论①。

2. 关注网络使用及偏差行为问题研究

关于网络使用不当的研究。K. Niemz，M. Griffiths，P. Banyard 对 371 位英国大学生进行了问卷调查。根据调查显示，有 18.3% 的样本被认为是病态的互联网用户，他们过度使用互联网，对学习、社会和人际关系等方面产生了负面影响。② 2015 年 3 月 1 日到 5 月 30 日，Ahmed Waqas 等在巴基斯坦拉合尔 CMH 医疗大学抽取了 522 名医科和牙科的学生，通过 Logistic 回归分析得知共 31 名（5.9%）学生报告互联网的使用有严重的问题③。Roberto Truzoli 等应用 20 项网络成瘾心理特性测试（IAT）评估 100 名（20—30 岁）网络行为参与者，30% 有网络使用控制问题，用分裂型人格特质（O-LIFE（B））进行心理评估，显示焦虑和抑郁与互联网不当行为有关④。Ssu-Kuang Chen 等收集 5 次相同参与者从大一到大三的数据，第一年 757 名新生的数据显示，抑郁的变化轨迹预测病理性互联网使用（PIU）起着重要的作用⑤。

关于网络成瘾的研究。过度使用网络会产生很多心理问题，而网瘾是国

---

① 陆文颖、冯学强：《国内外高校心理健康教育比较分析及对策研究》，《中国教育学刊》2015 年第 S1 期。

② Niemz, K., Griffiths, M., Banyard, P., "Prevalence of Pathological Internet Use among University Students and Correlations with Self-Esteem, the General Health Questionnaire（GHQ）, and Disinhibition", *Cyber Psychology Behav.*, 2005（8）：562-570.

③ Ahmed Waqas, Abdul Rehman, Aamenah Malik, Ramsha Aftab, Aroosa Allah Yar, Arooj Allah Yar, Aitzaz Bin Sultan Rai, "Exploring the Association of Ego Defense Mechanisms with Problematic Internet Use in a Pakistani Medical School", *Psychiatry Research*, 2016（243）：463-468.

④ Roberto Truzoli, Lisa A Osborne, Michela Romano, Phil Reed, "The Relationship between Schizotypal Personality and Internet Addiction in University Students", *Computers in Human Behavior*, 2016（5）：19-24.

⑤ Ssu-Kuang Chen, Sunny S. J. Lin, "A latent Growth Curve Analysis of Initial Depression Level and Changing rate as Predictors of Problematic Internet Use Among College Students", *Computers in Human Behavior*, 2016（54）：380-387.

外的重点研究问题。早在 1994 年，"网瘾"这一概念就被美国的 Goldberg 博士首次提出了。1997 年美国学者 Dr. Kimberly Young 又对网络成瘾的概念做了明确界定，提出网络的便捷性、虚拟性和逃避现实性是导致使用者出现过度沉迷的原因；并指出情绪波动较大、症状反复发作、退缩症状、行为显著、明显的心理冲突等成瘾的特征。加拿大学者 R. A. Davis 在 2001 年提出了将网络成瘾按性质分为一般与特殊两种"病态互联网使用的认知—行为"模型。

关于网络成瘾干预方法的研究。加拿大和美国的两位学者 R. A. Davis 和 Kimberly S. Young 针对网络成瘾给个体带来的影响，提出了系统化认知行为疗法的网瘾干预方案。认知行为疗法是干预青少年网络成瘾的首选方法，已被广泛应用于国外临床治疗中。Kimberly S. Young 在总结其他学者研究成果的基础上，提出了独特的网络成瘾治疗方案：让患者采用新的方式上网；把上网时间固定在合理范围内；通过卡片的方式，提醒患者过度使用网络的危害；设置定点关机，培养合理上网的习惯；让患者把因过度使用网络而错过的事件记录下来，按重要性将其排序；按照生活背景把患者组成现实生活中的互助小组，引导患者找出网络成瘾的真正原因，并积极面对，找出解决的方法。R. A. Davis 对认知行为疗法深入研究后，提出了需要历时 11 周的治疗网络成瘾的七阶段方法。第一阶段，帮助患者明确了解过度使用网络的概念，并列出最后需要达到的目标；第二阶段，明确规定治疗期间需要遵守的规则；第三阶段，帮助患者制定治疗计划；第四阶段，引导患者构建正确的上网认知评价；第五阶段，发挥患者的优点并锻炼其在现实生活的社交能力；第六阶段，引导患者找到线上自我和线下自我的共同点和差异点，让患者认识到在线自我是探索理想自我的正常途径，引导其形成完整的自我；第七阶段，和患者一起回顾治疗过程中制定目标的完成情况，以及症状的治愈情况并进行总结。

就目前国外文献的整理发现，国外研究者对于互联网对个体心理健康的影响和网络成瘾问题的干预均有着深入研究，对后续进行大学生网络心理健康教育研究具有一定的借鉴和启示。

3. 展开网络课程和网络心理咨询研究

网络课程研究已进入相关的实证研究和需求分析。2010 年以来，来自耶鲁、哈佛、剑桥、牛津等 20 多所国外名校的公开课视频在互联网上传播，分享世界名校顶级教授的教学资源。Carly Haeck 等为了解在线提供积极心理教育内容的影响，招募 270 名具有积极心理学知识的学生，接受六周的在线教育，结果发现在线学习时间越多，幸福感变化越小①。

网络心理咨询研究方面，已进入了纵深发展阶段。Mitchell Dowling 等针对青年心理健康在线辅导环境的希望与期望，在线发放问卷调查了 1033 名（16—25 岁）的年轻女性，结果显示对在线心理服务有低水平的希望、高治疗结果的期望、高层次的心理困扰和低水平的生活满意度②。Georgina Cardenas 等提供了一种远程心理治疗的临床技能发展培训计划，倡导提供在线心理服务，并通过互联网的诊断，制定并坚持治疗方案③。此外，如同哈佛大学开设健康资料中心，西方发达国家普遍在高校设立了网络心理健康教育图书馆，免费提供多媒体资源，便于大学生在线学习心理健康、疾病预防、健康生活方式等相关知识，维持身心健康发展④。

4. 重视网络对个体心理健康的影响研究

在国外，网络对个体心理健康的影响研究主要分为积极和消极两个

---

① Carly Haeck, Acacia C. Parks, Stephen M. Schueller, "Impact of Psychoeducational Content Delivered Online to a Positive Psychology Aware Community", *The Journal of Positive Psychology*, 2016, 11 (3): 270-275.

② Mitchell Dowling, Debra Rickwood, "Exploring Hope and Expectations in the Youth Mental Health Online Counselling Environment", *Computers in Human Behavior*, 2016 (55): 62-68.

③ Georgina Cardenas, Berenice Serrano, Lorena Alejandra Flores, Anabel De la Rosa, "Etherapy: A Training Program for Development of Clinical Skills in Distance Psychotherapy", *Journal of Technology in Human Services*, 2008 (26): 2-4.

④ 陆文颖、冯学强：《国内外高校心理健康教育比较分析及对策研究》，《中国教育学刊》2015 年第 S1 期。

方面。

积极影响方面的研究。如 Burke，Marlow 和 Lento 认为，使用网络可以增加个体的社会支持资本，对减少个体内心孤独感有明显作用，社会资本又与个体自尊心和生活满足度有关。① Shaw Lindsay H.，Gant Larry M. 在《网络防御：网络交流与个体孤独感和社会支持水平之间的关系》中提出："研究结果显示，使用网络对个体具有积极影响，体现在可以明显减少其孤独感增强其自信心。"由此可见，国外在网络对个体心理健康的积极影响方面的研究，主要表现在网络的使用可以减少个体孤独感和增加个体满足感。②

消极影响方面的研究。如巴基斯坦的 Kausar Suhail Zobiabagrees 在互联网使用对巴基斯坦大学生影响研究中总结了过度使用互联网造成的不利影响：将衍生更多的人际关系问题；将伴随着更大的心理问题；引发更多的行为问题；显示更多的教育问题；造成更多的网络滥用；使互联网的积极作用与所有负面因素负相关。美国学者 Christopher J. C. 在其著作《facebook 的自恋》中提到，过度使用社交网络也会降低人们的自尊心，导致孤独人格。英国的 Bevan J. L.，Gomez R.，Sparks L. 在《对 facebook 重要事件的讨论：生活压力与生活质量》中认为 facebook 占据人们日常生活的时间越多，人们就越感到焦虑，因为他们丢失了与现实生活中的人联系的时间，而把大量时间花在线上虚拟人际上。由此可见，国外研究认为网络对于人身心健康的消极影响主要表现为人际关系问题增加，性格变得孤僻等。总之，国外大量的网络使用行为研究成果，为开展网络心理健康教育提供了丰富的实证资料。同时，国外学者对于网络心理健康教育课程和网络心理咨询的前沿研究，也是重要的经验和借鉴。

---

① Burke M., Marlow C., Lento, T. M., "Social Network Activity and Social Well-being", Proc. ACM Conf. on Human Factors in Computing Systems（CHI），2010：1909–1912.

② Shaw Lindsay H., Gant Larry M., "In Defense of the Internet：the Relationship between Internet Communication and Depression, Loneliness, Self-esteem, and Perceived Social Support", *Cyberpsychology*, *Behavior and Social Networking*，2002，5（2）：71–157.

5. 促进基础资源的投入研究

为探索建立完善的社会支持系统，国外高校开展了多方面的研究。

在人才队伍建设方面，国外研究机构认为心理健康教育工作人员必须具备相应的学历水平和职业资格，并参加长期的技能培训和继续教育。美国心理学会对于学校心理健康教育工作者的要求，在博士学位基础上，还需要获得专业资格认证。首先考察培训机构及课程是否符合相关法律规定；其次，对不同学历的申请者进行资格认证。此外，对于美国的职业心理工作者，大多数州都强制要求每年至少参加 20 学时的培训，内容包括基本理论、临床实践和自我体验等[①]。在英国，必须有 1—2 年的心理学相关领域工作经历，才能申请参加临床心理学博士考试，除了进行专业知识考试外，更重要的是考察对象的人格特征，包括思维模式、行为方式和对人的态度等，从而评估其从事心理治疗工作的适宜程度。

在硬件设施基础建设方面，国外研究认为高校都必须设有独立的心理健康咨询与治疗机构，如在哈佛大学，由健康咨询中心、医疗服务中心、健康知识学习中心、心理健康服务中心等构成服务功能齐全的大学生健康服务中心。在麻省理工学院，由健康促进中心、医疗服务中心和生活指导中心，共同提供大学生心理健康服务。在斯坦福大学，同样也设立了威德健康中心以及"同龄人"咨询中心[②]。

在经费支持方面，国外研究认为网络心理健康教育必须要有充足的经费支撑。如美国大多数州主要以法律形式来确定经费的投入，从而保障学校心理健康教育工作的开展。除了政府投入以外，美国高校还有保险、税收等政策支持。例如，北美高校心理咨询经费主要来源于两方面：（1）学生健康

① 裴学进：《国外大学生心理健康教育研究视域的特点与启示——基于美国大学生心理健康教育研究视域的分析》，《山西高等学校社会科学学报》2015 年第 11 期。
② 陆文颖、冯学强：《国内外高校心理健康教育比较分析及对策研究》，《中国教育学刊》2015 年第 S1 期。

保险；（2）学生的部分学费。另外，加州高校系统基金委员会向每一位学生收取一种称为"精神健康费"的特殊税，以资助高校开展心理健康服务①。

在社会力量投入方面，国外的研究认为在网络心理健康教育过程中，应着重利用家庭、学校和社会的教育合力。如美国公立高校为了解决学生遇到的心理危机，已经以家校合作为心理健康教育改革主旨，成立了美国心理学会（APA）、学校心理学分会和学校心理学家协会等各种学术组织，出版了《大学生心理治疗》《学校心理学评论》《互联网心理学》等直接反映大学生心理健康教育研究成果的专业刊物。20世纪末，美国通过了《目标2000：美国教育法案》和《美国学校教育改革法》，使政府和家长参与到大学生心理健康教育中来②。同样的，在欧洲，家校合作也是教育改革的重要组成部分。英国、德国、法国等国家还以立法形式规范学校、家庭、社区协同培养学生的行为③。国外大学生心理健康教育视域的社会支撑体系现已较为完备。

当前，国外学者对于大学生心理健康教育的基础理论研究、实证调查、资源投入及支撑体系建设，都已进入全新的发展阶段。国外大量的网络使用行为研究成果，为开展网络心理健康教育研究提供丰富的实证资料。同时，国外学者对于网络心理健康教育课程和网络心理咨询的前沿研究，也是重要的经验和借鉴。

与此同时，国外高校网络心理健康教育在发展过程中也出现了一些值得反思的问题，主要反映在以下几个方面。

（1）强调外部力量的改变作用，轻视学生自身作用的发挥。西方国家

---

① 赵庆华：《健全保障体系有效开展高校心理健康教育工作》，《中国健康心理学杂志》2011年第6期。

② 裴学进：《国外大学生心理健康教育研究视域的特点与启示——基于美国大学生心理健康教育研究视域的分析》，《山西高等学校社会科学学报》2015年第11期。

③ 陆文颖、冯学强：《国内外高校心理健康教育比较分析及对策研究》，《中国教育学刊》2015年第S1期。

一般都强调个性发挥，过分注重自身利益和自我发展，反映在网络心理健康教育方面，表现为学校和社会机构的职能都过于专业化，强调服务性和个人本位性，往往忽视了学生内在的成长作用，虽然在一定阶段缓解了学生的问题，但从长期效果上容易阻碍学生未来的发展。网络心理健康教育要立足于长远，面向飞速发展的社会，充分考虑到未来高校大学生所面临极大的挑战和压力，而在这方面一些发达国家的学校和社会机构却显得准备不足。

（2）跨部门和不同研究取向的冲突时有发生。从目前国外网络心理健康教育的模式来看，越复杂的模式越难以管理，由于涉及多个部门的参与，而各个部门的出发点都不一致，各部门之间常常会造成一些摩擦，而导致计划不能顺利开展。同时，由于不同研究取向、学科取向的不良分化与偏差，在自然科学与人文社会科学发展取向、心理学学科研究取向与教育学学科研究取向之间或左或右，大多偏向于纯粹的自然科学、心理学的研究发展策略，有意无意地回避与淡化人文社会科学、教育学研究取向，常常会出现意见不合的情况。面对这些问题，国外高校往往需要在计划实施之前就开始协调，使各部门能在领导层面达成一致，签署一致同意的协议书，明晰各部门的责任与义务，并在计划实施中由专人负责各部门的协调，以有效地减少在实施工作中的问题与障碍。同样，也需要计划的倡导者们对参与者进行事先的培训，使他们了解其他的专业领域，通过经常的接触来加强彼此之间的合作关系，否则也难以有效地推进计划的实施。所有这些，都需要花费很多时间和精力来完成。

（3）教师团队的责任感缺乏。在师资队伍建设方面，与国内的心理健康教育教师队伍相比较，国外的教师团队的结构较为零散，既有心理学家、社会工作者、临床心理医生、教育学工作者，也有企业家、政府官员等。这种团队结构的优点是社会参与面广；缺点是团队成员只关注于心理健康的课程教学，对学生的心理健康问题未能真正了解。

（4）心理辅导课程有待完善。国外的心理健康教育课程一般功利化色彩重，强调个人主义思想，并且缺乏国家意志的宏观指导，学校和地区之间心理健康教育的内容和形式差异较大。在课程教学中，一般不会开设统一的心理健康教育课程，多以心理健康教育选修课的形式进行，让大家自主选择，结果导致一些大学生在接受大学心理健康教育课程时缺乏统一标准，引发对心理健康教育认知的严重不足。

（5）教育管理制度过于宽松。西方国家推崇自由，在校园的教育方式方面同样自由，普遍存在校园管理松懈问题。如在美国，过于宽松导致学生自由散漫，不仅心理健康教育课程选择全凭个人兴趣和自愿，无法接受到更全面的心理辅导和帮助，而且由于缺乏必要的监督和管理，使得一些学生对社会和人生的观念出现偏差，最终导致心理病态，校园暴力事件屡屡发生。据美国国家教育统计中心（NCES）2022 年 6 月 28 日发布的报告显示，与此前一个学年相比，美国 2020 至 2021 学年造成伤亡的校园枪击事件数增加了 20%，共计 93 起，其中有 43 起枪击事件导致至少一人死亡，另有 50 起造成人员受伤。值得注意的是，过去 20 年里，大多数学年发生的此类枪击案不到 40 起，但最近 3 年每年都发生了超过 70 起校园枪击案。

（二）国外高校网络心理健康教育的发展趋势

网络心理健康教育是心理健康教育的组成部分，研究国外学校网络心理健康教育的发展趋势，无疑需要从宏观层面总体考察心理健康教育的发展趋势。从宏观层面观察，国外学校心理健康教育经历了问题反思，目前已呈现出以下发展趋势。

1. 服务理念的人本化趋向

随着人本主义思潮对学校心理健康教育的影响日益深刻，树立以人为本的教育理念，已成为国外学校心理健康教育工作者的共同信仰和思想先导。国外学校心理健康教育工作者在服务理念方面人本化趋向日益突出，可概括为"一坚持四强调"：坚持"以人为本"的教育理念；强调对每个学生的尊重和信任；强调为学生提供学习、心理发展和职业发展等方面的指导与帮助，通过构建小组和班级内的支持性学习环境，最大限度地满足学生发展过程中对外界帮助的需求；强调将心理辅导与学校教学活动有机结合起来，在辅导活动的设计和编排上，充分考虑到学生身心发展的顺序性和阶段性，使心理辅导活动与学生发展的阶段性任务紧密结合起来，保证心理辅导活动的针对性和实效性；强调心理健康教育的价值取向转向人本服务与全人发展，把人视为自身心理发展与建设的主人，把人的主体性发展作为"目的"而不是"手段"，着眼于人的全面发展，真正确立起人在学校网络心理健康教育中的中心地位。可以预见，随着人们对内心世界和心灵体验的更加关注，国外高校的心理健康教育将会越来越人性化、个性化和理性化，在网络心理健康教育中，以人为本的服务理念也必定会获得广泛认可和长足发展。

2. 教育内容的综合化趋向

国外学校心理健康教育内容趋向综合化，主要体现在以下三方面。

（1）学校心理健康教育的内容由原来仅仅关注问题学生个人片面问题，趋向为关注学生的认知、情感等一系列涉及学生成长的方方面面

以往国外学校心理健康教育最传统的任务是对"问题"学生进行能力和学业成绩测验，然后把他们归类到不同性质的特殊教育班，现今国外学校心理健康教育的工作内容明显趋向学生的认知、情感等方面，这是心理健康教育内容趋向综合化的重大转向。

（2）学校心理健康教育的内容由关注学生的认知、情感等方面问题，趋向为把学生作为一个"完整的人"来进行教育

通过教育，重在探索和发现学生潜能来促进其健康成长。具体涉及职业和学业选择指导、学习咨询、学生的社会问题和情绪问题咨询，对学校的课程设置等进行干预，对家长、教师提供咨询服务，对问题学生进行行为治疗和具体的学业指导，还包括开展服务机构自身的发展工作，如组织发展测量量表研究和专业研究等。2000 年美国公共健康服务机构强调，学校在为所

有儿童的社会和情感需求发展服务方面和在为带有社会和情感问题的少数儿童提供服务方面是同等重要的。因此，学校心理健康教育服务理念应从传统的临床取向转向关注儿童的社会及情感发展和预防的取向。

（3）国外学校心理健康教育的课程内容由原来的固定内容，趋向为扩容增多的方向发展

主要包括咨询、教学、评价、干预、治疗、活动指导等方面。国外学校心理健康教育的课程内容一般都由三个部分组成：①学术性的心理学课程，包括发展心理学、学习与认知、统计、社会心理学、心理测量、人格心理学、研究设计、实验心理学、生理心理学、生物学等；②测验性的课程，包括智力、人格、情绪、行为、学习、社会、神经生理等方面的测验与测量；③干预性的课程，包括学校心理学概念、咨询、职业发展、学习与行为障碍等。

国外学校心理健康教育内容的综合化趋向已经越来越明显，尤其是20世纪90年代以来，越来越多的心理健康教育专家倾向于主张从多学科（如心理学、教育学、文化学、社会学等）综合的角度来探索和研究心理健康教育这一领域的现象。这种综合化的心理健康教育内容趋向，也推动着国外学校网络心理健康教育内容向综合化方向拓展。

3. 师资建设的专业化趋向

目前国外学校心理健康教育师资建设包括网络心理健康教育师资建设，普遍趋向专业化，具体体现在以下四个方面。

（1）职业专业化

在国外，许多国家把从事学校心理健康教育专业的人视为儿童心理学、教育心理学和社会心理学等分支的专家；心理诊断、辅导和咨询等方面的专家；学科教学法专家；因材施教、灵活处理问题的教育专家；进行心理干预矫治的专家等。如在美国、加拿大、英国、法国、奥地利、瑞典等国家，学校心理健康教育已经成为一种非常专业化的职业，具有专业的全部特征：完整的知识体系，独立的文献积累，已获得认证的、可提供专业培养的大学院

系，从业执照，认证和颁发执照的专业组织与机构，工作机会，道德准则，继续教育体系等。

（2）角色专业化

目前，国外学校心理健康教育专业工作者在学校教育教学中主要扮演六种角色：心理健康的保健者、学习生活的辅导者、职业选择的指导者、思想品德的引导者、心理潜能的发掘者和心理发展的促进者。进入 21 世纪以来，国外学校心理健康教育人员的工作领域进一步扩大，表现在三个方面：为整个学校的学生服务；为更大年龄的人群服务；关心整个社会的福利。可以肯定，学校心理健康教育专业人员的角色内涵已经扩大了，并将继续扩大，在学校教育目标达成过程中将发挥越来越重要的作用。

（3）培训专业化

随着专业化趋向不断加强，国外学校心理健康教育的培训呈专业化趋势，目前培训课程主要由三部分组成：学科性的心理学课程；测验性课程；干预性课程。其培训目标一般涉及掌握心理学核心知识、发展专业决策能力、掌握研究与设计技能、加强人际交流技能、了解伦理知识和建立职业价值观等。培训的目标由过去的咨询者、干预者转变为现在的专业系统咨询师。另外，在培训过程中，英、美等国都逐渐把受训者的实习或见习作为一个重要环节，或让实践者直接进入现场情境中工作，或在专家的督导下完成见习，一般至少为一年，使受训者在获得资格后便可以直接进入学校工作。同时，学校心理健康教育人才培养的研究化趋向也逐渐形成一种新的趋势，在培训期间要完成课题研究、论文写作等。在实践工作中进行评价、发展新模式和技术内容、反思自己的经验等都需要受训者具备一定的科研能力。因此，在培训工作中，把学校心理健康教育作为工作者的创造性研究工作也成为培训的重点。①

---

① 方双虎、姚本先：《英美国家学校心理健康教育的发展现状及趋势》，《外国教育研究》2009 年第 8 期。

（4）资格认定专业化

对从业者的专业化培训和从业者的资格认定是相辅相成的，它们都是师资建设职业化必备的两个重要环节，如英、美国家要求专业硕士学位是领取执照的最低要求，其正在接受学校心理健康教育专业的本科、硕士、博士水平训练的人数比约为 5：42：53。英美国家学校心理健康教育工作者要通过专门的执照或资格水平考试，并且其资格认证职业化水平不断增强；同时，申请者的高学历化趋向也不断提升。在美国，咨询心理学专业是攻读人数众多的一个专业，因此就业竞争很激烈，这就促进部分人要争取高学位以取得择业的相对优势。此外，心理健康教育工作本身的发展也要求有一批高素质的人才。①

4. 教育途径的多样化趋向

国外学校心理健康教育，包括网络心理健康教育的途径日趋多样化，集中反映在如下三个方面。

（1）校内多部门合作

国外学校心理健康教育的途径和方法丰富多样，不仅通过学校心理健康教育课程和学校心理健康中心来实施心理健康教育，也加强校内部门之间的联系和合作，广泛利用学校青年服务中心、校园生活渗透、社会服务等途径来开展心理健康教育包括网络心理健康教育。

（2）学校和社会人员的合作

通过学校和社会人员的合作，在家庭、社会和学生中激发起强大的支持力量，如美国新泽西州的"学校青少年计划"、加利福尼亚州的"健康始于主动性"、纽约州的"灯塔计划"等，都是学校和社会人员合作的成功范例。

---

① 方双虎、姚本先：《英美国家学校心理健康教育的发展现状及趋势》，《外国教育研究》2009 年第 8 期。

（3）专家的集体合作

在法国，学校的"心理教育小组"一般由两位专家（分别擅长解决学习困难和行为问题）与一位学校心理健康专家组成。在美国纽约地区，几乎每所学校都有一个由学校心理学家、学校社会工作者、教育评估专家、学生辅导员和语言矫正师组成的"以学校为基地的辅助组"（School-Base Support Team，简称SBST），为普通学生和特殊学生进行日常心理辅导、心理诊断、咨询、评估和干预等。美国心理健康教育强调家庭的和睦、学校生活的快乐和社区环境的优良等。麻省理工学院的心理咨询专家在学生宿舍设点接待学生，力图打破心理咨询的神秘感，同时避免延误治疗时间。哈佛大学在学生宿舍派驻的心理健康教师又称"健康家庭教师"，帮助学生及时解决心理问题。

5. 多元文化的整合化趋向

20世纪90年代以来，越来越多的心理健康教育专家主张从多学科（如教育学、心理学、社会学、文化学）整合的角度来探索和研究心理健康教育这一复杂现象，努力用科学主义与人文精神统整的方法论来综合建构自己的理论范式。近年来，伴随着西方社会科学领域出现的一股"文化热"，当代西方心理学发展中的文化转向促成了心理学中"第四力量"的形成，提供了一种不同于行为主义、精神分析、人本主义心理学的理论观点，构成了心理学中的第四个解释维度[①]。美国心理学家皮特森（Pedersen，P.）指出："文化是心理学理论中最重要的，也是误解最深的概念。如果不考虑文化背景，任何精确的评价、有意义的理解和适当地改变行为的尝试都是误导的、天真的和危险的。以文化为中心的观点提供了除精神分析、行为主义和人本主义对人的行为解释之外的第四个解释的维度，它的重要作用就在于它发现了三维空间之外的第四个空间。"在"第四力量"的推动下，心理学家们充

[①] 崔景贵：《国外学校心理健康教育的发展及其启示》，《中小学心理健康教育》2003年第6期。

分认识到人的心理是在文化的影响下发展和成熟起来的，人的行为也就不可避免地受到文化的控制和调节，因此要准确理解人的行为，不仅从内部寻找机制，更要从外部去发现决定行为的文化因素。① 这种多元文化心理治疗的主张，重视社会文化因素的影响，关注社会文化因素对人的心理发展与行为方式、对心理健康教育理论与实践研究的影响，对于学校心理健康教育的健康发展是有着积极作用和进步意义的。尽管这方面的发展前景尚难完全预料，但多元整合的视野无疑左右着国外学校心理健康教育包括网络心理健康教育的发展方向，将是整个心理健康教育融合发展的一大趋势。

6. 教育模式的多元化趋向

当今国外学校心理健康的教育模式趋向多元化，概括起来主要有以下三种。

（1）干预模式

这种模式主要包括个体干预、环境干预和整体干预。个体干预，主要包括课堂教学、辅导、心理门诊；环境干预，主要包括调整课程设置、对教师和学校员工进行干预、家长干预；整体干预，主要包括基于学校的整体干预和基于社区的整体干预。

（2）生态模式

美国著名学校心理学研究者雪尔顿和占特金撰文提出，21 世纪的学校心理学应提倡生态模式，学校心理学家必须直接与学生所处的各级生态系统发生联系，而学生所处的生态系统包括学校、家庭与社会环境。② 瑞斯利（Reschly）认为传统的涉及测验定位和医学诊断的学校心理服务模式是不足以应对持续发展的学校心理学的角色期待，必须改善儿童在班级、家庭和社

① 付翠、汪新建：《心理障碍的文化建构——健康心理学发展中的新趋向》，《新心理探新》2006 年第 26 期。
② Sheridan, S. M., Gutkin, T. B., "The Ecology of School Psychology: Examining and Changing Our Paradigm for the 21st Century", *School Psychology Review*, 2000, 29 (4): 485-502.

区中的生态环境。① 卡佩拉（Cappella）等人的研究指出，建立一个生态示范的校本心理健康服务系统，利用学校的固有能力和当地资源，提高学校的能力，发展家庭和社区环境。借助校本心理健康生态模型这种手段来促进贫困儿童健康发展。②

（3）"参与特定文化咨询"（Participatory Culture Specific Consultation，简称 PCSC）模式

这种模式目前正在兴起。参与特定文化咨询要求学校心理学工作者像研究者和实践者一样提升他们的专业技术。该模型建立在人种学和行为研究方法的基础上，强调一种人与人之间的参与过程，跨越常模文化影响特定来访者的发展，展示文化多元主义。③ PCSC 的方法应用于学校心理健康教育，能促进咨询和干预的成效，能帮助确定一个多元社会的需要，回应了 20 世纪末期所谓后现代社会所带来的文化多元主义的思潮。这股思潮被称为继精神分析、行为主义、人本主义之后影响心理学的第四股思潮。④ 随着实践的发展，国外学校心理健康教育包括网络心理健康教育诸多的辅导模式，将呈现出更加多元性的趋势。

7. 教育发展的本土化趋向

国外学校心理健康教育发展的本土化趋向，主要反映在两个方面：

---

① Reschly, D. J., "Commentary: Paradigm Shift, Out-comes Criteria, and Behavioral Interventions: Foundations for the Future of School Psychology", *School Psychology Review*, 2004, 33: 408–416.

② Cappella E., Frazier S. L., Atkins M. S., Schoenwald S. E., Glisson C., "Enhancing Schools' Capacity to Support Children in Poverty: An Ecological Model of School-based Mental Health Services", *Administration and Policy in Mental Health and Mental Health Services Research*, 2008, 35 (s): 395–409.

③ Nastasi B. K., Vargas K., Bernstein R., Jayasena A., "Conducting Participatory Culture Specific Consultation: A Global Perspective on Multicultural Consultation", *School Psychology Review*, 2000, 29 (3): 401–413.

④ Pedersen P., *A Handbook for Developing Multicul-tural Awareness*, Alexandria, VA: American Counseling Association, 1991: 136–147.

　　首先是研究范式趋向本土化。国外一些学者提出要构建本土化的心理健康教育概念和理论模式,这标志着学校心理健康教育工作者开始有了本土化研究的自觉意识。有学者将心理健康教育的本土化研究概括为四个层次与方面:重新验证西方的重要研究与发现;研究本国人特有的与社会文化因素有关的行为特征;修正或创立新的概念与理论;修正与设计出适合本国人使用的测量工具。本土化研究的目的是要创建面向世界的、各具特色的心理健康教育,为世界学校心理健康教育提供新的资料、理念和方法技术,在全球学校心理健康教育的发展中作出独特贡献。这标志着当前国际学校心理健康教育研究已在主流范式与非主流范式之间呈现出一种相互吸收、相互交融、相互沟通的发展趋势。①

　　其次是工作范式趋向本土化。在学校心理健康教育的实践中,发达国家注重国际间交流的同时,在各国的学校心理健康教育发展中又形成了各自的特色,本土化工作范式取向也显著增强。如美国的"科学家—实践者"、德国的"学校系统咨询师"、日本的"学校心理士制度"、法国的"心理健康教育小组"、英国的"以问题解决为中心"的培养模式等。② 这种各具特色的本土化工作范式,为世界学校心理健康教育提供了新的资料、理念和方法技术,在全球学校心理健康教育的发展中作出了独特贡献。随着发展中国家文化本位心理学的崛起,本土化发展取向为心理健康教育的发展开辟了广阔的前景,也为解决学校网络心理健康教育面临的理论危机提供了新的途径。

8. 发展进程的全球化趋向

　　随着社会的进步,各国对学校心理健康教育认识的增加以及国际性心理健康教育组织的不断成立,将学校心理学的发展推上了国际化、全球化的进

---

　　① 崔景贵:《国外学校心理健康教育的发展及其启示》,《中小学心理健康教育》2003年第6期。

　　② 梅国英:《欧美国家学校心理健康教育对我们的启示》,《常州信息职业技术学院学报》2005年第9期。

程。英、美国家学校心理健康教育工作者定期进行学术交流、参观访问，使得他们的学校心理健康教育工作相互借鉴。这种全球化趋势也促使英美国家在学校心理健康教育的专业标准、伦理督导等方面正逐步走向统一。2019年全球暴发的新冠疫情不仅是全球性重大突发公共卫生事件，也是严重的心理危机事件。随着形势不断好转，后疫情时代如何重新定位并践行高校心理健康教育的价值与使命，尤其是如何开展好网络心理健康教育，已成为当前全球学校心理健康教育面临的世界性问题。在探讨疫情对高等教育国际化影响的线上研讨会上，墨尔本迪肯大学副校长说，疫情提醒高校要展现多样性、开放性和对国际生的人文关怀。而对于疫情后苦难的意义的析出，也正是创伤后成长的关键。它让个体更关注健康、生命、他人和正义。高校心理健康教育需要加强"人类命运共同体"的全球视野。[1]

二、我国高校网络心理健康教育 存在的问题与发展趋势

（一）我国高校网络心理健康教育存在的问题

近年来中国高校网络心理健康教育发展迅速，但由于我国心理健康教育起步较晚，仍然存在一些问题，概括起来，主要有以下几个方面的问题。

1. 目的性较强，存在矫治化倾向

我国高校网络心理健康教育的兴起是从解决大学生的网络心理问题和网络心理疾病着手，是从网络心理咨询工作开始的，在实践中容易形成以治疗

---

① 周岳峰：《新冠肺炎疫情给高等教育国际化带来的影响》，《世界教育信息》2020年第5期。

为主，以预防、发展为辅的矫治化倾向。由于思想认识停留在消极性目标层次上，一些高校开展网络心理健康教育的目的只是着眼于维护高校的稳定与和谐，实现高等教育的培养目标和满足社会对人才的需求；只是关注大学生学习生活中的适应问题、人际心理领域中消极性心理的预防教育。如果网络心理健康教育的重点只是为少数有网络心理问题和疾病的学生提供服务，忽视针对全体大学生的心理素质培养，在一定程度上削弱了网络心理健康教育的发展性功能，不能充分发挥网络心理健康教育应有的作用。

2. 管理体制上不够健全

目前，反映比较多的问题：一是部门职责不清晰。网络心理健康教育应当由专门部门负责实施，而现实情况是许多学校仅仅靠学校设立的网络心理健康教育课程和为数不多的心理教师来维持正常运转，这显然是远远不够的，无法达到预期的目的。不仅如此，一些高校网络心理健康教育之所以流于形式，无法付诸实践，还由于相关部门责任不明确，遇事部门之间不是同心协力解决问题，互相推诿的现象时有发生。二是规章制度不健全、规划不完善。一些高校对大学生网络心理健康教育缺乏完整且有计划的规划，导致大学生网络心理健康教育稳定性较差，缺乏渐进性和关联性。三是有关研究部门比较缺乏。目前大学生网络心理健康教育机构非常匮乏，远远跟不上我国网络心理健康教育发展的步伐。不少心理健康教育研究机构都是以心理咨询室的形式存在，缺乏正规的心理健康教育研究院，有也是寥寥无几。

3. 混淆德育与网络心理健康教育之间的关系

把网络心理健康教育纳入德育或依附于德育，是目前网络心理健康教育不被重视的一个重要原因。为应付上级对心理健康教育的检查，有的学校被动地建立临时性机构，但无专业人员，无具体的实施方案；有的学校虽有机构，但在经费上没有根本保障。由此看来，网络心理健康教育要有自己相对独立的地位，首先必须解决好依附于德育问题，只有正确处理好德育与网络心理健康教育之间的关系，才能促使网络心理健康教育的顺利发展。

4. 专业力量不足

近年来，虽然高校网络心理健康教育的师资培训工作得到了加强，但还存在着一些亟须改进的问题。一是从数量来看，高校普遍无法按照联合国教科文组织的规定配备专业教师，在数量上还不能满足现实需要。二是从质量来看，目前高校网络心理健康教育队伍人员构成，主要包括思想政治教育工作人员、心理学专业人员、学校医务工作人员，他们在结构、水平与层次方面参差不齐，整体素质偏低。三是从专业来看，多数是从其他专业转过来做心理健康教育的工作人员或兼职人员，虽缓解了人员缺乏的矛盾，但是非专业人员一般缺乏系统的心理学专业知识，没有受过系统的技能训练，尤其是熟悉数据分析和信息技术处理的专业力量匮乏，不符合数据化建设要求，严重影响高校网络心理健康教育的深入发展。

5. 缺乏家庭、社会和学校的交流与配合

高校网络心理健康教育不仅受到学校种种因素的制约，还受到家庭环境和社会环境的影响。目前，需要加强两个方面建设：一是加强学校与家庭之间的交流和联系，充分认识加强高校网络心理健康教育与学生家庭休戚相关，通过与家长的合作促进学生心理健康的发展，让学校和家庭对影响学生心理健康发挥更大的作用。二是加强网络环境的建设，充分认识社会环境对于大学生网络心理健康教育的影响与作用，既要采用各种方法对个体所处的环境进行修正，给个体创造一个积极的学习和生活环境，又要与周边的机构合作，共同为高校网络心理健康教育创造良好的社会环境。

（二）我国高校心理健康教育的发展趋势

从宏观层面观察，我国高校心理健康教育开始呈现以下发展趋势。

1. 内需化趋势

当前，高校心理健康教育内需化，不仅渗透在教育观、学生观和人才观之中，日益成为学校教育的内在要求，同时也已成为每一个学生追求身心和谐、健康发展的内在需要。高校心理健康教育的实践证明，在解决学生成长困惑、心理烦恼，实现潜能开发，优化心理素质，增进心理健康，预防心理疾病等方面，心理健康教育的作用确实具有不可替代性。大学生越来越清楚地意识到心理健康教育在自身发展成长中的重要作用，越来越多的人积极、主动地接受相关教育指导，将其视为人生成长中的必修课。心理健康教育将全面渗透到学校教育的全过程和各方面，成为学校整体工作的有机组成部分，对教师而言，学校心理健康教育将成为每一个教师必备的职业能力。为适应教育体制的改革和素质教育的深化，作为"人类灵魂工程师"的教师不仅要有专业知识和教学能力，而且必须了解学生身心发展的规律，了解心理健康教育的意义，具备心理教育的能力，在各自的教育实践中自觉体现和渗透网络心理健康教育，成为学生的良师益友。缺乏心理教育能力的教师不是合格的教师。在大数据时代，教师的传统功能"传道、授业、解惑"中授业的功能将减弱，而人格培养的功能将加强。因此，心理健康教育的知识将成为师资培训及教师资格认定中一项重要内容，心理健康教育将成为学校、学生和教师自身的内在需要。

2. 人本化趋势

我国高校心理健康教育是从心理咨询工作开始，从解决学生心理障碍入手的。但随着对网络心理健康教育认识的深化，越来越多的人认识到学校心理健康教育必须以人为本，以全体学生为服务对象，发展为主、治疗为辅已成为共识。正是基于这个认识，我国高校心理健康教育课程体系构建越来越体现以学生为本，即确立学生在学校的主体地位，突出他们在教学和管理等各项活动中的主体性，针对学生未来发展需求，研究心理健康教育课程体系的构建，拓宽心理健康教育领域，以适应学生未来发展需要。我国心理健康教育的模式也将从补救性为主转变为发展性为主，即将全体学生作为心理健康教育的对象，针对学生共同的成长课题给予指导，同时兼顾少数有障碍的学生心理的治疗与行为的矫正。这样的高校心理健康教育才是最受学生欢迎的、最富有发展生命力的。

3. 专业化趋势

作为一种教育活动，心理健康教育除了需要一般的教育技能外，还需要掌握特殊的专业技能。由于高校心理健康教育对从业人员的专业要求很高，因此必须经过专门培养或专门培训的人员才能胜任。然而，高校心理健康教育师资队伍还未能跟上，专业化程度不高，影响到了高校心理健康教育的成效。随着高校心理健康教育的普遍开展，随着各地对教育部有关心理健康教育师资队伍和条件保障规定精神的贯彻实施，心理健康教育师资的专业培训、资格认定、编制落实、职称评定等各项措施将逐步落实到位。可以预期，随着大数据的迅猛发展，要求从源头上提高教师的质量，培养出更高层次的师资队伍，从事心理健康教育的人员必将从兼职为主转变为专职为主、专兼职结合，师资队伍的专业化水平也必将随之大大提高。

4. 全面化趋势

目前，我国心理健康教育开始出现全面化趋势，主要反映在以下几个方面。

一是家庭、社会、学校等各教育主体全面参与。国家不断完善行政手段，鼓励、规范学校开展心理健康教育，把心理健康教育作为继德育、智育、体育、美育和劳动技术教育之后的人的全面发展教育的组成部分。

二是心理健康教育纳入学校教育的重要组成部分。随着观念的转变，特别是教育行政部门的规范要求，学校心理健康教育由少数实验学校向一般学校，由重点学校向普通学校，由大中城市、沿海发达地区学校向中小城市、农村和经济欠发达地区的学校逐步扩展。

三是心理健康教育面向全体学生。由面向少数有心理障碍学生的心理治疗模式，现已转向全体学生的教育模式。

四是教育内容将系统化。目前，我国高校心理健康教育主要集中在生活教育上，如帮助学生认识自己、学会适应网络环境、学会生存、学会交往、学会做人，培养健全人格以及心理问题、心理障碍的防治等方面。今后高校还将在学习心理辅导、职业心理辅导上加大投入，帮助学生在生活、学习、择业方面充分开发自我，完善自我。学习心理辅导主要是教师利用心理教育的专业技能，协助学生认识学习的原理及方法，提高其学习效率，发挥其潜能，其核心是提高学生的自学能力、判断能力和独立思考能力，这方面的教育对求知若渴的大学生来说是十分重要的。职业心理辅导是为学生在职业定向、升学考试及职业分析、兴趣的了解与测试方面提供指导、咨询。

5. 整合化趋势

国内外学校心理健康教育有各种模式，概括起来主要有：以消除心理疾病为目标，以心理治疗为方法的医学模式；以消除心理障碍、增强社会适应性为目标，采用活动或脱敏训练等行为矫正为方法的社会学模式；以学生自我发展为目标，采用心理辅导、训练法的教育学模式；以清除或解决某方面的心理问题为目标，采用心理辅导或心理咨询的心理学模式。这些模式各有其适应范围和局限性，未来将会出现以教育学模式为主、其他模式为一体的整合化趋势，整合的内容包括如下方面。

目标整合：既要实现维护学生心理健康，使其积极适应在校学习和生活，消除其心理困惑、障碍和疾病，又要培养其自我发展、自我教育能力，整体提高其心理素质，并与人的全面发展的各方面素质有机地融为一体，即心理健康教育的目标，要把心理素质提高的目标与人的全面发展的教育目标融为一体。

内容整合：从学生生理、心理发展及社会适应两个层面，将认识自我、促进发展、智能、个性、创造性、适应学习、适应生活、适应人际关系、学会认知、学会做人等方面统一起来。

过程整合：现代教育是一项系统工程，要用整体的观点，系统的观点对待心理健康教育过程。因此，从学校内部讲，将把心理健康教育课程、各学科教学渗透心理素质教育、专题训练、心理咨询与辅导、校园文化环境等进行整合，学校心理健康教育一盘棋；从学校与校外教育因素相结合看，将大量开展学校、家庭、社区三结合心理健康教育活动；从媒体看，电子与非电子媒体有机整合。

教育策略的整合：心理健康教育的策略很多，从形式上分，有心理咨询、心理辅导、心理治疗、心理训练、心理健康维护等；从内容上分，有学习心理、生活、个性、交往等方面的辅导与训练；从方法上分，有认知策略（如启发思考、专题讨论、辩论等）、情感策略（如反思体验、移情体验、换位体验、情景感受等）、行为策略（如行为训练、行为矫正、角色扮演、行为示范、行为强化等），这些模式有各种各样的优缺点，只有将其有机整合，才能发挥整体效果。

6. 特色化趋势

目前，我国学校心理健康教育在借鉴国外理论和技术的基础上，开始探讨适合我国国情的学校心理健康教育的理论与技术，制订我国的心理测量技术和量表，研究我国特有的心理健康教育运行机制。同时，各学校也要研究自己的校情，结合自己学校、校风，探讨适合本校特色的行之有效的心理健康教育的体系和方法。在这方面，一些学校已经作出了有益的尝试，出现了一些富有特色的做法。比如网络心理健康教育与思想政治教育相结合，是我国大学生心理健康教育发展的特色。在我国大学生心理健康教育领域主要活跃着三支队伍：一是以思想政治教育为学科背景的思想政治教育工作者队伍；二是以心理学为学科背景的心理学工作者队伍；三是以医学为学科背景的医务工作者队伍。① 其他还有以教育学、社会学等学科为背景的教育队伍，但所占比例较小。这三支队伍由于不同的理论背景，对大学生心理健康教育尤其是对心理咨询的本质和理念持有不同的理解，在心理健康教育实践中遵循着不同的教育方略。与另两支队伍相比，思想政治教育工作队伍所倡导的心理健康教育与思想政治教育相结合的教育模式，是我国大学生网络心理健康教育发展的特色所在。一方面，基于思想政治教育的教育模式在进行心理咨询时也要遵循心理咨询的一般原则和方法，如真诚一致、无条件积极关注、共情、保密、尊重与信任、追求良好的咨访关系等，其能够产生心理咨询积极效果的共同因素与其他学科背景人员进行心理咨询时是一致的；另一方面，在长期的实践探索中，基于思想政治教育的网络心理健康教育模式也形成了自己的优势和特色。但这将是一项长期而艰巨的任务，需要学校心理健康教育的理论和实践工作者及社会各方面共同努力，方可实现。

7. 多样化趋势

随着高校心理健康教育的广泛开展，其教育内容和教育手段日益呈现多样化趋势，这种趋势主要反映在两个方面。

首先是教育内容的丰富多样。大学生心理健康教育内容的确定既是主观的也是客观的，一方面大学生心理健康教育的目标、对象、任务决定了其教育内容的客观性；另一方面，人们对心理咨询及大学生心理健康教育认识的主观差异也决定了其内容选择的主观性。目前，大学生心理健康教育内容开始趋向多样化：既包括对心理健康教育基本知识的介绍和普及，也包括对心理调适方法的传授与应用；既包括对心理异常现象的解析与预防，也包括对智力潜能的培养与开发；既包括对大学生学习生活、适应发展诸方面的关注与指导，也包括对多种心理行为问题的缓解、消防与矫治；既包括以障碍性心理问题解除为主要取向的教育内容，也包括以促进大学生心理素质优

---

① 马建青：《心理卫生与心理咨询论丛》，浙江大学出版社 2004 年版，第 387 页。

化、心理潜能开发为主要取向的发展性教育内容。完善的教育内容是心理健康教育成效得以实现的有效载体，随着人们对大学生心理健康教育内容本质的认识与把握，教育内容取向必将呈现知识传授与品质修养、问题解决与发展促进相互融合并有所侧重的综合完善的发展趋势。明确这一点，对于把握我国大学生心理健康教育的发展方向至关重要，也是我国大学生心理健康教育的特色和生命力所在。

其次是教育手段的日趋多样化。随着社会的发展，学校心理健康教育手段日益多样化，尽管传统方法依然流行，语言与非语言的交流运用得很多，但是以计算机网络技术发展为核心的信息技术、通信技术的发展和进步为心理健康教育提供了现代化的手段。神经科学和心理科学的发展，为学校网络心理健康教育工作的现代化提供了保证。因此可以预见的是，学生的心理测量可以直接在计算机上完成，各种心理档案资料的储存、管理和运用不再是人工处理，计算机可以给学生提供更多的信息，以增加心理辅导的广泛性和适应性。可通过建立全国甚至更大范围的学校心理健康教育网络系统，让学生间互通信息、共享资源，对教师进行大规模专业训练。将会出现学校心理咨询与辅导的专家系统、模拟系统，学生可根据自己的情况和需要直接寻求某些专家的援助和指导。总之，方便、快捷、丰富的现代化技术手段，将使高校心理健康教育获得更大、更快发展。

8. 多元化趋势

回顾近 20 年来的发展历程，我们可以发现，如同世界上许多发达国家所经历的变化一样，我国高校心理健康教育的模式也在不断演变、发展，目前日益呈现多元化模式的趋势。有学者认为，立足于加强社会大众心理健康，提高个人生活适应能力，尽量创造有益于个人心理健康发展的社会环境，从有效途径方面可以划分心理教育（心理健康）的四种模式：一是社会学模式，从社会文化层面来增进大众的心理健康，处理与预防社会变迁导致的社会问题；二是心理学模式，强调个人生活适应功能，增进对健康人格发展的认知，培养良好习惯，减除不良适应等；三是精神医学模式，采取三级预防措施，提供临床精神医学的专业服务，预防心理不健康的产生；四是教育学模式，通过教育的历程引导人养成良好习惯，启导正确价值判断，学习为人处世之道及适应环境技能，从而维护身心健康，享受幸福美满人生。① 有学者认为，现阶段我国各级各类学校探索的心理健康教育模式主要有六种：一是从课程学的高度进行探究的课程模式；二是以组织活动为中心旨在训练和开发学生心理机能的活动模式；三是在常规的教育、教学活动中注重帮助学生提高各种认知技能、情意和人格特质，完善心理机能的渗透模式；四是针对青少年学生身心发展需要，以性生理与性心理教育为重心的青春期教育模式；五是以预防心理障碍与疾病的产生、调控心理问题发展为目标的矫正模式；六是通过建立或健全教育机构来开展心理教育的管理模式。② 不难看出，这是从心理教育的主要载体和基本途径来确定心理教育的多元模式。随着高校网络心理健康教育的广泛开展，可以预料在实践中将会探讨更加有效的心理健康教育模式，也将会通过多种途径、多元化模式，深入广泛、生动、切实有效地开展全方位的心理健康教育。

9. 本土化趋势

中国高校心理健康教育本土化趋势日益凸显，主要反映在以下三个方面。

（1）心理健康教育国际化与本土化相结合，已成为中国高校心理健康教育实现本土化的必然趋势

本土化，实际上就是中国化。这种本土化不是完全另创一套学术规则，拒绝与外界学术对话，而是在遵守基本学术规范的前提下，渗透独特的中国文化意蕴，在对我国高校网络心理健康教育特殊性、独特的发展规律和活动

---

① 朱敬先：《健康心理学：心理卫生》，教育科学出版社 2002 年版，第 18—19 页。
② 沈贵鹏、李苹：《心理教育模式观》，《南京师大学报（社会科学版）》1998 年增刊。

原理进行深入研究并总结最新研究成果的基础上，提出具有中国化色彩的心理健康教育思想和理论，建立起我国高校心理健康教育自身的知识体系和基本框架。当然，要建构真正适应当代心理健康教育科学发展趋势、符合我国民族文化特点、反映我国心理教育研究成果的高校心理健康教育体系，还有许多工作要做，任重而道远。我们必须从我国国情和民族文化出发，在引进、吸收、借鉴西方先进的心理健康教育理论和模式的同时，注重研究我国大学生心理特点，创新心理健康教育理论，开发适合我国国情的心理咨询与心理测量技术，尽快形成本土化的心理健康教育运行机制，并使之制度化和规范化。

（2）心理健康教育与思想政治教育相互作用，已成为中国高校心理健康教育发展颇具本土化特色的集中体现

在我国，高校心理健康教育自始至终就是德育工作的一部分，从高校心理咨询开始，心理健康教育与高校思想政治教育互相融合、互相影响，思想政治教育大大影响了我国心理健康教育的发展方向、规模和模式。在心理健康教育过程中，分析大学生心理问题的成因及其世界观、人生观和价值观是一个不可忽视的维度，而应对大学生学习、交往、情感、择业等方面的困惑，促进自身发展和人格完善，也离不开思想政治素质的培育。因此，在对学生进行心理健康教育的同时，还要重视思想政治教育，不能孤立地考虑学生的心理健康问题，不能把工作仅仅停留在解决学生表层的心理问题上，而要尽可能地在更高层次上为学生指出努力的方向，关注其人生观、价值观、道德观的提升，把健康心理的塑造与高尚心灵的培养结合起来。这是一种充满教育意义、人文关怀理念的心理健康教育，它重在促进人的素质的全面提高和人的全面发展。[1] 建立这样一种能在更高、更深的层次上对学生的心理世界、精神生活产生更为广阔、更为深刻、更为有效的影响且具有中国本土

---

① 马建青、石变梅：《30 年来高校思想政治教育对心理健康教育发展的影响探析》，《思想理论教育》2018 年第 1 期。

特色的心理健康教育模式，正是未来我国高校心理健康教育发展模式的集中体现，这一新的模式也将对世界学校心理健康教育的发展产生深远的影响。

（3）中国传统文化心理观念融入心理健康教育，已成为中国高校心理健康教育趋向本土化的重要标志

中国传统文化历经几千年的发展变化，逐渐形成了根脉庞大的本土知识体系，其中尤以儒家文化、道家文化和释家文化为典型代表，它们共同构成了中国传统文化的基本系统。在该系统中，存在大量的心理教育资源，对高校心理健康教育工作的开展具有积极的借鉴作用。比如，儒家主张的"修齐治平""内圣外王"思想，包含了丰富的心理学的内容，从现代心理学的角度来看，就是心理健康教育、心理素质训练和心理自我调节等内容。这些内容对于引导人们更加积极、快乐、健康地生活，提升道德素养，从而进一步增进心理健康和个人幸福发挥着重要作用。道家主张的效法自然，清静无为，追求的是人的心灵的解放和心灵的快乐，主张以静制躁，以淡泊旷达来养心治心。道家思想倡导人们不要勉强去做有悖于自然规律的事情，"无为而无所不为"，强调返璞归真，顺应自然，摆脱繁复的人际关系来寻求人的个体价值，崇尚人格的独立和精神的自由。佛家文化中，注重的恬淡和自然，注重的是"境由心造"，主张通过心灵的感悟与对世事的深刻理解，能够达到促进心理健康的作用。[①] 总之，随着中国传统文化心理观念融入心理健康教育，中国传统文化蕴含的胸怀天下的社会责任和精神追求，情绪调节的方法，抵抗挫折的能力，处理人际关系的技巧，修身养性的心理保健艺术以及它所提倡的仁爱、正义、忠孝、诚信、守礼、廉耻等理念，可以为当代大学生核心价值观的塑造提供丰富的人文养分，有利于构建心理健康教育理论基础，发挥文化育人的功能，对提升大学生心理素质建设将会起到积极的促进作用。

---

① 黄存良：《中国传统文化对当代大学生心理健康的介入与治理》，《社会科学家》2020年第1期。

10. 网络化趋势

近年来，高校心理健康教育已逐步形成网络化趋势。综合各高校的网络化状况，可概括为"四级网络"：一级网络为学校大学生心理健康教育咨询中心（以下简称中心）。负责全校心理健康教育指导工作和日常心理咨询、教学与研究工作。在此基础上，制订心理危机干预工作预案，明确工作流程及相关部门的职责，定期听取专门工作汇报，研究部署工作任务，解决存在的问题；推动大学生心理健康教育网络体系建设，开设心理健康教育课程，加强教学科研，促进大学生心理健康教育工作水平的提高。二级网络为系（部）大学生心理健康教育工作小组。由各系（部）分管学生工作副书记、辅导员、班主任组成，同时成立系（部）大学生心理健康教育咨询协会，明确1名负责心理健康教育工作的心理辅导员，在业务上接受中心的指导。工作小组指导本系（部）心理健康协会、学生会心理健康部、班级心理健康委员、寝室安全信息员等学生组织，定期开展学生心理健康状况调查，积极开展心理健康教育知识宣传，落实全校性的心理健康教育活动。三级网络为班级心理健康委员。各班级心理健康委员在班主任辅导员的指导下开展本班的心理健康教育工作。三级网络的同学是传播心理健康知识的"宣传员"、学生心理动态变化的"观察员"和班级心理健康工作的"信息员"，他们是确保大学生心理健康教育有效开展的重要保证。四级网络为寝室安全信息员。寝室安全信息员在学习一定的心理学常识后，自觉有意识地营造良好的寝室人际氛围，为同寝室成员提供人际关系的支持，及时发现本寝室存在心理问题的学生，进行疏导或介绍到中心，把心理问题消除在萌芽状态。有的高校在实践中形成了"五位一体"的大学生心理健康教育网络：通过开设心理健康教育课程、充分发挥课堂教学主渠道作用，帮助学生正确认识心理发展规律，掌握必备的心理健康知识，引导学生健康成长；通过开展形式多样、丰富多彩、寓教于乐的心理健康教育活动，促使学生提高综合素质、实现全面协调发展；通过开展心理教育指导、心理咨询与辅导，进行心理引导，帮助学生释疑解惑；通过开展心理危机干预工作，防患于未然，关注学生安全，确保学生健康、顺利成长；通过开展心理调查与研究，及时了解、把握学生的心理状况及特点，有针对性地开展工作，增强高校心理健康教育的针对性和实效性。在诸多网络中，危机预警网络为许多高校广泛采纳，该网络是以学校心理咨询中心为核心，以学生班级为基层，以学院（系）学工组为中层，以学校学工（部）处为高层，在学校党委（主管校领导）领导下的纵向心理危机预警网络系统。此系统又同学生的家庭、社区、社会保持联系，形成横向心理危机预警网络系统。这种层级清晰、纵横交错的立体交叉型的网络化大学生心理危机预警制度，最主要的是能保持信息渠道畅通，及时地进行信息沟通、反馈、交流，使心理危机学生的情况能及时传导到有关部门和专业人员，进行及时干预和处理，将危机化解于萌芽状态。可以预料，随着网络化趋势的完善，高校发现和处理学生心理危机事件的能力越强，也就越能保证学校网络心理健康工作的有效性。

（三）高校网络心理健康教育的发展趋势

基于上述国内外心理健康教育宏观层面的发展态势，处于大数据时代的高校网络心理健康教育除具有心理健康教育普遍发展趋势的特征之外，也具有自身发展趋势的特点。

1. 高校网络心理健康教育将呈需求化趋向

国内外的实践证明，大数据时代，心理健康教育不仅仅是一套方法和技术，更重要的是体现一种实践性很强的、先进科学的教育观念。心理健康教育在承认学生个别差异的基础上尊重每一个学生的价值，相信每一个学生有发展自我的潜能，不以学习成绩、智力水平、家庭背景、经济状况衡量评价学生。加强心理健康教育已成为世界教育界的共识。21 世纪心理健康教育包括网络心理健康教育，将渗透在教育观、人才观和学生观中，成为学校教育的内在要求。同时，高校网络心理健康教育也将成为每一个学生自身成长的内在需要。从沉重的学习负担中解放出来的学生会更加注重自身全面素质的提高，意识到只有全面发展的人才能适应时代的需要，赢得竞争的胜利，因而主动、自觉地接受和参与心理健康教育活动。尤其是后疫情时代，一些有心理问题的学生迫切需要有针对性地接受教育，高校应积极构建学生心理健康辅导体系，帮助学生塑造积极正面的人生观、道德观和价值观，为培养"知识、能力、素质、人格"四位一体的人才而不懈努力。

2. 从解决问题到促进发展呈网络心理健康教育新趋向

高校网络心理健康教育的目标将从防治性为主转变为发展性为主，对于两者之间的关系，虽然人们在理论上大多能认同发展为主、防治为辅，但在实践中大部分学校和教师都更多地着眼于防治性工作。这与我国学校心理健康教育乃发端于心理咨询工作的背景有关。随着对心理健康教育认识的不断深化，心理健康教育的发展性理念将被越来越多的人所接受。学校和教师终将形成这样的共识："防治"的目的是为了"发展"，而"发展"的目标又是可以包容"防治"的。有了这样的共识，学校心理健康教育的内容将从心理适应教育转变为心理潜能的开发。学生创造力的培养、自信心的训练、自助能力的提高、良好自我概念的确立等，将成为学校心育的侧重点。[1]

网络心理健康教育从解决问题到促进发展，这一转变符合党和国家教育政策的要求。一直以来，党和国家的教育方针政策都明确指出教育要促进学生德智体美劳等全面发展，近年来，更是提出要把"立德树人"作为教育的根本任务，作为"检验学校一切工作的根本标准"。高校网络心理健康教育在尊重学生心理发展规律、强调以学生为本的同时，必须贯彻落实党和国家促进学生"全面发展"的指导思想和方针政策，以"立德树人"的思想来引领心理健康教育。同时，这一转变符合国际心理健康教育发展的趋势。

---

[1] 叶一舵：《论心理健康教育的十大发展趋势》，《发展研究》2000 年第 10 期。

对于心理健康教育的认识，国际上也有一个发展变化的过程。有研究者将其大致分为三个阶段：第一阶段为消极心理健康阶段，主要将心理健康看作是"没有心理病理学症状"的状态，将心理健康与"没有疾病"等同；第二阶段为积极心理健康阶段，一般指的是心理功能的一种良好状态；第三阶段为"安全心理健康"阶段，认为心理健康不仅仅是精神病学症状的缺失，也不仅仅是心理功能的一种良好状态，而是两者的结合。在促进学生发展方面，目前世界主要发达国家和组织相继提出了有关核心素养的框架，像联合国教科文组织的"终身学习"、欧盟的"核心素养"、经合组织的"核心素养"、美国的"21世纪核心素养"、加拿大的"基本能力"、法国的"共同基础"、芬兰的"核心素养"，以及我国林崇德教授带领协作组提出的"学生发展核心素养"，为学生发展的内涵提供了依据，指明了方向。①

3. 网络心理健康教育平台呈大网络化趋向

大数据时代，随着科学技术的迅猛发展，以计算机网络技术发展为核心的信息技术、通信技术的发展和进步为网络心理健康教育提供了现代化的手段。为适应心理辅导广泛性和适应性的需要，未来网络心理健康教育将呈现两种趋势：一是建立全国甚至更大范围的高校心理健康教育网络系统已成为可能，将会出现学校心理咨询与辅导的专家系统、模拟系统，学生可根据自己的情况和需要直接寻求某些专家的援助和指导。方便、快捷、丰富的现代化技术手段，使高校网络心理健康教育平台呈现大网络化趋向，将使高校网络心理健康教育获得更大、更快发展。二是将建立起校内外辅导一体化网络，专业辅导与非专业辅导得以实现真正意义上的相结合，尤其家庭环境、学校环境和社会环境三种环境的有机结合，将形成一股合力，共同为学生提供心理服务，从而将更有效地提高网络心理健康教育的效果。

---

① 方晓义：《心理健康教育新趋势：从解决问题到促进发展》，《教育家》2019年第1期。

4. 网络心理健康教育内容传递呈最大化趋向

目前，网络心理健康教育内容传递存在两种情况：一是注重解决心理层面问题，对大学生思想、道德、价值观层面问题缺乏关注；二是教育的内容传递多是以建立心理健康教育网站为主要的选择，即点对面传递。从教育关注点来说，随着网络心理健康教育的发展，在心理健康知识已经普及、大学生中关于生命意义、人生价值和思想道德方面的问题逐渐上升为主要问题的情况下，以注重解决心理层面问题为主要教育内容的心理健康教育的局限性越来越明显，而应在心理问题教育内容的基础上，充实和加强大学生思想层面、道德层面、政治层面的教育内容。事实上，着眼于大学生心理健康教育的全面发展，是中国高校心理健康教育探讨的总体要求和基本出发点，也是中国高校心理健康教育的特色，应从全面发展的角度来探讨大学生心理健康教育内容，把大学生心理健康教育的内容向思想、道德和价值观领域拓展。从教育内容传递形式来说，点对面传递有其优势，但如果学生不主动登录网站，宣传的信息就很难传递给同学，这样就很容易使网络心理健康教育变得被动化，最终的教育效果不理想。而今后，依靠网络微信公众平台就可以实现点对点的准确的信息传递功能。目前大学生使用微信的人数较多，只需要借助微信公众号和方便快捷的移动智能手机，心理健康教育信息内容便可以实现点对点的推送，能够让每位同学都有机会接收到相应的心理健康教育信息，让高校心理健康教育更具有主动性，以实现网络心理健康教育内容传递的最大化。

5. "线上"与"线下"的紧密联系和互动呈常态化趋向

网络心理健康教育，主要包括网上心理课程、网上心理培养、网上心理训练、网上心理辅导、网上心理咨询、网上心理测验、网上心理诊断、网上心理治疗等。相对于传统的心理健康教育，网上心理教育因其极强的平等性、保密性、隐蔽性、快捷性及实时性，进行心理健康教育不易产生心理阻抗和逆反心理。在匿名的环境下进行心理健康教育，比如说心理咨询、性教育等，没有心理压力，可以消除来访者在面对面咨询时产生的各种顾虑，使得任何人都能够通过网络真正毫无顾忌地倾诉自己的隐私，暴露自己的问题，从而使心理咨询工作者能够在尽可能短的时间内掌握当事人的基本情况，并作出切合实际的引导及处理。这种"线上"教育形式有其不可比拟的优势，但也存在着明显的弊端，比如网络对大学生的思想观念、生活方式、身心素质与人格发展都带来了潜在与深远的影响和冲击，容易导致大学生自律弱化、交际受阻、情感异化、网络成瘾以及心理教育工作者调控能力有限化等问题，因此，迫切需要提出"线上"与"线下"心理健康教育相结合，加强二者之间的联系与互动，使之发挥海量资讯、高效管理、保密服务、低成本长线追踪的优势，弥补传统心理健康教育模式的短板，将网络作为引领学生获取心理知识、提升心理素质的新载体。

6. 网络心理健康教育模式呈多样化趋向

相对于传统心理健康教育而言，网络心理健康教育模式还不成熟，还处于探索阶段。传统心理健康教育模式比较重视教育内容、方式方法的特定性，强调通过系统的心理学流派和方法的训练，以达到心理健康教育与咨询的专业性。这种理念对于心理健康教育的专业化发展是有利的，但在我国高校网络心理健康教育实践过程中，严格按照某一个学派或某种咨询方法来处理特定性心理健康问题，不太现实，也难有显著成效。由于我国高校的类型的多样化和多元化、学生思想观念和心理状态的多样和复杂的特点，单一的发展模式并不能适应多元化心理健康教育的发展需要，大学生网络心理健康教育模式应实现多样化发展。因此，高校心理健康教育的发展，应采取多元开放的原则，鼓励高校形成各具特色的适合各个大学特点的心理健康教育模式。总之，大数据时代高校网络心理健康教育是心理健康教育发展到一定程度后与网络技术相结合的产物，随着网络心理健康教育的发展，今后将加强对现有网络心理健康教育途径的整合，在沿用的基础上开拓创新网络心理健康教育实践运作模式。在新的发展阶段，多样化的网络心理健康教育模式，有利于大力推进网络心理健康教育方式和途径的整合，并在此基础上构建立体式的网络心理健康教育体系，为网络心理健康教育实践提供科学的指导。

7. 网络心理健康教育评价呈数据化趋向

随着大数据时代的到来，作为第四次工业革命重要力量的大数据技术日趋成熟并应用于各个领域，为高校网络心理健康教育评价进一步发展打开了新的场域，更有助于推动高校网络心理健康教育评价标准、方法、机制的不断优化，使得教育评价主体客体化、教育评价客体主体化的即时互塑成为可能，各类主客体和相关要素关系生成的复杂性特质得以反映，从而为有效发挥高校网络心理健康教育评价的诊断功能、导向功能、调节功能、激励功能提供全新的技术支持。

大数据发展趋势下，高校网络心理健康教育评价将发生三大改变。

（1）评价理念将从"目标达成"向"长效发展"转变

评价理念将更加趋向于基于教育对象真实的"需求驱动"，而非过去主要基于上级规定教育目标指导下从教育者视角来评判定制的"供给驱动""重视结果"。这种更加"以人为本"的评价理念有利于发挥以评促教的功能，既促进教师业务能力的提升，又优化教学实践效果。随着从"部门分割"到"整体共享"理念的确立，数字化的高校网络心理健康教育评价可以打破传统"部门分割"的限制，朝着全校甚至全国心理健康教育数据"一盘棋"的方向努力，获取更多的一手原始数据资源，有利于提升网络心理健康教育评价的广泛性、科学性和实效性，摆脱了单纯结果性评价的思维框架，从而促进高校网络心理健康教育评价工作的长效发展。

（2）评价内容将从"形式化"向"实效化"发展

大数据带来的思维变革和技术革新可以有效扩展高校心理健康教育评价内容的广度和深度，全方位提升心理教育评价的客观性、整体性、可操作性和个性化。比如评价数据内容实现"全样本化",打破了传统的时空限制,便于全样本数据的采集和分析,提升网络心理健康教育评价的真实性、客观性和全面性。评价数据内容得以"高归纳化",通过对海量数据进行复杂的科学归纳和整合,对相关数据进行跟踪、挖掘、分析和反馈,探求不同变量的相关性,从而反映整个教育活动的规律性,实现对心理健康教育课程教学评价的全局性把握。评价数据内容呈现"多模态化",通过各种数据记录来分析评估,提升心理健康教育评价的可操作性。评价数据内容体现"重差异化",使得评价更具针对性和个性化,评价结果可以作为改进个性化心理健康教育的重要参考。

(3)评价方法将从"经验化"向"科学化"拓展

评价方法是开展评价的有力工具,对评价是否真实有效起决定性作用。大数据时代高校网络心理健康教育评价方法将从"经验化"走向数据化、过程化、多维化、未来化等科学化发展方向:第一,将从定性评价向定量评价拓展。运用大数据则可以结合大学生日常心理状态和行为表现来评估学生接受心理咨询前后的心理行为状态等变化,从而对评价对象进行较为客观、全面的综合性评价和描述,使得心理咨询效果的评估有更多的定量评价基础,心理健康教育工作评价获得更具科学性和实证性的支撑。第二,将从静态评价向动态评价拓展。大数据技术可以将评价数据转化为图形或图像的可视化形式,直观展示出来,使得高校心理健康教育过程评价更加科学可行。第三,将从单维分析向多维分析拓展。大数据技术通过采集海量化和多样化数据,提供了从更多维度进行分析评价的可能性,形成对教育对象课程学习效果更为立体的评价,这将有利于更加全面、客观、深刻地把握心理健康教育课程教与学的内在规律和本质。第四,将从已然评价向预测评价拓展。大数据技术通过对高校心理健康教育实践已然产生的各种庞杂的信息进行收集、存储、处理、分析和挖掘,发掘隐藏在纷繁复杂的大数据中的潜在价值,运用机器学习算法构建预测模型并进行概率预判,让评价从"面向已然发生的过去"转向"面向即将发生的未来",这将为评价方法的创新提供一个全新的视角。①

8. 网络心理健康教育队伍呈职业化趋向

严格意义上说，目前高校网络心理健康教育队伍，基本上是兼职的，少有职业部门和职业人员在做这项工作。尽管职业人员较少，但相对要求较高，对于网络心理健康教育工作者而言，既需要他们能够准确把握新时期学生的心理变化进行教育，又要能够灵活熟练操控计算机网络平台，发挥出平台的教育作用，通过多种方式将网络技术用于心理健康教育。为此，要求网络心理健康教育工作者强化自身的教育技能，用先进的教育理念来指导理念，将其落实到行动中，也只有这样，才能真正对学生产生积极的影响。新时期的心理健康教育工作不再单一停留在知识的传授上，而是要根据当代大学生的心理诉求来做到对症下药，致力于培育具备开拓创新能力的优秀大学生。网络时代的心理健康教育不能是高高在上的说教和灌输，而是要给予正确的引导与服务，因此，心理健康教育工作者要具备良好的心理素质，有积极的开拓创新意识和科技改革意识，熟练掌握相关的理论、专业技能，有丰富的实践经验，可熟练利用信息化技术开展工作。② 未来，在高校网络心理健康教育专业化的基础上，实现心理健康教育队伍职业化，是一个不以人的意志为转移的必然趋势，而且这种趋向已经或正在呈现，可以预计经过 5—10 年的努力，我国高校从事心理健康教育的师资队伍将由专兼职结合转变为专职为主，随着专业化水平的大幅提高，高校心理健康教育必将取得显著成效，在培育堪当民族复兴重任的"四有"新人方面发挥重要作用。

---

① 陶进、马建青、欧阳胜权：《大数据时代高校心理健康教育评价的变革方向和风险规避》，《学校党建与思想教育》2022 年第 9 期。
② 余果儿：《大学生网络心理健康教育研究》，《心理月刊》2022 年第 9 期。

参考文献

1．［英］维克托・迈尔–舍恩伯格、肯尼思・库克耶：《大数据时代：生活、工作与思维的大变革》，盛杨燕、周涛译，浙江人民出版社 2013 年版。

2．［德］黑格尔：《精神现象学（上卷）》，贺麟、王欢兴译，商务印书馆 1979 年版。

3．朱智贤：《心理学大词典》，北京师范大学出版社 1991 年版。

4．陈家麟：《学校心理健康教育》，教育科学出版社 2002 年版。

5．樊富珉：《大学生心理健康教育研究》，清华大学出版社 2002 年版。

6．唐柏林：《大学生心理健康教育》，四川教育出版社 2006 年版。

7．谭谦章：《大学生心理健康教育》，上海三联书店 2005 年版。

8．周兴生：《青年网络伦理》，光明日报出版社 2011 年版。

9．郭念锋：《心理咨询师》，民族出版社 2003 年版。

10．吴增强：《现代学校心理辅导》，上海科学技术文献出版社 1998 年版。

11．戚攻、邓新民：《网络社会学》，四川人民出版社 2001 年版。

12．侯桂芳：《新世纪大学生心理健康教育概论》，山东人民出版社 2007 年版。

13．傅荣：《网络教育、网络心理教育与青少年心理健康》，《赣南师范学院学报》2001 年第 4 期。

14．李强：《互联网对大学生的心理影响及健康心理培养探论》，《西南民族学院学报（哲学社会科学版）》2001 年第 10 期。

15．魏荣、魏婧：《高校网络化心理健康教育探析》，《琼州大学学报》2004 年第 4 期。

16．陈先建：《构建大学生心理健康教育综合工作体系的实践和探索》，《广西教育学院学报》2005 年第 3 期。

17．崔景贵：《网络心理教育的内涵、优势与问题》，《江西教育科研》2006 年第 4 期。

18．傅文第：《试述学校心理健康教育评估的内容与程序》，《吉林教育科学（普教研究版）》2001 年第 3 期。

19．张雪：《大学生网络心理研究综述》，《现代交际》2018 年第 13 期。

20．穆俊廷：《网络环境下的大学生心理健康教育》，《课程教育研究》2018 年第 4 期。

21．焦娜：《高校网络心理健康教育存在的问题及应对策略》，《课程教育研究》2018 年第 22 期。

22．周奕：《高校网络心理健康教育体系研究》，《科技经济导刊》2017 年第 19 期。

23．杨竞楠：《高校学生网络心理健康及培育路径研究》，《当代教育实践与教学研究》2017 年第 1 期。

24．梁丽媛、陆桂芝：《高校网络心理健康教育模式的建构》，《亚太教育》2016 年第 11 期。

25．耿芸：《高校网络心理健康教育体系的构建》，《亚太教育》2016 年第 11 期。

26．姜巧玲：《高校网络心理健康教育体系的构建》，博士学位论文，中南大学，2012 年。

27．赵士兵：《试论高校心理健康教育与思想政治教育的关系》，《思想政治教育研究》2008 年第 1 期。

28．苗元江、余嘉元：《积极心理学：理念与行动》，《南京师大学报（社科版）》2003 年第 2 期。

29．严蔷薇、胡青：《试论心理教育活动课的课程地位和性质》，《江西教育科研》2004 年第 12 期。

30．韩丹：《大学生心理健康教育课程研究述评》，《教育探索》2009 年第 12 期。

31．冯铁蕾：《高校心理健康教育师资队伍现状及政策建议》，《湖北大学学报（社会科学版）》2008 年第 6 期。

32．黄洁等：《国内外大学生心理健康教育现状比较研究》，《中国林业教育》1999 年第 6 期。

33．余支琴：《美国学校心理健康教育对我国的启示》，《黑龙江高教研究》2005 年第 7 期。

34．陆文颖、冯学强：《国内外高校心理健康教育比较分析及对策研究》，《中国教育学刊》2015 年第 S1 期。

35．袁忠霞、张玲：《构建学校网络心理健康教育平台的思考》，《教学与管理》2013

年第 5 期。

36．王秀希、张丽娟、高玉红、许峰：《高校心理健康教育评估体系的初步构建》，《邯郸学院学报》2012 年第 3 期。

37．马艳秀、杨振斌、李焰：《构建中国高校心理健康教育评估指标体系的研究》，《思想教育研究》2013 年第 3 期。

38．林立涛：《关于完善高校心理健康教育评估标准的思考》，《思想理论教育》2015 年第 3 期。

39．丁远、高娜娜：《高校网络心理健康教育研究》，《延安职业技术学院学报》2015 年第 10 期。

40．赵旻、黄展：《中国传统文化视域下的心理学和大学生心理素质教育研究综述》，《思想教育研究》2014 年第 9 期。

41．黄存良：《中国传统文化对当代大学生心理健康的介入与治理》，《社会科学家》2020 年第 1 期。

42．梅松丽、于佳鑫、何博武、李靖阳：《吉林省某高校大学生面对突发公共卫生事件的心理调查》，《医学与社会》2011 年第 5 期。

43．陈洁、应雅泳：《新冠疫情下的网络心理健康教育：内容、效果与不足》，《心理月刊》2020 年第 17 期。

44．王德建：《大数据时代突发公共事件网络舆情分析探索》，《现代信息科技》2020 年第 4 期。

45．周芳检：《大数据时代的重大突发公共卫生事件预警创新》，《云南民族大学学报（哲学社会科学版）》2020 年第 5 期。

46．杨琪琪、王守刚：《大学生心理健康教育与危机干预的思考》，《吉林省教育学院学报》2020 年第 5 期。

47．丁闽江、胡春福：《新冠肺炎疫情对大学生的心理行为影响研究》，《江苏海洋大学学报（人文社会科学版）》2020 年第 2 期。

48．谢熠、罗玮、罗教讲：《大数据时代突发公共卫生事件的技术治理——兼论技术治理的边界与限度》，《四川行政学院学报》2020 年第 3 期。

49．薛笑然：《突发公共卫生事件背景下的大学生心理危机及对策探讨——以新冠肺炎疫情期间的大学生心理干预为例》，《中国成人教育》2020 年第 10 期。

50．赵国祥、单格妍、李永鑫：《河南省大学生在新冠肺炎流行期间心理援助需求的调查研究》，《河南师范大学学报（哲学社会科学版）》2020 年第 3 期。

51．于翔、李文腾、张存如：《高校突发事件特点及演变的分析研究》，《科教导刊

（下旬）》2016 年第 3 期。

52．方晓义：《心理健康教育新趋势：从解决问题到促进发展》，《教育家》2019 年
第 1 期。

53．方鸿志、潘思雨：《改革开放 40 年来我国大学生心理健康教育的发展及趋势》，
《当代教育科学》2019 年第 8 期。

后　记

　　2016 年，我承担了江苏高校哲学社会科学研究重点项目"大数据时代高校思想政治工作研究"（项目编号：2016ZDIXM032）。在研究过程中，我尤其体会到心理健康教育与大学生思想政治教育一样，都是高校德育工作不可忽视的组成部分。从严格意义上来说，心理健康教育和思想政治教育是两个不同的学科，它们之间既有区别又有联系，厘清二者的关系，使它们有机地结合起来，力求做到在教育目标上相互统一，在教育内容上相互渗透，在教育方法上相互借鉴，共同达到培养高素质人才的目标，具有重要的理论意义和实践价值。

　　长期以来，我们对大学生心理健康教育的认识高度和重视程度是不太够的，无论是在教育内容、手段、载体、成效等方面，还是在队伍、设施、投入等方面，都不能适应时代要求和现实需要。党的十八大以来，习近平总书记高度重视心理健康教育工作。在 2016 年全国高校思想政治工作会上，习近平总书记强调指出要培育理性平和的健康心态，加强人文关怀和心理疏导。在党的十九大报告中，习近平总书记明确提出要加强社会心理服务体系建设，培育自尊自信、理性平和、积极向上的社会心态。为贯彻落实习近平总书记关于心理健康教育重要论述，2016 年 12 月，原国家卫生计生委、教育部等 22 部门联合印发《关于加强心理健康服务的指导意见》，对高校学生心理健康教育提出任务要求。2017 年 12 月，中共教育部党组发布《高校思想政治工作质量提升工程实施纲要》，将"心理育人"纳入高校"十大"育人体系。2018 年 7 月，教育部印发《高等学校学生心理健康教育指导纲要》，指出心理健康教育是提高大学生心理素质、促进其身心健康和谐发展的教育，是高校人才培养体系的重要组成部分，也是高校思想政治工作的重要内容。为认真贯彻党的二十大精神，贯彻落实《中国教育现代化 2035》《国务院关于实施健康中国行动的意见》，全面加强和改进新时代学生心理健康工作，提升学生心理健康素养，2023 年 4 月，教育部等 17 部门关于印发《全面加强和改进新时代学生心理健康工作专项行动计划（2023—2025年)》。因此，加强高校心理健康教育服务体系建设，是学习贯彻落实习近平新时代中国特色社会主义思想的重要举措，也是高校着眼新征程、谋划新篇章、聚焦新要求、落实新任务，打通高校育人"最后一公里"的具体表现。

应当看到，近年来我国高校心理健康教育工作取得了积极进展，呈现出良好的发展态势；但同时还存在一些短板和薄弱环节，也面临着发展不平衡不充分的问题。比如，不同地区的高校对心理健康教育工作重视程度不一，相关专门力量还没有配备到位，心理健康教育与咨询的科学化水平还有待提高等，迫切需要从体制机制、队伍建设、条件保障等方面进行规划与指导。尤其是在大数据时代，随着大数据技术对心理健康教育的不断影响，传统的心理健康教育模式已经无法适应时代要求，网络作为"第四媒体"，使心理健康教育的形式从平面化走向立体化，从静态走向动态。网络作为心理健康教育工作开展的载体，拓展了心理健康教育工作新领域，突破了心理健康教育工作的时空界限，扩大了学生自我教育的空间，带来了传统心理健康教育的创新和发展。在大数据背景下，如何使大数据与心理健康教育相融合，构建一个科学系统的心理健康教育模式，已成为高校思想政治工作的一项热点课题。

我在研究中体会到，大数据时代的高校网络心理健康教育，不仅是传统心理健康教育在其领域、方式及手段上的拓展和延伸，也是一种全新的心理健康教育模式和理念，更是心理健康教育发展和创新的一种新趋势。正是基于这个认识，本书立足高校网络心理健康教育的实际，直面大数据时代带来的挑战和机遇，从教育理念落伍、数据素养欠缺以及大数据平台建设不足等问题入手，就如何增强网络心理健康教育的引导力、感召力和控制力进行了深入探讨；同时，也就确立大数据理念，整合教育团队，开发数据平台，加强体系建设，将大数据技术有效地运用于网络心理健康教育中，构建与大数据时代相适应的高校网络心理健康教育体系，以提升高校网络心理健康教育的针对性和实效性，展开了多方面的可操作性研究。

本书在撰写过程中，参阅了国内外一些学者的学术研究成果，在此谨向被参考和引用的学者表示由衷的感谢。

网络心理健康教育是一项新的研究课题，作为一种探索性的研究，由于本人水平有限，难免存在不足之处，敬请专家、学者和读者不吝赐教。

季海菊

2023 年冬于瑞景文华

责任编辑:李媛媛
封面设计:胡欣欣
版式设计:王欢欢

图书在版编目(CIP)数据

大数据时代高校网络心理健康教育研究/季海菊 著. —北京:人民出版社,
　2024.6
(高校思想政治工作研究文库)
ISBN 978－7－01－026273－4

Ⅰ.①大… Ⅱ.①季… Ⅲ.①心理健康-健康教育-网络教学-教学研究-
高等学校 Ⅳ.①G444

中国国家版本馆 CIP 数据核字(2024)第 026380 号

大数据时代高校网络心理健康教育研究
DASHUJU SHIDAI GAOXIAO WANGLUO XINLI JIANKANG JIAOYU YANJIU

季海菊 著

人民出版社 出版发行
(100706 北京市东城区隆福寺街 99 号)

中煤(北京)印务有限公司印刷 新华书店经销

2024 年 6 月第 1 版 2024 年 6 月北京第 1 次印刷
开本:710 毫米×1000 毫米 1/16 印张:28.25
字数:403 千字

ISBN 978－7－01－026273－4 定价:108.00 元

邮购地址 100706 北京市东城区隆福寺街 99 号
人民东方图书销售中心 电话 (010)65250042 65289539